U0593768

门大学广告系列教材

新媒体广告：

理论、实务与前沿

苏文 编著

厦门大学出版社
XIAMEN UNIVERSITY PRESS
国家一级出版社
全国百佳图书出版单位

图书在版编目(CIP)数据

新媒体广告：理论、实务与前沿 / 苏文编著. --
厦门：厦门大学出版社，2023.1
厦门大学广告系列教材
ISBN 978-7-5615-8875-8

Ⅰ. ①新… Ⅱ. ①苏… Ⅲ. ①传播媒介－广告－高等
学校－教材 Ⅳ. ①F713.8

中国版本图书馆CIP数据核字(2022)第223892号

| 出 版 人 | 郑文礼 |
| 责任编辑 | 刘 璐 |

出版发行　厦门大学出版社

社　　址	厦门市软件园二期望海路 39 号
邮政编码	361008
总　　机	0592-2181111　0592-2181406(传真)
营销中心	0592-2184458　0592-2181365
网　　址	http://www.xmupress.com
邮　　箱	xmup@xmupress.com
印　　刷	厦门集大印刷有限公司

开本	720 mm×1 000 mm　1/16
印张	26.5
字数	483 千字
版次	2023 年 1 月第 1 版
印次	2023 年 1 月第 1 次印刷
定价	69.00 元

厦门大学出版社
微信二维码

厦门大学出版社
微博二维码

"厦门大学广告系列教材"序

　　1993 年，我国高校第一套广告学系列教材——"21 世纪广告"丛书由厦门大学出版社开始出版，这是厦大自 1983 年首创广告学专业以来，历经 10 年探索奉献出的不够成熟却具有开创性意义的教材，极大地满足了 1993 年以后中国高校广告教育大发展的需要，由此奠定了厦大广告教育的学科地位。

　　近 30 年后，我们要出版转型期的第二套教材——"厦门大学广告系列教材"，这对我们来说压力不小。面对新旧媒体的博弈、技术的进步与消费心理的变化，广告理论一定是在变与不变的融合中进行的。基本的广告原理虽然不变，但内涵与手段还是在不断的变化中。因此我们的新教材要在转型与提升中找到自己的位置。

　　在中国的广告学界和营销学界中，几乎所有的理论都是外来的，我们几乎没有自己的原创性理论。因为中国历来不是一个以理论思维见长的国家，我们的民族传统决定了我们的特点在于强调实用性，务实不务虚，这就使我们在理论方面往往缺乏原创性。1987 年，我的第一本广告学著作《广告原理与方法》出版，这也是国内第一本借鉴国外传播学理论论述广告的著作。但即使是外来理论在中国的传播，事实证明也不能照搬、照用，而要经过一个"普遍原理"和"具体实践"相结合的"本土化"过程，才能发挥广告理论的应有功效。

　　要出版转型期的第二套教材，我们首先来看看市场发生了什么变化？

　　30 年来，中国经济快速发展进入提质增效、转型升级阶段，消费市场升级加快，移动互联及新兴技术带来的创新累积效应正在广告业中显现。以数字技术为基础的互联网推动行业变革加剧，催生出广告新生态下的场景媒体和营销策略。在供给侧改革背景下，国务院发布国家品牌计划，宣传展示知名自主品牌，讲好中国品牌故事。广告业呈积极应对态势，努力在日新月异的媒体环境中寻找最优组合，以移动互联为主导打造精众营销，发力社交媒体粉丝营销，在直播短视频等内容营销蓝海中掘金，跟上虚拟现实等技术新风口。当前进入品牌整合营销新时代，"大而全"或"小而美"的广告机构或公司更受市场追捧，传统媒体在愈加沉重的压力下需寻找破局之道。在大浪淘沙的行业变局中，行业服务的主体、流程、边界都在发生深刻变化，整个行业也透过迷雾构建新的竞争盈利能力，再谱高歌。

其次，中国广告理论研究的路径也发生了巨大的变化。

在我们的第一套广告学系列教材中，中国的广告学研究处于初期探索阶段，而今的情况已大不相同，广告学遭遇了数字传播的解构性冲击。以数字技术为基础的互联网发展不仅改变着社会传播的方式，也影响并推进了人类对传播行为的认知。原创中国广告学应该遵循其内在的学科逻辑，在推动中国广告产业从粗放型增长到集约化发展、从传统广告向数字广告的双重转型过程中，建构起具有中国特色的完形的广告学知识体系。为此，明确广告学研究的文本研究、运动研究、产业研究、广告与关联方的关系研究这四大研究范畴，聚合产学两界、广告与关联专业学者在内的学术共同体，从单一研究范式往多向度研究范式转变进而形成广告学特有的研究范式，并且从案例与比较研究切入等，这些都是未来可行的研究路径。

在中国广告进入第二个40年之际，技术与品牌对广告的影响力显得越来越重要。当前我们极为关注全媒体时代广告行业的创新与发展趋势，互联网的移动化变革，传统媒介的转型与改革，媒介间的竞争和融合等；关注5G物联时代的数字营销新态势，5G技术的发展推动经济社会数字化、网络化、智能化发展再上新台阶，探讨行业如何顺应新的用户需求，促进技术落地和商业部署，建立全新的合作模式和行业形态；关注AI科技赋能智慧商业，AI科技与创意正在实现真正融合，全面提升营销的效率；还关注品牌的开放发展、竞争与社会责任，品牌、娱乐、科技——新时代创意行业的跨界融合等。

在这样的背景下出版我们的第二套教材，我希望我们的研究团队多深入教学与实践第一线，探讨广告行业的趋势动向、规则变化、方法创新，深刻揭示变化背后的核心逻辑。我希望看到的是：

1. 30年后，广告专业课程的提升与内容变化，续写广告理论的指导作用；

2.真正把教学中积累的经验与问题作为研究对象,在教与学的互动过程中检验实际应用的效果;

3.以跨学科研究的视野与超常的厚重成果积累,为广告学术进行范式转型、走向"创新主导"提供宝贵的经验。

2018年是中国改革开放40年,2019年是中国广告业恢复40年。在中国广告进入第二个40年之际,我非常乐于看到我们厦门大学广告教学团队继续传承厦大的开创性精神,以"厦门大学广告系列教材"为标志,起航于新时代,代表30年来厦大系列教材新一轮的转型提升与水平,彰显厦大的底蕴与初心。

我以为,这是我们共同的目标。

陈培爱
厦门大学新闻传播学院教授,博导
"21世纪广告"丛书原主编
2019年5月

写在前面

　　高校的首要职责就是培养人才，即通常所说的教书育人。想教好书，一方面，要求教师要有充足的专业知识、专业技能和课外知识储备，以及不断提高教学技能，这样才能在风趣幽默、旁征博引的讲授中，有效地传授专业知识和技能，给学生释疑解惑。另一方面，要有优秀的教材，以便学生课前预读、课后复读，在大脑中建构起一门课程的整体知识框架，并掌握其中的基本原理和方法。

　　要求每一位老师都有很高的教学水平，这不容易做到。然而，要给学生提供优秀或者说比较满意的教材，还是有可能的。因此，高等教育中的教材建设极其重要。

　　三十九年前，我到厦门大学广告专业任教，那时虽然对教材建设的重要性还没有太多思考，但对于本专业学生没有教材可用，只能靠课堂笔记这种现象，总觉得不是办法。因此，就向广告教研室的老师们提议出版一套广告学教材，有幸得到了大家的赞同，特别是得到了时任教研室主任陈培爱老师的支持。在陈培爱老师的推动下，由他担任主编的全国第一套广告学教材"21世纪广告丛书"就此诞生，那是20世纪90年代初。这套教材包括《广告学原理和方法》《如何成为杰出的广告文案撰稿人》《广告策划与策划书撰写》《印刷广告艺术》《广告调研技巧》《广告攻心术》《广告视觉语言》《企业CI战略》《商标广告策略》《广告经营管理术》，此外还有之前个别出版的《广播广告》《公共关系原理与实务》。这些教材的出版发行，不仅解决了本校广告专业的教材问题，而且为我国高等院校大量广告专业的创办创造了条件，给大量由外专业转入广告专业的教师备课、上课提供了便利，在很大程度上促进了中国广告教育的迅猛发展。

厦门大学是中国广告专业教育的开拓者,出版第一套全国广告专业教材是义不容辞的责任,然而这些教材仅仅解决了部分课程的教材从无到有问题,距离成为成熟甚至是优秀的教材的目标仍有很大的努力空间。此外,还有一些专业课程因为条件不成熟、准备不充分,依然没有教材。所以,在随后的二三十年的岁月里,我们一直在不断地做教材的补充、改进、完善工作,希望使得教材尽量覆盖广告专业的各个具体学科领域、使得每本教材尽量覆盖该学科的所有知识领域。

20 世纪 90 年代末,我们出版了"现代广告学教程系列",包括《市场调查概论》《广告心理学》《广告视觉设计基础》《广告管理实务》。2003 年,又对"21 世纪广告丛书"做了大幅度的修订,并将丛书名称改为"厦门大学广告学丛书",对其中一些书的书名也做了规范性的修改。此后,还陆续出版了一些新书,如《实验广告学》《品牌学概论》等,并对一些销量较大的教材及时进行修订。就本人编著的两本教材《广告调研技巧》和《广告心理学》而言,目前都已经过不下五次的修订,教材内容也由最初的十几万字、二十几万字,增加到四五十万字。虽然我们依然不敢说我们的教材是优秀的教材,但这些多次修订后的教材,其内容的系统性、全面性、科学性都有了明显的提高。

时代在发展,专业在进步。伴随着互联网特别是移动互联的崛起,广告专业的社会实践发展突飞猛进,专业中的老学科需要淘汰或补充更新,专业中的新学科也需要成长和发展。为了适应新形势,厦门大学广告专业秉承业已形成的重视教材建设的理念,结合广告专业的教育实践和社会实践的发展要求,一方面继续完善已有的教材,另一方面推出新的教材。2019 年推出的"厦门大学广告系列教材"就是这一努力的结果,该系列教材的编写主要由年轻一代教师担任。他们具有很高的素质,受过良好的教育,既具有坐冷板凳的精神,又置身于可以放下安静书桌的美丽校园,所以我相信青出于蓝而胜于蓝,这套教材一定会超越他们的前辈,赢得国内高校广告专业师生的信任,并最终成为优秀的广告专业教材。

黄合水

2021 年 10 月

目　录

理论篇

第一章　新媒体广告的诞生 ………………………………………… 3

第一节　媒介形态变化 ……………………………………………… 5

一、媒介传播时代的变迁 ……………………………………… 6

二、媒介形态变迁的本质 ……………………………………… 22

第二节　信息社会与网络经济 …………………………………… 24

一、信息社会与网络社会 ……………………………………… 25

二、网络经济及其特征 ………………………………………… 32

三、网络经济发展与产业变革 ………………………………… 34

第三节　新媒体广告的诞生 ……………………………………… 36

一、媒介形态变化与新媒体 …………………………………… 36

二、信息社会下的新媒体广告 ………………………………… 38

第二章　新媒体广告概述 ………………………………………… 42

第一节　广告媒体的概念界定 …………………………………… 44

一、媒体与媒介的概念 ………………………………………… 44

二、传播学中的媒体与媒介 …………………………………… 45

第二节　新媒体的概念界定 ……………………………………… 47

一、新媒体的概念 ……………………………………………… 47

二、新媒体的特性 ……………………………………………… 53

三、新媒体的类别 ……………………………………………… 56

四、新媒体的发展规律与趋势 ·· 58

第三节　新媒体广告的概念界定 ·· 60

一、广告的概念 ·· 60

二、新媒体广告的概念 ·· 65

三、新媒体广告的特征 ·· 67

第三章　新媒体广告的相关理论 ·· 73

第一节　新媒体传播的相关理论 ·· 75

一、六度分隔理论 ·· 75

二、强关系与弱关系理论 ·· 78

三、社会网络分析 ·· 82

第二节　网络消费者行为的相关理论 ·· 87

一、传统消费者行为模型：AIDMA 模型 ·· 87

二、电子商务时代的消费者行为模型：AISAS 模型 ·· 89

三、社会化网络时代的消费者行为模型：SICAS 模型 ·· 94

四、网络消费者行为模型创新 ·· 97

第三节　网络营销的相关理论 ·· 101

一、网络整合营销传播理论 ·· 101

二、4I 营销理论 ·· 103

三、SoLoMo 营销理论 ·· 106

第四节　网络亚文化的相关理论 ·· 113

一、亚文化理论 ·· 113

二、网络时代下的青年亚文化 ·· 117

实务篇

第四章　新媒体广告产业 ·· 129

第一节　新媒体对广告产业的变革 ·· 131

一、广告产业的概念、归属与构成 ·· 132

二、媒介技术对广告产业的变革过程 ·· 133

三、新媒体时代下广告产业的变革重点 ·· 135

第二节　新媒体对广告公司的变革 ·· 136

一、新媒体给广告公司带来的新机遇 ·············· 137

二、新媒体对广告公司提出的新课题 ·············· 138

三、新媒体给广告公司带来的新挑战 ·············· 140

第三节　新媒体对广告业务的变革 ················ 143

一、新媒体广告业务的新机遇 ·············· 143

二、新媒体对广告业务的新课题 ·············· 145

三、新媒体对广告业务的新挑战 ·············· 147

四、新媒体广告业务的人才需求 ·············· 149

第四节　新媒体时代下的广告产业 ················ 151

一、广告产业的数字化转型 ·············· 151

二、大数据时代下广告产业的挑战 ·············· 160

第五章　新媒体广告受众 ···················· 166

第一节　新媒体广告受众 ···················· 168

一、受众概念的变迁 ·············· 168

二、广告受众与媒介受众 ·············· 169

三、广告受众概念的范畴与核心 ·············· 170

四、新媒体广告受众的概念 ·············· 171

第二节　新媒体广告受众洞察 ·················· 172

一、网民视角下的新媒体广告受众 ·············· 172

二、消费者视角下的新媒体广告受众 ·············· 175

第三节　新媒体广告受众的消费行为 ·············· 184

一、网络时代下消费者的行为特征 ·············· 185

二、网络时代下消费者的购买过程 ·············· 187

第四节　新媒体广告受众的分析模型 ·············· 191

一、理性行为理论与模型 ·············· 191

二、创新扩散理论与模型 ·············· 198

第六章　新媒体广告创意 ···················· 204

第一节　新媒体时代广告创意的变化 ·············· 206

一、广告创意的概念与价值 ·············· 206

二、新媒体时代广告创意的变化 ·············· 208

第二节　新媒体广告的创意实践 ················ 212

一、新媒体广告的创意类别 ·················· 213

二、新媒体广告的创意步骤 ·················· 219

三、新媒体广告的创意策略 ·················· 222

四、新媒体时代广告创意存在的问题 ·················· 232

第三节 新媒体时代广告创意的新趋势 ·················· 234

一、新媒体时代广告创意策略的变化 ·················· 234

二、新媒体时代广告创意的发展趋势 ·················· 236

第七章 新媒体广告伦理与监管 ·················· 239

第一节 新媒体广告伦理 ·················· 240

一、广告伦理的定义 ·················· 241

二、新媒体广告伦理的内涵 ·················· 244

三、新媒体广告伦理的规范原则 ·················· 247

四、新媒体广告伦理的自律与他律 ·················· 249

第二节 新媒体广告的伦理失范及其原因 ·················· 252

一、新媒体广告伦理失范的类型 ·················· 253

二、新媒体广告伦理失范的原因分析 ·················· 254

第三节 新媒体广告的监管 ·················· 259

一、新旧《广告法》对网络广告的监管 ·················· 260

二、《互联网广告管理暂行办法》对网络广告的监管 ·················· 263

前沿篇

第八章 原生广告 ·················· 273

第一节 原生广告的概念 ·················· 275

一、原生广告的诞生 ·················· 275

二、原生广告的定义 ·················· 277

三、原生广告的本质内涵 ·················· 282

第二节 原生广告的特征与分类 ·················· 290

一、原生广告的特征 ·················· 290

二、原生广告的分类 ·················· 292

第三节 信息流广告 ·················· 299

一、信息流广告的概念界定 ·· 299

二、信息流广告的发展历程 ·· 303

三、信息流广告的类型 ·· 308

第九章　新媒体广告新形式 ·· 317

第一节　微电影广告 ·· 319

一、微电影广告的概念界定 ·· 320

二、微电影广告的特性 ·· 325

三、微电影广告的分类 ·· 330

第二节　短视频广告 ·· 336

一、短视频广告的概念界定 ·· 337

二、短视频广告的特征 ·· 338

三、短视频广告的平台与类别 ·· 341

第三节　H5 广告 ·· 349

一、H5 广告的概念界定 ··· 349

二、H5 广告的特征 ··· 354

三、H5 广告的分类 ··· 356

第十章　户外新媒体广告 ·· 369

第一节　新媒体时代下的户外广告 ···································· 371

一、户外新媒体广告的诞生 ·· 372

二、户外新媒体广告的创新途径 ······································ 373

三、户外新媒体广告的特性 ·· 379

第二节　户外新媒体广告创意基础 ···································· 388

一、环境媒体的概念 ·· 389

二、媒体环境创意 ·· 390

三、未完成原则与完形心理 ·· 392

第三节　户外新媒体广告创意策略 ···································· 393

一、户外新媒体广告的创意原则 ······································ 393

二、户外新媒体广告的创意策略 ······································ 395

第四节　户外新媒体广告创意要点 ···································· 401

一、户外广告媒体创意的关键点 ······································ 402

二、户外新媒体创意的局限 ·· 405

理论篇

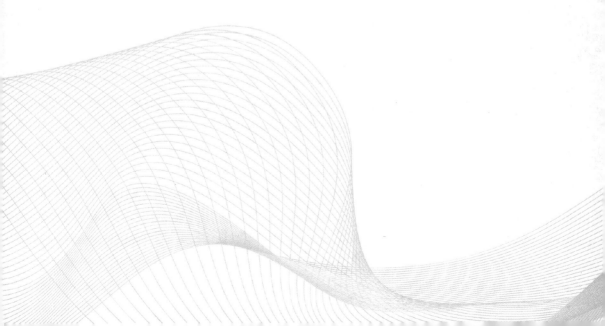

第一章
新媒体广告的
诞生

本章导言

　　新媒体广告以新媒体为载体,其发展状态与新媒体的演进密不可分,因此要谈及新媒体广告避不开的就是要先对新媒体有较为深刻的理解。新媒体不是我们这个时代特有的东西,在历史长河中每个时代都有那个时代的新媒体,新媒体是其所处时代的产物。本章主要从时间和空间两个维度介绍目前新媒体的发展,从时间维度上回顾了人类社会的媒介传播发展历程,介绍了五次具有重大意义的传播变革,在此基础上指出目前以网络媒介为主体的新媒体是在互联网所引发的数字化革命背景下诞生的;从空间维度上介绍了信息社会的发展过程,指出目前人类所处的网络社会是信息社会发展至今的新阶段,而目前我们所说的新媒体广告就是网络社会的产物。

学习要点

- 熟悉媒介形态变化的主要阶段
- 把握媒介发展的主要动因与新旧媒介的变迁过程
- 了解信息社会与网络经济的内涵
- 把握网络媒介、新媒体广告的发展过程与现状

开篇案例

新媒体对报业的巨大冲击

进入 21 世纪,随着以互联网为代表的新媒介技术的发展,新媒体以其强大的传播优势和独特的传播方式冲击着传统的大众媒体的生存空间,其中受到打击最为严重的要数报纸。近十年来,报纸发行量及广告额急速下滑,受众特别是年轻受众群体大量流失,人们原有的每天阅读报纸的习惯向收看网络新闻与手机新闻转变,报纸的生存面临着危机。

从全球范围来看,报业的衰退是一个客观存在的趋势。从美国、英国和日本等世界传媒大国报业的发展情况来看,报业鼎盛的时期已经在 20 世纪 90 年代结束,报业的发行量和广告额都在缓慢下降或趋于平稳,几乎没有上升。2005年以来,以北美报业市场为代表,美国发行量排名前 20 的各大报纸发行量平均下降 1.9％,创办于 1833 年 9 月的美国第一份商业报纸《纽约太阳报》(The Sun)由于亏损严重于 2008 年 9 月 30 日停刊。2008 年 12 月中旬,创立 161 年之久的美国第二大报业集团论坛报业集团(Tribune Co.)宣布破产。2009 年 1月明尼阿波利斯明星报公司(Minneapolis Star Tribune)申请破产;2 月美国费城报业公司(Philadelphia Newspapers)和美国新闻纪事报公司(Journal Register Company)申请破产保护,《落基山新闻》(Rocky Mountain News)、《西雅图邮报》(Seattle Post-Intelligencer)停刊;4 月《基督教科学箴言报》(The Christian Science Monitor)停止平面印刷报纸的发行,仅在网络上发行,成为美国首份专注网络版的报纸。2010 年之后更多家报业公司倒闭和裁员,2010 年 7月德国《法兰克福评论报》(Frankfurter Rundschau)申请破产保护;2011 年 7月 10 日英国发行量最大的报纸之一《世界新闻报》(News of the World)出版了最后一期,同年 10 月 10 日,《法兰西晚报》(France-Soir)编辑部对外宣布纸质报纸停刊;2012 年 9 月下旬发行 93 年之久的德国《纽伦堡晚报》(Abendzeitung Nürnberg)基于经济原因被迫宣布停刊,同年 12 月 7 日《德国金融时报》(Financial Times Deutschland)停刊。2012 年 12 月,美国新闻集团宣布 The Daily 停刊并开始发行电子报,但电子报 The Daily 又于 2013 年 12 月 15 日关闭,从上市到宣布关闭还不到两年,给传统报业数字化转型的努力以重挫。

在这样的大背景下,有许多业界与学界人士纷纷预测报纸的命运。美国麻省理工媒体实验室创始人之一的尼古拉斯·尼葛洛庞帝(Nicholas Negroponte)在其1996 年出版的《数字化生存》(Being Digital)一书中就预言报纸将很快消亡。美国新闻学者菲利普·迈耶(Philip Meyer)则在 2004 年出版的《正在消失的报纸：如何拯救信息时代的新闻业》(*The Vanishing Newspaper*：*Saving Journalism in the Information Age*)一书中预测"到 2044 年,确切地说是 2044 年 10 月,最后一位日报读者将结账走人"。2005 年,日本《每日新闻》原总编辑歌川令三在《报纸消逝的日子》(『新聞がなくなる日』)一书里预测报纸将在 2030 年消失。

但随着网络的发展,1997 年《华尔街日报》(*The Wall Street Journal*)在全球率先实行在线内容付费阅读,之后一些高质量的大报通过对在线内容实行付费阅读获得了发展。例如英国《金融时报》(*Financial Times*)于 2002 年首次采用在线付费阅读,2019 年 4 月 1 日,《金融时报》宣布其付费用户数量破百万,其中数字用户有 65 万名,尽管该报的纸质版继续赢利,但数字订阅在《金融时报》总发行量中的占比超过 75%。2019 年 10 月,英国《每日电讯报》(*The Daily Telegraph*)媒体集团宣布其已拥有 40 万付费订阅者,包括网站付费用户和纸质版订阅者。并且,该媒体集团总收入的 54% 直接来自读者。该集团首席执行官尼克·休(Nick Hugh)预测:到 2023 年年底,该报将拥有 100 万付费用户。假如这一目标实现,意味着即使报纸没有广告,也可以正常运营。2019 年 8 月,英国《泰晤士报》(*The Times*)宣布他们的电子版付费用户已超过 30 万人,加上纸质版读者,总共有约 54 万用户,2018 年《泰晤士报》数字用户的数量已超过报纸纸质版的用户数量[①]。随着在线新闻的发展,报纸订阅模式得以革新,越来越多的读者为高质量的在线新闻买单,似乎为走向消亡的报纸带来了生机。

请思考:报纸在新媒体时代会走向消亡吗？新旧媒体的变化是怎么发生的？是什么促进了新媒体对旧媒体的冲击与旧媒体的变革？

第一节　媒介形态变化

在人类浩瀚宏大的传播历史长河中,每一次传播媒介的革新都极大地推动了媒介形态的变化,改变了人类的生活,推动着社会的发展。传播媒介演变的进程也呈现出不断加速的趋势,从语言到文字的产生经历了数万年,从文字到印刷

---

① 2020 年,报纸还好吗[EB/OL].2020-01-16,https://wenhui.whb.cn/third/baidu/202001/16/314920.html.

媒介经历了数千年，从印刷媒介到电子媒介经历了数百年，而从电子媒介到网络媒介仅仅经历了数十年。随着媒介形态的变化，媒介表现形式不断丰富，为广告的发展提供了多样的载体。

人类的媒介传播史发展至今经历了五次重大的传播变革，分别是语言的发明、文字的发明、造纸术与印刷术的发明、数字技术的发明以及网络技术的发明。根据这五次变革，媒介发展史也可以大致分为六个阶段，每个阶段都有具有代表性的新媒体，且这六个阶段中，新旧媒介并非依次取代的过程，而是一个相互融合、相互叠加的过程。

一、媒介传播时代的变迁

根据时间的顺序，媒介传播时代不断变迁，不同的传播时代以新出现的传播媒介为特征，这些传播媒介在该时代的传播活动中扮演着重要的角色，也成为进入该传播时代的标志。根据先后顺序，人类所经历的传播时代大致可以分为原始传播时代、口语媒介传播时代、文字媒介传播时代、电子媒介传播时代和网络媒介传播时代。

（一）原始传播时代

原始传播时代是人类还未产生语言之前的传播时代，也可以称为自然传播时代。关于语言的精确起源已无从考证，语言学家和社会学家做了各种各样的推测，但他们普遍认同口语是一种利用声音传播与周围事物或环境相关内容的符号。在口语产生之前，人们已经可以通过简单的发声、非语言行为和自然物的象征指代进行信息的传递并与他人沟通。

据东汉班固的《白虎通·号篇》所载："古之时，……民人但知其母不知其父，能覆前而不能覆后，卧之詌詌，起之吁吁，饥即求食，饱即弃余，茹毛饮血，而衣皮革。"①这里所讲的就是原始人在还不会语言时的生活，"卧之詌詌，起之吁吁"即睡觉时发出很响的鼾声，睡醒了就"吁吁"叫唤，"吁吁"有安闲自得的意思，告知同伴自己睡醒后心满意足的感受，这是原始传播最自然的形式。当原始人形成族群、部落，为了生存，原始人类必须采集、狩猎，分工协作以降低工作负担，原始

---

① 李敬一.中国传播史：先秦两汉卷[M].武汉：武汉大学出版社，1996：18.

人在传播信息时就尤为突出功利、实用功能，①在这种情况下，原始人类就慢慢地将自己的声音加以组合变化，彼此交换体认、共识，就成了语言的最初级形式。

语言的最初级形式并没有许多文法和规则，而只是最简单的声音高低和音调长短的组合，构成了表现思想和感情的媒介，而最重要的一点是对方也能明白你的语言是什么意义。② 但原始人类的声音或肢体动作仍如同动物般是下意识的举动，决定了其所表达内容的局限性。虽然简单的声音可以提醒或告知对方相关信息，但无法具体地描述和指代事物，更别说传达抽象复杂的情感与思想，因此原始传播能够传达的信息十分有限，严格来讲还未能构成真正意义上的传播。

(二)口语媒介传播时代

语言是人类以语音为载体沟通交流的符号系统，是人类区别于动物的主要特征之一。语言的出现是人类社会的第一次重大的传播革命，它标志着原始传播到人类传播的巨大飞跃，也标志着人类传播活动进入口语媒介传播时代。③ 口语媒介传播时代是人类学会使用语言交流到学会写字表达意思的一个漫长时期，相对于原始传播时代，以声音为载体的口语语言就是该时代的新媒体。

在原始文明的早期，社会最大的单位不过是一个个村落，人类共同狩猎抵御洪水猛兽。在集体劳动过程中，出于与他人交流的需要，原始社会发展出主要建立于声音或听觉上高效、便捷的口语传播系统。如《淮南子·道应训》中引述《吕氏春秋·淫辞篇》道："今夫举大木者，前呼'邪许'，后亦应之，此举重劝力之歌也。"该内容描述的就是我们的先民在扛木头时用"邪许"声协调劳动者步调一致的情境。④ 原始人类在生活与劳动过程中形成的这些叫喊呼号，为他人所理解，构成了诉诸人类听觉的口语。有了口语，人类就可以使用这些不依赖事物存在的符号作为事物的指代，在共同意义规定的基础上交流信息，传播的双方可以在同一时空下双向交流，相互理解，即使是抽象的意义都可以较为顺畅地表达。群体共识的语言符号系统经过漫长的演进，进而发展出了歌谣、谚语、诗歌、游说等多种口语传播形式，通过经验丰富的长者向幼者传授，在一定程度上使传统得以维持和积累。

① 孙旭培.华夏传播论[M].北京：人民出版社，1997：13-14.
② 吴东权.中国传播媒介发源史[M].台湾：中视文化事业股份有限公司，1988：91.
③ 郭庆光.传播学教程[M].北京：中国人民大学出版社，1999：25.
④ 赵宗乙.淮南子译注：下[M].哈尔滨：黑龙江人民出版社，2003：577.

在口语媒介传播时代，最早的广告形式——口头广告诞生了。口头广告是适应当时社会人们物物交换的需要而出现的，人们口头叫喊自己贩卖的东西，以方便他人选购。我国古代典籍中就有口头广告的记载。如诗人屈原在《楚辞·天问》中提到："师望在肆……鼓刀扬声。""肆"就是专业的市场，师望就是吕望，即姜太公，他在被周文王启用之前在朝歌（商朝国都）当屠宰人。姜太公在市场鼓刀扬声，便是为了招徕生意。① 另外，我们熟悉的成语"自相矛盾"的出处《韩非子·难一》写道："楚人有鬻盾与矛者，誉之曰：'吾盾之坚，物莫能陷也。'又誉其矛曰：'吾矛之利，于物无不陷也。'"这也是对市场上口头广告的描述。②

在国外，如古巴比伦、古希腊、雅典等商业发达的地区也有类似的口头广告的记载，人们通过叫卖贩卖奴隶和牲口，招徕顾客购买自己的商品。口头媒介作为最古老的广告传播载体一直流传至今，如今在菜市场里，在街边小巷里，也都能听到熟悉的吆喝声与叫卖声。口语传播大大加快了人类社会的发展，但这种基于语音的传播形式也具有明显的局限性。首先，不同地方有各自的方言，受制于地域差异传播范围十分有限；其次，口语诉诸听觉转瞬即逝，只能近距离传递和交流，不能很好地记录、存储和传承。因此，人类不断发明和采用一些其他的媒介来辅助口语进行信息的表达，从结绳记事到绘画涂鸦，最终出现了文字。

（三）文字媒介传播时代

自远古以来就一直存在着这样一种要求：把言语传达到远处并把它在时间上固定下来。③ 终于人们的要求在文字出现后得以满足。文字的出现是继语言之后人类社会的第二次重大的传播革命，标志着人类社会进入文字媒介传播时代，相对于口语媒介传播时代，文字是该时代的新媒体。

根据美国学者菲利普·李·拉尔夫（Philip Lee Ralph）等人所著的《世界文明史》（World Civilizations）与《中国大百科全书·考古学》的记载，人类最早的文字产生于公元前 4000 至 3000 年的美索不达米亚的苏美尔文明。④ 文字是基于结绳符号和原始绘画发展而来的，我国《易经·系辞下》中就有"上古结绳而治，后世圣人易之以书契"的记载，而旧石器时代也已有原始的绘画，到了新石器

---

① 陈培爱.中外广告史新编[M].北京:高等教育出版社,2009:7.
② 《韩非子》校注组.韩非子校注[M].南京:江苏人民出版社,1982:499.
③ 伊斯特林.文字的产生和发展[M].左少兴,译.北京:北京大学出版社,2002:2.
④ 拉尔夫,特纳,米查姆,等.世界文明史[M].赵丰,等译.北京:商务印书馆,1998:48.

时代,绘画与文字逐渐分家。①

我国最早出现的较为成熟的文字当数殷商时期的甲骨文,文字出现的年代基本上可界定在殷商之初即公元前 13 世纪左右,距今约 3300 年。② 殷商时期的甲骨文是图形向文字的过渡,其形状已不再是原始的写实绘画,而是提取某一事物形象的特点,将这些特点线条化,形成了更为抽象的文字符号,但这些符号又能使人一看便知道它所代表的某一物体。在长期发展过程中,随着人们对文字的使用和改造,从最初的结绳记事、具象的图画发展到象形文字再到真正抽象的文字,文字的结构逐渐稳定,发展成今天我们熟悉的表意符号系统。

文字是根据口头语言而创造的,《尚书·序·正义》中说"言者意之声,书者言之记"。意思是,语言是思想的化身,文字又是语言的化身。而文字和语言相比最大的不同是,文字是凝固的,而语言是瞬间的,在信息传播时间和空间的限制上,文字有着明显的优越性。文字克服了声音语言的短暂性和空间的限制,能够把信息较为长久地保存下来,使人类的历史、知识、经验能够通过反复查阅,而在人类大脑中不断被强化与积累,同时还能够将这些信息传播到人体外更广阔、更久远的时空中,使其一直传承下去。人们在记录事物时,也有更多的时间来沉淀自己的经历与思考,选择确切、恰当的词汇将自己的想法和感受记录下来。由于文字不容易扭曲与变形,所以人类的思想和情感就能通过文字跨越古今,在不同的时空下与信息接收者产生共鸣。图 1-1 为西汉时期的草叶纹镜,上刻着文字:"见日之光,长毋相忘"③,用现在的语言表达就是,只要日月还有光芒,两人就绝不相互忘记对方,即使是跨越两千余年的今天我们也能通过简短的文字体会当时物主人的情感与愿望。

文字的出现也推动了文字载体的发展。从早期的石碑、陶器,到甲骨、羊皮、竹简,再到后来的纸张,文字的传播媒介越来越简便,文字的传播也就越来越容易,人类的信息传播便进入了书写传播的初期,这也标志着人类文明社会的开始。德国人类学家利普斯(Julius E Lips)在他的《事物的起源》(*The Origin of Things*)一书中谈到道"有了书写的知识,一个新的时代开始了。历史可以记录

---

① 杨海军.论中国古代的广告传播媒介[J].史学月刊,2006(12):32-37.

② 刘国进.中国上古图书源流[M].北京:新华出版社,2003:51.

③ 个人图书馆.古代铜镜图片大全及分析 值得收藏[EB/OL].2017-08-14,http://www.360doc.com/content/17/0814/11/39234070_679082428.shtml.

图 1-1　西汉草叶纹镜铭文"见日之光，长毋相忘"

下来了，传统、法律和教义，过去保存在记忆中的知识和伟大文学作品，能够写下来保存到统治者的图书馆和庙宇中去了"①。

文字的出现也为广告传播提供新的载体。最早使用文字做广告的要数幌子广告。例如古代酒家的外面常悬挂着写着"酒"字的大招牌。《韩非子·外储说右上》记载："宋人有酤酒者，升概甚平，遇客甚谨，为酒甚美，县帜甚高。"意思是宋国有个卖酒的人，卖酒很公平，对待顾客十分小心恭敬，酿制的酒也很好喝，卖酒的幌子挂得很高很显眼。② 卖酒的帜实际上就是幌子广告。另外，夜市常有灯笼悬挂在店铺前面，上面写着店铺的名称或者"酒楼""茶馆""客栈"等字样，也是具有代表性的文字广告形式。

英国博物馆中收藏着世界上现存最古老的文字广告，是一张写在莎草纸上的"寻人广告"："一个叫谢姆的男奴隶，从善良的织布匠哈甫家逃走了，首都一切善良的市民们，谁能把他领回来的话，有赏。谢姆高 5 英尺 2 英寸，红脸，茶色眼珠，谁能提供他的下落，就赏他半个金币，如果能把谢姆送到技艺高超的织布匠哈甫的店铺来，就赏他一个金币。"③这是一位名为哈甫的织布匠为了追寻一名逃跑的奴隶谢姆所做的文字广告。

文字极大地推动了人类社会经济、政治、文化的发展，通过文字人类个人表达的需要和意识进一步增强，但文字也有其局限。首先，文字需要学习才可使用，它与语言相比学习的难度要大得多。我们从小学习说话，但要会写字还需要长期的学习。其次，文字最早主要为精英阶层所掌握，精英阶层具有接受高等教

①　利普斯.事物的起源[M].汪宁生，译.兰州：敦煌文艺出版社，2000：239.
②　孙顺华.中国广告史[M].济南：山东大学出版社，2007：17.
③　王珂.广告面面观[J].现代企业，1994(12)：35-37.

育的机会,因此文字传播只能在少数人之间实现。特别是在古代,神学和宗教学统治着社会的一切,文字被认为是神圣的,会写字是一种精英的特权。利普斯在《事物的起源》中指出,"普通的公民则被排斥在外,书写知识仅为祭司、政府及其仆从们所掌握"①。在我国也是一样,商周时期文字主要掌握在贵族和从事求神占卜,掌管天文、星象、历数、史册的巫史手中。鲁迅说,"文字在人民间萌芽,后来却一定为特权者所收揽。……社会改变下去,学习文字的人们的范围也扩大起来,但大抵限于特权者"②。此外,早期的书写介质也不易于长期保存与传播,甲骨金石书写困难、竹简太重不易运输、羊皮丝帛造价昂贵,这些都限制了文字传播的广度与深度,大部分受众的信息传播需求还是无法得到满足,人们寻找着更好记录与传播文字的媒介,于是发明了造纸术与印刷术。

(四)印刷媒介传播时代

文字出现以后,由于书写媒介的局限性,普通大众难以具备学习与使用文字进行传播的能力,口语传播仍然是主要的传播方式,直到造纸术与印刷术的发明打破了书写媒介的局限。造纸术和印刷术的发明是继文字发明之后人类社会的第三次重大的传播革命,标志着人类社会进入印刷媒介传播时代,印刷媒介成为该时代的新媒体,印刷媒介的出现也标志着大众传播时代的来临。

造纸术是我国伟大的四大发明之一。公元 105 年,东汉蔡伦改进造纸术,用树皮、麻头、破布、旧渔网等作原料,制成质优价廉的植物纤维纸。植物纤维纸的出现,引起了书写材料的更替,人们尝试过的简、帛、莎草纸、羊皮卷等文字媒介逐渐退出历史舞台,让位于集当时各种传播载体优点于一身的植物纤维纸。造纸术的发明,使得纸张成为沟通信息、交流思想、传播文化、传授技术的强有力的媒介,开启了人类传播文明的新进程。

造纸术发明之后,人类在很长时间内主要通过手抄进行传播。东汉时期就已经出现了抄书的职业,例如范晔的《后汉书·班超传》曾记载班超早年"家贫,常为官佣书以供养"③,即班超因为家庭贫穷,常为官府抄书挣钱来养家。从后汉末至唐代,典籍的抄写都是用毛笔在纸上写出文字,再做成手卷。用纸传抄的方法在一定程度上扩大了人们表达的传播范围,但手抄传播不仅成本高、耗时低

---

① 利普斯.事物的起源[M].汪宁生,译.兰州:敦煌文艺出版社,2000:239.
② 鲁迅.门外文谈[M].北京:人民文学出版社,2006:33.
③ 李瑞良.中国出版编年史:上卷[M].福州:福建人民出版社,2004:55.

效，而且容易出错，给信息传播造成很大的不便。印刷术用机器代替了人的书写，弥补了手抄传播的缺陷，将人们从手抄传播中解放出来，人们可以在短时间内复制文字信息，甚至对信息进行批量生产、传播，大大促进了人类文明的传播，因此印刷术也被誉为"文明之母"，手抄时代也因印刷术的发明终结了。①

继造纸术之后，中国的另一项伟大的发明——雕版印刷术也促成了印刷媒介的产生。雕版印刷术最早出现在公元 6 世纪末到公元 7 世纪初的隋唐时期，受佛教、道教影响深远，早期印刷活动主要在民间进行，多用于印刷佛像、经咒、发愿文以及历书等，魏、晋时道教所刻制的大量木刻符箓有的已达 120 字。例如《金刚经》自传入以来备受推崇，人们竞相复制与印制，公元 868 年（唐咸通九年）印刷的《金刚经》是目前已知的最早年代的雕版印刷品，如图 1-2 所示。② 到了北宋庆历年间（1041—1048 年），毕昇用胶泥刻字，制成活版，首创活字印刷术，比欧洲早了 400 多年。而被西方学者誉为"现代印刷之父"的是德国发明家约翰内斯·古登堡（Johannes Gutenberg），他于 1454 年发明了金属活字印刷术。虽然古登堡发明活字印刷术比毕昇晚了 400 多年，但在活字材料的改进、脂肪性油墨的应用，以及印刷机的制造方面都取得了巨大的成功，奠定了现代印刷术的基础。

图 1-2　敦煌出土的《金刚经》(局部)

①　吴东权.中国传播媒介发源史［M］.台北：台湾中视文化事业股份有限公司，1988：493.

②　寻踪敦煌古书《金刚经》随感［EB/OL］. 2020-02-10，https://new.qq.com/rain/a/20200210a0bvi500.

在造纸术传到欧洲之前,中世纪的欧洲一直使用羊皮卷作为文字的载体,而羊皮卷在当时非常昂贵,只有贵族才能消费得起,平民根本使用不起。文字载体和印刷技术的限制也进一步阻碍了知识和文化的传播,欧洲整体处于蒙昧与困顿之中。古登堡金属活字印刷术的发明促进了欧洲的文化传播和科技发展,大大地推动了文艺复兴的进程,为文艺复兴的兴起准备了条件。在文艺复兴时期,人们对读物的需求迅速增加,于是在很短时间内古登堡的金属活字印刷术便由德国的美因茨(Mainz)扩散到德国其他城市,接着席卷欧洲各国,在技术与需求的双重推动下,人类社会第一种大众传播媒介——报刊首先在德国、英国、法国和意大利诞生了。[①] 造纸术与印刷术的发明进一步催生了其他印刷媒介。在印刷媒介的推动下,人们的信息分享与传播范围大大增加,人们通过印刷物快速习得了原先只有精英阶层和权力领袖才能获取的知识和技术,思想得到解放,少数人对信息和知识的垄断被打破了,人类思想解放的种子开始萌芽,各个领域人才辈出,展现出勃勃生机,人类的理性思考与社会文明进程由此发生了巨大的飞跃。

在印刷术出现以后,批量复制传播新闻成为可能,推动了报纸印刷业的发展。从唐代雕版印刷的邸报《开元杂报》到 1566 年意大利威尼斯的《手抄新闻》(*Notizie Scritte*),再到 1665 年英国第一张单页两面印刷的报纸《牛津公报》(*Oxford Gazette*),报纸的形态不断成熟。进入 19 世纪,报纸印刷技术进一步得到发展,圆筒印刷机、纸浆造纸法、自动排字机以及版色印刷法等新技术极大提高了报纸印刷的效率。以《泰晤士报》为例,1814 年《泰晤士报》使用蒸汽印刷机,每小时可印刷 1100 份;1827 年改用四轮平板印刷机,每小时可印刷 4000 份;1847 年采用轮转机,每小时可印刷 1.1 万份;1885 年又添加自动折叠装置,每小时可印刷 2.5 万份。[②] 随着报纸的批量印刷与发行量变得稳定,定期发行报纸的新闻机构出现了,新闻机构的出现标志着人类正式进入大众传播时代。

印刷术的发明与应用为广告提供了新的传播媒介——印刷物。在雕版印刷发明之后,佛经印刷和日历印刷得到较大推广,这些印刷物上就刊有简单的印刷作坊或经销店铺的名称与地址,是印刷广告的雏形。北宋时期(960—1127 年)济南刘家功夫针铺的铜版印刷广告是我国现存最早的印刷广告作品,内容简要

---

① 周茂君.世界广告历史分期刍议[J].武汉大学学报:哲学社会科学版,2005(1):134-138.

② 李骏.老牌《泰晤士报》的新媒体秘籍[J].传媒评论,2014(9):59-61.

翔实、图文并茂,比西方的印刷广告要早 300 多年,如图 1-3 所示。① 1840 年鸦片战争以后,随着《南京条约》的签署,中国被迫开放了部分城市为通商口岸,大批外国货涌入国内也带来了广告。1815 年 8 月英国传教士罗伯特·马礼逊(Robert Morrison)和威廉·米怜(William Milne)在马六甲创办了第一家中文报刊《察世俗每月统记传》(Chinese Monthly Magazine),该报刊登的《告帖》是我国近代最早的报刊广告,如图 1-4 所示。② 1899 年《通俗报》的六个版面,广告就占了四个半版面,标志着我国近代广告发展进入了一个新的时期。

图 1-3　刘家功夫针铺的铜版印刷广告图

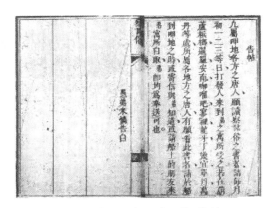

图 1-4　察世俗每月统记传《告帖》

　　标志着西方印刷广告开端的是 1472 年,英国印刷家威廉·卡克斯顿(William Caxton)印出的第一本英文书的推销广告。1650 年,《新闻周报》刊登了一则寻马悬赏启示,内容形式已经具备近代报纸广告的雏形,被认为是第一则名副其实的报纸广告。1666 年,英国的《伦敦公报》(London Gazette)最早开创了广告专栏,标志着广告成为报纸的重要组成部分与重要的经济来源。③ 1729年,美国广告之父本杰明·富兰克林(Benjamin Franklin)在《宾夕法尼亚日报》(Pennsylvania Gazette)的创刊号头版刊登了一则肥皂广告,取代了新闻的重要

---

　　① 泉城济南｜济南刘家功夫针铺印刷青铜版——白兔捣药图［EB/OL］. 2020-08-27,https://www.ximalaya.com/sound/331203516? source＝m_jump.

　　② 从《察世俗》看唐人在南洋活动环境［EB/OL］. 2012-03-04,http://christianweekly.net/2012/sa2012101.htm.

　　③ 邓理峰.广告主导型报刊体制的形成:19 世纪美国的工业革命、大众营销与大众化报纸的分化［J］.广告大观:理论版,2007(6):66-75.

版面,进一步提高了广告的地位。18世纪中叶之后,英国《每日邮报》(*Daily Mail*)、美国《纽约时报》(*The New York Times*)、日本《朝日新闻》(*Asahi Shimbun*)等世界有影响力的报纸相继创刊,所有报纸的主要收入都来自广告。以《纽约时报》为例,报纸大量刊登广告,大小广告共占报纸总篇幅的三分之二,在其总收入中,30％来自报纸的发行,70％来自广告。[①]

在报纸得到发展的同时,杂志、书籍等能够有效传播的印刷物也不断发展,这些印刷物打开了人们获取外界信息的大门,人们越来越希望能够通过它们了解外界更多的信息,对印刷物的需求不断增加。从这些印刷物获得的各种新闻信息逐渐成为人们重要的谈资,获得的各种知识技能提高了人们的生活水平与生产能力,印刷媒介使得人类宝贵的经验、思想、文化得以传承与延续,对现代文明产生了极其深远的影响。然而印刷媒介仍存在着时效性不强的局限,即使是定期发行的报纸也需要经过一个较长的制作周期。同时印刷媒介的使用也需要识字能力,因而也受到文化程度的制约。

(五)电子媒介传播时代

电子技术的发明是继造纸术与印刷术发明之后人类社会的第四次重大的传播革命,电子技术催生了电子媒介的产生,标志着人类社会进入电子媒介传播时代。相对于印刷媒介传播时代,电子媒介是该时代的新媒体。电子媒介不仅摆脱了印刷媒介传播必不可少的物质载体的束缚,实现了信息的远距离快速传输,也使得传播的内容空前丰富,知识经验的积累、文化传承的效率和质量发生了质的飞跃,人类进入了信息社会。

广义的电子媒介包括电话、电报、广播、电视、光碟等多种形式,我们一般说的电子媒介主要是指大众传播媒介的广播和电视。在广播与电视发展起来之前,电子媒介的探索就一直持续着。19世纪30年代美国发明家塞缪尔·莫尔斯(Samuel Morse)等人发明的有线电报和19世纪70年代美国发明家亚历山大·贝尔(Alexander Bell)等人发明的电话,改变了几千年来人们口耳相传和书信往来的信息通信模式,以即时的信息交流取而代之。1877年,美国发明家托马斯·爱迪生(Thomas Edison)发明了留声机,声音从此能够被记录下来,成为继文字之后能够被跨时空保存的信息形式。1895年,意大利科学家伽利尔摩·马可尼(Guglielmo Marconi)和俄罗斯科学家亚历山大·波波夫(Александр

---

① 程曼丽.论百年新闻传播史上的两次飞跃[J].国际新闻界,2000(6):21-26.

Степанович Попов)各自独立完成了无线电实验，发明了世界上最早的无线电设备，广播从此摆脱了有线电缆的束缚。1920 年 11 月 2 日，美国匹兹堡 KDKA 广播电台正式播音，被公认为世界上第一家正式的广播电台，它的开播标志着广播的诞生。

广播是世界最早的电子媒介形态，也是电子媒介时代最早的新媒体。广播通过导线或无线电波向广大地区播送声音节目。与文字传播相比，广播的接收门槛更低，受众不需要能够识字，只要具备听力，就能从广播中获取丰富的信息。1912 年 4 月 14 日，美国无线电事业的先驱戴维·萨尔诺夫（David Sarnoff）报道了"泰坦尼克号"轮船沉船事件，并在随后的 72 小时内不间断地进行广播，曾轰动一时。1920 年，KDKA 电台首次播送的节目是美国总统候选人沃伦·哈丁（Warren Harding）与詹姆斯·考克斯（James Cox）的总统竞选，这些标志性的广播事件改变了世界通信的面貌，也奠定了广播在信息传播中的地位。

在 KDKA 电台之后，1922 年美国创办了第一家商业广播电台 WEAF，开始向广告商出售广告时间，成为最早开展广播广告业务的电台。[①] 如同美国的报业大王肯尼思·汤姆森（Kenneth Thomson）所说："一张广播的营业执照就是印钞票的执照"[②]，广播一经诞生，就被当作盈利的工具。1924 年，美国电台的广告收入只有 400 万美元，到 1929 年，就增加到 4000 万美元，而到了 1941 年就猛增到 2.25 亿美元。[③] 从 20 世纪初到第二次世界大战以前，广播成为继印刷媒介之后的第二大大众传播媒介。随着广播节目的大量出现，广播传播的内容也逐渐大众化与娱乐化，广播广告也随之发展起来。

中国的广播广告在 1922 年就已经在上海出现，但 1967 年起由于"文革"处于停止状况，直至 1978 年 12 月底，十一届三中全会做出把工作重心转移到经济建设上的决策，中国广播广告才又重新发展起来。1979 年 3 月 5 日，上海人民广播电台在全国广播电台中第一个恢复广告业务，播出"春蕾药性发乳"广告。1980 年，随着中央人民广播电台播出了建台以来第一条商业广告，各地电台开始纷纷承接广告业务，标志着广播电台商业广告在中国大陆逐渐恢复，中国的广播广告事业进入一个全新的时期。

---

① 顾剑.美国广告业的历史和现状[J].中国广告,1998(1):77-79.
② 张允若.评西欧广播电视体制的重大变化[J].中国广播电视学刊,1992(2):104-108.
③ 姚力.广播电视广告学[M].长春:吉林大学出版社,2001:274.

广播之后出现的电子媒介形态是电视。1925年10月,英国科学家约翰·贝尔德(John Baird)根据"尼普科夫圆盘"(Nipkow disk)进行了新的研究工作,发明了机械扫描式电视摄像机和接收机。1927年,美国发明家菲洛·法恩斯沃思(Philo Farnsworth)成功地用电子技术把图像从摄像机传输到接收器上,两人的研究成果标志着电视机的诞生。1929年,英国广播公司BBC开始试播电视,播出的是无声图像;1930年,BBC播出了声像俱全的多幕电视剧《花言巧语的男人》(*The Man with a Flower in His Mouth*);1935年,BBC建立了电视节目机构;1936年11月2日,BBC ONE(电视1台)正式开播,成为世界上第一个电视频道,标志着电视媒介服务的开始。

电视作为一种新媒体不仅诉诸听觉也诉诸视觉,满足了人们观看画面的需要,相对广播而言是一种巨大的进步。同时电视将声音与画面结合起来,能够给受众强烈的现场感,电视节目的信息也简单易懂,不受文化水平的限制,摆脱了印刷媒介必须识字的局限,得到各个群体的喜爱。在各国科学家与研究机构的不断努力下,电子技术不断发展,推动着电视媒介形态的演进。电子技术从模拟走向数字,使得电视的信号更稳定、更清晰,接收的信源更广,电视也经历了黑白电视、彩色电视、有线电视、卫星电视、数字电视等几个重要的发展阶段。伴随着接收终端与节目放送价格的降低,电视逐渐普及,电视也成为政客宣传自己赢得选票的手段和人们了解上市产品动态、收看肥皂剧打发时间的首选。

电视的兴起使广播走入低潮,广播广告的收入逐渐落在了电视广告的后面,更多的广告主选择了新兴的电视媒介投放广告。1941年7月1日凌晨,纽约市全国广播公司(NBC)旗下的WNBC电视台在棒球赛前播出了10秒钟的宝路华钟表公司(Bulova Watch Company)的广告。该电视广告内容十分简单,一支宝路华的手表显示在一幅美国地图前面,旁白只有一句:"America Runs on Bulova Time"(美国以宝路华时间运行!),如图1-5所示。[1] 该广告也成为历史上第一支电视广告,而该则广告的广告费仅9美元(人民币约71元)。中国第一个电视广告则来自上海电视台。在1979年1月28日,上海电视台宣布"即日起受理广告业务",并播出了"参桂补酒"广告,这是我国大陆最早的电视广告,同年3月15日,上海电视台又播出了我国第一则外商广告"瑞士雷达表",揭开了中国电视广告史册的第一页。

---

① 关于腕表电视广告史,还有一些你不知道的事[EB/OL].2017-11-22,https://www.sohu.com/a/206030549_816318.

图 1-5　WNBC 电视台在棒球赛前播出了 10 秒钟的宝路华广告

随着录播技术与电影技术的发展,电视广告的表现形式也更加丰富,视听效果也有了很大提升,随着电视广告对产品销售的促进作用越发明显,电视广告费随之上升。同时,为了吸引大众,电视广告的题材也更关注当下时事与社会问题,出现了公益广告等多种公共题材。例如我国最早的公益广告是 1986 年贵阳电视台摄制的"节约用水",这则电视公益广告的播出引起人们的极大关注,并达到很好的效果,使水消耗量比上一年减少了 47 万吨。1987 年 10 月 26 日,我国第一档公益广告栏目《广而告之》由中央电视台推出。电视广告也从单纯的商家促销手段成为能够影响受众价值观和生活方式的文化行为,而那些具有暴力、色情意味的电视广告也因此被严格限制甚至禁播。

广播与电视相对印刷媒介大大提高了信息的远距离传递的能力,使得信息更快覆盖到更广泛的受众。广播诉诸听觉,电视进一步诉诸人们的视觉与听觉,表现能力更强,具有冲击力和感染力,容易建立起与受众的亲密情感,提升产品的知名度,增加产品的亲和力,塑造品牌形象。但要制作一则广播广告或电视广告远比印刷广告要复杂得多,制作费用也更高昂。除了制作费之外,电视媒体投放费用更是占到广告费的大半。同时,广播和电视依然具有很强的单向性,受众只能根据传播者所提供的信息作出选择,无法向传播者及时反馈自己的意见和建议,传播者与受众之间的互动无法得到实现。因此,人类虽然进入了大众传播媒介时代,但个人在大众媒体传播中是不平等的,能够给予个人的表达空间是极其有限的,人们只是具有使用媒介被动接收信息的权利。

（六）网络媒介传播时代

1.网络媒介时代的到来

计算机终端技术与互联网技术的问世是继电子技术之后人类社会的第五次重大的传播革命,它们催生了网络媒介,标志着人类社会进入了网络媒介传播时代。互联网技术是将计算机互相连接在一起,发展出覆盖全世界的全球性互联网络的技术。计算机互联网是继造纸术、印刷术、电子技术之后人类传播史上又一项伟大的发明,为变革人类传播方式提供了空前强大的工具,引发了信息时代的革命,是网络媒介时代的新媒体。

计算机互联网的前身是"阿帕网"(ARPA Net)。20世纪60年代末,处于冷战时期的美国国防部担心如果只有一个军事指挥中心,一旦该指挥中心被摧毁后果将不堪设想,而如果能够建立相互联结的多个指挥中心,当一个被摧毁后,其他几个指挥中心仍能发挥作用。在此背景下,1969年美国高级研究计划署(Advanced Research Project Agency,ARPA)开发了世界上第一个分组交换网络"阿帕网"。该网络最早仅将美国西南部大学中的加利福尼亚大学洛杉矶分校(University of California,Los Angeles,UCLA)、斯坦福大学研究院(Stanford Research Institute)、加利福尼亚大学圣塔芭芭拉分校(University of California,Santa Barbara,UCSB)和犹他州大学(University of Utah)的四台主要的计算机连接起来,供科学家们进行计算机联网实验,如图1-6所示。[1]

直至20世纪90年代初,蒂姆·伯纳斯-李(Tim Berners-Lee)发明了万维网(World Wide Web,WWW),即利用互联网传送超文本信息(包括文字、图像、声音、视频等多媒体信息),同时借助超链接将网络中的信息互相连接起来,并通过一种图形化的界面(网络浏览器)来实现操作,使得互联网的使用更加简单、便捷,才使得互联网在全球范围内普及开来。[2] 1994年,我国与国际互联网实现联通,国内四大骨干网相继建成,标志着我国进入互联网时代。[3]

借助网络新媒体,网络广告得以出现。网络广告最早来自美国。1994年10月14日,美国著名的《连线》(Wired)杂志推出了杂志的网络版 Hotwired

---

① 互联网发展史—早期[EB/OL]. 2021-11-25,http://news.sohu.com/a/503344876_121223406.

② 彭兰.网络新闻编辑教程[M].武汉:武汉大学出版社,2007:1.

③ 彭兰.中国网络媒体的第一个十年[M].北京:清华大学出版社,2005:19.

图 1-6 阿帕网

（www.hotwired.com），其主页上开始有 AT&T 等 14 个客户的横幅广告（banner），它们成为最早的网络广告。而中国的网络广告最早可以追溯到 1995 年马云创立的"中国黄页"网站，这是为企业提供供求信息的平台，是网络广告的发源地。而 1997 年 3 月，比特网（www.chinabyte.com）网站上出现的 Intel 的 468×60 像素的旗帜广告被认为是我国第一条商业性网络广告。而同一时期 IBM 为AS 400 计算机的宣传付了比特网 3000 美元的网络广告费，标志着互联网企业广告盈利与我国网络广告的开端。至今历经近三十年的发展，网络广告行业经过数次洗礼已经慢慢走向成熟。

2.网络媒介传播带来的变革

互联网的发展极大地提高了信息生产和传播的效率，降低了信息生产和传播的成本，成为目前人类社会历史上发展最快的大众传播工具。当"阿帕网"连接成功的时候，人们根本没有意识到计算机互联网将给我们的生活带来怎样重大的变化。但目前已经身处在网络传播影响中的我们，对互联网的感受并不是虚拟的而是实实在在的，很多人的生活已经离不开网络。

互联网迅猛普及对传统的信息传播方式提出了前所未有的挑战，它所带来的变革主要表现在以下几个方面。

（1）多样的传播形态

互联网与之前的大众传播媒介不同，它既是一种覆盖全球的大众传播媒介，又是一种高效灵活的组织传播媒介和人际传播媒介。网络传播在继承人际传播、组织传播、大众传播的基础上，将人际传播的点对点、组织传播和大众传播的点对面、面对面的传播方式以网状形式构建起来，形成双向的网络传播结构。因此，网络上的传播形式既可以发生在个人与个人之间、个人与群体之间，也可以发生在群体与群体之间，个人或群体可以根据自己的传播需求，利用门户网站、社交平台等不同的媒介发布信息或者相互交流。同时网络技术可以对要传播的文字、图像、声音、视频等信息进行01编码，以光速传递到世界的任何角落，从而满足任何人在任何时候任何地方与任何人进行任何形式的信息交互的需求，为人类的信息传播开创了新时代。

（2）个人媒介时代的到来

互联网的"个人媒介"的特征逐渐体现，将人类社会带入了个人传播时代。传播学家德里克·德克霍夫（Derrick de Kerckhove）在《文化肌肤：真实社会的电子克隆》（*The Skin of Culture：Investigating the New Electronic Reality*）一书中说，"计算机不是一种大众媒体，而是一种个人媒介，这正如个人电脑（personal computer）这种提法所体现的那样"①。在个人电脑出现之前，人类拥有多种媒介，但在使用这些媒介时，他们无法成为信息的处理者或者传播者，只能是被动的客体，即信息的接收者。而在互联网上，每个人不仅可以是传播的客体也可以是传播的主体，只要拥有一台计算机终端外加一根能够连上互联网的网线，即使是普通网民都可以直接坦率地向全世界表达自己的观点和意见。

（3）人们生活习惯的改变

随着网络的普及，互联网已经成为人们工作、学习、生活中获取信息、相互沟通的重要渠道，互联网的使用也逐渐改变了人们原有的生活方式。现在，当人们遇到不懂的问题时往往不是翻阅资料或问亲戚朋友而是通过搜索引擎寻找相关的答案；当要学习新的知识时，来自网络共享的丰富的学习资源，以及专业人士提供的在线课堂让人们足不出户就可以进行自主学习；当选择餐饮和娱乐时，人们也常常在点评网站或团购网站上搜索就近的人气商家；当选择出行时，预约叫车、酒店预订、航班查询、地图导航等需求都可以通过网络软件和手机应用实现，

---

① 德克霍夫.文化肌肤：真实社会的电子克隆[M].汪冰，译.保定：河北大学出版社，1998：172.

大大减少了出行的麻烦。互联网的出现在很大程度上改变了人们传统的生活习惯，且这种改变还将持续下去。

（4）推动新业态的改革与创新

随着互联网的发展，互联网与社会各领域不断融合，推动着社会经济形态的不断演变，"互联网＋"为新业态的发展、改革与创新提供了广阔的平台。其中，广告业受到互联网的影响尤为深远。随着人们媒介使用习惯的改变，人们的生活习惯与行为习惯也发生着巨大的转变。作为消费者，人们已经习惯在购物之前上网搜索信息，在购买后在线与他人分享。消费者行为与媒介环境的改变，导致了传统媒介广告业务收入的下滑，互联网广告业务收入的快速上升。网络的兴起为广告传播的创新提供了新的平台，推动了网络广告产业的兴起，传统 4A 广告公司不断积极转型，收购各类互联网公司，将互联网技术与创意、品牌、公关等服务结合起来，寻求新的盈利增长点。

作为网络媒介传播时代的新媒体，互联网带来的变革是深远的。互联网在传播介质、传播模式、传播形式方面的变革不断塑造着我们的世界，从国家治理，到科技创新，再到经济发展，从民主法治，到市场经济，再到生活方式，都因互联网而改变。这不仅仅是传播媒介的变革，更是整个"地球村"的变革，从世界到各个地区到每个人的变革。它将人类文明推向更高级的阶段，推动社会权利结构的分配更加扁平化与透明化，也为社会各行各业的发展与创新提供了技术保障与平台。互联网所带来的变革远远没有结束，随着移动互联网（mobile Internet）、物联网（Internet of things）、人工智能（artificial intelligence）的出现与发展，互联网有了新的发展空间与方向，预示着未来网络媒介传播时代将带给我们更加难以预估的巨大影响。

二、媒介形态变迁的本质

纵观媒介形态变化的整个过程，媒介形态的变迁固然受到政策导向、经济发展、媒介竞争的影响，但归根结底导致媒介形态变化的源动力在于媒介技术对受众信息需求的满足。每一种新的媒介技术的诞生与发展，都降低了受众使用媒介的技术门槛，也降低了受众使用媒介的成本，从而满足了受众的多元需求，这些需求主要表现在以下四个方面。

（一）满足人们的感官需求

新媒介相比旧媒介，不断满足人们的感官需求，减轻信息接收时的负担。媒介理论家马歇尔·麦克卢汉（Marshall McLuhan）提出的"媒介是人的延伸"的观点认为，"媒介是我们身体的延伸，这种延伸的每一个改变，都会给人类社会带来某种讯息，以形成新的尺度，从而导致社会的某种改变"[①]。从媒介对人的延伸趋势来看，从文字、印刷媒介的视觉，到口语、广播媒介的听觉，到电视媒介的视觉与听觉，再到互联网的视听兼具互动，以及未来的虚拟沉浸、万物互联，媒介带给受众的感官刺激呈不断扩充之势。人的视觉、听觉、嗅觉、味觉和触觉等感觉通道不断被激发，人的眼、嘴、耳、头、手等运动通道都参与到信息接收中来。感觉通道与运动通道的协同，可以实现准确高效的信息接收，减轻了只依靠单一通道接收信息的过重负担。所以相对旧媒介，新媒介在满足受众感官需求的同时，不仅提高了受众接收信息的准确性，还减轻了受众接收信息时的负担。

（二）满足人们高效获取信息的需求

相比旧媒介，新媒介降低了人们获取信息的门槛。在传播技术的推动下，媒介信息的报道形式越来越简洁，越来越符合受众的信息接收习惯，简洁的报道形式降低了受众理解信息的成本，使受众对信息的理解越来越容易。最早的报刊等印刷媒介，使用的文字长于思辨短于感性，因此读书看报的民众要彻底明白文字的含义，需要具有较高的教育水平和理解能力，而广播、电视等电子媒介，由于声音和画面直接、具体、生动，具有较强的代入感，几乎能将现实发生的事件原原本本地展现出来，因此即使不识字的受众都可以轻松理解电子媒介的内容。而互联网更进一步结合了印刷媒介长于思辨与电子媒介长于感性的特点，受众既可以通过多视角的视频快速了解发生的事件，也可以通过具有临场感的报道感受事件带给当事人的冲击与影响，满足了不同受众的不同信息需求。同时互联网上的内容随时可以查阅，又进一步降低了人们获取信息的门槛，受众可以利用碎片化的时间及时了解和跟进想要了解的信息。

（三）满足人们控制信息认识世界的需求

新媒介相比旧媒介，不断满足人们实时了解世界动态的需求。每次媒介技

[①]　麦克卢汉.理解媒介：论人的延伸[M].何道宽，译.北京：商务印书馆，2009：47.

第一章　新媒体广告的诞生

23

术的发展,在提高信息传播效率的同时都大大增加了媒介传递信息的数量与范围,使得受众得以控制的信息越来越多、越来越广。受众掌握信息越丰富就越能够预测未知与抵御风险。在传播技术还不发达的时代,人们只能依靠自己的判断,最多依靠有限的信息源来做决策,这样做出的判断往往是非常局限且不可靠的,需要承担较大的风险。随着大众媒体克服了时空的限制,信息的控制权落到普通民众的手中,人们就像有了"千里眼""顺风耳",获取信息的能力极大提高了,而覆盖全球的互联网更是让人们在任何时间和地点都可以随时了解任何国家或区域的信息。传播技术的发展使得媒介一次次把世界各地发生的事件拉到受众眼前,既方便又快捷,极大满足了人们控制信息认识世界的需求。

（四）满足人们平等交流表达意见的需求

相比旧媒介,新媒介满足受众与传播者平等交流表达意见的需求。在大众传播时代,受众在整个传播过程中处于被动的接收地位。"大规模的信息生产和传播活动"的性质决定了传播者不会为个人量身定做任何信息产品,受众也无法及时地将自己的想法反馈给传播者,只能被动地接收对方传播的信息。如今,随着互联网的出现,传播者不再是信息来源的主宰者与垄断者,受众不再是信息的被动接收者,受众可以主动搜索多个来源的信息,对传播者发出的信息做出评判和反馈,使用媒介与传播者开展平等的传播活动。有了双向对等的交流,网络便可以"为众多弱势群体的意见表达提供一个空间,为多元文化和多元思想的生存提供场所"[1]。在媒介技术的引领下,受众地位一次次地得到了提升,受众在媒介传播过程中的权利越来越大,地位与传播者相比也将越来越趋向平等。

第二节 信息社会与网络经济

20世纪90年代信息技术的飞速发展,使人类社会逐步进入信息社会。建立在现代信息技术尤其是网络技术发展基础之上的信息社会向人们展示着一种新的社会形态和新的经济发展格局。网络经济就是信息社会在网络技术条件下的产物,它具有巨大的发展潜力,给人类社会的发展带来了新的机遇与挑战。新媒

---

① 　陈卫星.网络传播与社会发展[M].北京:北京广播学院出版社,2001:136.

体广告是信息社会下网络经济的产物,为了把握新媒体广告的诞生环境,有必要对信息社会与网络经济的概念、特征及其产生的变革进行梳理。

一、信息社会与网络社会

信息社会与网络社会是如今人类所处的网络媒介传播时代的社会形态,在这样的社会形态中,人类每天都接触并处理各种各样的信息,而网络也逐渐成为人类生产生活重要的依靠与力量之源,信息社会与网络社会是新媒体广告诞生的宏观背景。

(一)信息社会的概念

信息社会的关键词之一是信息,《辞海》对信息的解释有两个:一是音讯、消息,二是通信和信息系统中采集、传输、存储和处理的对象,通常须通过处理和分析来提取。[①] 前者是我们一般认为的信息,是信息的同义词,而后者则是信息论中对信息系统传播对象的界定。

对于信息概念的学术性界定最早来自技术领域。1928 年,美国学者哈特莱(R V L Hartley)在《贝尔系统技术杂志》(*Bell System Technical Journal*)上发表了一篇题为"信息传输"(transmission of information)的论文,区分了消息和信息,首次提出了"信息"概念,并将其定义为一种"选择通信符号的方式,是包含在消息中的抽象量"[②]。1948 年,美国信息论创始人克劳德·香农(Claude Elwood Shannon)在《通讯的数学理论》(A Mathematical Theory of Communication)一文中将信息定义为"用来消除随机不定性的东西"[③]。同年,美国控制论创始人诺伯特·维纳(Norbert Wiener)在《控制论或关于在动物和机器中控制和通信的科学》(*Cybernetics,or,Control and Communication in the Animal and the Machine*)一书中指出"信息就是信息,不是物质,也不是能量","信息就

---

① 陈至立.辞海:彩图本[M].第 7 版.上海:上海辞书出版社,2020:4920.

② HARTLEY R V L. Transmission of information[J].The Bell System Technical Journal,1965,7(3):535-563.

③ SHANNON C E. A mathematical theory of communication[J].The Bell System Technical Journal,1948,27(3):3-55.

是人和外界互相作用的过程中相互交换的内容的名称"。^① 这些定义为传播学视角下信息概念及其内涵的形成奠定了基础。

而要将整个社会形态命名为"信息社会"并不容易，在"信息社会"被提出来之前，有许多类似的概念。1959 年，美国社会学家丹尼尔·贝尔（Daniel Bell）在奥地利的一次学术会议上提出了"后工业社会"（post-industrial society）一词，之后他陆续撰写了《后工业社会：推测 1985 年及以后的美国》《后工业社会札记》《后工业社会的来临：对社会预测的一项探索》等文章，^②在这些文章中，贝尔将人类社会的发展历程分为三个阶段：前工业社会、工业社会和后工业社会，并从五个方面系统地阐述"后工业社会"的思想体系：经济上，从产品生产经济转变为服务性经济；职业上，专业与技术人员阶级处于主导地位；理论上，知识处于中心地位，成为社会革新与制定政策的源泉；发展方向上，控制技术发展，重视技术鉴定；制定决策上，依靠新的"智能技术"^③。可以说丹尼尔·贝尔描绘的后工业社会的基本轮廓构建了信息社会的基本框架。^④

随着信息在社会生产生活中的地位不断提升，在后工业社会的框架下，"信息化""信息社会"的概念出现了。最早提出"信息化"概念的是日本的文化人类学家梅棹忠夫（Tadao Umesao）。1963 年，梅棹忠夫发表了《情报产业论》（『情報産業論』），明确提出了"信息将成为很重要的经济要素"的观点，他立足日本工业化和产业发展角度，向人们描绘了"信息产业"、"信息革命"和"信息化社会"的前景。^⑤ 1964 年，他发表了《情报文明学》（『情報の文明学』），第一次使用了"信息社会"（情报社会）的概念。1967 年，日本科学技术和经济研究团队正式提出了"信息化"（informationalization）的概念^⑥。

1980 年，美国社会思想家阿尔文·托夫勒（Alvin Toffler）在其《第三次浪

---

① 李国亭,于全敬,徐令彦,等.数字化生存的地球村[M].北京:军事科学出版社,2003: 2-5.

② BELL D.The coming of the post-industrial society[J].Journal of the Operational Research Society,1974,31(1):83-84.

③ 贝尔.后工业社会的来临:对社会预测的一项探索[M].高铦,王宏周,魏章玲,译.北京:商务印书馆,1984:20,23.

④ 张文娟.信息社会概念溯源:背景产生发展[J].情报科学,2007,25(7):1006-1010.

⑤ 梅棹忠夫.梅棹忠夫著作集第 14 卷:情报与文明[M].东京:中央公论社,1991:24.

⑥ 吴正荆,靖继鹏,孙成江.信息社会学理论范式研究[J].情报科学,2008,26(8):1135-1139.

潮》(The Third Wave)的专著中,在丹尼尔·贝尔的前工业社会、工业社会和后工业社会的三阶段论基础上,进一步将人类社会划分为三个阶段:第一阶段为农业阶段,从约1万年前开始;第二阶段为工业阶段,从17世纪末开始;第三阶段为信息化阶段,从20世纪50年代后期开始,并指出信息化阶段是人类文明史的新阶段,是一种独特的社会状态。比起丹尼尔·贝尔的划分,阿尔文·托夫勒的人类社会阶段划分更清晰地强调了每一阶段社会的核心发展力,他在《第三次浪潮》所指的第三阶段实际上就是信息社会,他描绘了很多如今已经成为现实的"未来图景",如"宽带是第三次信息浪潮的基础设施的重要组成部分,是第三次浪潮经济的中心","货币正在变得信息化,信息正在货币化","随着计算机和通信系统构建的新信息基础的进步,在家工作将成为可能",等等①。

　　1980年之后,各领域对信息社会的探讨进一步加深。1982年,美国未来学家约翰·奈斯比特(John Naisbitt)在出版的《大趋势:改变我们生活的十个新方向》(Megatrends: Ten New Directions Transforming Our Lives)一书中,在西方首次用"信息社会"来描述未来社会,并且用大量的信息产业、信息技术的事实来解释和证明它,并提出当代社会发展的大趋势:世界在从"工业社会"转变为"信息社会"。② 在他之后,1985年制度政治经济学家威廉·梅洛迪(William H Melody)的《信息社会》(The Information Society)出版。1988年,信息管理学家威廉·马丁(William J Martin)、麻省理工学院计算机科学家杰拉德·萨斯曼(Gerald Sussman)也各自出版了名为《信息社会》的专著,同年美国传播学家弗德瑞克·威廉姆斯(Frederick Williams)出版了专著《信息社会测量》(Measuring the Information Society)。20世纪80年代的这些著作为信息社会理论在国际社会的普及做出了贡献,此后"信息革命""信息社会"的提法不胫而走,广为传播,逐渐得到社会的公认。

　　虽然信息社会的概念频繁被提及,但关于信息社会的定义,不同学者有不同的定义。按照约翰·奈斯比特的理解,就是"大部分人从事信息工作,社会中最重要的因素转变为知识"的社会。威廉·马丁对信息化社会的界定为:信息化社会是一个生活质量、社会变化和经济发展越来越多地依赖于信息及其开发利用的社会。在这个社会里,人类生活的标准、工作和休闲的方式、教育系统和市场

---

　　①　托夫勒.第三次浪潮[M].黄明坚,译.北京:中信出版社,2006.
　　②　奈斯比特.大趋势:改变我们生活的十个新方向[M].梅艳,译.北京:中国社会科学出版社,1984:3-12.

都明显地被信息知识的进步所影响。① 我国信息学家符福桓在《信息社会学》中也对信息化社会进行了界定:社会从有形的物质产品创造价值向无形的信息创造价值阶段转变。它是以经济信息化为基础,通过发达高效的网络终端以及信息服务业最终达到使人类生活各方面都实现信息化的社会。②

根据以上的定义,信息社会简单来说就是知识和信息起主导作用的社会。在信息社会中,人类的生产生活的对象不再仅仅限制于物质与能源,而更多地围绕着数字化和信息化展开,信息和知识成为社会进步和经济发展的基本要素、战略资源和根本动力,信息资源得到最大限度的开发和利用,人类的生活质量与社会的经济发展也依赖于信息资源的开发与利用,信息经济在国民经济中占据主导地位,并构成社会信息化的物质基础。③

(二)信息社会的基本特征与具体表现

信息社会有别于农业社会、工业社会等人类社会历史上的其他生产关系形态。相比其他生产关系形态,信息社会的基本特征可以归结为五个方面:一是信息社会是人类社会发展的一个新的历史阶段;二是支撑信息社会的是信息科技的高度发达和高度普及;三是信息产业的迅速崛起和大规模发展,改变了工业时代的社会经济结构;四是信息产业的增长改变了人们劳动就业的结构,也改变了人们的生产和生活方式,并导致社会体系和社会文化发生深刻的变化;五是信息与知识成为重要的社会财富。④

对比农业社会、工业社会和信息社会,在产业类别上,农业社会的产业属于第一产业,以农林牧渔为主要产业,工业社会的产业属于第二产业,包括制造业、建筑业与能源采集等,信息社会的产业属于第三产业,主要包括服务业、信息业、文教业、流通业、金融业等;在生产力与生产关系上,农业社会的主要生产力是人力与畜力,生产方式为依靠自然资源的自给自足的方式,工业社会的主要生产力是机械,生产方式为依靠技术革新的机械化生产,而信息社会的主要生产力是信息与知识,生产方式为依靠数据分析与决策的自动化、智能化生产;在所从事的劳动者上,农业社会主要是农民,工业社会为工人,信息社会为智力劳动者。

① 刘昭东,宋振峰.信息与信息化社会[M].北京:科学技术文献出版社,1994:116.
② 符福桓.信息社会学[M].北京:海洋出版社,2000:1-10.
③ 刘铁贵,曹惠敏.信息产业崛起与信息社会来临[J].情报杂志,1997(4):56-57.
④ 安筱鹏,李瑶.信息社会研究综述[J].情报杂志,2006(1):44-46.

以上三个社会阶段的对比同媒介形态变化一样并非相互替代的过程。例如信息社会中也存在着依靠人力畜力的农业生产,也需要依靠机械的产品生产,但随着信息革命的深入,原有的农业生产与工业生产逐渐走向自动化与智能化,也出现了如金融业、咨询业、电信业、传媒业等依赖信息与知识的第三产业,以及在线医疗、餐饮团购、网上零售、在线定制等融合性产业,三种社会形态的比较如表1-1 所示。

表1-1　农业社会、工业社会与信息社会对比

社会形态	农业社会	工业社会	信息社会
原动力	农业革命	工业革命	信息革命
产业分类	第一产业	第二产业	第三产业
产业类别名称	农林牧渔	制造、能源开采、建筑	服务业、信息业、文教业、流通业、金融业、融合产业
生产力	人力、畜力	机械、技术	信息、知识
生产方式	自给自足	机械化大生产	自动化、智能化生产
生产者	农民	工人	智力劳动者

在具体表现上,信息社会在以下四个方面区别于农业社会与工业社会:第一,在生产方式层面,信息社会中,机械化的生产方式被自动化的生产方式所取代,社会的主要生产者不再是传统的农民和工人,而是掌握知识和技术的智力劳动者。第二,在就业结构层面,随着智能工具越来越广泛地运用,新的行业,如投资、信贷、咨询、信息发布等信息产业成为主要的就业方向。同时有大批从事信息采集、制作、加工、交换与传播的劳动者成为社会从业人员。第三,消费市场层面,信息、知识、智能产品已超过极其丰富的传统物质资料产品成为消费市场中占统治地位的产品。第四,在社会管理层面,无论组织决策、组织沟通还是组织管理,都由传统集权式的金字塔型组织管理结构向着参与式的网络型的组织管理结构转变。[1][2]

总结信息社会的本质特征,我们可以认为,信息社会是信息技术为推动力,信息生产为生产方式,信息产业为实体的社会,其最关键的元素是信息与知识,最重要的特征就是数字化与智能化。与人类社会的其他形态相比,信息社会最

---

① 钟义信.信息社会:概念,原理,途径[J].北京邮电大学学报:社会科学版,2004(2):1-7.
② 周子学.信息社会的基本特征和趋势探讨[J].理论前沿,2004(23):19-20.

重要的作用是推动了生产方式的变革，产生了新的生产力和生产关系，使得信息技术成为社会的主导技术，信息生产成为社会生产的主导方式，信息产业成为社会的主导产业。

（三）信息社会与网络社会

在信息社会中，信息网络与信息服务通过产业化而变得越来越重要，芯片、集成电路、电脑的硬件和软件、光纤光缆、卫星通信和移动通信、数据传输居重要地位，移动电话、移动阅读器等数字化的信息终端广泛应用，生活方式和交易方式逐步走向数字化，人们生活在一个被信息技术及数字化媒介所包围的世界中。这一切随着互联网的广泛应用而更加真切。互联网的出现，使得信息采集、传播的效率和规模达到空前的水平，实现了全球的信息即时共享与交互[①]，世界上任何一个人在任何一个角落都可以随时访问互联网，与外界进行互动与交流，获取其工作、学习、生活所需的各种信息，各种数字消费产品更是无处不在，满足了人们日益增长的便捷获取信息的需求。

20世纪90年代以来随着网络的大规模普及，在"信息社会"的基础上"网络社会"的概念被提出。最早使用"网络社会"一词的是荷兰学者梵·狄杰克（Jan van Dijk）于1991年出版的《网络社会》（*De Netwerkmaatschappij*）一书，而对"网络社会"理论进行系统阐述的是美国传播学家曼纽尔·卡斯特（Manuel Castells）于1996年出版的《网络社会的崛起》（*The Rise of the Network Society*）一书。[②] 该著作是卡斯特自20世纪80年代初期至90年代末期集诸多信息社会学理论成果而成的"信息时代三部曲：经济、社会与文化"的第一卷，其他两卷分别为1997年的《认同的力量》（*The Power of Identity*）和1998年的《千年终结》（*End of Millennium*）。在《网络社会的崛起》中，卡斯特从技术理性的角度对网络社会进行社会学、经济学、政治学甚至哲学的思考，重点论述了网络社会的基本性质、构成模式、社会功能等。[③]

卡斯特指出，我们的社会正经历着一场革命，这就是信息技术革命。在这场革命中，信息技术就像工业革命时期的能源一样重要，它重组着社会的方方

---

① 汪传雷,管静文,汪涛.全球信息社会发展的困惑及其应对之道[J].电子政务,2011(11):76-83.

② 卡斯特.网络社会的崛起[M].夏铸九,等译.北京:社会科学文献出版社,2001.

③ 曲维迎.信息社会:概念、经验与选择[M].北京:经济科学出版社,2005:5.

面面。而根植于信息技术的网络,已成为现代社会的普遍技术范式,它改变着我们社会的形态,使社会再结构化。他认为,网络构成了我们社会新的形态,网络社会既是一种新的社会形态,也是一种新的社会模式。网络社会代表着人类经验的巨大变化,也意味着人类社会的生产和生活各个领域的巨大变化,我们必须直面这种新型的社会形态。卡斯特指出,从现在开始的社会就是一个由各种接点通过网络联结成的网络社会,在网络中的所有接点,只要它们有共同的信息编码(包括共同的价值观和共同的成就目标)就能实现联通。

卡斯特自 20 世纪 80 年代初期起即开始考察网络社会系统的特殊功能。他所论及的网络社会的特殊功能主要包括四方面[①]:首先,网络社会产生信息主义精神。卡斯特认为,网络根植于信息和信息技术,而信息和信息技术衍生信息主义。信息主义已经成为当代社会的普遍范式,它使资本主义社会重构,形成信息资本主义。其次,网络社会构成新的社会时空。卡斯特认为,与历史相适应的技术变革正在改变人们生活的时间和空间,增加了人们工作时间中的生产力,并且消除了空间上的距离。再次,网络社会促成信息城市出现。卡斯特认为,信息时代正在展现一种新的城市形式,即信息城市。信息城市是社会信息化的体现,是信息经济的集聚地。他也强调,信息城市不是通过某种模仿就能形成的,信息城市的出现有其特殊的规律。最后,网络社会形成新的社会认同。卡斯特认为,虽然网络社会中的人们缺乏认同感,但是,由于网络是一种偏离中心的组织和干预形式,它不仅能够组织活动和分享信息,也是文化代码的真正的生产者和传播者,因此网络化反而有助于减少人们对认同感的抵制,有助于社会机制的重建。

卡斯特基于对具体的信息社会和网络社会的研究,不仅对网络社会的形成和崛起的过程作了描述,而且从更高的层次揭示了网络社会结构与网络社会变迁的技术逻辑。[②] 从以上对"信息社会"与"网络社会"概念的概述可以知道,网络社会实际上属于信息社会的范畴,是信息社会发展到网络时代的新阶段。

---

① 谢俊贵.当代社会变迁之技术逻辑:卡斯特网络社会理论述评[J].学术界,2002(4):191-203.

② 谢俊贵.凝视网络社会:卡斯特信息社会理论述评[J].湖南师范大学社会科学学报,2001(3):41-47.

二、网络经济及其特征

当人类进入网络社会,经济的形态已经发生了改变,现代信息技术与互联网技术的推广与运用,催生了信息技术产业和互联网产业,引起了经济形态的深刻变革和飞跃发展,网络经济由此萌生。

(一)网络经济的诞生

早在1965年,英特尔(Intel)创始人之一戈登·摩尔(Gordon Moore)便提出,当价格不变时,集成电路上可容纳的元器件的数目,约每隔18~24个月便会增加一倍,性能也将提升一倍。[①] 换言之,每1美元所能买到的电脑性能,将每隔18~24个月提升一倍。这一定律揭示了信息技术进步的速度,被称为"摩尔定律"(Moore Law)。时至今日,在摩尔定律的支配下,互联网的膨胀速度更加惊人,接入网络的宽带数、网民接触到的信息量都以指数级别增长,这令所有的传统媒体望尘莫及。互联网技术带来信息指数级增长的同时,也推动以信息为核心的经济领域的爆炸性发展,特别是在以个人电脑、互联网技术、光纤通信技术等为标志的网络信息技术的推动下,大量网上经济活动频繁进行,网络企业不断涌现,全新的经济形态"网络经济"的惊人能量逐步显现。

根据网络经济的特征我们可以把网络经济定义为:信息网络(既包括具体的、有形的物理网络,又包括抽象的、虚拟的无形网络)基础之上的一切经济活动的总和。[②] 网络的全球化特征也使得网络经济属于一种全球性经济,既不局限于网站经济,也并不等同于网络产业经济,由于网络的全球化特征,世界各区域的经济同此凉热。因此,网络经济的主体范围不仅覆盖一切传统产业中的各类应用信息资源进行研发、制造、销售和管理的实体经济产业,也包括以信息生产、处理、传播为主体的虚拟经济产业,涉及人类社会生活的方方面面。

(二)网络经济的特征

从世界范围来看,网络经济正处于规模扩展阶段,增长迅猛,影响深远。不

---

① KIM N S, et al. Leakage current：Moore's law meets static power[J]. Computer,2003,36(12):68-75.

② 周朝民.网络经济学[M].上海：上海人民出版社,2003:2.

同于传统的农业经济和工业经济,以现代信息传播技术和数字化信息网络为依托的网络经济呈现出鲜明的特征。

1.跨时空性

网络突破了时空的限制,人类社会的信息交换和贸易往来可以在更短的时间和更广的空间中进行。首先,网络经济的活动时间发生着改变,依靠以光速传播的现代信息网络,任何网络经济活动或交易可以在一天 24 小时的任意时刻进行,由于经济活动摆脱了时间因素的制约,节奏大大加快。其次,经济活动的空间范围也扩大了,经济活动面向的市场可以扩大到整个世界,来自不同国家与地区的企业可以在国际舞台上发光发热,同时他们也必须应对来自世界各大竞争对手的挑战,市场环境变得更加复杂,竞争也更加激烈。

2.虚拟性

网络经济是在信息网络构筑的虚拟空间中进行的经济活动,网络经济继承了网络的虚拟性,网络的虚拟性也使得整个经济系统虚拟化程度提高。虽然转移到网上经营的经济都属于虚拟经济,但网络经济并不是一种独立于现实经济之外、与现实经济完全对立的、纯粹的虚拟经济,它是与网外物理空间中的现实经济相并存、相促进的。培育和促进虚拟经济的健康成长,是现代经济发展的新动向,虚拟经济的成长为现代经济创造了许多优势,同时也增加了现代经济活动的“泡沫”风险。

3.扁平化

由于网络的发展,经济组织结构趋向扁平化,各类经济活动的中间层次减少,整个经济过程的链条缩短。处于经济链条两端的生产商与购买者可以直接通过网络联系,砍掉了处于传统经济链条中的大量中间商,从而降低了生产商的销售成本与传播成本,民众也能获得低廉的商品,大大提高了经济效益。当然,网络经济的扁平化并不意味着中介的消失,例如在证券、咨询、投资等技术含量高、市场比较复杂的行业仍需要各种专业的中介和专业人士,而网络广告代理业也是网络经济中的一种中介服务。

4.革新性

网络经济以知识和技术革新为灵魂。知识和信息资源的共享和广泛利用是网络经济崛起的基础,信息共享的理念和技术拆除了市场进入障碍,提高了社会经济运作的开放度和透明度,降低了对各种资源的浪费与损耗,同时也改变了传统的经济发展模式,为各大经济主体积极进行自我革新,挖掘新的经济增长模式带来充足的空间。但也必须注意到,网络经济所带来的变革不是连续的、平稳的、一蹴而就的，往往是探索性的、阶段性的，需要走弯路的，因此会出现网络经济的周期性波动，每个波动周期包括危机、萧条、复苏、高涨四个阶段，因此也带来各种机遇、挑战与风险。①

三、网络经济发展与产业变革

网络经济发展对产业的变革是深远的。网络经济已经成为规模经济，网络经济涉及的产业范围可以是一片区域、一个国家，甚至形成跨越国界联结整个世界的产业联盟。同时网络经济也变革着每个产业从上游到下游的价值链，推动传统产业与新兴产业的融合与渗透，催生出各种极具活力的"边缘产业"。

（一）网络经济带来的产业变革

美国经济学家马克·波拉特（Marc U Porat）在 1977 年发表的《信息经济：定义和测量》（The Information Economy：Definition and Measurement）中，第一次采用四分法把产业部门分为农业、工业、服务业、信息业。② 根据我国《国民经济行业分类》，第一产业为农业，第二产业为工业，服务业和信息业为第三产业。随着网络经济的发展，作为网络经济的重要组成部分的信息服务业在迅速地向第一、第二产业以及第三产业的其他行业渗透，三大产业之间的界限逐渐模糊，出现了三大产业相互融合的趋势。再往微观层面看，网络经济不仅带来了三大产业的融合，也促进了企业经营目的、经营方式与生产组织方式的变革③。

1.企业经营目的的变革

网络经济转变了企业经营的目的。进入网络时代，大批量制造和大批量销售正在让位于大批量定制。这一经营观念的改变意味着，企业已经不能继续大批量地生产与销售，而应该面向消费者，提供消费者所需要的产品，也就是所谓的定制。这也意味着，网络经济时代市场竞争的焦点不再集中于谁的技术最先进，谁的规模最大，谁的资本最雄厚，而是要看谁最先发现消费者的需求，并能最

---

① 乌家培.网络经济及其对经济理论的影响[J].学术研究，2000(1)：4-10.

② PORAT M U.The information economy：definition and measurement[C]//JAMES W C.Rise of the Knowledge Worker.London：Butterworth-Heinemann，1998：101-131.

③ 董凛.试论网络传播对经济发展的影响[D].武汉：武汉大学，2005：6-7.

先满足消费者的需求。谁最先成功地为消费者提供了其所需的商品或服务，谁就能在市场上生存下去。这当然并不意味着企业可以不重视自己的技术、规模和资本，而是应将这些运用到满足消费者需求这一目的上去。

2.企业经营方式的变革

网络经济转变了企业的经营方式。基于网络交易的网络经济极大地改变了传统的企业经营方式，摆脱常规的交易模式和市场局限，但网络交易不同于实体商品交易，不仅要求交易双方和服务平台具有较高的商业信用和成熟的支付技术，而且要求金融机构、第三方认证机构、供应商和客户在电子交易系统中角色的高度兼容。[①] 随着这一切走向成熟，互联网不仅可以使企业通过供应链管理（supply chain management，SCM）急剧降低交易成本，进入到原先难以进入的市场，也可以利用数据库与信息系统提高客户关系管理（customer relationship management，CRM）水平，从而创造新的收入增长点。

3.企业生产组织方式的变革

网络经济转变了企业的生产组织方式。在网络经济中，进入电子商务的门槛很低，任何个人都能够通过网络与大企业一样向全球各地的买家提供物质或非物质的产品，既不需要自己拥有生产设备和车间，也不需要拥有销售渠道。在互联网的支持下，传统企业的生产组织方式逐渐被"虚拟垂直一体化"（virtual vertical integration）的生产组织方式所替代。这种新的生产组织方式以国际品牌为代表，它们通过原厂委托制造（original equipment manufacturer，OEM）的方式把生产过程分包给下游厂商，甚至有些企业将全部产品均外包生产，品牌公司只负责设计和营销。

（二）网络经济活动中的网络广告

网络产业作为网络经济的重要组成部分正逐步向第一产业与第二产业渗透，广义的网络经济的主体不只限于以互联网为中心的网络经济活动，还包括不以互联网为主营业务但与信息网络有关的经济活动，如通过在线预约的医疗服务、支持网络团购的餐饮业、通过网络销售的制造业等数字化传统企业的经济活动。而狭义的网络经济的主体则是以互联网为主的经济活动，如电子商务、网络咨询、网络数据服务等网上经济活动。

虽然广义与狭义的网络经济的范畴并没有严格的界限，但网络媒体产业作

<hr>

① 王斌.网络经济时代中小企业管理创新研究[D].长春:吉林大学,2004:59.

为参与网络经济活动的重要主体,其经济活动密切围绕网络信息资源的开发和经营展开,包括网络新闻生产、网络广告经营、电子商务、无线增值业务、在线咨询等,因此属于狭义的网络经济范畴。随着信息技术的飞速发展,未来的网络媒体产业还将不断变革。网络广告作为网络媒体产业的重要组成,是网络媒体盈利的重要来源。

第三节　新媒体广告的诞生

随着网络技术的革新,计算机网络、移动网络成为媒介的新形态,具有传统媒介所不具备的全球性、快速性、虚拟性等特征。而新媒体广告是依赖于新媒体的广告形式,它随着媒介形态变化而变化,同时也成为如今社会经济中传媒产业的重要组成部分,因此在对新媒体广告进行分析前,有必要从历史的角度与网络经济的角度把握新媒体广告。

一、媒介形态变化与新媒体

人类社会的媒介传播史,共经历了五次具有重大意义的传播变革,分别为语言的出现、文字的出现、造纸术与印刷术的发明、电子技术的发明与网络技术的发明。根据这五次变革整个媒介传播史可以分为原始传播时代、口语媒介传播时代、文字媒介传播时代、印刷媒介传播时代、电子媒介传播时代和网络媒介传播时代。在印刷媒介出现之前,传播媒介仍无法将信息传播到足够多的受众,因此可以称之为小众传播时代,印刷媒介的出现标志着人类社会的大众传播时代的开始,而到了网络媒介时代,由于网络既能够提供一对多的交流,也能够提供一对一、多对多的交流,因此可以将其称为分众传播时代。

每一次媒介传播的变革都极大推动了媒介形态的变化,推动了人类社会的发展,形成以一种新媒介为代表的媒介传播时代。但新的媒介不仅仅是代替了旧的媒介,而是和它们结合在了一起。[①] 在新媒介为代表的媒介传播时代中,旧媒介虽然受到新媒介的冲击,但并非立刻消亡,而是呈现新旧媒介叠加共存的形

---

① 　莫利.电视、受众与文化研究[M].史安斌,译.北京:新华出版社,2005:233.

态。20 世纪 90 年代至今,网络媒介的快速发展对传统媒介产生了巨大的冲击,但时至今日口语媒介传播时代的口语,文字媒介传播时代的文字,印刷媒介传播时代的报纸、杂志,电子媒介传播时代的广播、电视等传统媒介并没有消亡,多种媒介并存。

依赖这些媒介形式,广告也呈现多样的传播形态。最早的吆喝叫卖广告、招牌广告等户外广告,报纸广告、杂志广告、广播广告、电视广告等大众传播媒介广告,以及进入网络媒介传播时代的网络广告、手机广告,多种广告形态共存,大大丰富了广告的表现形式和传播渠道。以时间为顺序结合以上分析,我们将媒介传播时代以及每个时代所拥有的媒介和广告形式整理如图 1-7 所示。

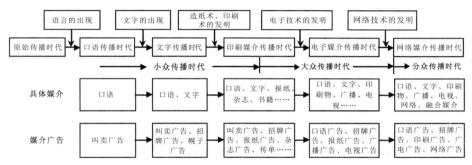

图 1-7　媒介和广告形式变化示意图

当人类社会进入网络媒介传播时代后,由于互联网所引发的数字化革命打破了媒介的介质壁垒,过去的文字、语音、图像、视频都可以通过计算机进行数字化,通过网络进行传播。互联网为报纸、广播、电视等原本独立的传播媒介提供了共同的平台,最终使得传播媒介不断变革与重组并呈现出融合的趋势。因此进入网络媒介传播时代,其所包含的媒介形式不仅仅是原有的报纸、杂志、广播、电视和新出现的网络媒介,更出现了电子报、电子杂志、网络广播、网络电视等媒介融合的新形态。这些媒介形态虽然是在传统媒介的基础上通过数字化或网络化实现的,但带上了数字媒介或网络媒介的新特性,富有新媒体的色彩。而对于广告来说,媒介融合为广告提供了更加丰富的媒介内容、传播渠道与呈现终端。广告主或广告代理商可以根据广告的目的、所需达到的效果与目标消费者的信息来选择合适的媒介或媒介组合,进行营销传播。

通过以上对媒介形态变化过程的梳理,虽然不同阶段有不同的新媒体,但当前阶段的新媒体指的主要是网络媒介传播时代出现的媒介新形态,既包括互联网、移动互联网等新媒体,也包括通过媒介融合所形成的带有不同媒介特征的新媒体。而随着网络技术的进一步发展,物联网、智能网(intelligent network)、泛在网(ubiquitous network)等新一代网络的建设,以及电信网、广播电视网、互联网三网融合的加快,新媒体的范畴将进一步扩张与渗透,新媒体的概念也将不断发展。

二、信息社会下的新媒体广告

20 世纪 60 年代,一些专家学者们已经预测到信息社会的来临,美国社会学家丹尼尔·贝尔指出后工业社会中,知识与智能技术成为社会革新与政策制定的关键,产品生产经济转变为服务性经济,专业与技术人员阶级将处于主导地位。到了 20 世纪 80 年代,社会思想家阿尔文·托夫勒认为,人类社会的第三次浪潮为信息革命带来信息化阶段,该阶段主要以信息技术为主体,重点是创造和开发知识,而美国未来学家约翰·奈斯比特指出,"虽然我们仍然认为我们是生活在工业社会里,但是事实上我们已经进入了一个以创造和分配信息为基础的经济社会"[①]。约翰·奈斯比特的定性概括使得信息社会这一称谓得以稳定下来,成为继农业社会、工业社会之后的第三轮社会形态,代替了"后工业社会""第三次浪潮"等较为抽象的说法。

20 世纪 90 年代以来,互联网所引发的信息革命席卷全球。随着网络的大规模普及,在信息社会的基础上,1991 年"网络社会"被提出,1996 年随着曼纽尔·卡斯特的信息时代三部曲第一卷《网络社会的崛起》的出版,网络社会被认为是信息社会的新阶段。信息社会围绕着网络发展,互联网与电子商务成为信息社会经济增长的重要驱动力。网络传播带来信息爆炸性增长的同时,作为信息社会生产力的信息技术带来经济的爆炸性增长,全新的经济形态——网络经济出现了。

狭义的网络经济包括以网络经济活动为主体的信息开发与经营,从广义来看网络经济也包括网络与其他产业的融合,即主营业务不为网络经济活动但与网络有关的经济活动。网络广告作为网络媒体产业的重要组成,是网络媒介盈利的主要来源,同时也与网络媒介的使用密不可分,因此可以认为是狭义网络经

---

① 奈斯比特.大趋势:改变我们生活的十个新方向[M].梅艳,译.北京:中国社会科学出版社,1984:1.

济中的一员。

综上所述,如今我们所说的新媒体广告的概念是人类社会进入网络媒介传播时代出现的,包括基于互联网技术的网络广告与其他基于数字技术、信息技术或以融合媒介形式出现的广告形式。新媒体广告是信息社会发展到网络社会阶段,在其所产生的网络经济中的组成部分,如图1-8所示。目前的新媒体广告以网络广告为主要形式,未来随着信息技术、媒介融合、网络经济的进一步发展,将呈现出更多样的形式。

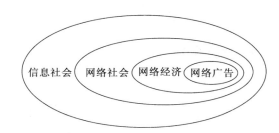

图1-8　信息社会、网络社会、网络经济、网络广告概念示意

【思考题】

1.媒介形态变化经历了几次重大的传播变革？可以分为几个阶段？这几个阶段的新媒介是什么？它们之间具有什么样的关系？哪一阶段标志着人类社会进入大众传播阶段？

2.互联网作为网络媒介传播时代的代表媒介与之前的大众媒体有何不同？它导致了人类社会的哪些变革？所谓的个人媒介是什么意思？

3.导致媒介形态变化的主要动因是什么？新媒介比起旧媒介满足了人类什么样的需求？

4.什么是信息社会？信息社会出现之前经历过什么社会形态？信息社会的主导技术、主导生产方式与主导产业是什么？其最关键的生产力是什么？

5.什么是网络社会？它与信息社会是什么关系？什么是网络经济？网络经济有什么样的特征？网络经济带来什么样的产业与企业变革？

6.如何从媒介发展史与信息社会的角度理解新媒体广告？

【推荐阅读书目】

一、国外专著

1.利普斯.事物的起源[M].汪宁生,译.贵阳：贵州教育出版社,2010.

2.伊斯特林.文字的产生和发展[M].左少兴,译.北京：北京大学出版社,2002.

3.麦克卢汉,秦格龙.麦克卢汉精粹[M].何道宽,译.北京：中国大百科全书出版社,2021.

4.莫利.电视、受众与文化研究[M].史安斌,译.北京：新华出版社,2005.

5.德克霍夫.文化的肌肤：半个世纪的技术变革和文化变迁[M].第二版.何道宽,译.北京：中国大百科全书出版社,2020.

6.麦克卢汉.理解媒介：论人的延伸[M].何道宽,译.南京：译林出版社,2019.

7.托夫勒.第三次浪潮[M].黄明坚,译.北京：中信出版社,2018.

8.托夫勒.未来的冲击[M].黄明坚,译.北京：中信出版社,2018.

9.拉尔夫.世界文明史[M].赵丰,译.北京：商务印书馆,1998.

10.迈耶.正在消失的报纸：如何拯救信息时代的新闻业[M].张卫平,译.北京：新华出版社,2007.

11.卡斯特.千年终结[M].第 2 版.夏铸九,黄慧琦,译.北京：社会科学文献出版社,2006.

12.卡斯特.认同的力量[M].曹荣湘,译.北京：社会科学文献出版社,2006.

13.卡斯特.网络社会的崛起[M].夏铸九,译.北京：社会科学文献出版社,2006.

14.尼葛洛庞帝.数字化生存[M].胡泳,译.北京：电子工业出版社,2021.

15.赛佛林,坦卡德.传播理论：起源、方法与应用[M].郭镇之,译.北京：中国传媒大学出版社,2006.

二、国内专著

1.陈培爱,覃胜男.广告媒体教程[M].北京：北京大学出版社,2006.

2.陈培爱.中外广告史新编[M].北京：高等教育出版社,2009.

3.陈卫星.网络传播与社会发展[M].北京：北京广播学院出版社,2001.

4.崔保国.信息社会的理论与模式[M].北京：高等教育出版社,2001.

5.符福桓.信息社会学[M].北京：海洋出版社,2000.

6.郭庆光.传播学教程[M].北京：中国人民大学出版社,2011.

7.黄河,江凡,王芳菲.中国网络广告十七年：1997—2014[M].北京：中国传媒大学出版社,2014.

8.李国亭,于全敬,徐令彦.数字化生存的地球村[M].北京：军事科学出版社,2003.

9.刘燕南.国际传播受众研究[M].北京：中国传媒大学出版社,2011.

10.彭兰.中国网络媒体的第一个十年[M].北京：清华大学出版社,2005.

11.曲维迎.信息社会：概念、经验与选择[M].北京：经济科学出版社,2005.

12.邵培仁.传播学[M].北京：高等教育出版社,2015.

13.孙顺华.中国广告史[M].济南：山东大学出版社,2007.

14.孙旭培.华夏传播论[M].北京：人民出版社,1997.

15.黄秀清,吴洪.通信经济学[M].北京：北京邮电大学出版社,2018.

16.熊澄宇.信息社会4.0[M].长沙：湖南人民出版社,2002.

17.周朝民.网络经济学[M].上海：上海人民出版社,2003.

第二章
新媒体广告
概述

本章导言

　　新媒体广告是一个抽象的概念,对其进行界定具有一定难度。由于新媒体广告是从新媒体的角度对广告概念进行限制而产生的,因此本章先从媒体、媒介、广告媒介的概念出发,介绍新媒体的特征、类别以及发展规律与趋势,接着介绍广告的概念、特征,以及新媒体时代下广告概念的变化,在此基础上对新媒体广告进行界定,并对其主要特征进行介绍。

学习要点

- 理解媒体、媒介、广告媒体的概念
- 理解新媒体的内涵与概念界定
- 熟悉新媒体的特征与类别
- 了解新媒体的发展规律与趋势
- 熟悉广告的定义与特征
- 理解新媒体广告的概念与特性

 开篇案例

LAMER 与腾讯 QQ 的海洋公益活动

　　据估计,全世界每秒钟便会生产出 10 吨塑料,每年有 500 万至 1400 万吨塑料垃圾流入海洋,这些塑料垃圾在洋流作用下还会被重新冲上海滩。近年,甚至连世界上最偏远最荒凉的岛屿上都出现了塑料碎片的踪迹。在这样的背景下,有社会责任感的商业公司纷纷开始实施自己的限塑策略。巴斯夫、陶氏、科思创等多家化工巨头宣布,联合成立全球联盟,终结塑料垃圾。星巴克和麦当劳等餐

饮巨头也宣布停止提供塑料吸管。英国奢侈品牌 Burberry 计划到 2025 年,把品牌涉及的所有塑料包装全部替换为可重复使用、可回收利用或者可堆肥的材料,完全取消对普通塑料材质的使用。

　　然而品牌做公益通常具有一定的局限性,因为许多环保工作都发生在生产供应链环节,消费者很难真正参与其中,也无法影响到更多公众。如何让普通大众更直接地参与到海洋保护之中?品牌又将如何将自己的环保理念切实传递给消费者?2019 年 4 月 16 日世界地球日当天,美国雅诗兰黛集团旗下的 LAMER (海蓝之谜) 联合腾讯 QQ 发起"扫一捞一 · 海洋减塑行动",借助 AR (augmented reality,增强现实) 技术让大家更真实地感受塑料制品对海洋的伤害。

　　用户打开手机 QQ,点击右上角"＋"号进入并选择 AR 扫一扫,只需对着塑料水瓶、一次性杯子、一次性叉勺等"扫一扫",就能看到海豚不小心将塑料叉子吞进肚子里、旗鱼被一次性杯子套住了嘴、小丑鱼误入塑料瓶被困住等海洋生物受到塑料垃圾困扰的 AR 视频,如图 2-1 所示。借助 AR 技术,该活动让体验者切身感受到塑料制品对海洋生物以及整个海洋生态系统的影响。而用户扫描一次,海蓝之谜与腾讯 QQ 承诺将为其从海洋捞回一件垃圾,这样的设置使得该在线活动在充满趣味的同时,又不失实际意义。活动上线仅 2 小时即达成 50 万参与人数的目标,9 个小时后更是有超过 350 万用户参与其中。

图 2-1　扫一捞一 · 海洋减塑行动

借助新媒体技术的应用，此次公益活动降低了参与门槛，让普通用户也可以发挥自己的力量保护海洋，减少塑料垃圾的危害，真正用"科技向善"的态度"回馈海洋"。通过这样的方式，品牌做公益不再是"看上去很美"，而是真正做到了让消费者参与其中，从而能够让参与的消费者产生情感的共鸣，最终实现公益的初心，成为一次在品牌与科技融合下的公益活动新尝试。①

请思考：该活动运用了什么新媒体技术？新媒体技术在其中扮演了什么样的角色？为何该活动得到消费者的广泛参与？该活动对两个品牌有何作用？

第一节　广告媒体的概念界定

简单而言，广告媒体是运用于广告传播的媒体形式，但深究广告媒体的概念，它既有媒体的概念也有媒介的概念，二者之间存在一定区别但常不被区分而混用，即便如此，为了能更好地理解广告媒体的概念，我们需要厘清媒体与媒介的概念。

一、媒体与媒介的概念

"媒体"和"媒介"是一对有不同的内涵和外延的概念，但由于媒介与媒体均翻译于英文词汇 media(medium)，在西方著作进入国内初期，就经常存在误译的情况，②因此我们在认识新媒体之前有必要理清"媒体"和"媒介"的概念及其关系。

根据《牛津高阶双解英汉词典》中对 medium 的解释，medium 主要有"表达或传播的媒介、方法或手段"、"两极端间的中间物"及"介质"等意思。③ 由此可以看出，medium 强调"介质""中间物"等物质层面的表述，近似于中文里的"媒

---

① 海洋公益怎么做？LAMER 联手腾讯 QQ 做了一次有温度的尝试[EB/OL].2019-05-05,https://www.sohu.com/a/311940605_313745? sec＝wd.

② 刘丽,武晓习."we media"是新媒体还是伪媒体："自媒体"概念真实性的求证与反思[J].兰州文理学院学报：社会科学版,2017,33(5):118-123.

③ 牛津高阶英汉双解词典[M].第 4 版增补本.北京：商务印书馆、牛津大学出版社,2003:921.

介"。而根据词典对 media 的解释,media 则主要有"大众传播工具,如电视台、电台、报纸"之意,近似于中文里的"媒体"。①

中文中媒体与媒介也有类似的含义与区分。在《现代汉语辞海》中对"媒"有着这样的解释:在先秦时期"媒"指的是媒人,延续至今仍然有"介绍婚姻的人"之意,同时还延伸出"使双方发生联系的人或事物"的含义。② 而媒体与媒介,就其字面看,区别在于"介"和"体"。首先,"介"含义侧重于"两者之间起联系作用的物质",如"中介""介入""介质"。其中"介质"一词在《现代汉语词典》中被解释为"一种物质存在于另一种物质内部时,后者就是前者存在的介质,某些波状运动(如声波、光波等)借以传播的物质叫做这些波状运动的介质,也叫媒质"③。因此,"媒介"一词强调传播过程中的物质和载体,侧重和偏向传播物质载体方面的含义。"体"的含义侧重于"整体""体系""组织""集体"等,强调实质性、承载性,所以"媒体"一词更多地带有具体的传播者、传播机构、传播制度等社会机体方面的意味。④

二、传播学中的媒体与媒介

在传播学领域,一些学者对媒体与媒介的使用进行了分析。清华大学彭兰教授指出,人们使用媒介一词时,更多的是强调它的介质属性,而使用媒体一词时,更多的是指媒体机构。⑤ 传播学中,媒介是指直接为接受者传递或运载特定符号的物质实体,广义上来说,万事万物都可以称得上是媒介。例如麦克卢汉就认为,"媒介是万物,万物皆媒介,一切能使人与人、人与事、事与事、物与物发生关系的物质都是媒介"⑥。崔保国教授指出,传播意义上的媒介是指传播活动的中介或中介物,它本质上由物质、技术和人构成,与整个传播过程融合在一起。

① 牛津高阶英汉双解词典[M].第 4 版增补本.北京:商务印书馆、牛津大学出版社,2003:920.

② 刘家丰.现代汉语辞海[M].北京:光明日报出版社,2002:765.

③ 中国社会科学院语言研究所词典编辑室.现代汉语词典[M].第 4 版增补本.北京:商务印书馆,2002:650.

④ 李玮,谢娟."媒介""媒体"及其延伸概念的辨析与规范[J].武汉理工大学学报:社会科学版,2011,24(5):694-699.

⑤ 彭兰."新媒体"概念界定的三条线索[J].新闻与传播研究,2016,23(3):120-125.

⑥ 麦克卢汉.理解媒介:论人的延伸[M].何道宽,译.北京:商务印书馆,2000.

传播活动少不了信息处理媒介、信息储存媒介、信息传播媒介和信息接收媒介这四种媒介。

相对偏向介质、载体的媒介概念，媒体更偏向指一个组织、一个体系。[①] 郭庆光教授指出，媒体就是指从事信息的采集加工制作和传播的社会组织[②]；蒙南生教授指出，媒体是指"拥有并生产和交换负载了信息的物质化媒介的组织机构，是信息传播活动中的一个信息生产、传播、经营的单位"[③]。大众文化理论家约翰·费斯克(John Fiske)认为"媒体是一种能使传播活动得以发生的中介性公共机构，具体点说，媒体就是拓展传播渠道、扩大传播范围或提高传播速度的大众传播机构"[④]。

依照两个概念的界定，我们可以认为，传播学中，媒介是可以用来承载文字、图像、音频、视频等符号进行传播的物质载体。媒体指拥有具体媒介（群），能够利用所拥有媒介对信息进行处理、存储、传播，并对这些媒介进行运营和管理的组织机构和单位组织，如报社、电视台、互联网企业等。根据这两个概念的定义，我们可以说媒介是被使用的对象，是工具化的；媒体是主动运营的组织，是机构化的；媒介是信息的载体和方式，媒体是信息的发布者和组织者。

虽然媒介与媒体存在以上区别，但媒介与媒体的使用不管在学术上还是实务上并没有严格的区分，研究者若不是在对媒介与媒体进行辨析时，也大多在文章中交叉使用"媒体"与"媒介"二词。中央电视台海外节目中心主任盛亦来也指出："媒体应该是泛指从事大众传播的机构，并不特指以某种方式或手段传播，只不过大家都这么去理解，也就将错就错了。"[⑤]同时"媒体"与"媒介"的使用有惯用的趋势，在一些表述上形成了如"传统媒体""新媒体""自媒体"等惯用词，但实际上根据媒体与媒介的定义，作为刊载信息的报纸、广播、电视严格意义上来说应该被称为"传统媒介"，新兴的互联网则应被称为"新媒介"，而自媒体也不是指管理与运营媒介的机构或组织，而是用户可以自主使用的信息传播载体，因此也应该被称为"自媒介"。因此从混用的情况上看，媒体相对媒介而言使用更为广泛，它既可以用来表示承载信息、传播信息的物质化媒介，还可以指从事媒介生

---

① 程洁.新数字媒介论稿[M].上海：三联书店，2007：12.

② 郭庆光.传播学教程[M].北京：中国人民大学出版社，1999：46.

③ 蒙南生.媒体策划与营销[M].北京：中国传媒大学出版社，2007：19.

④ 约翰·费斯克.关键概念：传播与文化辞典[M].李彬，译.北京：新华出版社，2004：161-162.

⑤ 杨继红.谁是新媒体[M].北京：清华大学出版社，2008：20.

产、销售的人员,组织机构和运行机制。

由于媒介与媒体的混用,广告媒体同样既可以用来指传播广告信息时所借助的物质基础,也可以用来指服务广告传播活动的媒体机构,但传播学领域所说的广告媒体往往指的是前者,在表述后者时往往使用"媒体""投放媒体"的表述,或者使用媒体公司、传媒机构或具体的媒体名称,而具体所指的意义需要根据表述的内容确定。

第二节 新媒体的概念界定

回顾人类社会的媒介发展之路,每一次新媒体的出现和发展无不掀起一场破旧立新的变革。这些新兴媒介颠覆了传统大众传播活动固有的内容生产方式、传播模式和盈利模式,给人类社会带来新的传播变革。

一、新媒体的概念

新媒体的飞速发展和其对媒体产业的颠覆性影响引起学界与业界的广泛关注。虽然新媒体被广泛提及,但人们对新媒体的定义也有着不同的理解与认识。英国传播学者理查德·豪厄尔斯(Richard Howells)曾说到"最可怕的事情莫过于静候作者对新媒体的论述",原因之一就是"新媒体的定义还有待解决"。[①] 目前,国内外研究者对新媒体的概念界定以及涉及的一些基本问题仍然没有达成一个共识。为了厘清这些概念,我们有必要对"新媒体"概念的诞生和研究过程做一个回顾。

(一)新媒体概念的提出

"新媒体"这个概念的提出最早可以追溯至五十多年前。1967 年,美国哥伦比亚广播电视网(Columbia Broadcasting System,CBS)技术研究所所长,同时也是美国国家电视标准委员会(National Television System Committee,NTSC)电视制式的发明者高尔德·马克(P C Goldmark)发表了一份关于开发电子录

---

① 豪厄尔斯.视觉文化[M].葛红兵,等译.桂林:广西师范大学出版社,2007:244.

像商品的计划书《电子录像》(Electronic Video Recording)，在这份计划书中，他把"电子录像"称为"new media"，第一次提出了"新媒体"(new media)一词。① 接着，1969 年，美国传播政策总统特别委员会主席尤金·罗斯托(Eugene V Rostow)在向总统尼克松提交的报告书《未来电视的机会》(Future Opportunities for Television)中，也多处使用"新媒体"一词。② 由此，"新媒体"的说法便开始流行起来。

时间来到 20 世纪 70 年代，新媒体在当时指的是刚兴起的电视媒体。我国最早提及新媒体的期刊文章是 1978 年刊登在《外国教育资料》上的《教师培养制度演变的一般趋势》，里面提到"新媒体应用于教育事业的发展"，指的就是当时兴起的电教设备和器材。③ 1984 年，法国学者弗兰西斯·巴尔(Francis Balle)和杰拉尔·埃梅里(Gérard Eymery)合著的《新媒体》(Les Nouveaux Médias)被认为是最早使用"新媒体"概念的著作，书中对刚诞生的电视新媒体进行了探讨。1986 年，我国学者方晓红翻译了日本冈村二郎的《视听教育在新媒体时代的地位》，文章中明确提出"新媒体包括新型的视听媒体和广播媒体"④，从此揭开了中国新媒体研究的序幕。

随后，互联网的出现使"新媒体"不再停留于之前的媒体构成，网络晋升为"第四媒体"，逐步取代了电视"新媒体"的地位。互联网与移动互联网以数字化技术为支撑，衍生出一个多样并不断增加的"新媒体"大家族：博客、播客、维客、微博、微信、短视频，以及网络杂志、网络广播、网络电视、手机报、手机电视、手机杂志、手机广播等网络与传统媒体融合形成的新媒体成员。随着网络的飞速发展，各类新媒体如雨后春笋，层出不穷。

虽然目前的新媒体主要以互联网为中心，但互联网不会是新媒体的最终形态，随着媒介技术的发展与演进，还会有更新的媒介形式出现，出现比起现在的互联网更有变革性的传播媒介，届时新媒体所指的对象也将发生新的转移，互联网甚至不可避免地将成为与报纸、广播、电视一样的传统媒体。因此，"新媒体"永远是一个相对的概念，其所包含的媒介形式一直处于发展之中。

---

① 杨继红.谁是新媒体[M].北京：清华大学出版社，2008：9.
② 蒋宏，徐剑.新媒体导论[M].上海：上海交通大学出版社，2006：12-13.
③ 华四泉.教师培养制度演变的一般趋势[J].外国教育资料，1978(6)：51-53.
④ 冈村二郎，方晓虹.视听教育在新媒体时代的地位[J].外语电化教学，1986(2)：23-25.

（二）新媒体的内涵与界定

由于"新媒体"快速变化的发展特性,国内外专家对"新媒体"存在着不同的意见与看法。联合国教科文组织认为新媒体就是网络媒体,把新媒体定义为:"以数字技术为基础,以网络为载体进行信息传播的媒介"[①]。美国《连线》（Wired）杂志把"新媒体"定义为"所有人对所有人的传播"[②]。美国新媒体研究者凡·克劳思贝（Vin Crosbie）则认为,新媒体就是能对大众同时提供个性化内容的媒体,是传播者和接受者融会成对等的交流者,而无数的交流者相互间可以同时进行个性化交流的媒体。[③] 凡·克劳思贝的定义突出了新媒体"对大众同时提供个性化的内容"以及"传播者和接受者融会成对等的交流者"这两个特点。[④] 这意味着新媒体不仅包含了传统媒体点对面的大众传播形式,还包括了点对点的人际传播形式,而人际传播是一种相对自由和平等的传播活动,其具有传统大众媒体没有的显著特点:双向性强,反馈及时,互动频率高,[⑤]这也正是网络新媒体的优势所在。

国内许多专家学者也对目前的"新媒体"进行了定义。如熊澄宇和廖毅文教授认为,所谓新传媒,或称数字媒体、网络媒体,是建立在计算机信息处理技术和互联网基础之上,发挥传播功能的媒介总和。它除具有报纸、电视、电台等传统媒体的功能外,还具有交互、即时、延展和融合的新特征。[⑥] 匡文波教授将新媒体界定为:"利用数字技术、网络技术,通过计算机网络、无线通信网、卫星等渠道,以及电脑、手机、数字电视机等终端,向用户提供信息和服务的传播形态。"[⑦] 舒咏平教授认为,"就现阶段而言,新媒体指的是以数字传输为基础、可实现信息即时互动的媒体形式,其终端显现为网络链接的电脑、手机、电视等多媒体视

① 陶丹,张浩达.新媒体与网络传播[M].北京:科学出版社,2001:3.

② 杨继红.谁是新媒体[M].北京:清华大学出版社,2008:9.

③ CROSBIE V.What"new media"？[EB/OL].2006-04-27,https://corante.com/infrastructure/what-is-new-media.

④ 宫承波.新媒体概论[M].北京:中国广播电视出版社,2009:2.

⑤ 陈汉忠.网络传播对传统传播方式的影响[J].内蒙古师范大学学报:哲学社会科学版,2004(S3):222-223.

⑥ 熊澄宇,廖毅文.新媒体:伊拉克战争中的达摩克利斯之剑[J].中国记者,2003(5):56-57.

⑦ 匡文波."新媒体"概念辨析[J].国际新闻界,2008(6):66-69.

频"①。廖祥忠教授认为，"新媒体"是以"数字媒体为核心的新媒体"，它是通过数字化交互性的固定或即时移动的多媒体终端向用户提供信息和服务的传播形态。② 蒋宏和徐剑教授认为："就新媒体的内涵而言，它可以看作是 20 世纪后期在世界科学技术发生巨大进步的背景下，在社会信息传播领域出现的，建立在数字技术基础的能使传播信息大大扩展、传播速度大大加快、传播方式大大丰富的，与传统媒体迥然相异的新型媒体。"③

国内外研究者们从不同的视角与出发点对新媒体进行了解读，这些对新媒体概念的解读之间虽存在一定的差异，但它们之间仍有一些共通的本质内涵，我们可以将其归纳为以下三方面。

1.新媒体是一个时间概念、相对概念和发展概念

中国传媒大学广告主研究所认为，"所谓新媒体，是相对于传统媒体而言的，电视、广播、报纸、杂志是普遍认可的传统媒体，随着媒介技术的发展，除以上四种之外的能够传递信息的载体，并且使用者达到一定数量都可以称之为新媒体"④。基于斯蒂夫·琼斯《新媒体百科全书》⑤，熊澄宇教授对新媒体概念有较为全面且客观的阐述。他指出新媒体概念有以下三个方面的特点：第一，新媒体是个相对概念。所谓"新"，是相对于"旧"而言的。媒体是不断发展的，相对于图书，报纸是新媒体；相对于报纸，广播是新媒体；相对于广播，电视是新媒体；相对于电视，网络是新媒体。第二，新媒体是一个时间概念。在一定的时间段之内，新媒体有个相对稳定的内涵。第三，新媒体是一个发展概念。新媒体不会终结在数字媒体和网络媒体这样一个平台上。媒体技术不会终结、人的需求不会终结，新媒体就不会停止发展。⑥

"新媒体"是一个不断变化和更新的概念，但在每个阶段仍具有特定的对象。当前的新媒体是相对于传统媒体而言的，熊澄宇教授在中国网络媒体论坛上指出："今天的新媒体主要是指在计算机信息处理技术基础上产生和影响的媒体形态，包括在线的网络媒体和离线的其他数字媒体形式"⑦，高丽华教授指出，"我

① 舒咏平.新媒体广告传播［M］.上海：上海交通大学出版社，2015：5.
② 廖祥忠.何为新媒体？［J］.现代传播，2008(5)：121-125.
③ 蒋宏，徐剑.新媒体导论［M］.上海：上海交通大学出版社，2006：14.
④ 中国传媒大学广告主研究所.新媒体激变［M］.北京：中信出版社，2008：35.
⑤ 琼斯.新媒体百科全书［M］.熊澄宇，范红，译.北京：清华大学出版社，2007：500.
⑥ 熊澄宇.3G 与新媒体发展［J］.新闻前哨，2009(9)：15-16.
⑦ 蒋宏，徐剑.新媒体导论［M］.上海：上海交通大学出版社，2006：1-23.

们讨论的新媒体是相对于传统意义上的报刊、广播、电视等大众传播媒体而言的，指随着传播新技术的发展和传媒市场的进一步细分而产生的新型传播媒体，主要是指学界和业界分别称为第四媒体、第五媒体的宽带网络和手机媒体两类新媒体"①。可见新媒体的概念虽然并不具有非常明确的范畴，但在每个时期都有比较特定的对象，在目前的经济技术条件下，互联网是新媒体的主体②，而随着时间的推移，新媒体还将不断改变其形态。

2.当前的新媒体是在互联网技术变革下诞生的

在新媒体的诸多定义中，技术是重要的内容。美国互联网实验室认为，"新媒体是基于计算机技术、通信技术、数字广播等，通过互联网、无线通信网、数字广播电视网和卫星等渠道，以电脑、电视、手机等实现个性化、细分化和互动化，能够实现精准投放，点对点的传播"③。《中国新媒体发展研究报告》把新媒体定义为，"基于计算机技术、数字广播和通信技术等技术，通过互联网、无线通信网、卫星和数字广播电视网等渠道，以电脑、手机、电视、个人数字助理、视频音乐播放器等设备为终端的媒体"④。学者们对新媒体的界定很多都强调了催生新媒体的技术背景。郭庆光教授认为：我们所说的新媒体"多数是随着卫星通信技术、数字技术、多媒体和互联网等技术的成熟而产生的现代传播媒介"⑤；匡文波教授认为新媒体"建立在计算机信息处理技术和互联网基础之上"⑥；喻国明教授强调，新媒体最重要的特征就是科学技术的进步所带来的数字化传播方式。⑦熊澄宇教授指出新媒体是"在计算机信息处理技术基础之上出现和影响的媒体形态"⑧；柳斌杰教授认为"新媒体可以被阐释为高科技、媒体内容和通讯传输的结合"⑨。

从这些对新媒体的代表性定义可以看出，在新媒体的概念界定中，技术是关

① 高丽华.新媒体经营[M].北京:机械工业出版社,2009:15.
② 匡文波.2006新媒体发展回顾[J].中国记者,2007(1):76-77.
③ 童清艳.新媒体现状及未来媒体发展趋势的分析研究:用户自主传播的媒体创意效应[J].今传媒,2017,25(3):6-9.
④ 中国新媒体发展研究报告:2006—2007[R].北京软件与信息服务业促进中心,互联网实验室,2006.
⑤ 郭庆光.传播学教程[M].北京:中国人民大学出版社,1999:153.
⑥ 匡文波."新媒体"概念辨析[J].国际新闻界,2008(6):66-69.
⑦ 喻国明.解读新媒体的几个关键词[J].广告大观:媒介版,2006(5):12-15.
⑧ 熊澄宇.整合传媒:新媒体进行时[J].国际新闻界,2006(7):7-11.
⑨ 柳斌杰.新媒体发展的现状与趋势[J].传媒,2006(12):4-8.

键要素,技术是催生新媒体的核心力量,新媒体的发展离不开技术的支撑,新媒体是随着技术的发展而诞生的,目前我们所说的新媒体都具有技术的影子,即便是线下新兴的户外新媒体,也不同程度建立在新媒体技术的基础上或受到新媒体营销理念的影响。

3.新媒体相比旧媒体具有数字化、互动性、个性化的特点

新媒体相比旧媒体,有着独特优势,其中最常被提及的就是数字化与互动性。来自弗吉尼亚大学(University of Virginia)的新媒体观点认为,"新媒体亦称为电子传媒,普遍具有交互性"[①]。中央广播电视总台视听新媒体中心杨继红主任指出,新媒体是能够实现交互、具有互联传播特性的传播方式和交互传播的组织机构。[②] 新传媒产业联盟秘书长王斌指出新媒体是以互动传播为特点的媒体。[③] 匡文波教授也明确指出数字化与互动性是新媒体的本质特征,只有数字化与互动性的媒体才是新媒体。[④] 除了数字化和互动性外,个性化也是新媒体一大特点。凡·克劳思贝的新媒体定义突出了新媒体"对大众同时提供个性化的内容"[⑤],王宏等学者指出按受众兴趣或信息需求提供个性化服务是新媒体的一大优势[⑥],栾轶玫教授认为新媒体带来了"'大众'传播向个性化传播的回归,单向传播向双向互动传播的回归,中央集权的传播向自由平等的传播的回归"[⑦]。

因此,新媒体相比旧媒体最主要的特点就是数字化、互动性与个性化。数字化是数字媒介与网络媒介的基本属性,而互动性是指新媒体的信息传播是双向反馈的过程,个性化指的是新媒体既可以满足大众传播一对多的需求,也可以满足人际传播一对一的需求,提供具有个性化甚至智能化的服务。

综合上面的分析,我们可以将现阶段的新媒体定义为:在数字技术、网络技术、移动通信技术的变革下诞生的,在与传统媒体并存与融合下发展起来的,具

① 马晓翔.新媒体艺术透视[M].南京:南京大学出版社,2008:22.

② 杨继红.谁是新媒体[M].北京:清华大学出版社,2008:23.

③ 李钟隽.新媒体与传统媒体的互动与融合[J].学术交流,2010(5):205-207.

④ 匡文波.关于新媒体核心概念的厘清[J].新闻爱好者,2012(19):32-34.

⑤ CROSBIE V.What"new media"? [EB/OL].2006-04-27,https://corante.com/infrastructure/what-is-new-media.

⑥ 王宏,陈小申,张星剑.数字技术与新媒体传播[M].北京:中国传媒大学出版社,2010:32.

⑦ 栾轶玫.新媒体新论[M].北京:人民出版社,2012:10.

有数字化、互动性、个性化的媒介形态。新媒体在现阶段表现为以网络媒体、移动媒体、户外新媒体为主体①，且随着媒介技术的发展与媒介形态的变化，新媒体的概念仍将不断变化与更新。

二、新媒体的特性

"新媒体新在哪里？"，弗兰西斯·巴尔和杰拉尔·埃梅里的《新媒体》一书开篇就提出了这个问题。② 在对新媒体的发展进行梳理，对其概念进行定义之后，我们仍需要回答这个问题。新媒体有众多新的特性，如虚拟性、即时传播、超文本、信息量大、表现丰富、兼容性强等，但这些特性大多属于新媒体的自然属性或物理属性。③ 在考察了新媒体的定义与内涵，比较了新媒体和传统媒体的区别之后，我们可以将新媒体的主要特性归纳概括为以下五个方面。

（一）数字化

数字化是将文字、图像、音频、视频等多种复杂的信息转变为可以度量的数据，再把它们转变为用 0 或 1 表示的二进制代码，从而可以被计算机进行海量处理，在网络上实时进行传输与共享的过程。通过人造卫星的发射升空，全球范围的电子信号覆盖让"地球村"的任何村民都能同步地接收来自世界各地的信息，从而实现新媒体跨时空的信息传播。④ 数字化形式弥补了传统媒体的缺陷和不足，实现了视、听、读、说的有效结合，人们通过一个数字终端就能观看文字、图像，欣赏视频与音频，甚至和终端进行对话，使得使用单一媒体获取单一功能的局限被打破，媒体之间呈现融合的趋势，向着进一步满足人们获取信息需求的方向演进。而这一切的实现正如尼古拉斯·尼葛洛庞帝在《数字化生存》中指出的，"这个世界，不再是原子式的，而是字节式的"⑤，在"比特的时代"，数字化是新媒体最重要的属性，新媒体的各项功能都是基于数字化这一基本特性。

---

① 黄传武.新媒体概论[M].北京:中国传媒大学出版社,2013:1.

② 巴尔,埃梅里.新媒体[M].张学信,译.北京:商务印书馆,2005:7.

③ 谭天.新媒体新论[M].广州:暨南大学出版社,2013:18-19.

④ 熊高.传播学视阈下的文化媒介属性(中)[J].广西师范学院学报:哲学社会科学版,2012,33(2):104-108,115.

⑤ 尼葛洛庞帝.数字化生存[M].胡泳,范海燕,译.海口:海南出版社.1997:43.

（二）虚拟性

新媒体的数字化也带来了新媒体的虚拟性。网络兴起后，流传着这样一句话："在互联网上，没有人知道你是条狗。"[①]这句话很形象地诠释了新媒体的虚拟性，在新媒体平台上，信息的发送者和接受者都是匿名的、虚拟的，双方虽然能够进行信息交互，但相互之间并不清楚对方的底细，甚至连性别、年龄、所在地这些基本的信息都难以获得。同时，接收者接收到的信息也难以确保其准确性，这些虚拟空间中的信息可能是经过修改的文字、图像和视频，由于之间经过多个节点的转发，也无从追溯是哪个转发者修改了信息。随着人工智能和智能算法的发展，接收者收到的信息甚至可能只是服务器的自动推送，天天交流的对象也很可能只是虚拟人物或是机器人，接收者所以为的"人际交互"可能只是"人机交互"。

（三）精准性

新媒体的数字化带来虚拟性的同时也为精准传播提供了基础。人的语言表达、声音图像、地理空间、消费路径都会以数字化的形式即数据被记录在各大新媒体平台上，人与人之间的关系、互动、情感也都能以数据的形式呈现出来。[②]由于这些用户的行为数据能够被新媒体所记录，新媒体就可以根据不同受众的行为数据分析受众的信息需求，从而向受众一对一地提供精准化的信息服务。同时随着行为数据的进一步积累，新媒体平台掌握的用户数据更为多维而丰富，对受众的定位也更加准确，向受众提供的定向传播也更加精准，甚至能够预测出受众自身都不曾发觉的需求，同时随着 Cookie 技术、数据挖掘技术、云计算、大数据等数字技术的应用，传播也更加精准。在广告领域，广告主能够便捷地根据用户的特定标签来精准地传递广告，甚至由技术自动完成，例如目前已经实现的广告的程序化购买。

（四）交互性

新媒体相比传统媒体最有优势的特征就是它的交互性，也称互动性。在广

---

① 王四新，周净泓.网络空间隐私权的保护研究：基于公共场所隐私权理论[J].四川理工学院学报：社会科学版，2018,33(6)：22-36.

② 牛耀红.操控、赋权、话语空间：理解社交媒体广告的三个维度：以微信信息流广告为例[J].编辑之友，2017(10)：47-52.

播、电视、报纸等为主导的大众传播媒介时代,传者和受者非常明确,"一对多"的单向传播模式决定了传者是所有信息的发布者,受众只能被动地接收信息,很难进行有效的信息反馈来表达自己的看法。因此传统媒体的受众的反馈往往是弱的、无力的。以互联网、移动网络为主导的新媒体的出现和飞速发展打破了传统的单线性传播模式,使个人表达的门槛大大降低,话语权真正落到受众手中,受众也成为传播的主体,信息的传者与受者的关系走向平等。新媒体"一对一""一对多""多对多"的传播模式在传播者与受众之间、受众与受众之间建立起多元的沟通渠道,受众已经不再是被动的信息接收者,他们可以主动地选择信息,同时也可以与传者交换信息,甚至转变成传者的身份进行信息的反馈,影响信息传播者。每个人只要想表达个人的观点见解,都可以通过新媒体传播出去,最大程度地参与到信息互动过程之中。

（五）个性化

自大众传播媒介诞生以来,大众传播机构往往占据着传播主体的地位。如今,新媒体的传播主体已不再单纯的是媒介传播机构,而可以是任何一个使用新媒体的人。这意味着每个人都可能成为信息的制造和传播者,每个人都可以有自己的网站、博客、微博、微信,都可以像传统媒体的记者与编辑那样发布观点与言论。2006年,美国《时代周刊》的年度人物评选,封面上没有任何人物而是一个大大的"YOU"和一台电脑,这意味着新媒体时代的主角已经不是简单的大众,而是一个个有血有肉的个体,这也意味着新媒体已经成为"自媒体",它的主体越来越多样化,其传播也越来越分众化、碎片化和个性化。传统媒体面对大众传播同质化的内容在新媒体时代已经行不通了。美国广告专家丹·E.舒尔茨曾经说过:"试图对一个广大的市场夸张一项利益,希望借以吸引更多的人士几乎永远是一种错误。"①新媒体时代的传播必须针对不同的个体提供个性化的信息才能赢得受众的关注与参与。

这五个特性是新媒体区别于传统媒体最关键的地方。在这五个特性的基础上,也有诸如海量性、自主性、包容性、高效性、智能化、碎片化、平民化、平等化、草根化等特性,新媒体传播也具有跨时空、扩张性、开放性、即时性、双向性和分众性的特点,但实际上都基于这五个主要的特性。同时新媒体的这些特性也不

---

① 舒尔茨,马丁,布朗.广告运动策略新论:上[M].刘毅志,译.北京:中国友谊出版公司,1991:76.

是一成不变的，随着新媒体的发展，新媒体会发生变化，也会有新的特性出现，而原有的这些特性也可能成为传统媒体的一般属性。例如随着无线网络技术与移动互联网的发展，人们对移动上网的需求的增加使新媒体逐渐呈现出移动化的趋势，而跨时空、海量性、分众化等已逐渐成为媒体的一般属性。

三、新媒体的类别

新媒体所涉及的媒体范畴是很广泛的，新媒体存在着多种不同的类型。按照传播媒介形态的不同，我们可以将新媒体划分为以下四种类型。

（一）基于互联网的新媒体

基于互联网的新媒体，是我们最常见到也是最主要提及的新媒体类型。基于互联网的新媒体是在互联网诞生后产生的新媒体，继承了互联网的多种功能与属性，是新媒体的主要形式，媒体形式较为成熟。作为广告投放平台的新媒体在互联网上有各种形式，如早期的电子邮件、网络论坛、门户网站、搜索引擎、博客、播客等，以及之后发展起来的网络视频、网络游戏、网络音乐、问答社区、电商平台等。这些新媒体形式汇集了各类使用人群，也成为新媒体广告投放的主要平台，不同新媒体平台由于媒体调性与实现功能不同，也形成了各自的特点，聚集了不同的目标人群。例如同样是电商平台，跨境电商、二手电商、美妆电商、生鲜电商等不同的平台所面向的目标人群有显著的区别，其上面的新媒体广告的呈现形式自然各有不同。

（二）基于移动网络的新媒体

基于移动网络的新媒体是随着人们使用移动网络后而产生的新媒体。移动互联网的本质是移动通信网络与互联网的融合，用户以移动通信网络作为接入网，通过路由器和网关等网络设备接入互联网，并由互联网向用户提供所需的服务。移动互联网不仅能够实现手机、PDA 或其他手持终端通过各种无线网络进行数据交换，还产生了大量新型的应用，这些应用与终端的可移动、可定位和方便随身携带等特性相结合，为用户提供个性化的、位置相关的服务，①如手机短信、手机视频、手机游戏、手机直播、移动短视频、微信朋友圈、微信公众号等。这些基于移动网络的媒体在互联网媒体的基础上拥有移动性，同时也受限于现阶段手机等移动终端的屏幕与接收环境。随着5G移动技术的发展与应用，基于移动网络的新媒体将不断发展，成为新媒体的主要类别。

(三)传统媒体革新后的新媒体

基于传统媒体的新媒体是传统媒体进行数字化转型或与新媒体相融合后产生的，如电子报、电子杂志、电子书、数字电视、手机电视、车载电视、车载广播等。这些新媒体的主体是早已存在的传统媒体，这些媒体的出现大多是依赖数字技术或网络技术进行数字化转型，或主动与电信网、广播电视网、互联网相融合，从而相较于传统四大媒体和传统户外媒体具有新媒体的数字化、互动性、个性化等特点，所形成的媒体形态。而在这类新媒体中容易被忽略的是传统户外媒体借助新媒体技术或与新媒体相融合而形成的户外新媒体，这类媒体不但可以结合线上与线下，且具有较强的互动性。

(四)新兴的新媒体

新兴的新媒体是从未被开发但具有新媒体特征的媒介形式。大部分新兴的新媒体是随着新技术的应用而产生的媒体，这类新媒体正处于萌芽阶段还未发展成熟，如基于物联网、泛在网、虚拟现实、增强现实、人脸识别、射频技术、卫星定位、人工智能等新技术的新媒体形式，这样的媒体充分体现了新媒体数字化、互动性与个性化的特点。新兴的新媒体除了在线的网络新媒体外，伴随着O2O(online to offline)营销、互动营销、整合营销等营销理念的出现与应用，一些以前从未被关注过的载体也可以被开发成具有信息传播价值的新媒体，比如现实空间中装有增强现实装置的商城LED屏、能够玩游戏的橱窗界面、具有对话功能的自动贩卖机等都属于新兴媒体的范畴。

---

① 罗军舟,吴文甲,杨明.移动互联网:终端、网络与服务[J].计算机学报,2011,34(11):2029-2051.

四、新媒体的发展规律与趋势

新媒体是一个不断变化的概念，媒介技术的发展为新媒体的发展提供了原动力。未来新媒体的发展具有以下趋势和规律。

（一）媒介技术的变革是新媒体发展的主导力量

美国传播学家丹尼斯·麦奎尔（Denis McQuail）指出"真正的'传播革命'所要求的，不只是讯息传播方式的改变或者受众注意力在不同媒介之间分布上的变迁，其最直接的驱动力，一如既往，是技术"[①]。随着媒介技术继续发展，媒介的数字化、移动化与智能化将进一步加强，基于互联网、移动互联网，以及三网融合的新媒体将成为媒介家族的主要成员。用户使用一种智能终端（固定或移动）就能享用原先传统媒体及新媒体的各种功能，用户不需要知道终端后面的媒体之间是如何协同工作的，他们只需要拥有一个智能终端，能够连上网络（可以是有线也可以是无线）就能获得所需内容。同时，随着云计算与数据挖掘技术的发展，用户虽然拥有相同的终端，但终端所提供的功能或内容将根据用户需求进行定制，每个人都可以获取自己所需的，甚至本人自身都没有意识到的潜在需求的内容。媒介技术的发展是新媒体发展最重要的推动力量。

（二）媒介融合是新媒体变革的主要趋势

媒介理论学家麦克卢汉指出："新媒介并不是旧媒介的增加，它永远不会停止对旧媒介的压迫，直到它为旧媒介找到新的形态和地位。"[②]新媒介的出现不会直接带来旧媒介的消亡，不但不会消亡，新旧媒介还将拥有很长一段时间的共存期。[③] 未来新媒体将进一步发展，出现新的媒介形态，传统媒体以及现在所说的新媒体将与未来新出现的媒介形态融合互补，发挥自身优势的同时弥补自身的不足。融合不同媒介形态的新媒体，由于它更能满足用户多功能一体化的媒

---

①　麦奎尔.受众分析[M].刘燕南、李颖、杨振荣，译.北京：中国人民大学出版社，2006：156.

②　麦克卢汉，秦格龙.麦克卢汉精粹[M].何道宽，译.南京：南京大学出版社，2000：318.

③　黎泽潮，刘传雷.再谈媒介融合：基于媒介融合理论和现实的重新考量[J].河南工业大学学报：社会科学版，2013，9（1）：83-85，94.

介使用与内容获取的需求,将成为市场的创新点与增长点,这一趋势促使着模拟化向着数字化发展,数字化向着移动化发展。人们接触的终端越来越智能,功能也越来越多元,但终端背后的内容是来自传统媒体,还是来自新媒体,是来自电信网还是广播电视网,抑或是来自互联网,对用户而言已经不再重要。未来,不同媒介必将更加共融互补,走向互融互补、相互协作的道路。

（三）媒介传播更加精准化与个性化

随着终端的智能化和功能的多元化,提供给受众的媒介选择越来越多,也越来越便捷。以互联网、移动互联网为主体的新媒体在成功晋升为大众媒体之后,向着更加精准更具互动的分众传播方向发展。新媒体可以通过掌握用户的数据库,以量化的方式对目标受众进行多层次的分类,并将信息推送给不同的目标受众,因此相比传统的大众媒体,新媒体既可以进行大众传播,也可以进行分众传播。而随着数据挖掘、云计算等数字技术的突破与成熟,传播者可以基于用户媒介使用行为分析,定向地发送用户所需的信息。新媒体的这一优势,更加适应受众需求的多样化和受众市场的细分化,因此赢得了越来越多广告主的青睐。[①]新媒体的这一趋势也意味着未来媒体所提供的内容不再迎合所有人的口味,而变得更加小众化,大众媒体也将逐渐走向分众与精准。

（四）媒介变革带来广告传媒业态的调整

新的广告媒介和新的营销手段的涌现给广告业注入了新鲜的血液,也引发了广告传媒业态的调整。其中最显著的变化是广告主已逐渐将广告费从传统媒体向新媒体转移。广告主之所以青睐新媒体,看重的已不仅仅是新媒体广告的传播能力、传播速度及传播范围,面对碎片化的受众和理性的消费者,新媒体广告所具有的多种多样的表现形式,良好的双向互动机制,针对目标受众的精准投放,以及不断积累的用户数据等优势是传统媒体无法比拟的。与此同时,媒介的变革正潜移默化地改变着整个广告业态,引发广告业态方方面面的转变:受众群体的不断细分促使广告传播由大众转向分众;新媒体环境的复杂多元促使广告经营逐渐由粗放转向精细;网络传播的迅速与不可预见性促使广告监测由滞后转向实时;消费者个性化需求的凸显促使广告生产由规模转向定制;广告效果的精准监测促使广告投放逐渐由感性转向理性。

---

① 曹春丽.论新媒体[J].湖南社会科学,2007(5):208-210.

未来，新媒体还将不断出现。新媒体的普及，意味着媒介生态环境的不断调整，媒介技术所催生的新媒体并不会直接导致传统媒体被取代，而是逼迫所有的媒介向着更能满足用户需求的方向发展，同时带来新旧媒介的融合和更加精准，更具人性化、智能化的媒介传播形态。

第三节　新媒体广告的概念界定

　　广告是随着自给自足经济向交换经济过渡而发展起来的，几千年前随着人类生产力的提高，人们开始用自己生产的东西与他人生产的东西进行交换，而为了告诉他人自己能够与之交换的东西，则需要使用传递信息的媒介，从而出现了口头广告、招牌广告等早期的广告形式。而随着经济的发展，大规模商业活动的兴起，商家发现广告不仅能够传递信息，还对促进销售、塑造品牌、提升形象有重要作用，而媒体的发展则让广告呈现出更丰富的形式，表达的信息也更加多元。

一、广告的概念

　　"广告"一词，源于拉丁文"advertere"，意为"注意，诱导"，吸引人注意，后来演变为"advertise"，其含义是"使某人注意到某件事"或"通知别人某件事，以引起他人的注意"，到公元 17 世纪末，随着英国进行大规模的海外殖民和商业活动，这时的"advertise"演变为"advertising"，其基本含义也成为广告、登广告、设计广告的职业或技术等，但往往不单指一则广告，而是指广告的抽象整体。[①]

　　(一)广告的概念

　　目前，学术界对"广告"一词的概念从不同的角度与层面有不同的定义，主要的一些国内外定义包括词典、辞典、百科全书的定义，如《韦伯斯特辞典》的定义、《现代经济词典》的定义、《简明不列颠百科全书》的定义；广告相关协会的定义，如美国市场营销协会(American Marketing Association，AMA)的定义、美国广告主协会(Association of National Advertisers，ANA)的定义；广告相关法规的

---

　　① 　杨海军.论广告的起源问题[J].史学月刊,2000(4):43-47,55.

定义,如《中华人民共和国广告法》的定义;还有广告学者、专家的定义,如美国广告理论家威廉·阿伦斯(William F Arens)的定义、我国广告学家陈培爱、丁俊杰、倪宁等的定义,这些定义汇总如表 2-1 所示。

表 2-1　主要的广告定义

来源	定义
《韦伯斯特辞典》	运用媒体而非口头形式传递的具有目的性信息的一种形式,意在唤起人们对商品的需求,并且对生产或销售这些商品的企业产生了解和好感,告之提供某种非营利目的的服务以及阐述某种意义和见解等。[a]
《现代经济词典》	为了达到增加销售额这一最终目的,而向私人消费者、厂商或政府提供有关特定商品、劳务或机会等消息的一种方法。[b]
《简明不列颠百科全书》	广告是传播信息的一种方式,其目的在于推销商品、劳务,影响舆论,博得政治支持,推进一种事业或引起刊登广告者所希望的其他反应。[c]
美国市场营销协会（AMA）	广告是由特定的广告主通常以付费的方式通过各种传播媒体对产品、劳务或观念等信息的非人员介绍及推广。[d]
美国广告主协会（ANA）	广告是付费的大众传播,其最终目的为传递情报,改变人们对广告商品的态度,诱发其行动而使广告主得到利益。[e]
《中华人民共和国广告法》（1995）	商品经营者或者服务提供者承担费用,通过一定媒介和形式直接或者间接地介绍自己所推销的商品或者所提供的服务的商业广告。[f]
《中华人民共和国广告法》（2015）	商品经营者或者服务提供者通过一定媒介和形式直接或者间接地介绍自己所推销的商品或者服务的商业广告活动。[g]
威廉·阿伦斯（William F Arens）	广告是由可识别的出资人通过各种媒介进行的有关产品(商品、服务和观点)的、有偿的、有组织的、综合的、劝服性的、非人员的信息传播活动。[h]
陈培爱	现代广告是指一种广告主付出某种代价的,通过传播媒介将经过科学提炼和艺术加工的特定信息传达给目标受众,以达到改变或强化人们观念和行为的目的的、公开的、非面对面的信息传播活动。[i]
丁俊杰	广告是付费的信息传播形式,其目的在于推广商品和服务,影响消费者的态度和行为,以取得广告主所预期的效果。[j]
倪宁	广告是广告主为了推销其商品、劳务或观念,在付费的基础上,通过传播媒体向特定对象进行的信息传播活动。[k]

续表

来源	定义
张金海	所有付费的,公开传播的,有关生产与消费、供应与需求的商务信息都属于广告的范畴,其介质、形式不必拘泥。[l]
樊志育	广告者,系讯息中所明示的广告主,将商品、劳务或特定的观念,为了使其对广告主采取有利的行为,所做的非个人的有费(偿)的传播。[m]

a.俄立谦.现代广告的发展及现实意义探析[J].科技传播,2016,8(17):25,31.

b.格林沃尔德.现代经济词典[M].《现代经济词典》翻译组,译.北京:商务印书馆,1981:567.

c.《简明不列颠百科全书》编辑部.简明不列颠百科全书[M].北京:中国大百科全书出版社,1985:524.

d.参见 AMA 网站 https://www.ama.org。

e.参见 ANA 网站 https://www.ana.net。

f.参见 1995 年 2 月 1 日实施的《中华人民共和国广告法》第二条规定。

g.参见国家市场监督管理总局网站。

h.阿伦斯,维戈尔德,阿伦斯.当代广告学[M].丁俊杰,程坪,陈志娟,译.北京:人民邮电出版社,2010:7.

i.陈培爱.广告学概论[M].北京:高等教育出版社,2005:6.

j.丁俊杰.现代广告通论[M].北京:中国物价出版社,1997:6.

k.倪宁.广告学教程[M].北京:中国人民大学出版社,2004:4.

l.张金海,王润珏.数字技术与网络传播背景下的广告生存形态[J].武汉大学学报:人文科学版,2009(4):493-497.

m.樊志育.广告学原理[M].上海:上海人民出版社,1994:2.

这些定义大致可以分为广义的广告概念和狭义的广告概念,广义的概念就如同字面解释,广告就是"广而告之",即向公众通知某一件事,作为向大众传播信息的一种手段。广义的广告自然不局限于营利性广告,还包括一切非营利性的广告,所有为了达到一定的政治、经济、文化、社会以及生态等目的而进行的宣传都属于广义广告的范畴,如《简明不列颠百科全书》对广告的界定,没有将广告限定在商业性广告。而狭义的广告则主要指营利性的广告,或者说商业性广告、经济广告,即出于商业目的而对产品信息进行的直接宣传。如美国广告主协会、《中华人民共和国广告法》对广告的界定,主要就是针对营利性广告。

目前,国内广告学教材普遍将广告作为商品经济发展的产物,是随着商品生产和商品交换而出现的一种促销手段,因此主要是从狭义上来认识广告。其中,最常见的广告就是通常意义上的商品广告和品牌广告,而实际上,广义的广告范畴还包括公益广告、文化广告、政治广告等类别。

(二)广告的特征

虽然广告有着不同的定义,但从这些定义当中我们可以归纳出广告所具有的一些共通的特征,对这些特征的理解,有助于对广告有深入的认识。广告有商业性广告与非商业性广告之分,一般而言,商业性广告具备以下五个特征。

1.广告是一种传递特定信息的传播活动

广告传递的信息是特定的。例如,美国市场营销协会指出,广告是通过各种传播媒体对产品、劳务或观念等信息的非人员介绍及推广,又如《现代经济词典》指出广告提供有关特定商品、劳务或机会等消息,而《辞海》认为,"广告是为某种特定需要,通过媒体向公众传递信息的一种宣传方式,一般指介绍商品、劳务和企业等信息的商业广告"[①]。《中华人民共和国广告法》更明确地指出,广告是直接或者间接地介绍自己所推销的商品或者所提供的服务的商业广告。从广义上看,广告传递的信息包括商品劳务、政治观念、新闻报道、娱乐消息等,而从狭义上看,广告传递的主要是与特定的商品或服务相关的信息。但随着广告形式的多样化,一些原生广告的内容也不再限制在商品与服务上,而是向着广义广告的信息范畴发展。

2.广告面向的是特定的受众群体

广告不是向所有人传播的,而是面向特定人群的,是一种向特定的人群传递特定信息的传播活动。《现代经济词典》认为,广告是向私人消费者、厂商或政府提供消息的一种方法,《简明不列颠百科全书》也指出广告是传递给它所想要吸引的观众或听众,倪宁教授也指出广告是面向特定对象,陈培爱教授进一步将广告特定的对象表述为"目标受众"。因此,广告从广义上看虽然具有广而告之的意思,但事实上广告信息并不是为了到达所有的人,而是要传达给所要告知的对象,以吸引他们进行某种行动,只有广告到达了这些目标受众,才能真正发挥作用。随着新媒体的出现,原先只能借助传统大众媒体"广撒网"的广告主现在借助新媒体便能够更加精准地将广告传递到所要传达的受众群体,同时由于新媒体的互动性,受众也可以主动地向广告主进行反馈。

---

① 陈至立.辞海:彩图本[M].第7版.上海:上海辞书出版社,2020:1488.

3.广告的传播过程离不开媒介

媒介是广告传播必不可少的载体。许多广告的定义都强调了广告需要通过媒介进行信息传播。如《辞海》明确列出了广告媒体的条目,将其定义为传播广告信息的媒介物或载体,并按照媒体的类型和传播途径,分为印刷媒体、电波媒体、户外媒体、邮寄媒体、销售现场媒体、流动媒体、其他媒体 7 类[①];《简明不列颠百科全书》指出广告信息需要借助各种宣传工具,其中包括报纸、杂志、电视、无线电广播、张贴广告、直接邮送等;《韦伯斯特辞典》强调广告需要"运用媒体而非口头形式";美国市场营销协会的定义也强调广告是非人员介绍及推广。营销学者托马斯·奥奎因(Thomas C O'Guinn)将广告定义为"一种有偿的以大众媒体为媒介的劝服性活动"[②],强调广告利用大众媒体进行传播;陈培爱教授与倪宁教授的广告定义中也指出广告需要通过传播媒介。因此,广告是需要借助特定的传播媒介的传播,借助的媒介主要是大众传播媒介而非口头传播,但随着新媒体的出现,传播媒介不仅包括传统媒体也包括新媒体。

4.广告具有一定的目的性或说服性

从广义上看,广告有着多种目的,包括经济的与非经济的。如《简明不列颠百科全书》的广告定义就认为,广告的目的在于推销商品、劳务,影响舆论,博得政治支持,推进一种事业或引起刊登广告者所希望的其他反应。美国广告学家克劳德·霍普金斯(Claude C Hopkins)认为,广告是为了加强或改变人们的观念,最终引导人们行动的事物和活动。[③] 陈培爱教授的广告定义中指出,广告以改变或强化人们观念和行为作为目的。而从狭义上看,广告的目的主要是改变消费者的态度,说服其购买。如根据美国广告主协会的定义,广告的最终目的为传递情报,变换人们对于广告商品的态度,诱发其行动而使广告主得到利益;丁俊杰教授的广告定义也很明确地指出,广告的目的在于推广商品和服务,影响消费者的态度和行为,取得广告主预期的效果;《韦伯斯特辞典》的广告定义指出广告旨在唤起人们对商品的需求,并对生产或销售这些商品的企业产生了解和好感。这些实际上都属于狭义的商业广告的目的。因此,不管是广义的目的还是狭义的目的,广告都不是漫无目的的传播活动,每个广告活动都有特定的目的。

---

① 陈至立.辞海:彩图本[M].第 7 版.上海:上海辞书出版社,2020:1488-1489.
② 奥奎因,艾伦,西曼尼克.广告学[M].兰天,译.大连:东北财经大学出版社,2010:7.
③ 霍普金斯.讲述完整的故事[J].市场观察,2007(10):82-83.

5.广告需要广告主付费

传统媒体时代,广告一般都是有偿性的。例如美国市场营销协会指出广告通常要广告主以付费的方式进行;美国广告主协会的定义就明确指出广告是付费的大众传播。我国 1995 年颁布的《中华人民共和国广告法》也明确广告需要商品经营者或者服务提供者承担费用。美国学者托马斯·奥奎因也指出广告是一种有偿的劝服性活动。丁俊杰教授、倪宁教授和樊志育教授的广告定义也指出广告是付费的信息传播形式,是在付费的基础上进行的,是一种非个人的有偿的传播。因此,一般而言,广告首先必须有明确承担费用的广告主,广告主通过支付广告费给广告代理商和媒体,以制作广告、购买媒体广告位,从而通过媒体发布和传播商品或服务信息来促进其销售,所以商业广告必然是有偿的,当然广告主所付的广告费用也将会转化为商品或服务成本的一部分。

然而进入新媒体时代,博客、论坛、微博、微信等免费的自媒体不断出现,企业也可以利用这些新兴的自媒体发布商品与服务等相关信息,同样能起到传统广告的宣传作用。虽然新媒体广告也需要制作广告的费用且实现有效的广告传播也需要支付一定的费用,但相比传统媒体的广告费大大减少了,有些甚至可以忽略不计,因此广告是否必须是有偿的引起学界与业界的争议。例如,2015 年新修订的《中华人民共和国广告法》就在对广告的界定中把广告主"承担费用"的限制去掉了,把广告限定为"商品经营者或者服务提供者通过一定媒介和形式直接或者间接地介绍自己所推销的商品或者服务的商业广告活动",与此同时,在广告的定义中是否需要明确的广告主也在新媒体时代逐渐受到质疑。

综合以上的分析,由于本书主要探讨的是在新媒体时代面向消费者进行商品或服务宣传的商业广告,商业广告属于狭义广告的范畴,同时也考虑新媒体广告的低成本与虚拟性,因此我们将广告定义为,借助特定的媒介向特定的目标受众传递与商品、服务、观念相关的信息,以达到改变或强化受众观念、态度和行为的一种信息传播活动。

二、新媒体广告的概念

新媒体广告是伴随着新媒体的出现而应运而生的,随着媒介技术的创新,越来越多的新技术投入媒介研发中,使得新媒体广告的种类不断增多,传播范围不断扩大,逐渐得到人们的重视。目前我们所说的新媒体广告主要是指网络广告。

美国是网络广告的诞生地。1994 年 4 月 15 日,美国著名的《连线》(*Wired*)

杂志的网络版 *Hotwired* 与美国电话电报公司（AT&T）签订了世界上第一个网络广告合同。*Hotwired* 于同年的 10 月 14 日在其主页上发布了 14 个客户（包括美国电话电报公司等）的旗帜广告，这标志着网络广告的正式诞生，网络至此从交流工具变成了广告载具和信息平台。① 之后美国有线电视网 CNN、《华盛顿邮报》等一些大型的传统媒体也开始增设网络平台，开展网络广告业务。1996 年，美国网络广告营业额仅为 3 亿美元，到 1999 年网络广告营业额已达到了 30 亿美元。② 经过 20 余年的洗礼，网络广告业逐渐成熟起来。

1995 年 4 月，马云归国后成立了杭州海博，它是中国第一家互联网公司。他一手创办的"中国黄页"网络版在同年的 5 月 9 日正式发布。"中国黄页"是我国最早的商业网站，也是国内最早形成商业模式的网站，在网络广告市场缺乏竞争的时代，中国黄页取得了良好的宣传效果。中国黄页是我国网络广告活动的最早实践，而我国网络广告的诞生时间可以追溯到 1997 年 3 月，当时一个 468×60 像素的 Intel 旗帜广告登上了比特网（ChinaByte），这是中国第一个商业性的网络广告，Intel 成为我国最早的网络广告主。

自 20 世纪 90 年代起，新媒体广告这个概念逐渐走入学者们的视线，到 90 年代后期，新媒体日新月异的发展成功地推动了国内外学者对新媒体广告的研究热潮。美国得克萨斯大学奥斯汀分校（University of Texas at Austin）广告学系早在 1995 年就提出了"新广告"的概念，认为随着经济社会和媒体发生的巨大变化，广告的定义将不再局限于传统范围内，从商业的角度来讲，广告是买卖双方的信息交流，具体而言是卖者通过大众媒体、个性化媒体或互动媒体与买者进行的信息交流，③个性化、互动性是新广告的特点。2002 年，陈刚教授提出了"后广告"概念，他指出"后广告"是为了在网络时代探索一个有关广告的新秩序和生存逻辑，网络正在引发以互动为核心的革命。④

2006 年，舒咏平教授等在其著作《新媒体与广告互动传播》中，在阐述了新媒体技术与广告互动传播密切关系的基础上，指出了"互动"一直是广告传播的一种追求，系统地提出了"广告互动传播"的概念及理念，并重点探讨了广告互动

---

① 谭旭.网络广告——现在就是未来[J].信息经济与技术,1997(8):39-41.

② 徐凤兰.网络广告的发展及与电视广告的良性互动[J].中国广播电视学刊,2001(3):51-52.

③ 舒咏平.新媒体广告[M].北京:高等教育出版社,2010:5.

④ 陈刚.新媒体与广告[M].北京:中国轻工业出版社,2002:23-24.

传播的不同实现方式以及电子商务与互动广告传播的一体化趋向。[①] 2010 年，舒咏平教授在《新媒体广告》中进一步给出了新媒体广告的定义："新媒体广告，是指体现在以数字传输为基础、可实现信息及时互动、终端显现为网络链接的多媒体视频上，有利于广告主与目标受众进行信息沟通的品牌传播行为与形态。"[②] 该定义凸显了新媒体广告的数字化与互动性两大特性，但该定义更侧重于强调新媒体广告的品牌传播行为。

新媒体广告是相对传统媒体广告而产生的名词，简单而言，新媒体广告就是借助新媒体进行传播的广告。[③] 根据新媒体与广告的定义，我们可以将新媒体广告定义为：借助新媒体以数字化、互动性、个性化的方式向特定的目标受众传递与商品、服务、观念相关的信息，以达到改变或强化受众观念、态度和行为的一种信息传播活动。由于新媒体是一个不断变化和更新的概念，因此随着时间的推移、媒介技术的发展和受众需求的变化，新媒体广告的定义与内涵也将不断发展。

三、新媒体广告的特征

新媒体广告的特征主要是区别于传统媒体广告所表现出来的新特性，对比传统媒体广告，新媒体广告的特性主要表现在以下几方面：

（一）信息的交互性

交互性是新媒体的优势，也是新媒体广告区别于传统媒体广告最大的特点。网络出现之前，不管是报纸杂志还是广播电视，都是单向地向受众传递广告信息，受众只能被迫地接收信息，没有选择的权利，更不用说与广告主进行互动，而新媒体就使得广告传播具有了双向交互的特点。基于网络的双向交互，广告传播不再是被迫的，消费者不但可以根据需要选择性地接收讯息，广告主也可以自主地选择合适的媒体进行广告的投放，并进行实时的效果监测与管理。在互联网高度发达的今天，广告已进化为"双向的、互动的、参与式的、数据库驱动的"沟

---

① 舒咏平，陈少华，鲍立泉.新媒体与广告互动传播[M].武汉：华中科技大学出版社，2006：2-13.

② 舒咏平.新媒体广告[M].北京：高等教育出版社，2010：6.

③ 高丽华，赵妍妍，王国胜.新媒体广告[M].北京：清华大学出版社，北京交通大学出版社，2011：26.

通行为,消费者已经成为"需求"的发布者,能够主动对各种品牌体验进行表态,形成口碑与舆论,彻底颠覆了信息被动接受者的角色,完全打破企业通过广告对话语权的控制。①

具有互动性的新媒体广告有丰富的案例。可口可乐以自动贩卖机为媒介做了很多具有互动性的广告。圣诞节前夕,可口可乐策划了一场"share the good"(分享你的礼物)的活动。一台醒目的红色自动贩卖机竖立在广场上,屏幕上设置两个选项:一是得到一听免费的可乐,二是把某个惊喜分享出去,如图 2-2 所示。当有人选择第二个选项时,贩卖机的顶部便会缓缓打开,一个悬挂着礼盒的红气球将带着惊喜飞向远方。随着礼盒随机落下,捡到礼盒的人会得到盒子里面装着的礼物,并看到附着的一张小卡片:一个特别的人把它分享给了你。比起获得一听免费可乐的物质享受,更多的人愿意体验分享的乐趣选择把礼物分享出去,于是天空中飘满了载着礼物的红色气球。一时间,整个城市都沉浸在分享快乐、收到礼物的幸福之中。②

a   b

图 2-2 可口可乐"share the good"广告活动

(二)传播的精准性

"我知道我的广告费有一半被浪费掉了,但问题是我不知道浪费的究竟是哪一半。"这句名言出自被称为美国百货商店之父的约翰·沃纳梅克(John Wanamaker)之口,在广告营销界流传久远。对于广告主而言,如果广告不能到达目标受众就意味着广告费被浪费了,而对消费者而言,看到大量不需要的广告信息也会觉得被骚扰。传统媒体的广告投放从根本上来说是模糊和指向性不强的,

---

① 刘国基.新媒体广告产业政策的应对[J].广告大观:综合版,2008(6):5.

② 生活·观 | 走进可口可乐公益设计[EB/OL].2018-11-01,https://www.sohu.com/a/272826262_283830.

受众的分散使得广告资源很大一部分被浪费了。新媒体则可以通过与用户互动,搜集用户的资料与行为数据,建立较为完整的用户数据库,帮助广告主分析目标受众,从而有针对性地投放广告,实现广告的精准传播。例如一些网购平台投放的广告就是通过后台收集、追踪消费者信息,进而细分产品市场并根据营销目的量身定制的营销方案,当然这一切都需要建立在消费者同意提供其数据的基础之上。

(三)形式的新奇性

凭借各种数字化技术的支持,新媒体广告能够融合图、文、音、像、影等多种数字化形式,呈现出传统媒体难以企及的多种创意表现,使得广告极具张力、富有独特的魅力和极强的感官冲击,从而迅速引起受众的关注,吸引广告的目标消费者积极参与广告互动,产生强烈的参与感、体验感和沉浸感,进而理解与体会到广告所要传达给受众的产品特色、服务质量、品牌形象、企业核心价值观等内容,进而产生购买冲动,从而达到良好的营销效果。

图 2-3 是宝马为了推出全新车型 M2 设计的 H5 广告。宝马官方微信首先用一个"该新闻已被 BMW 快速删除"的标题迅速吸睛无数,再通过阅读原文中的 H5 彻底点燃用户的速度与激情:一辆 BMW M2 从虚拟的新闻内页呼啸而出,在新闻、视频、音乐播放器、朋友圈等多个界面左右漂移横冲直撞甚至冲出屏幕,实现虚拟与现实的无缝切换,声效上轮胎的摩擦声、引擎的咆哮声配合得酣畅淋漓,最后出现"一睹锋芒"和"'驭'订从速"的界面。该 H5 广告在 77 分钟内便获得了 10 多万的阅读量,还得到了各行业意见领袖刷屏式的分享。[①] 这样富有新奇性的新媒体广告创意不仅带给受众独特的视听享受,也减弱了受众对新媒体广告的抵触心理。

(四)投放的灵活性

传统媒体一般是购买固定的广告位,如报纸的第几版、电视的某个时段,新媒体则较为灵活且多样,可以为广告制定新的广告位,甚至为广告量身定做新媒体内容将广告植入其中。而且如果想让受众在查询某产品或品牌时接触和浏览广告,也可以通过设置关键词投放搜索引擎广告。传统广告一经投放要进行修

---

① 全新 BMW M2 疯狂 H5 开进你的朋友圈[EB/OL]. 2017-06-19, https://www.sohu.com/a/153079335_771087.

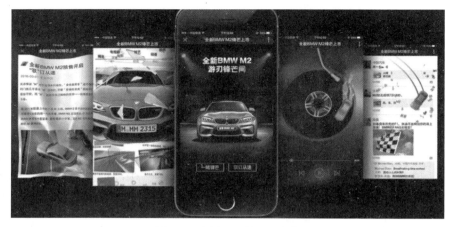

图 2-3　宝马 M2 的 H5 广告

改是很难的,基本上投放的时候就是最终形式,要改动就要重新花费大量广告费制作新的广告并等到下个媒介排期进行投放,而新媒体广告则借助数字化的形式进行投放,可以快速撤下进行修改并重新投放,甚至可以边投放边看效果再逐渐调整广告内容或投放频率。此外,传统媒体动辄几百万几千万的广告费不是中小企业能够支付得起的,与传统媒体广告费用的一掷千金相比,新媒体广告制作与刊播费用要低得多,媒介排期也灵活得多,广告主可以根据企业的广告预算来调整广告设计与排期,如果热点话题设置得好甚至可以成为病毒式营销,在网络上产生爆炸性传播,让网民自主为企业进行二次传播,这也是一些广告预算不多的企业青睐新媒体广告的原因。

（五）效果的易测性

传统媒体广告由于讲究"广而告之",主要通过发行量、开机率、收视率等指标来评估受众的广告接触效果,但由于传统媒体主要是进行单向的广告传播,受众接触了媒体后究竟看没看广告,对广告的态度如何,有什么意见和建议都难以得知,因此传统广告的效果测量往往是模糊的、浅层次的,甚至是不可靠的。其最关键的问题就在于传统媒体只能进行单向的信息传播,重在追求广告的覆盖率与到达率,缺少相应的指标可以评估受众对广告信息的反应。这给广告传播效果的估算带来了很大的困难,也不可避免地导致广告费用的浪费。而基于数字化和互动性的新媒体广告使得这一问题得到解决。例如,最常见的网络视频广告,广告主和广告代理商既可以通过访问量、阅读量、点击量、点击频次、停留时间等指标来精确统计受众数量和广告接触情况,也可以通过点赞数、评论数、转发数以及评论内容来评估受众对广告的态度,如果视频附上购买页面的链接,还可以精准统计通过该广告导致的购买量,也就是转化率。通过新媒体广告这些多元的效果测量指标,广告的效果便能够得到更准确的测量,广告主也就能有的放矢,面向广告效果制定更好的投放策略。

【思考题】

1. 媒体与媒介的概念有何区别?广告媒体具有哪些特征?

2. 什么是新媒体?新媒体有哪些特征?新媒体包含哪几类媒体?

3. 新媒体的发展具有哪些趋势和规律?

4. 什么是广告?广义的广告与狭义的广告如何界定?

5. 广告具有哪些特征?新媒体时代下广告的特征有何变化?

6. 什么是新媒体广告?新媒体广告具有哪些特征?

【推荐阅读书目】

一、国外专著

1. 舒尔茨,马丁,布朗.广告运动策略新论:上[M].刘毅志,译.北京:中国友谊出版公司,1991.

2. 阿伦斯·W,维戈尔德,阿伦斯·C.广告:创意与文案[M].丁俊杰,程坪,陈志娟,译.北京:人民邮电出版社,2012.

3. 霍普金斯.科学的广告＋我的广告生涯[M].李宙,章雅清,译.长春:北方妇女儿童出版社,2016.

4. 琼斯.新媒体百科全书[M].熊澄宇,范红,译.北京:清华大学出版社,2007.

5. 奥奎因,艾伦,西曼尼克.广告学[M].兰天,译.大连:东北财经大学出版社,2010.

6. 费斯克.关键概念:传播与文化研究辞典[M].第2版.李彬,译.北京:新华出版社,2004.

7. 塔洛.分割美国:广告与新媒介世界[M].洪兵,译.北京:华夏出版社,2003.

二、国内专著

1.陈刚.新媒体与广告[M].北京:中国轻工业出版社,2002.

2.陈培爱.广告学概论[M].北京:高等教育出版社,2014.

3.程洁.新数字媒介论稿[M].上海:三联书店,2007.

4.丁俊杰,康瑾.现代广告通论[M].北京:中国传媒大学出版社,2019.

5.丁俊杰,陈刚.广告的超越:中国4A十年蓝皮书[M].北京:中信出版社,2016.

6.高丽华.新媒体经营[M].北京:机械工业出版社,2009.

7.宫承波.新媒体概论[M].北京:中国广播电视出版社,2021.

8.黄传武.新媒体概论[M].北京:中国传媒大学出版社,2021.

9.黄升民,周艳.互联网的媒体化战略[M].北京:中国市场出版社,2012.

10.蒋宏,徐剑.新媒体导论[M].上海:上海交通大学出版社,2006.

11.刘昕远.广告学概论[M].北京:中国轻工业出版社,2008.

12.刘友林.网络广告实务[M].北京:中国广播电视出版社,2003.

13.栾轶玫.新媒体新论[M].北京:人民出版社,2012.

14.倪宁.广告学教程[M].北京:中国人民大学出版社,2014.

15.舒咏平,陈少华,鲍立泉.新媒体与广告互动传播[M].武汉:华中科技大学出版社,2006.

16.舒咏平.新媒体广告[M].北京:高等教育出版社,2016.

17.舒咏平.新媒体广告传播[M].上海:上海交通大学出版社,2015.

18.谭天.新媒体新论[M].广州:暨南大学出版社,2013.

19.屠忠俊.网络广告教程[M].北京:北京大学出版社,2004.

20.王宏,陈小申,张星剑.数字技术与新媒体传播[M].北京:中国传媒大学出版社,2010.

21.杨继红.谁是新媒体[M].北京:清华大学出版社,2008.

22.张玲.新媒体广告[M].重庆:西南师范大学出版社,2016.

23.中国传媒大学广告主研究所.新媒体激变[M].北京:中信出版社,2008.

第三章
新媒体广告的
相关理论

本章导言

　　新媒体广告是一个跨学科的研究领域,涉及新媒体传播、消费者行为、广告营销、网络文化等不同的研究方向,每个研究方向都有用于解释新媒体广告现象的相关理论,这些相关理论可以用来分析研究者所感兴趣的不同研究课题。本章将从以上四个方面介绍新媒体广告研究的相关理论,方便相关研究者灵活取用以解释现象或作为分析的理论基础。

学习要点

* 熟悉六度分隔理论、强关系与弱关系理论
* 理解社会网络分析及其分析方法
* 熟悉 AIDMA、AISAS、SICAS 理论
* 熟悉 4I、SoLoMo 理论,理解网络整合营销理论
* 熟悉亚文化理论,理解网络时代的青年亚文化

开篇案例

新媒体广告中的虚拟意见领袖

　　2007 年,日本推出的世界上第一位虚拟歌手初音未来(Hatsune Miku),成为大多数人对虚拟意见领袖的最早认知。随后,打造虚拟意见领袖的风潮在众多国家蔓延开来,诞生了一大批越来越立体,越来越真实的虚拟意见领袖。虚拟意见领袖也展现出超强的吸引能力,受到许多知名品牌商的青睐。

　　为了让因疫情宅家的市民们能更多发现屋子里的乐趣,日本宜家 2020 年 8 月底携手创意代理商 Wieden ＋ Kennedy Tokyo 在原宿店的一楼和二楼的橱窗

设置了与客厅、卧室同样大小的 LED 屏,屏幕里"住进"了一位有着亮粉色头发的网红少女,公开播放她三天三夜(3×24 小时)的"宅家"生活,如图 3-1 所示。

从视频中看,她在屋子里舒服、自在地生活着:清早起床,练瑜伽,打扫房间,摊在沙发上刷手机,睡前敷面膜,这位网红少女就像是住在店里,供消费者近距离参观。然而这位网红实际上并不是真人,而是来自日本的虚拟模特 Imma,她是日本首位虚拟模特,"诞生"于 2018 年 7 月 12 日,至 2021 年 3 月在 Ins 上已拥有 33 万的关注者,也是许多潮流品牌的合作对象。借着品牌的东风,她早已进军中国市场,2019 年 2 月 Imma 开通微博账号,2019 年 10 月和窦靖童、绫濑遥、Behati 一起为 SK-II 拍摄广告大片,2020 年 4 月和宋威龙一起为梦龙雪糕代言,影响堪比当红流量明星。[①]

图 3-1　日本宜家橱窗中使用虚拟模特 Imma 的艺术装置广告

2020 年 9 月,奈雪的茶携手我国当红虚拟意见领袖翎 Ling,拍摄了由翎 Ling 主演的广告短视频"Ling 类茶研室",在翎 Ling 具有国风色彩的一颦一笑

---

① 住进日本宜家三天三夜,新晋网红 Imma 酱居然不是个"人"?［EB/OL］.2020-09-16,https://www.digitaling.com/articles/344903.html.

中展现其果茶饮品"霸气红石榴"年轻、时尚、前卫的形象,通过跨次元的内容营销渗透到年轻消费群中。在 2020 年 5 月正式出道的翎 Ling,是国内首个国风虚拟意见领袖,凭借与国内外一众虚拟意见领袖截然不同的形象,备受品牌商关注。奈雪的茶选择翎 Ling,正是由于其拥有东方相貌和国风元素。同时,在人工智能 3D 虚拟数字人技术的赋能下,翎 Ling 可以通过全新虚拟内容形态,包括图像、短视频和虚拟直播等,助力品牌更多元、更具深度地渗透年轻消费群体,在营销层面实现多维度、多场景的圈层触达,丰富了营销的可能性。①

虚拟意见领袖能够迅速崛起,其实并不难理解。一方面,在科技的发展下,现实和虚拟之间的界限越来越模糊,在数字化、智能化的加持下,虚拟意见领袖也具有与现实中明星一样的容貌和动作。另一方面,年轻一代更追求前卫、个性、新潮,虚拟意见领袖既契合了年轻人的二次元文化,也带给他们新奇的超现实的虚拟体验,因而得到年轻人的追捧。

请思考:该新媒体广告案例中,虚拟意见领袖与二次元文化的关系是什么?二次元文化属于什么样的文化? 它与主流文化、网络文化、青年文化的关系如何? 新媒体广告中如何运用二次元文化来吸引年轻消费者?

第一节　新媒体传播的相关理论

与传统媒体广告不同,新媒体广告主要在互联网、移动互联网进行传播。与报纸、广播、电视的传播方式不同,网络传播以多媒体、网络化、数字化技术为核心,具有全球性、交互性、即时性、虚拟化、个性化的特征,是目前新媒体广告与营销的基础,学习和理解新媒体传播的相关理论对指导新媒体广告与营销具有重要意义。

一、六度分隔理论

六度分隔理论来自社会网络的早期实践,当时互联网还没有发展起来,但人

---

① 虚拟 KOL 翎 Ling 跨界奈雪的茶 化身 AI 茶研师掀起新国潮未来主义[EB/OL].
2020-09-15,http://www.xmov.ai/news_page-136.html.

们发现通过六层左右的关系就可以联系上自己难以到达的世界另一头的他人，这一发现为探究人际社会的网络传播结构提供了基础。而当互联网发展起来之后，特别是在社交网络工具普及之后，六度分隔理论更是得到了新的验证，其对网络传播的指导意义不言而喻。

（一）六度分隔理论的提出

美国哈佛大学社会心理学家史坦利·米尔格伦（Stanley Milgram）于 1967 年做过一次连锁信（chain letter）实验，他将一套连锁信件随机发送给居住在美国内布拉斯加州奥马哈的 160 个人，信中写了一个波士顿的股票经纪人的名字，但没有写明地址，信中要求每个收信人将这套信寄给自己认为是比较接近那个股票经纪人的朋友，并由朋友转寄，其朋友收信后也照此办理。最终，大部分信在经过五六个人后都抵达了该股票经纪人。

1970 年，米尔格伦为了提高之前实验结果的可信度又进行了另一个实验。在当时，因为美国存在种族疏离的问题，美国白人和黑人在社交上相距甚远，所以米尔格伦在新的一次实验中，随机选择在洛杉矶的白人作为寄件者，且随机选择在纽约的黑人作为收件人，以确保收寄双方有一定的距离，结果显示和前一个实验一样，同样在 6 步内大多数的信件都顺利到达。由此米尔格伦尝试证明了平均只需 6 个人就可以联系任何两个互不相识的人，基于此提出六度分隔理论（six degrees of separation），又被称为六度空间理论。[①] 该理论认为，在整个社会范围内，没有绝对毫无联系的两个人，无论两个人有过联系还是素不相识，也不管两人之间的距离有多远，只要通过 6 个人的层层介绍，这两个人就能取得联系。换句话说，任何人之间所间隔的人不会超过 6 个，至多通过 6 个人，世界上任意两个陌生人都能产生联系，因此也被称为小世界理论。

需要注意的是，"六度分隔理论"并不是强调任意两个人之间都隔着 6 层陌生人的关系，由于联系方式和联系能力的不同，两个人可能需要多于 6 个人的介绍才能取得联系，或因为联系到了超级意见领袖，两人不需要 6 个人就取得了联系，因此该理论重点不在探讨两个人要获得联系究竟需要几个人的介绍，而其核心是指出在社会网络中，人与人之间都不可能毫无联系，只要通过一些中间人的介绍和推荐，任意两个互不相识的陌生人都可能取得联系。更具体而言，"六度

---

① TRAVERS J，MILGRAM S. An experimental study of the small world problem [J]. Sociometry，1969，32（4）：425-443.

分隔理论"的关键是强调"纽带"(ties)的作用。米尔格伦认为这种肉眼不可见但实际存在的"纽带"普遍存在于整个社会的人际关系中,"纽带"将人们之间的距离缩短,在一定条件下,这些"纽带"可以发挥出不可估量的作用。①

在米尔格伦之后,许多研究者都曾做过相似的实验,最终也都得出了相类似的结论,但六度分隔理论也被许多研究者质疑,②因此一直只能作为理论而存在。随着网络媒体的出现,六度分隔理论被进一步证实。③ 如美国计算机科学家乔恩·克莱因伯格(Jon Kleinberg)在《自然》杂志上发表了相关文章,把小世界现象模拟成一个可以评估的数学模型。④ 哥伦比亚大学也通过网络展开了"小世界研究计划"(Small World Project),他们通过因特网向全世界发送邮件,最后测算两个完全的陌生人在通过多少次连接后可以互相认识,最终实验结果与米尔格伦的结论完全相同。⑤

(二)六度分隔理论的意义

六度分隔理论在以往传统生活中似乎难以发挥太大的用处,但是互联网的出现使得六度分隔理论有了应用与实践的土壤,特别是随着建立在真实的社会网络上的社会化软件(social software)以及各类社会化网络服务(social network service)的兴起与发展,六度分隔理论得以很好地应用与实践。在社会化软件上,不管是同学朋友还是家人亲戚,各种强关系和弱关系都可以通过某种形式建立起联系,社会化网络服务模式也不断随着信息技术的提升与用户的普及而越来越方便易用,它们建立起来的用户与用户之间的社会关联也更加紧密,能够反映和促进真实社交关系的形成和发展。

随着社会化网络服务的进一步发展,如今网络人际关系网与现实生活中强关系构成的人际关系网一样,对现代人类的交流方式产生着深远的影响。借助在线社交平台,用户既可以通过扫一扫二维码或搜索朋友的 ID 号来添加朋友,

① MILGRAM S.The small world problem[J].Psychology Today,1967(1):61-67.

② DEVITA-RAEBURN E . If there's really only six degrees (of separation) between us and osama bin laden, why can't we find him? [J]. Discover, 2008, 29(2):42-46.

③ ADAMS J. The six degrees of separation[J]. Supply House Times, 2007, 50(9):36-37.

④ KLEINBERG J M . Navigation in a small world[J]. Nature, 2000(406):845.

⑤ WATTS D J. Six degrees:the science of a connected age[M]. New York:W.W. Norton, 2004:384.

也可以通过朋友的推荐添加朋友或加入群聊，以"朋友的朋友"的关系拓展方式，在短时间内将线下人与人之间的关系迅速转移到线上。网络技术的应用使得人们获取和加强纽带关系的成本大大降低，也使得各种弱关系呈几何级数增长，且不受到时空的束缚，借助这些弱关系，人们之间的距离越来越短，获取信息的渠道越来越多，交流障碍变得微乎其微。

随着消费者使用网络搜集商品信息进行购买决策的普及，在线网络关系的形成对消费者的购物行为产生不可忽视的影响。消费者的选择偏好往往受到亲密度高的人的影响，这些人既可能是线下认识的朋友亲人，也可能是在线社交平台上的网友或购物平台上的买家，他们的在线分享对消费者的购买行为产生的影响越来越大。特别是随着在线交流的深入与持续，消费者对一些熟悉的网络用户或者推荐产品的网络红人有了更深的接触，通过从他们身上不断获取有价值的信息，逐渐积累对他们的信任，进而在购买时参考他们的推荐进行购买决策。面对消费者这一行为的形成，企业在进行网络营销传播过程中，也同样可以借助网络媒体和在线人际网络传播自身的商品、服务、品牌、企业等信息，甚至进行病毒式传播，获得一传十十传百的效果。

二、强关系与弱关系理论

强关系与弱关系理论是社会网络研究的重要理论。强关系与弱关系理论与六度分隔理论有相通的地方。六度分隔理论强调社会网络中"纽带"的作用，而强关系与弱关系理论则强调人际关系网中"关系"的作用。在社会化网络中，两个理论分别是从"传播路径"与"关系作用"视角对社会网络的相同观照。

(一)强关系与弱关系理论

1973 年，美国社会学家马克·格兰诺维特(Mark Granovetter)最先提出关系力量(the strength of ties)的概念，他将关系分为强关系与弱关系，并在《美国社会学杂志》上发表《弱关系的力量》(The Strength of Weak Ties)一文，文中提出强关系与弱关系理论。他认为关系指的是人与人之间由于交流和接触而存在的一种纽带联系。人际关系网络中具有"强关系"和"弱关系"，强弱关系在人与人、组织与组织、个体与社会系统之间发挥着不同的作用。① 他指出,根据社会交往理论,一个人往往只与那些在各方面与自己具有较强相似性的人建立比较紧密的关系,但这些人掌握的信息与自己掌握的信息差别不大,而通过那些跟自己关系并不紧密的人则有更多的机会获得平时很难得到的资源信息。

(1)强关系

根据强关系与弱关系理论,"强关系"指的是与行动者彼此之间具有稳定、可靠关系的家人、朋友、工作搭档、合作伙伴等,这些"强关系"在工作和生活中与他们有较多的交集,且与自己存在于同一个相对封闭的圈子当中。人们的人际网络的最初建立主要依靠强关系。在强关系网络中,人们相互认识,也有长期的互动交流,成员之间的感情基础比较牢固,彼此之间也较为信任,人们更愿意信任和接受强关系成员发出的信息,因此在由强关系构成的社会网络群体中,资源能够更快捷地被分享和交换,信息也更容易被成员所接受并产生影响。

然而在强关系网络中,成员之间虽然互动频繁且信息流动快,但由于成员之间的相似性,使得强关系网络带来的信息往往是重复和多余的,成员了解到的信息的重复性很高,同时由于强关系构成的群体较为封闭,其他群体的新信息不容易进来,使得成员不太容易获取到新的信息和知识。同时,强关系网络内的成员由于交流频繁,对事物的看法和态度也趋于一致,频繁的互动不断强化他们已有的观点,而排斥对新观点或相反看法的吸收,这也进一步阻碍了来自其他群体的新信息的进入。

(2)弱关系

相对于强关系,我们身边存在更多的是弱关系。由于每个人培养关系的时间精力是有限的,能够长期保持联系频繁互动的人只在少数,且一些原有的强关系也可能由于异地、离职、搬迁、矛盾等原因联系越来越少,逐渐变成弱关系。在弱关系中,双方往往并不熟悉,或者之间相隔几层关系,他们在知识结构上有比较大的差异,但仍可以通过一些渠道彼此进行交流,且能够通过交流补充各自的信息不足。网络电商平台上那些发布商品口碑信息的用户对消费者来说就属于弱关系的范畴,通过阅读他们的口碑信息,消费者能够获得更多与商品相关的信息,以弥补自身对商品的认识不足,同时基于网络的反馈机制,消费者也能主动询问这些用户自己所关注的问题,并获得他们的解答。

---

① GRANOVETTER M S. The strength of weak ties[J]. American Journal of Sociology, 1973, 78(6): 1360-1380.

格兰诺维特在《弱关系的力量》一文中指出社会网络中的弱关系是获得信息的桥梁，通过不同群体中成员之间已有的弱关系可以将这些不同的群体联系起来，而具有很多弱关系的个人，由于他掌握了来自不同群体的各种非冗余的信息，从而拥有控制信息流动的优势。因此格兰诺维特的强关系与弱关系理论所表达的中心思想如其文章标题，强调弱关系的优势，也就是著名的"弱关系优势"理论。在格兰诺维特之后，很多研究也指出在我们的社会关系中，弱关系在获取信息的过程中发挥着重要的作用，比强关系的作用更大。

（3）弱关系的优势

从信息的影响效果来看，强关系对消费者的说服力是弱关系无法比拟的，弱关系之所以比强关系能够发挥更大作用，主要是因为以下两方面：

首先，弱关系的分布范围较广，在社会网络中绝大多数的关系是由弱关系构成的。发源于欧洲的"赫特兄弟会"（Hutterian Brethren）有一个不成文的严格规定，即每当兄弟会的人数超过150人的规模，他们就需要把组织分成两个，再让其各自发展。在20世纪90年代，英国人类学家罗宾·邓巴（Robin Dunbar）由"赫特兄弟会"的这项规定，提出了150定律（rule of 150）[①]。该定律指出一个人稳定的社交网络中约有150个成员，其中30人属于强关系，而剩下的120人属于弱关系。由此可见，弱关系的数量要比强关系多数倍，其产生影响的概率也就大很多。这在互联网上也一样，网民在互联网上交流的用户只有少数是熟悉的朋友和家人，大多都属于不常交流的弱关系，他们不知道这些弱关系的近况，甚至已经忘记是如何认识有些弱关系的。

其次，弱关系比强关系更能充当跨越社会结构与阶层的界限获得其他群体信息和资源的桥梁，将其他群体的重要信息带给不属于这些群体的某个个体，进而创造出更多的社会流动机会。[②] 与自己具有弱关系的人往往来自与自己不同的生活圈子，接触的人、事、物往往与自己有所差异，因此较有可能提供新鲜的信息。因此，从个体社交的角度来看，陌生人或者陌生人的社交圈子，可以帮助我们更好地获取我们平时接触不到的有用信息。

弱关系这种沟通不同群体之间的桥梁作用，在强关系与弱关系理论中被称为"信息桥"（information bridge）。所谓"桥"（bridge），即在一个网络当中，提供

---

① DUNBAR R. Grooming, gossip and the evolution of language[M]. Cambridge, MA: Harvard University Press, 1996:230.

② 由笛, 姜阿平. 格兰诺维特的新经济社会学理论述评[J]. 学术交流, 2007(9):125-128.

两点之间唯一路径的一条线。信息桥可以使信息或影响力从一个人际接触流动到另一个人际接触。图 3-2(a)中，A、B 和 C 是强关系，A 获取信息既可以来自 B 也可以来自 C，图 3-2(b)中，B 分别与 A 和 C 是弱关系，A 获取来自 C 的信息就只能通过 B 这样的弱关系，那么 B 在信息传递中就扮演着信息桥的重要角色。

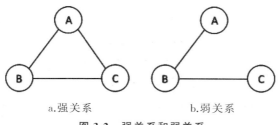

a.强关系　　　　　　　　b.弱关系

图 3-2　强关系和弱关系

因此，弱关系虽然不像强关系那么牢固，却能够让你接触到更多外界不同群体的人，听到他们的声音，快速、有效地跨越强关系群体封闭的圈子，获取来自四面八方的不同声音。因此，在促进信息扩散方面，弱关系比起强关系要更有效。

(二)社会化网络上的强关系与弱关系

随着社会生活网络化，人们的社交圈子逐渐被搬到互联网上，人们开始在一个个脱离现实空间、虚拟连接的网络社会中生活。网络社交开始成型的时候，人际关系中的强关系与弱关系也被搬到了互联网上。在网络社会中，失去了传统社群中家庭、亲朋的照应及群体的保护，加上网络的虚拟性使人们的心理处于脆弱的状态，内心更加孤独，增加了社交焦虑。但依托互联网独特的优势，借助日益便捷的社交媒体，人们开始在网络上进行自由的自我展示，通过文字、图像、视频等多种方式进行互动，并对他人的展示作出评价。原本依赖面对面交流而培养起来的"强关系"，现在却不及网络社区中的"弱关系"交流得频繁。

虽然弱关系经常被认为是群体内部的一种异己和离心的存在，可它在网络上却能够联结来自不同群体的成员。通过弱关系扩散的信息较于强关系可以传达到范围更广的人群，不再受到强关系的血缘、地缘、业缘等的限制。在网络社会中，弱关系的作用还远远不只是信息的快捷传递，信息只不过是网络社区中交换的资源之一。沉浸在网络社区的人群不仅是在寻求新的信息，也在寻求社会支持、友谊和归属感，网民被网络社区的弱关系联系起来，虽然他们在物理意义上的距离可能相隔万里，但网络社区成员之间仍然可以形成相互支持与信任的情感联系，而这种相互支持与信任的情感联系尽管不如强关系那么强烈，但对于网络中的个体而言却是不可或缺的。因此，在网络社会中，强关系与弱关系仍各自扮演着不同的角色，而弱关系更是具有不可替代的作用。

网络社会中不同社交媒体用户类型具有强关系与弱关系的区别也决定了新媒体广告发布面向的对象不同，广告信息的定位不同，最终决定了广告发布策略的不同。强关系型的社交媒体面向的是强关系的受众，因此在上面投放的广告信息更多扮演着一种亲密朋友介绍或推荐某种产品或品牌的角色，甚至为了避免受众产生广告推销的排斥感，不出现或弱化产品或品牌等商业信息，同时发布频率也有所控制。而对于弱关系型的社交媒体而言，其面向的是弱关系的受众，因此完全可以以企业或品牌账号的角色发布广告信息和广告活动，但重要的是该类型的广告必须强调广告信息中对受众有价值的内容，否则就很容易被淹没在海量的社交信息中，提不起受众的任何兴趣。例如有很多弱关系型社交媒体上的广告就会借助明星代言人或网络红人进行发布，或者发布有奖励的广告活动来激发受众的参与与转发。

三、社会网络分析

社会网络是一种典型的复杂网络（complex network）[①]。复杂网络简而言之就是呈现高度复杂性的网络，互联网就是一种复杂网络，也是由一个个相互联结的用户终端所构成的社会网络。在互联网构成的社会网络中，个体成员之间因为互动而形成相对稳定的关系体系，而个体之间的关系又会进一步影响个体的社会行为。社会网络分析就是用来分析社会网络结构和关系的社会科学研究范式。

（一）社会网络分析的提出

1940年，英国人类学家拉德克利夫·布朗（A R Radcliffe-Brown）首次提出了"社会网络"的概念，布朗使用隐喻的"社会关系网络"来解释社会结构，他所探

[①] VEGA-REDONDO F. Complex social networks[M]. New York：Cambridge Books，2007.

讨的网络概念主要聚焦于文化如何规定有界群体内部成员的行为,①因此布朗提出的"社会网络"概念与现代意义上的社会网络分析中的网络概念有所不同,他只是用网络概念形象地比喻社会结构。②

直到1988年,加拿大社会学教授巴里·威尔曼(Barry Wellman)对社会网络进行了较为明确的定义,他指出社会网络是由某些个体间的社会关系构成的相对稳定的系统,③即把"网络"视为联结行动者的一系列社会联系或社会关系,相对稳定的社会联系或社会关系构成了社会结构,从而将社会人(actor)、社会连接(social ties)、社会关系(social relations)及社会结构(social structure)的概念组合在了一起,④这就为社会网络分析提供了理论基础。

社会网络分析(social network analysis,SNA)关注的不仅是个体行为者的属性特征,更关注行为者之间的关系及其对社会系统的影响。构成社会网络的要素主要包括行为人和关系纽带,其中行为人可以是个体,也可以是由多个个体所构成的群体,而关系纽带则表明行为人之间存在的某种相互关联。在社会网络结构中,行为人之间均存在着联系,因此任何行为都不是孤立的,而是存在关联的,这种关联可以通过行为人之间的联系表达,因而网络结构在很大程度上决定了行为人的行为及其可能的结果。同时,网络结构中成员有差别地占有各种稀缺性资源,而网络关系的数量、方向、密度、力量和成员在网络中的位置等因素,影响着资源流动的方式和效率。⑤

(二)社会网络分析的测度指标

社会网络分析的测度指标是以一种研究的视角,为了对社会网络中的行为人所处的位置与关系进行评估,发展出的一套用来量化社会网络结构特征的测量方法和指标体系,主要包括网络距离测度指标(节点的偏心距离、网络直径)、

---

① 拉德克利夫-布朗.社会人类学方法[M].夏建中,译.济南:山东人民出版社,1988:139.

② 孙立新.社会网络分析法:理论与应用[J].管理学家:学术版,2012(9):66-73.

③ WELLMAN B. Structural analysis: from method and metaphor to theory and substance[M]//Social structures: a network approach. Cambridge: Cambridge University Press, 1988:19-21.

④ 左世翔.新经济社会学理论之比较研究社会网络与社会资本的异同[J].商业时代,2014(34):40-43.

⑤ 王夏洁,刘红丽.基于社会网络理论的知识链分析[J].情报杂志,2007(2):18-21.

网络连通性测度指标（节点可达性、网络整体的连通性）和节点中心性分析指标。[①] 在社会网络分析方法论的这些指标体系中，中心性（centrality）是社会网络分析方法论中最常用的一个概念，用以表达社会网络中一个点或者一个人在整个网络中所处的中心程度，这个程度用数字来表示就被称作中心度，一般由以下概念和指标来衡量中心性。

1.度中心性（degree centrality）

在社会网络中，如果一个行为人连接着多名行为人，这个人就被认为处于这些连接着的行为人所构成的社会网络的中心，度中心性就是用来描述一个行为人有多大程度处于社会网络的中心位置，当这名行为人连接着的其他行为人越多，就说明这个行为人的度中心性越强。而把行为人当作网络中的一个节点，点度中心度就是一个点与其他点直接连接的总和。但是在实际情况中对中心性进行分析的时候，可能出现有方向的社交网络（directional social networking），于是便有了点入中心度（in-degree）和点出中心度（out-degree），从关注行为来看，点入中心度衡量的是行为人被他人作用的程度，连接由其他人发起指向该行为人，点出中心度衡量的是行为人作用他人的程度，连接由该行为人指向其他行为人。

2.接近中心性（closeness centrality）

接近中心性反映的是行为人与网络中其他行为人之间的紧密程度，主要通过该行为人到其他行为人的最短路径来测量，如果该行为人到达其他行为人的最短路径最小，就说明其与其他行为人之间的关系最为紧密，也可以说其处于网络的中心。用来测量接近中心性的指标为接近中心度，接近中心度体现的是一个点与其他点的邻近程度，计算的是一个点到其他所有点的距离的总和，这个总和越小说明这个点到其他点的距离越短，越容易到达其他点，在空间上也体现在中心位置上。与度中心性一样，在有方向的社交网络中对接近中心性进行分析的时候，会有入接近中心度（in-closeness centrality）和出接近中心度（out-closeness centrality）的指标。

3.中介中心性（betweenness centrality）

当一个行为人处于其他许多行为人的交际线路上，或是信息资源传递的线路上，由于该行为人拥有对路径的掌控权力，因而具有可以控制他人交往或信息

———————
① 赵丽娟.社会网络分析的基本理论方法及其在情报学中的应用[J].图书馆学研究，2011(20):9-12.

资源传递的能力,由此可以认为该行为人处于一个重要的中心位置①。中介中心性顾名思义就是反映行为人控制其他行为人信息路径或控制信息传递的能力,如果行为人处在其他行为人之间的信息路径上的次数越多,说明他的中介中心性越强。而中介中心性的测量主要通过中介中心度测量,中介中心度通过计算经过一个点的最短路径的数量来反映,经过一个点的最短路径的数量越多,就说明节点之间通过它可以更快捷地交互,它的中介中心度就越高。如果一个大的社交网络中包含了几个小组,那么中介中心度高的人就能起到将这些小组连接起来的作用。

（三）结构洞理论（structural holes）

在社会网络分析中,结构洞是重要的分析对象,以至于结构洞理论具有重要意义值得单独论述。当一个节点处于结构洞的位置时,就拥有了掌控网络信息流通的能力,它虽然不像群体的中心节点那样拥有强大的传播力,但在将两个陌生群体联系起来上扮演关键角色。

1.结构洞理论

结构洞理论是社会网络分析发展到后期比较重要的理论,最早由社会学家罗纳德·伯特（Ronald Burt）于 1992 年在他的《结构洞:竞争的社会结构》（*Structural Holes:The Social Structure of Competition*）一书中提出。伯特指出,关系强度不应成为网络分析的重点,更重要的是要分析社会网络成员之间的关系模式。在他看来,个人拥有弱连接与从弱连接的他人那里获得有价值的信息之间是相关关系,不是决定关系,也就是说,个人从他人那里获得有价值的信息并非只由其是否为弱关系决定。

伯特强调,个人在网络中的位置比其与其他人的关系更重要,个人在网络中的位置决定了他所能获取的信息、拥有的资源和权力。在社会网络中,某些个体之间存在无直接联系或关系断裂（disconnections）的现象,从网络整体来看,好像网络结构中出现了"洞穴"（holes）,这就是结构洞（structural holes）②。简单来说,当两个人之间的联系必须经过第三个人时,即两人之间不存在直接的联系,则第三者在这个关系网络中就占据了一个结构洞的位置。

---

① FREEMAN L C . A set of measures of centrality based on betweenness[J]. Sociometry, 1977, 40(1):35-41.

② 孙立新.社会网络分析法:理论与应用[J].管理学家:学术版,2012(9):66-73.

从获取信息的角度上看,伯特指出,个人是否能从某个特定关系人那边获得有价值的信息就取决于该关系人在个人网络中与其他人联系的断裂情况[①],也就是其是否处于结构洞的位置。个人如果处于结构洞的位置则容易获得不同圈子的信息,但如果处于断裂的分支,则就需要从处于结构洞的他人那里获取信息。但这也意味着处于结构洞的个人可以控制稀缺信息的流向,占据结构洞的人拥有联系的双方无法比拟的信息控制优势,由此可以为自己提供更多的服务和回报。因此个人如果想在竞争中取得优势,就必须占据更多的结构洞,建立更为广泛的联系。[②]

2.结构洞与网络意见领袖

意见领袖(opinion leader)指的是那些在将媒介信息传递给社会群体过程中扮演中介角色的人[③],在现实生活中他们往往拥有容易被辨认的标签,如专家、政府官员、明星等,他们通常在社会网络中具有较强的影响力,拥有较大的话语权和较多的社会资源。但在虚拟的互联网上,特别是在人人都能发布信息的社交媒体上,要辨别和抽取出他们并不容易。网络上的意见领袖是社会网络分析中的关键研究对象,在社会网络中,意见领袖所发挥的作用是由其在网络中所处的中心位置决定的,因而中心位置的衡量对意见领袖的分析与识别至关重要。[④]

在对网络意见领袖的研究中,结构洞无疑是一个重要的启示。从网络意见领袖的行为来看,他实际上是在互联网平台上就某话题发表见解,并有相对稳定的受众群体和拥护者的个体。网络意见领袖已经不单纯是二级传播理论中媒体和受众之间的中介了,而是网络结构中的特殊节点,其在社会网络中的位置符合结构洞理论,不仅能够影响个人的信息与权力,更能够控制整个网络的资源流通。[⑤] 同时,网络意见领袖也不像现实中的意见领袖要有足够高的社会地位,他们反而更多的是普通人,但是他们喜欢分享,跟受众有共同的兴趣爱好,想想我们接触过的微博达人、直播网红,就不难理解网络意见领袖的特质。但正是这样的一群人在网络营销中扮演着关键的角色,对产品信息传播甚至成功交易具有

① BURT R S.Structural holes:the social structure of competition[M]. Cambridge MA:Harvard University Press,1992:133-143.

② 梁鲁晋.结构洞理论综述及应用研究探析[J].管理学家:学术版,2011(4):52-62.

③ 费斯克.关键概念:传播与文化研究辞典[M].李彬,译.北京:新华出版社,2004:192.

④ 肖锋.社交网络意见领袖对移动应用用户采纳的影响研究[D].南昌:江西财经大学,2017:38.

⑤ 周晶晶.网络意见领袖的分类、形成与反思[J].今传媒,2019,27(5):42-44.

决定性影响。

近年来兴起的直播带货产业实际上也是结构洞理论的应用。我们知道在直播平台上有很多不知名的产品和小品牌,他们都是消费者所不熟悉的,他们很难直接劝服消费者进行购买,即使进行广告宣传也往往事倍功半。于是这些品牌商就找到直播平台让网红帮助他们进行宣传,而具有丰富销售经验和熟悉受众需求的网红便在商家与消费者之间扮演了结构洞的角色,他们一方面与品牌商谈判压低商品价格,对要售卖的产品进行把关,提取值得推荐的产品信息,一方面把握受众的心理与需求,不断激发受众的兴趣与购买欲望,抬高其心理价位,从而将商品销售出去获得丰厚的佣金与抽成。

第二节　网络消费者行为的相关理论

新媒体广告的受众是购买广告商品或服务的消费者,对消费者行为的洞察是有效开展新媒体营销的前提。进入网络时代,用户的消费行为随着互联网的发展发生着变化,从消费者行为模型来看,也就是从 AIDMA、AISAS 到 SICAS 模型的转变。[①]

一、传统消费者行为模型:AIDMA 模型

1898 年,美国广告学家艾里亚斯·路易斯(E St Elmo Lewis)提出了 AIDA 模型(attention、interest、desire、action)。1924 年,美国营销广告专家山姆·罗兰·霍尔(Samuel Roland Hall)在此基础上提出 AIDMA 模型,成为传统消费者行为模型的代表。[②] AIDMA 模型是将消费者心理过程顺序化的一种模型,该模型认为营销对消费者的说服效果具有阶段性,进而将消费者的购买行为阶段

---

① 许缦.基于 SICAS 模型的移动 APP 营销模式和策略研究[J].经贸实践,2017(24): 47-48,51.

② HALL S R.Theory and practice of advertising:a textbook covering the development and fundamental principles of advertising and methods of representative advertisers[M].New York:McGraw Hill Book Company,1926:12-13.

化，刻画了消费者从开始了解产品的相关信息到最后的购买使用之间的一系列心理过程。模型的每个字母代表一个消费者行为阶段，先后分别是 attention（关注广告信息）、interest（产生兴趣）、desire（产生购买欲望）、memory（记住产品）、action（购买）。[①]

（一）AIDMA 模型的主要内容

从企业的角度看，AIDMA 模型阐述了一个完整的营销过程：attention（吸引目标客户的关注）、interest（激起他们的兴趣）、desire（加强他们的购买欲望）、memory（让他们记住产品）、action（导致购买行为）[②]。从对广告活动的启示来看，这个模型所要表达的过程是：企业的广告要先能让消费者注意到并产生兴趣，进而产生购买欲望，从而记住该广告中的产品或服务，在消费者真正想要购买的时候脑海中能浮现出该产品或服务，引发购买行为。同时该模型也指出企业的营销效果将随着这一过程的进行而减弱，从关注广告的消费者到最终购买的消费者的数量呈现逐步减少的规律，说明传统的推销式的广告活动的营销效果随着时间呈现衰减的趋势，强调了推销式广告活动效果的有限性。

（二）AIDMA 模型的分析对象与局限

AIDMA 模型主要适用于解释传统实体经济高卷入商品（high involvement product），即价格高、购买过程复杂、需要谨慎选择的商品的消费者行为，为企业研究消费者整个购买行为提供方向。在传统媒体环境下，该模型的确能很好地反映消费者行为，有利于商家根据模型分析不同阶段的消费者心理和诉求，因此在互联网对人们的购买活动产生影响之前的相当长的一段时间内，AIDMA 模型成为消费者行为领域被广泛认可的较为成熟的消费者理论模型，在传统营销活动中被广泛应用来指导和分析广告营销信息对消费者的影响过程，并被应用于营销实践中。

即使在互联网时代，很多企业商家也仍在利用海报广告、传单广告、杂志广告等传统广告形式进行商品的宣传和推广，促进更多的消费者产生购买行为。

[①]　崔瑜琴.基于 AIDMA 的隐性广告效果评估模型构建[J].商业经济，2011(21)：39-40，45.

[②]　冯建英，穆维松，傅泽田.消费者的购买意愿研究综述[J].现代管理科学，2006(11)：7-9.

面对这样的推销现象,AIDMA 模型仍可以较好地诠释广告对消费者购买行为的影响。但 AIDMA 也有缺陷,该模型并没有具体细化到不同的商品类别,而较为适合分析高卷入的商品,由于低卷入的商品或服务的消费决策过程往往没有那么复杂,因此对其预测度不高。①

随着网络新媒体的崛起,消费者开始从线下转到线上,网络成为消费人群迅速增长的一个新兴市场,企业也开始从传统媒体转向通过新媒体进行营销。随着网络经济的出现和消费者购买行为的变化,AIDMA 模型由于局限在实体经济的分析环境,忽视了受众之间存在的相互影响和互动规律,不能有效地分析、描述与解释网络购物情境下消费者的心理过程与行为,消费者行为研究所关注的焦点逐渐向基于网络环境的消费者行为模型转移。

二、电子商务时代的消费者行为模型:AISAS 模型

随着互联网的发展,各种网络渠道的开放,消费者不再是单纯的信息接收者,而是兼具信息接收、搜集、整理、发布和分享等行为为一体的新型消费者。消费者行为的变化引起企业、媒体和广告公司的重视。日本最大的广告与传播公司电通(Dentsu)根据调查数据,描绘了互联网时代下"能动型"的消费者:他们首先通过传统媒体和互联网搜索、获取商品的信息,继而到实体店进行体验,询问亲朋好友意见或是搜索网络口碑,并且在购买后向身边的朋友发表使用、体验的评价,与传统实体店的消费者存在诸多不同的地方。

基于互联网背景下"能动型"消费者的行为特征与生活形态的变化,2005 年电通公司分析并总结了新型的消费者的心理特征和行为,在此基础上提出 AISAS 模型。② 电通指出该重构的模型基于网络时代市场特征以概括当前互联网时代的新型消费者行为,并解释网络营销中广告效果产生的过程。③

① 皇甫晓涛.二十世纪美国广告创意观念的流变与价值研究[D].上海:上海大学,2017:42.

② KOBAYASHI Y.A study of engagement in Japan[J].Aoyama Journal of Business,2009,43(4):39-60.

③ KONO S . From the marketers' perspective:the interactive media situation in Japan[M]. New York:Springer ,2009:57-59.

（一）AISAS 模型的主要内容

与 AIDMA 一样，AISAS 模型共分为五个阶段，其中 A 是 attention（关注阶段，广告或商品信息引发消费者的注意），I 是 interest（兴趣阶段，消费者产生参与的兴趣），S 是 search（搜索阶段，消费者开始搜索与需求相关的信息，使用搜索引擎、品牌官网、购物网站、口碑平台等渠道），A 是 action（行为阶段，在对品牌/需求有足够了解后，消费者产生互动参与行为与购买行动），S 是 share（分享阶段，消费者分享产品的消费体验、心得给他人，形成口碑，达到品牌推广的目的）①。AISAS 模型的五个阶段分别包括以下具体的内容。

1.引起注意阶段（attention）

在这一阶段，消费者在各种媒体上注意到商品或服务信息。在消费者心理学上，注意是一种内心选择的机制，是消费者对于外在刺激反应所产生的信息处理过程，但并不是所有刺激都能产生注意，只有具有强烈的需求与动机才能激发消费者的注意行为。为了引起消费者注意，商家应利用广告全方位地向消费者传递产品信息。由于网络媒体的出现，传统媒体的力量被颠覆，作为信息接收者的消费者开始掌握权力，使用什么媒体、接收何种信息、何时接收信息等一切都由消费者自己决定。消费者会根据不同的需求、当下的情境、个人特质、先前的经验、态度等因素来选择吻合需求条件的信息，过滤不符合的信息。在信息爆炸的今天，引起消费者的注意变得越来越困难。因此为了引起消费者的注意，在广告投放前对消费者展开调查尤为重要，只有懂得消费者的需求和喜好，才能更好地设计出引起消费者注意的广告。

2.激发兴趣阶段（interest）

在这一阶段，消费者对商品开始产生兴趣。消费者受到广告信息的刺激引起注意后，经过自身解读与理解对广告内容产生兴趣。注意力稍纵即逝，在接触到广告信息之后，只有成功激发消费者兴趣的广告信息才能使消费者产生购买欲望，这是购买过程中不可缺少的先决条件。在广告信息引起注意的前提下，消费者对产品或服务逐步熟知，如果与自身需求或潜在需求相契合，就能激发出消费者进一步了解产品或服务的兴趣，产生探索产品或服务的欲望。因此，广告传播过程中，广告信息是否能够契合消费者心理需求和欲望是引发消费者兴趣的关键。因此，广告应该尽可能地提供消费者所需要的信息，同时以出色的创意激

---

① 张灵燕.电通重构消费者行为模式［J］.现代广告，2007（2）:92-93.

发消费者的兴趣。

3.信息搜寻阶段（search）

信息搜索是个体为了达成某种目标而进行的信息搜寻活动,信息搜索具有一定的目的性和任务性。[①] 消费者对产品或服务产生兴趣之后,会自发地对产品或服务的相关信息进行搜集。网络的普及、移动网络的覆盖以及上网成本的降低使得网络成为消费者方便的信息搜索渠道。为了获取更多更全面的产品、品牌、服务等信息来支持自己的购买决策,消费者不仅可以通过搜索引擎、专业网站的垂直搜索功能和网购平台的搜索功能主动进行搜索,获取详尽的产品服务信息,也可以通过社会化媒体向亲人朋友寻求推荐,向已购消费者进行咨询,从而在搜索中不断比较、求证商家的信息。在满足了消费决策最基本的信息需求之后,消费者就有能力分析、评价商品或服务在同类竞品之间的优劣,选择最符合自己需求的商品与服务。[②]

4.产生行动阶段（action）

在这一阶段,消费者产生购买行为。通过搜索阶段对广告信息有了全面了解后,消费者已经对产品有了更全面的认识,当获取的信息足以进行购买决策时,消费者就会产生购买意愿。从搜索到购买阶段转变的重点在于消费者对各类信息的相信程度。相较于传统决策,网络环境下的消费者可以在网上搜索各种对商品和服务的评价,这些信息成为影响其购买决策的主要依据,因此消费者的决策也更加理性。但这并不意味着企业营销对消费者的作用减弱,虽说主动权掌握在消费者手中,但商家仍可以通过网络平台上的各种营销活动实现互动拉近消费者,也可以在消费者的线上咨询中通过提供尽可能丰富的信息解答其疑问来打消消费者购买前的疑虑,最终促成网络交易。

5.信息分享阶段（share）

信息分享阶段发生在购买后,消费者将购买经验、使用评价等信息与他人分享。即使在传统媒体时代,消费者在消费体验后也会进行消费经验以及产品信息的分享。但相较于传统媒体时代,网络时代下消费者分享行为比过去更容易、更快速、更方便,传播的范围也更广。随着网络平台的普及,越来越多的消费者

---

① 王蕾.基于信息需求的消费者网络信息搜寻行为研究[J].情报理论与实践,2013(7):90-93.

② 舒咏平."信息邂逅"与"搜索满足":广告传播模式的嬗变与实践自觉[J].新闻大学,2011(2):84-88,107.

在购买后会通过各种网购与社交平台与更多的潜在消费者分享产品评价及个人体验，而这些信息则成为其他潜在消费者接收或搜索到的信息。因此，促进那些已经购买过产品或服务的忠实消费者提供正面积极的口碑信息是广告传播中影响潜在消费者的关键。

与 AIDMA 模型相比，AISAS 模型的前两个阶段 attention、interest 与 AIDMA 模型相同，但 AISAS 模型在 interest 之后增加了 search 阶段，即消费者在对广告信息感兴趣后会主动进行信息的搜索，以及 action 后增加了 share 阶段，即消费者在购买后会主动进行分享，这两个阶段的提出是互联网时代下对 AIDMA 模型的发展。

（二）AISAS 模型对企业营销方面的启示

AISAS 模型的提出揭示了新媒体对企业营销发展带来的显著影响，同时也强调了新媒体时代广告行业加快制定创新战略以适应时代需求的必要性。[①] 具体而言，AISAS 模型对企业营销方面的启示包括以下几方面。

1.营销中心向消费者转移

互联网时代消费者行为的改变，导致市场供求关系发生根本变化，卖方市场逐渐向买方市场转移，这推动了企业的营销方式也从以企业为中心向以消费者为中心转移。在大众媒体时代，消费者主要通过企业发布的广告信息被动地了解商品，而网络时代的消费者不再是单纯的信息接收者，他们获取商品信息的渠道不再局限于企业发布的广告，相比广告，他们更信任网络上那些已购消费者的体验和评价，根据这些信息来决定是否进行购买。他们对消费决策更为理性也更有信心。另外，在互联网时代，企业的营销效果除了来自企业的各种营销手段带来的购买外，顾客在购买过程中的搜索行为和自发的分享行为，也是提升企业营销效果的重要手段，如果企业能够促进忠实的消费者发布正面、真实的评价，不仅能够提升企业营销的效果，还可以免费为企业带来新的顾客，但这一切都需要建立在高质量的产品与高水平的服务的基础上。

2.营销重心向购后分享倾斜

网络时代下，信息发布模式由商家向消费者发布转变为商家向消费者发布之后消费者再向消费者分享的模式。由于消费者的分享，网络营销活动的影响

---

① RITSUYA O. Media innovation and changes in consumer behavior[J]. Economy, Culture and History Japan Spotlight，2008，27(1)：12-13.

并不会像传统市场营销一样终止于一轮购买,而会随着消费者的分享延续下去,产生第二轮甚至多轮的购买。因此网络时代的企业营销不仅需要把信息发布给消费者,也要促进消费者在购买之后愿意与其他消费者"分享","分享"的力量已经成为网络营销中最大的价值所在。[①] 新的消费者行为决定了企业新的营销思路,企业不能继续把眼光局限在通过线下分销渠道把产品卖出去,而应该更重视具有强大的信息整合能力和以人际关系网为基础的互联网渠道,从线上到线下,再从线下到线上,整合各种可以与消费者交互的营销资源,这样才能促成产品和品牌信息扩散效果的最大化,同时让消费者成为协助企业营销的重要伙伴。

3.营销手段向双向沟通转变

进入网络时代,营销理念重要的不再是传统媒介时代的单向营销宣传和媒体的狂轰滥炸,而是达成企业与消费者之间有效的双向沟通。要实现有效的双向沟通,企业的营销手段就必须改变。首先,消费者行为分析是制定沟通策略的前提。营销人员在制订企业营销传播方案时,需要先对网络时代下消费者的行为特点做出分析,才能针对消费者设计科学、合理的方案。其次,接触点管理(touch points management)是实现有效双相沟通的保障。网络媒体是企业与消费者进行信息沟通的重要渠道,为了选择有效的沟通渠道,企业要识别出消费者与产品或企业的所有可能的接触点,对消费者与商品和品牌之间的接触点进行管理。最后,企业要努力促进消费者正面的口碑传播。网络时代下交易结束不再意味着营销的结束,交易过后消费者会对产品进行评价并分享给他人,消费者无形中充当着企业品牌的扩散者的角色,影响产品的后续销售。因此商家和企业要将注意力更多放在评价系统维护方面,而不是一味看重产品的销售量和售后的评论数量,更不能采用简单粗暴的"删堵封",而应积极直面问题,与消费者及时沟通处理解决。

4.营销过程受口碑效应影响

在网络媒体时代,消费者越来越喜欢分享自己的购物体验与对产品的评价,功能性消费逐渐向社会化消费转移。在各种网络社会化媒体平台上,消费者因兴趣、爱好而聚集成不同的"圈子",在这些"圈子"里面,消费者之间有着某种相似感和亲近感,"圈子"成员发布的口碑信息更容易让消费者接受与信任,对消费者的购买决策产生显著的影响。好口碑是成就一个品牌的关键,周而复始的口碑传播形成巨大的力量,影响企业的营销效果。因此进入网络时代,企业在营销

①　陶洋,裴广信.基于 AISAS 理论的网络营销探析[J].商场现代化,2007(19):211.

过程中不仅需要借助媒体来开展广告宣传,更重要的是借助忠实的消费者群体为自己宣传。为了形成口碑效应,企业需要重视消费者之间的口碑传播,促进意见领袖转发吸引目标受众的口碑内容。

5.营销效果可持续性增强

从营销效果的变化看,AIDMA 模型指出从关注阶段到购买阶段企业的营销效果是随着时间逐层递减的,这对企业和消费者来说都是不利的。而 AISAS 模型指出网络时代下的消费者行为过程还包括购前搜索和购后分享阶段,营销效果不会随着时间的推移呈现衰减,而是通过互联网上的主动分享和转发,引起更多潜在消费者的注意,从而带来商品和服务的新一轮购买,是个循环往复的过程。[①] 在搜索与分享中消费者数据可以被记录下来,这些精准的数据可以帮助企业对消费者进行分析,掌握消费者的需求,从而制定出更完善的营销策略;同时消费者的分享行为也有助于企业及时把握消费者的意见和反馈,及时对可能的危机进行控制与管理。由此看来,网络时代消费者的搜索(search)与分享(share)行为的出现能够帮助企业增强营销效果的持续性,将二者纳入新媒体营销策略的制定中是提升企业的营销效果的关键。

三、社会化网络时代的消费者行为模型:SICAS 模型

随着互联网技术的高速发展,社会化媒体渗透率越来越高,在这样一个每个个体都应该被重视的时代,单靠广告无差别的单向传播越来越不能达到广告的效果,只有依靠品牌和消费者之间的交互对接才能摆脱单向传播的负面作用。

2011 年,互联网数据中心(DCCI:Data Center of China Internet)在《2011 中国社会化营销蓝皮书》中指出,新媒体和社交网络的繁荣将市场引入了数字时代,消费者行为已经发生变化:在数字时代中,消费者接触信息、获取信息的渠道更广阔,在接触信息、获取信息的过程中与品牌、商家产生了接触,与商家的联系从单向被动地接收信息向双向互动反馈转变,同时消费者之间通过信息的分享形成了交流。基于这些发现,DCCI 提出了 SICAS 模型,指出 SICAS 模型是在原有的 AIDMA 和 AISAS 基础上,基于长期对广大互联网用户行为进行追踪和触点计算后得出的针对社会化媒体营销的全新的消费者行为模型,适用于移动

---

① KOBAYASHI N. AISAS incitement[J]. Advertising,2006,14(2):24-26.

互联时代的消费者行为分析。[①]

（一）SICAS 模型的主要内容

SICAS 模型是描述企业与客户之间沟通对话的模型，模型指出用户的消费过程是一个双向互动的过程，这一过程的消费者心理变化可以概括为五个阶段：品牌与用户相互感知阶段（sense），产生兴趣并形成互动阶段（interest & interactive），用户与品牌建立连接并交互沟通阶段（connect & communication），产生购买阶段（action），体验与分享阶段（share）。从消费者行为路径来看，这个过程可以表述为：消费者获取信息，感知商家的营销内容；进而产生兴趣与商家产生沟通与互动；在互动和沟通的过程中产生购买意愿进而产生消费行为；在购买与消费之后通过互联网进行消费体验的分享，影响更多潜在消费者。DCCI 指出，这五个阶段的每个阶段之间都是相互关联、双向互动的关系。对 SICAS 模型进行解析，其过程可分解为以下几个阶段。

1.互相感知阶段（sense）

企业与用户利用移动互联网、基于位置的服务（location based services，LBS）等基于互联网和空间感知技术以及感知平台背后的数据库系统，相互之间建立一种交互式的感知网络（sense network），这个感知网络的关键在于企业对用户的感知以及营销信息被用户感知。通过感知网络，企业可以实时感知新环境下的用户行为、心理和需求的变化，预测未来的消费趋势，从而发现企业的产品和服务中需要改进和完善的地方；用户通过感知网络，可以实时了解企业的产品或服务的具体信息，感受企业的形象和品牌个性。企业与用户通过感知网络互相传递信息，以解决跨时空、跨平台、跨渠道等问题。拥有及时有效的全网感知能力是品牌建立核心竞争力的有效手段，而这一阶段最重要的是消费者对感知内容的信任。

2.产生兴趣与形成互动阶段（interest & interactive）

当企业与用户之间建立了感知网络之后，就要促进用户对感知到的内容产生兴趣进而形成互动，互动是用户和企业相互理解、相互跟随、相互响应的重要途径，理解、跟随、响应可以让企业和用户形成某种程度的心理耦合与兴趣共振。在移动互联网碎片化和网络社会化的环境下，展开多种形式的互动营销是用户与企业相互了解的重要途径。激发用户产生兴趣的话题内容和新颖快捷的互动

---

① DCCI 互联网数据中心.2011 中国社会化营销蓝皮书[R].2012(1):2-32.

方式是互动营销必不可少的因素。企业借助互动营销活动可以让消费者对企业产生关注和兴趣，促进企业和消费者建立良好的联系，也可以在与消费者的互动过程中直接了解消费者需求和喜好。在产生兴趣并形成互动环节中，互动的形成不仅涉及互动的次数，还涉及互动的方式、内容和关系，同时对用户的兴趣和需求做出精准的回应也是至关重要的。

3.建立连接并交互沟通阶段(connect & communication)

这一阶段的主要内容是企业在细致研究目标用户行为轨迹的基础上，应用网络技术建立与用户连接的最短、最优路径，基于广告、内容、关系的数据库与消费者之间建立密切的联系，增强企业的营销效果。企业与消费者建立的联系并不仅仅局限于传统意义上消费者和企业之间的联系，还包括整条生态链中企业与消费者之间、消费者与消费者之间、企业和第三方信息平台之间的多重联系，从而全面建立企业与消费者的多维联系，实现多渠道的互动沟通。这一阶段是企业与消费者从感知互动升级到消费互动的重要阶段，强调企业基于对目标用户行为的研究，建立品牌与用户之间由浅至深的联系，而非简单的衔接。

4.产生购买阶段(action)

消费者的购买行为是由前面感知、互动、沟通等阶段转化而来的。良好有效的感知、互动与沟通是促成消费者产生购买意愿的关键，因此，购买行为的产生是用来评价上述三个环节有效性的关键，也是评价企业营销活动的重要指标。产生购买阶段强调企业在与用户进行深层互动的基础上，使其对产品有充分的认识，从内心认同产品并主动购买。随着移动互联网移动支付的发展，用户的购买方式也发生了很大的变化，除了在电子商务平台上购买产品之外，社交网络、APP 都可能成为用户购买行为的起点，这就要求企业建立多平台、多渠道的付费触点，提供更便捷的购买手段与方式，降低消费者的购买成本。

5.体验与分享阶段(share)

与 AISAS 模型一样，体验与分享阶段是消费过程的结尾也是源头。新媒体时代下，促成消费者产生购买行为是企业营销的重要目的，但不是唯一目的。消费者在购物之后会对消费结果进行判断，产生满意度感知和对企业的认同，进而对购买体验进行分享和传播，即产生口碑，这对企业而言比购买行为更加重要。在社会化媒体营销环境中，口碑不仅是提升企业营销效果的有效手段，口碑的传播价值甚至超过了企业的广告。同时口碑的分享不是消费过程的终点，而是新一轮消费的起点，好的口碑可以吸引更多的消费者参与企业的营销活动，不好的口碑可以促进企业制定出有益于企业发展的产品改进策略。

（二）SICAS 模型的营销启示

传统的消费者行为模型建立在单向的、无交互的市场环境下,不管是企业单向地向消费者传播信息,还是消费者单向地搜索企业的信息,都与目前企业和消费者能够通过各种社交媒体、自媒体互动、交流、沟通的现状不同。SICAS 模型提供了不同于 AIDMA 与 AISAS 模型的消费者行为分析模型,揭示了社会化媒体时代消费者的购买决策过程,强调社交媒体时代下消费者产生的所有购物行为和轨迹并非单向递进的过程,而是多维互动的过程,消费者的每一个购物环节都在与商家基于产品或服务产生着实时的互动,企业能够通过这种互动沟通得到消费者真正的消费需求和购买倾向。

从信息传播的角度而言,SICAS 模型强调当前网络环境下用户和企业之间自由平等的双向沟通,最终期待消费者购买产品后在互联网分享他们的消费体验和使用感受,与更多潜在用户产生联系,进而吸引新用户参与到品牌使用中,带动新一轮的消费,超越了原有只是促进购买的目的。从企业营销的角度而言,SICAS 模型强调商家要在碎片化网络环境中即时感应、发现、追踪并响应消费者需求,进而对消费者提供精准服务,开展更加科学、有效的营销活动。

进入社会化媒体时代,商家可以利用各种媒介使消费者对产品信息产生全面感知,从而激起消费者的兴趣,主动与商家通过社会化网络、自有 APP 或第三方平台建立起联系,由此收集相关用户行为数据,更好地调整和完善营销活动或产品参数。[①]

四、网络消费者行为模型创新

AIDMA、AISAS 和 SICAS 是最常被使用的消费者行为模型,但在分析消费者行为过程中并非所有消费者行为都能根据 AIDMA、AISAS 与 SICAS 模型进行很好的说明。例如这三个模型主要考察的是消费者的购买决策过程,以购买行为(action)为中心。但随着企业与消费者互动的增强,有时候企业是通过各种营销活动吸引消费者,为的是提升企业或品牌的形象,增加消费者对品牌的喜爱与忠诚,并不是直接为了提高销量。当分析广告活动或营销活动的时候,围

---

① 刘德寰,陈斯洛.广告传播新法则:从 AIDMA、AISAS 到 ISMAS[J].广告大观:综合版,2013(4):96-98.

绕购买行为的消费者行为模型就不太适用，此时便需要新的模型，以适应新的消费者行为。

（一）AIDEES 模型

2006 年，日本东京大学的经营理论学教授片平秀贵在 AIDMA 模型的基础上提出了 AIDEES 消费行为模型，该模型更适用于 CGM（consumer generated media）自媒体环境下的消费者行为分析，强调"分享"行为对于企业获得顾客的重要性。[①] AIDEES 模型呈现的是体验营销环境下，消费者分享口碑的六个阶段：注意（attention）、兴趣（interest）、欲望（desire）、体验（experience）、热情（enthusiasm）、分享（share）。

当今的互联网应用已经非常成熟，用户能够便捷地把信息发送出去，迅速到达目标受众，并使目标受众产生注意，引起新一轮的消费者行为。因此，对于企业来说，"分享"环节非常重要，已购消费者正面的口碑传播可以给企业带来裂变式的访问流量，对销售的促进作用不言而喻。

在 AIDEES 模型中"分享"环节位于最后，也就是说要达到"分享"的产生，前面的几个环节的顺利进行是关键，只有经历了注意、兴趣、欲望、体验、热情这几个过程才能产生"分享"。且该模型关注到了体验（experience）、热情（enthusiasm）这两个其他模型没有的过程。这两个过程强调要让受众最终愿意分享口碑信息，必须要有足够好的体验，并要让用户产生分享的热情，用户只有对营销活动和消费体验的过程和结果都感觉满意才有可能产生口碑分享，之前关注于购买过程的 AIDMA、AISAS、SICAS 模型是难以体现这一过程的。以体验激发口碑的网络营销策划可将 AIDEES 模型作为原则和向导，在每个环节上下功夫，推动用户到达"分享"环节，产生口碑传播，实现体验到口碑的成功转化。

（二）SIPS 模型

在提出 AISAS 模型之后，2011 年日本电通公司发布了区别于 AISAS 的消费者行为模型 SIPS，模型分为四个阶段：共鸣（sympathize）、确认（identify）、参

---

① KATAHIRA H. A consumer behavior model is from AIDMA to times of AIDEES [DB/OL]. http://adweb.nikkeibp.co.jp/adweb/doc/LAP2006018.pdf.

与(participate)、共享与扩散(share & spread)①。SIPS 模型所描述的过程为：品牌发布的广告信息或广告活动的主题引起消费者的共鸣，消费者在确认这些活动信息后认同企业的行为，并参与到线上或线下活动中来，在活动中与企业和其他参与者互动，拥有愉快的活动体验，最终在网上共享与扩散自己的体验，成为品牌的传播者。

SIPS 模型把受众对信息产生共鸣后的"确认""参与""分享和扩散"三个行为环节清晰地呈现出来，与 AIDEES 模型提出的热情阶段类似，SIPS 模型强调消费者接触到广告信息后需要产生共鸣，而不仅仅是关注或感知就会进行下一步。该模型进一步强调消费者产生共鸣后的参与行为需要他们认同广告信息或营销活动所传递的理念或价值观，而不单单是引起兴趣、产生欲望就可以实现，且消费者分享和扩散口碑的前提是需要参与到广告活动中。该模型特别适用于分析新媒体时代各种广告活动中的消费者行为，既对广告营销提出了新的要求，也使广告传播效果评估更细化和深入。

(三)ISMAS 模型

2013 年，北京大学刘德寰教授基于 AISAS 模型提出了 ISMAS 模型，其过程为兴趣(interest)、搜索(search)、口碑(mouth)、行动(action)、分享(share)。该模型主要在移动互联时代人们生活形态改变，特别是用户主动性增强的背景下提出，强调营销模式已经从以媒体为中心转变为以消费者为中心。

与 AISAS 模型不同，ISMAS 模型的首要关键点从引起注意转移到了激发消费者的兴趣。模型强调如今已经进入了主动消费的时代，对于移动互联网下习惯了主动使用媒体的消费者，兴趣成了一切的核心，广告的目的不再只是引起注意，而是要直接激发受众的兴趣。② 此外，ISMAS 模型也特别强调了口碑在移动互联时代的重要性，指出消费者已经知道该如何主动购买，寻求口碑，并将购买心得分享出去形成二次口碑，因此 ISMAS 模型强调能否把握好口碑的传播流程，对于产品的营销至为关键。

通过调整后，ISMAS 模型更适合分析移动互联时代下，特别是企业口碑营

---

① 陈思.试论传播效果评估工具与方法的演进：从 AIDMA 到 SIPS 的效果评估发展阶段[J].中国报业，2013(6)：44-45.

② 刘德寰，陈斯洛.广告传播新法则：从 AIDMA、AISAS 到 ISMAS[J].广告大观：综合版，2013(4)：96-98.

销中的消费者行为。该模型启发企业的营销应该放弃花大量的广告费吸引用户注意的策略，而要及时转变营销思路，思考如何提升消费者的兴趣，让消费者愿意主动转发广告信息，把营销的重点放在为他们提供感兴趣、有用的广告信息上。

（四）AIVSA 模型

2014 年，华南理工大学段淳林教授在 SICAS 模型的基础上，提出了基于移动社会化网络时代的品牌价值传播的 AIVSA 模型，模型所描述的消费者行为过程包括，引起注意（attention）、兴趣与互动（interest & interaction）、价值认同（value）、信息分享（share）和消费者行动和价值共创行为（action）。[1] 该模型立足于品牌传播理论，强调每个消费者都是相对独立且完整的精神个体，指出消费者行为的推动力是价值认同，而价值认同产生于品牌关系的成熟，只有最终能够实现消费需求满足和品牌关系建立的企业营销才算真正有效的营销活动。

AIVSA 消费者行为模型与传统的消费者行为模型不同，不仅仅包含完整的购买行为，还将品牌信息传播、个人用户体验等在内的价值分享行为包含在其中。[2] 模型重心放在品牌传播的信息内容和效果上，呈现了作为精神个体的消费者、作为决策个体的消费者、虚拟社区成员和社会成员四方面的消费者行为内涵。通过调整后，AIVSA 模型在分析新媒体时代下品牌价值共创中的消费者行为时具有很强的适用性。

基于以上对已有模型的发展与创新，我们可以看到并没有绝对理想化的通用模型能用来分析所有广告营销情境中的消费者行为，我们往往只能针对不同的营销情境，选择较为合适的模型进行分析。同时，即使在同一营销情境下，消费者行为也会随着互联网技术、媒介环境、商家的营销行为的变化而不断变化，我们需要在调研与洞察的基础上，不断对消费者行为模型进行完善与创新。

---

①　段淳林.整合品牌传播：从 IMC 到 IBC 理论建构［M］.广州：世界图书出版公司，2014：187.

②　段淳林.整合品牌传播：从 IMC 到 IBC 理论建构［M］.广州：世界图书出版公司，2014：188-193.

第三节　网络营销的相关理论

营销活动始终处于动态的发展过程中,数字技术的发展使得"传播"活动与"营销"活动呈现出一体化趋势,二者界限日益模糊,正如唐·舒尔茨所言"营销即传播,传播即营销"[①]。随着市场营销环境的发展与媒介环境的变迁,市场营销理论不断变化与发展,营销的理念也必须适应不断变化发展的环境。

一、网络整合营销传播理论

相对市场营销组合理论,网络整合营销传播理论明确提出了"整合"的思想。面对越来越复杂而多变的市场环境、越来越丰富而多元的传播媒介、越来越细分且具个性化的市场,市场营销越发需要"整合"的理念,对营销目的、营销方法乃至传播媒介进行整合,从而进行有效的面向用户的传播。

(一)网络整合营销传播理论

网络整合营销传播(Internet integrated marketing communication)是基于网络营销和整合营销理念日新月异的变化而诞生的,它既是对网络营销进行全面的升级,也是利用互联网特性和技术更加有效、高性价比地完成整合营销传播。网络整合营销传播主要是通过对企业的实际经营情况进行分析,综合互联网上的媒体资源,将企业的传播需求与媒体的特色优势相匹配,制订合适的网络整合营销传播方案,通过企业和客户双向沟通的方式,进行精准的营销传播,树立统一的企业形象,与消费者建立黏性较强的关系,达到高效的客户关系管理,实现网络营销的高效率、低成本、大影响。

在网络整合营销传播的开展中,首先,要对受众进行细分。通过市场细分对细分的市场进行分众传播;在分众的基础上,通过网络平台把"碎片化"的分众市场聚合起来,实现品牌信息的广泛告知。其次,要对媒体进行整合。传统大众媒

[①]　邵华冬,陈怡,等.广告主数字媒体营销传播[M].北京:中国传媒大学出版社,2016:10.

体和生活轨迹型新媒体(如户外分众传媒、手机移动终端)是整合营销传播的端口,网络平台是网络整合营销传播的整合平台。[①] 网络整合营销传播在整合营销传播端口的基础上突出并发挥网络平台的整合作用,综合运用各种媒体的优势与特色,借助网络的整合能力对这些媒体进行组合运用,通过整合后的跨媒体平台将信息传递给细分的受众,以此实现最佳的营销传播效果。

网络整合营销传播要求企业在营销中将顾客置于重要地位,以顾客为中心生产产品和提供服务,所有营销活动都围绕着顾客需求展开。在整个营销过程中,企业还需要建立与顾客密切联系的渠道,借助顾客的反馈及时调整营销策略中不完善的地方,由此实现营销效果最大化。

(二)网络整合营销传播的主要内涵

网络整合营销传播是网络时代企业营销传播的新思路,它强调信息传播的统一性、交易双方的互动性、技术与营销的整合性以及营销过程的动态循环。

1.信息传播的统一性

早在20世纪90年代初,舒尔茨等人就指出:营销是一个完整的整体,多种媒体要用"同一个声音说话"(speak with one voice)。[②] 这就是强调整合营销传播的基调要统一,向目标受众传达协调一致的信息。坚持"一个声音说话"并不是指仅用单一的传播手段传播信息,而是要能综合和协调多种不同的传播手段,传递一致的品牌主张。大到品牌的形象代言人小到媒体投放的标识、字体,"一个声音说话"首先要求企业的人格外化表现是统一、整体的。企业以统一的信息形式向消费者传达统一的信息内容,消费者无论从何种媒体获取信息都是一致的、统一的。[③] 坚持"一个声音"的原则是为了与目标群体之间建立长期一致的稳定关系,真正实现对品牌形象的长期投资,积累品牌资产。

2.交易双方的互动性

在21世纪,信息的发布不再由营销者和广告商或者大众传媒控制,消费者也可以进行信息传播。随着信息获取与发布权力的获得,在新的消费环境下,消费者的地位已经提升至与营销者同等的位置,这意味着消费者与营销者之间的

① 曹芳华.3G时代:无线营销,无限可能[J].销售与市场:管理版,2008(16):28-30.

② 姜旭平.网络整合营销传播:当代市场营销的发展趋势[J].企业导报,2006(10):18-21.

③ 吴丹.电子商务时代的市场营销[J].上海经济,2001(1):55-57.

互动越发重要。借助互联网,营销者和消费者可以进行跨时空、多方位的交流,建立长期的互信机制。通过互动,营销者可以及时了解消费者和潜在消费者的需要、欲望和期待,根据消费者的需求调整产品性能,完善功能,制定、执行并调整自己的整合营销传播战略。借助互动,消费者也可以获得个性化的定制服务,迅速、准确、有选择地获取信息并向营销者反馈信息。

3.技术与营销的整合性

以网络为聚合中心的跨媒体传播体系是网络整合营销的基础,该基础是基于计算机网络技术与营销战略的有机结合。互联网具有无可替代的信息整合功能,它结合了大众传播与人际传播的优势,所有的信息可以在互联网平台上聚合,发挥出传统营销传播无可比拟的效果。网络整合营销传播在制定营销策略时,营销人员可以将一系列互联网技术手段灵活运用在战略设计和资源配备过程中,使用交互性技术设计具有互动性的营销方案,与包括潜在消费者在内的更广泛的人群进行交流与沟通,满足受众的互动需求以及对与营销信息进行交互的期待,从而让企业的知名度与美誉度得到提升,最终达到营销目的。

4.营销过程的动态循环

网络整合营销活动围绕营销目标来进行,在整个营销过程中,持续地对营销进行效果评估,例如动态统计访问营销页面的用户人数,对这些用户的基本信息进行记录与存储,动态跟踪用户进入营销页面之后的行动轨迹,实时分析营销活动过程中投入与效益的比例,控制营销绩效,基于绩效评估适当地调整营销目标修正营销策略。因此,在整合营销过程中,营销目标与营销策略不是一成不变的,传播策略也是不断完善改进的,是一个不断试错的过程,这意味着整个网络整合营销传播过程也是动态循环的。

二、4I 营销理论

随着互联网的快速发展和社会化媒体的涌现,适用于互联网时代的 4I 营销理论被提出,包括趣味(interesting)、利益(interests)、互动(interaction)、个性(individuality)四个原则,[①]业界对其重视程度远远超过传统的营销理论。

---

① 邓行.从 4I 理论看网络的传播营销策略[J].传播与版权,2020(6):135-136,142.

（一）4I营销理论的内涵

4I营销理论与网络营销息息相关，它是指导网络营销具有针对性的理论，它包括四方面的原则，即趣味原则、利益原则、互动原则和个性原则，这四个原则是网络营销活动走向成功的关键原则，也是策划网络广告活动获得预期效果甚至超出预期效果的出发点。

1.趣味原则（interesting）

对于任何的网络广告和营销活动来说，趣味性都是一个至关重要的因素。[①]人们总会对有趣的内容和信息给予较多的关注。特别是随着人们生活水平的提高，温饱等物质生活的满足已经不能满足人们的需求，人们想要获得更多精神上的娱乐与享受。互联网时代的到来，为网络营销提供了肥沃的土壤，也使得人们追求娱乐变得更加方便与快捷。从近年来互联网、新媒体的发展趋势中，我们可以看到娱乐是新媒体传播的重要属性，尤其在社会化网络中，娱乐和趣味一直是聚合粉丝、聚合用户的主要因素。企业要想传递产品或服务信息给消费者并达到良好的营销效果，就不能采取强行灌输的方法，而应该讲究趣味性原则，利用信息的娱乐化与幽默诉求吸引消费者，满足消费者追寻趣味性内容的需求，这样才能更好地将产品与品牌理念传递给消费者，让消费者更好地接受并记住。

2.利益原则（interests）

获得利益是企业网络营销活动的最终目的，但利益原则说的并不是企业要如何通过网络营销赚取利润，而是强调网络营销活动的开展必须能为消费者带来利益，只有能为消费者带来利益的营销活动才能吸引消费者的参与，获得良好的营销效果，最终让企业获利。网络营销活动如果不能为目标群体提供实质性的利益，而只是空洞地夸奖自己的产品和品牌，便无法在消费者心中产生一丝涟漪，很快就被互联网的信息海洋所淹没。在网络营销中，企业只有设身处地地为目标消费者思考，为他们提供利益，才可能被认可与接受，从而获得应有的利益。要为消费者提供利益，首先在广告宣传上应该针对目标受众的需求告诉消费者产品或服务的购买和使用能够为其带来什么样的便利，比起其他竞争者有什么价格上的优惠等，并确保这些信息真实有效，真正让消费者感受到购买的价值，只有让消费者获益企业才能最终获益。

---

① 邓行.从4I理论看网络的传播营销策略[J].传播与版权,2020(6):135-136,142.

3.互动原则(interaction)

互动原则是网络营销的核心,互动性是网络营销区别于传统营销的一个重要特征。传统营销主要借助传统媒体进行信息的传播,其特点就是信息由企业传递给消费者,消费者只能被动地接收信息。网络营销与传统营销存在着诸多不同,其中最重要的就是利用网络媒体实现互动。互联网是能够实现多方互动和沟通的新兴媒体,它为消费者及品牌提供了更为广阔的交流和互动空间。企业通过互联网不仅可以发布各种产品和服务的相关信息,也能够与消费者进行实时互动,通过互动更加充分地了解消费者的偏好和需求,从而提供更加符合消费者需求的产品与服务。同时,借助网络的互动性,企业能够第一时间发现网络营销过程中的问题点,及时弥补营销策略中不完善的地方,向消费者提出问题解决方案,让营销过程能够顺利地按照目标执行,实现预期的效果,提高企业的竞争力。

4.个性原则(individuality)

个性原则是网络营销的关键。每个消费者都有自己的性格特点与消费心理,这意味着每个消费者的需求是不同的,他们关注的营销信息也不同。互联网的出现为消费者提供了释放自我的平台,消费者在网络上表达自己的喜好,关注感兴趣的内容,他们的自主意识逐渐加强,呈现个性化需求的消费者不断增多。此时,一对多的传统营销传播方式已经不能满足网络时代消费者的个性化需求。同时,消费者对产品或服务有任何不满也可以借助网络传播及时反馈给企业。网络时代消费者行为的变化不仅影响企业实现营销目标,也容易对企业形象产生难以控制的负面影响。在这样的背景下,企业需要采取个性化营销方式,使市场更加细化,产品更有针对性,俘获具有独特个性的消费者,进而培养其对品牌的忠诚度,降低负面口碑的传播概率。

(二)4I 的营销启示

在网络营销过程中,我们应该以趣味、利益、互动、个性原则作为指导,以更好地吸引消费者,提高网络营销的效果,达到网络营销的目的。

1.利用网络提升趣味性

在提升趣味性上,企业可以利用互联网平台,综合运用文字、图像、视频、音频、网页等多种多样的信息传达方式加强营销内容和宣传方式的趣味性,改变传统广告生硬枯燥的印象,通过幽默、有趣的内容吸引消费者的注意,让用户对内容产生兴趣,从而在满足消费者娱乐需求的同时潜移默化地将企业文化和品牌价值观传递给用户,达到营销的目的。

2.利用网络提升利益性

在提升利益性上,要首先确保消费者的利益需求的满足。企业可以采取降价、促销、打折、送福利等方式吸引用户参与,既可以激励用户增加购买,也可以吸引潜在顾客,这些手段是电商营销最常用也最有效的手段。但要注意的是,消费者所获得的"利益"不仅包括物质利益或经济利益,还包括消费者越来越看重的精神上的利益。企业在让利的同时也可以通过会员积分、消费者勋章、VIP 特殊权限、支持公益活动等方式给予消费者地位、荣誉、参与感等心理利益或精神利益,满足消费者的心理与精神利益需求,提升消费者对企业的美誉度与忠诚度。

3.利用网络提升互动性

在提升互动性上,企业可以邀请消费者参与到营销过程中,让消费者在营销过程中与企业、品牌进行直接对话、沟通和互动,从而让消费者感受到自身的价值,产生参与感和归属感,同时激励消费者向企业反馈产品的使用情况,向其他用户分享购物体验及心得。通过互联网,企业能便捷地与消费者进行互动,而且成本低廉。互动性如果能够得到很好的实现,企业就能够与消费者进行有效、充分的交流,促进企业与消费者之间建立更加稳固的关系,让网络营销的效果展现出来,使企业具有强大的竞争优势。

4.利用网络提升个性化

在提升个性化上,借助网络大数据,企业可以对产品进行细化和分类,更精准地定位目标消费群体,根据目标消费群体的偏好开展个性化的营销活动,甚至实现一对一营销。个性化营销的实行,不仅满足了消费者多样化的需求,也提升了目标消费者对产品与品牌的忠诚度,从而建立起企业与消费者长期稳定的关系。随着大数据技术的不断成熟,个性化营销也将更加精准与智能,企业在个性化营销上的成本也将大大降低。

三、SoLoMo 营销理论

如果说整合营销理论与 4I 营销理论指导当下,那么 SoLoMo 营销理论则预示着未来,它代表着互联网未来的发展方向。虽然 SoLoMo 营销理论不像前面的几大理论那么成熟,甚至难以算作严格意义上的理论,而只能算作概念的存在,但它在启发未来营销应该思考的重点上具有重要的指导意义。

（一）SoLoMo 的诞生

2011 年 2 月,美国风险投资人约翰·杜尔(John Doerr)通过对投资环境的分析,创造性地提出了"SoLoMo"概念,把 social(社交化)、local(本地化)和 mobile(移动化)三者的无缝整合看作未来互联网发展的趋势。[①] 杜尔认为,脸书(Facebook)等社交公司衍生出了社交化(social),互联网应用要想在竞争中立于不败之地,必须通过提供更多的价值来吸引更多的受众群,而这些只有通过社交化才能实现;在智能手机更加普及的背景下,人们得到的信息变得越发与个人地理位置相关联,即本地化(local);随着移动互联网的兴起,智能化的移动终端会占领越来越多的市场份额,甚至会逐渐代替固定终端成为上网的主流方式,即移动化(mobile)。

自 SoLoMo 被提出之后,该概念风靡全球,引起了激烈讨论。2011 年 4 月,SoLoMo 成为第三届全球互联网大会分论坛的主题,也成为本届大会关注的关键词。从概念上看,SoLoMo 是将社交网络技术、本地位置技术以及移动互联技术融为一体的互联技术的概念综合体。从技术上看,SoLoMo 的"社交"代表着各类社交网站(social network sites),"本地化"是装载着以 iOS 系统或 Android 系统为代表的智能手机所应用的基于位置的服务(location based service);"移动"则是在 4G 时代乃至如今即将进入的 5G 时代下人们越来越离不开的移动互联网(mobile networks)。将 SoLoMo 的概念进行演化,它既可以代表"社交网站、本地位置、移动互联"的技术集成,也可以看作"社交化、本地化、移动化"的概念综合。[②]

（二）SoLoMo 的三要素

SoLoMo 的三大要素包括社交化、本地化和移动化,这三个要素各有侧重,各自实现特定的功能,看似相互独立又相辅相成,支撑起 SoLoMo 营销的关键内涵。

1.社交化(socialization)

社交能够有效地弥补信息传递过程中缺乏情感的缺陷,将人们生活中的真情实感融入信息的交换中,提升信息的触动性。社交化的本质就是建立人与人

---

① 李璐. 约翰·杜尔:SoLoMo 时代正值当下[J]. 通信世界,2011(46):31.

② 王清. "人人报到":SoLoMo 模式下的广告营销新平台[J]. 新闻世界,2012(4):138-139.

之间的关系。社交既包括现实生活中的真实交往又包括互联网中的虚拟交往，互联网技术的发展和完善使人们的社交活动逐渐从现实转向虚拟化。目前，社交化应用的代表是基于 SNS(social networking service)的社交软件和社交网站，它们都是一种旨在帮助人们构建社交网络的互联网应用服务。

2.本地化(localization)

社交化利用社交网络增强了人与人之间的关系，而本地化则利用位置服务技术满足用户所处空间与区域的各种需求，获取本地服务已经成为最实用也最常用的网络服务之一。与本地化相对应的是基于位置的服务 LBS(location based service)，即寻找本地位置的信息化服务。LBS 的出现使得互联网与用户在现实空间所处的位置信息关联起来，通过 LBS 技术，可以确定用户的地理位置，从而针对特定的地理位置为用户提供相应的服务。[①] 因此它包含两层含义：首先通过手机通信运营商的无线网络或者 GPS 定位以及其他定位方式获取移动终端使用中用户所在的地理位置信息，其次依托地理信息系统(GIS)基于用户特定的地理位置为其提供各种类型的本地化服务或增值服务。

3.移动化(mobilization)

移动化实际上是 SoLoMo 在技术层面上的必要条件，是良好进行社交化和本地化的基础，是 SoLoMo 实现的硬件支持。随着移动互联网产业的不断发展，手机技术不断突破，手机功能日臻完善，智能手机等移动终端的普及标志着"移动化"在硬件设备上已经走向成熟，移动终端逐渐取代了电脑的地位，成为 SNS 和 LBS 等服务的主要载体。在技术的支持下，如今的互联网时代已经迈向移动互联网时代，网络的发力点也开始从基于 PC 端的网络应用逐渐向基于智能手机的移动网络应用转移，"移动化"成为未来网络发展的关键词。

综上，SoLoMo 的三大特性——社交化、本地化和移动化代表着三种不同的技术形式与服务模式，它们各有特色、各司其职，但 SoLoMo 并不只是这三种特性的简单叠加，三者之间是相辅相成、相互依赖、相互支撑的关系。如果三种特性只是各自发挥作用，它们能发挥的作用是有限的，而只有将它们有机地结合起来融为一体，创造性地突破三者原有的局限，让三者之间产生"化学反应"，才能真正发挥 SoLoMo 模式潜在的作用，最大程度地激发用户的参与热情，满足用户的需求，展示以用户为本的营销理念。

---

① 王文韬，谢阳群. LBS 与社交网络联合应用的新模式研究[J]. 中国市场，2011(36)：85-86.

（三）SoLoMo 服务的支撑技术

SoLoMo 作为社交化、本地化与移动化相结合形成的一种应用模式，是基于 social 技术、local 技术与 mobile 技术的综合应用。现阶段 SoLoMo 是多种技术在同一个移动终端实现的一种聚合型服务，这种服务需要多种技术的支撑。首先 SoLoMo 中"So"代表的 social 技术对应实时信息交互技术提供的社交网络服务（SNS,social networking services），"Lo"代表的 local 技术主要对应位置感知技术提供的基于位置服务（LBS,location based service），而"Mo"代表的 mobile 技术主要对应于移动通信技术提供的移动在线服务（MOS,mobile online service）。因此，SoLoMo 在广义上可以被定义为一种新型的互联网信息传播模式，这个模式实现了对社交网络服务、基于位置服务以及移动在线服务的功能性整合。目前常用到的几项 SoLoMo 核心技术包括自动识别技术、近场通信技术、位置感知与匹配技术。

1.自动识别技术

自动识别技术（automatic identification and data capture,AIDC）是应用一定的识别装置，通过被识别物品和识别装置之间的接近活动，自动地获取被识别物品的相关信息，并提供给后台的计算机处理系统来完成相关后续处理的一种技术。[①] 自动识别技术将位置感知技术与互联网、移动通信等技术相结合，实现了全球范围内物品的跟踪与信息的共享，从而给物体赋予智能，实现人与物体以及物体与物体之间的沟通和对话。目前我们常见的二维码就是自动识别技术中条码识别技术的一种。通过手机摄像头扫描贴在特定地点的二维码，就能自动获取二维码中的信息，或跳转到相应的信息空间，如网页、APP、公众号、微信群等，或进入各种应用界面，如微信支付界面、应用下载界面、网购商家界面、医保卡界面等。二维码已经成为自动识别技术的重要基础技术之一。此外，人脸识别、声音识别、指纹识别等生物识别技术以及射频识别技术（RFID）也将进一步连接物理世界和信息世界，为 SoLoMo 三要素的融合提供技术支持。

自动识别技术也逐渐应用在户外新媒体广告中。一个反家庭暴力的慈善机构联手英国广告公司共同制作了一个户外公益广告。该广告运用自动识别技术，被放置在人流量较大的地方。广告牌屏幕中出现一个满是伤痕的女性面孔，

---

① 周易军.自动识别技术在广告创意中的应用及其影响初探[J].传播与版权,2015(1):109-110.

边上写道："如果你看得见，你就能改变"，如图 3-3 所示。该广告牌内装有面部识别芯片，路过的人停留下来看她一眼，装载了面部识别技术的屏幕就会自动识别路人的脸并显示在广告牌下方，识别到的人脸数量越多，女性脸上的伤痕就会好一点。这一广告作品很好地运用了自动识别技术，凸显了"注视就能抑制家庭暴力"的主题，唤起人们关注家庭暴力，减少和制止家庭暴力。[1]

图 3-3　英国街头的反家暴广告牌

2.近场通信技术

近场通信技术（near field communication，NFC）是开展"本地化"服务的关键技术。NFC 技术是一种非接触式识别与互联技术，可以在移动设备、消费类电子产品、PC 和智能控件工具间进行近距离无线通信。通过识别和数据交换，使用者能够方便快捷地交换信息、访问内容并使用服务。[2] NFC 技术为移动商务提供了强大的支持，商家应用 NFC 技术可以确保用户真正来自所举办营销活动的地区，防止虚假签到获取优惠，保证营销活动的有效进行；用户使用 NFC 技术可以实现"一机多用"。例如拥有一部具有 NFC 技术的手机就可以进行移动支付、点对点数据传输、支付地铁车票、刷门禁卡等活动，用户不用带钱包、电脑、易通卡、门禁卡就能方便出行。随着技术的更新换代与标准的制定，NFC 技术将大幅提高人们的生活水平与质量，成为智慧城市的关键技术。

---

①　陈冠兰.新媒体对户外广告表现形式和创意设计的影响[J].东南传播，2017(2):87-91.

②　赵建伟.移动支付现状及应用前景分析[J].现代商业，2012(20):112-113.

近场识别技术可以很好地运用在户外广告互动性的提升上。2015 年，KitKat 巧克力在哥伦比亚首都的地铁站和公交车站设置了互动体验广告牌，内部安装了传感驱动装置，人们只要一靠近，就会触动传感驱动装置，使广告牌转动起来为人按摩，缓解压力，如图 3-4 所示。广告商同时利用手机互联，结合推特（Twitter）留言功能，展开互动。只要推特用户在该社交软件上发布"我很疲劳""我很累"等类似语句，KitKat 巧克力官方账号就会回复一条"看起来你需要休息，点开以下链接并开始休息吧"，并给出链接，显示该市各处按摩广告牌的分布位置。该广告牌利用近场通信技术，在提升品牌知名度的同时，很好地传递了"have a break"的品牌理念。[①]

图 3-4   KitKat 会按摩的广告牌

3.位置感知与匹配技术

位置感知与匹配技术（location based service，LBS）指通过移动终端本身的定位功能或无线通信网络获取用户的位置，在地理信息系统平台的支持下提供相应服务的一种增值业务。[②] LBS 实际上有两层含义：第一是确定用户的地理位置，第二是向用户提供与位置相关的信息服务，[③]例如基于用户的所在地，提

①　陈冠兰.新媒体对户外广告表现形式和创意设计的影响[J].东南传播，2017(2)：87-91.

②　李怀瑜，朱瀚，肖汉，等.基于位置的参与式感知服务[J].北京大学学报：自然科学版，2014，50(2)：341-347.

③　龙亚平，杨兴凯.基于 SoLoMo 的电子商务应用模式研究[J].中国信息界，2012(9)：21-24.

供所在地周边的餐饮、停车场、酒店、KTV 等服务信息。只有实现了与位置相关信息服务的提供，才可以称之为完整的基于位置的服务。因此，LBS 的实现需要位置感知与匹配技术，首先通过网络运营商所提供的无线电通信网络（GSM以及 CDMA）或者是像全球定位系统（global positioning system）、地面蜂窝网络这样的外部定位方式，同时利用数据挖掘、地图匹配、神经网络、用户轨迹分析等方式，来获取用户的位置信息，接着利用全球信息系统（geographic information system）把与该位置相关的对用户可能有价值的信息提供给用户选择，为用户提供即时的信息增值服务。

有了位置感知与匹配技术，广告营销的方式也更加多元有趣。雀巢公司在英国推出一则有趣的营销活动"We will find you"，将 GPS 追踪器放到了旗下KitKat 巧克力产品中，当撕开包装后 GPS 就会自动启动，通知主办方在 24 小时内追踪到那个幸运的消费者，亲自为他送上一张 10000 英镑的支票。雀巢公司为了开展该活动，在公共场合贴了近 3000 张印有二维码的海报，如图 3-5 所示。人们只需用智能手机扫描一下二维码即可登录到活动网站，查看还剩下多少个"GPS 馅儿的巧克力"没有被吃掉。[①]

图 3-5 雀巢在英国推出"We will find you"营销活动

---

① 朱珊.自动识别：连接虚拟与现实[J].成功营销，2012(11)：42-45.

第四节　网络亚文化的相关理论

　　网络空间所具有的开放性、平等性和社交性为网络亚文化提供了成长的土壤。著名的文化批判家道格拉斯·凯尔纳（Douglas Kellner）在《媒体文化》中提到：当代文化就是媒体文化，从某种意义上来说，媒体文化已经成为当代文化的中心，它代替了精英文化，成为注意力的焦点，影响了很多人。①

　　在与现实世界大不相同的网络社会中，青年群体在网络社区自由交流情感和思想的同时，也发出了不同于主流文化的声音，在此基础上形成独特的网络亚文化。在面向年轻目标群体的一些新媒体广告作品中，都有亚文化的相应体现。运用亚文化理论去解释这些网络青年群体的受众心理，对合理地理解这些广告的传播效果有重要意义。

一、亚文化理论

　　在分析网络广告传播及其影响上，亚文化往往是绕不开的领域。广告传播本身就是一种文化现象，而网络广告面向网络受众，要获得预期的效果，也必须符合网络受众的文化价值观。网络受众与传统媒体受众存在着文化价值观的差异，他们借助网络新媒体塑造并传递着网络亚文化。

（一）亚文化研究的发展

　　早在 1950 年，大卫·理斯曼（David Riesman）就提出大众文化（mass culture）和亚文化（subculture）的差别，并且将亚文化诠释为具有颠覆精神的文化。大众是"消极地接受了商业所给予的风格和价值"的人，而亚文化则"积极地寻求一种小众的风格"。② 理斯曼认为，亚文化是在主流文化背景下某个集体所持有的特别的文化现象，能够反映一群人的生活现象和思维方式，具有非主流的

---

①　凯尔纳.媒体文化[M].丁宁，译.北京：商务印书馆，2004：31.
②　马中红.西方后亚文化研究的理论走向[J].国外社会科学，2010（1）：137-142.

文化特征，又被称为次文化和副文化。①

亚文化研究已有近百年的历史，亚文化概念的系统化和研究的学科化来自芝加哥学派，伯明翰学派在批判性地继承芝加哥学派的同时，研究重点侧重于工人阶级的青年亚文化现象，并在研究对象方面转向分析大众传媒、大众流行文化以及日常生活。而随着网络时代的到来，伯明翰学派的亚文化研究也逐渐转向后伯明翰时期。

1.芝加哥学派的亚文化研究

亚文化(subculture)是相对于主文化而言的，是社会学中的名词。20 世纪20 年代起，美国芝加哥学派(Chicago School)从社会学视角对城市发展带来的一系列问题如青年犯罪等进行调查研究，并提出"亚文化"这一术语。他们采用民族志与参与式观察的方式接触城市的边缘人群，研究社会中的亚文化现象，并发展出"越轨社会学"(the sociology of deviance)。

芝加哥学派的学者们在研究中发现，伴随着都市化进程和人口增多等因素，人际交流被稀释，传统的社会规范无法在边缘人群中产生作用，于是在这些人群中形成了亚文化群体。在社会地位上，这些亚文化群体被主流社会排斥在外；在思想上，他们与主流社会的道德和规范相悖；在行为上，他们表现出对主流文化的反抗，产生反社会的行为。② 由于芝加哥学派是在越轨社会学的背景下研究亚文化，因而其特指亚文化为那些背离了现存主流社会规范的群体文化，即越轨文化，③这是一种叛逆的、非官方的"地下"文化，尤其与青年文化有着密切联系。④

2.伯明翰学派的亚文化研究

在芝加哥学派之后，英国伯明翰学派(The Birmingham School)在 20 世纪60 至 70 年代批判性地继承了芝加哥学派越轨社会学的研究范式，专门就青年亚文化现象(youth subcultures)进行研究，并于 1964 年成立当代文化研究中心

---

① 赫伯迪格.亚文化：风格的意义[M].陆道夫，胡疆锋，译.北京：北京大学出版社，2009：30.

② BECKER H S. Outsiders：studies in the sociology of deviance[M]. New York：The Free Press，1963.

③ COHEN A K. Delinquent boys：the culture of the gang[M]. Glencoe，Ill.：Free Press，1955.

④ COHEN P. Subcultural conflict and working class community［M］. London：University of Birmingham Press，1972.

(Center for Contemporary Cultural Studies,CCCS),伯明翰学派对亚文化现象的研究推动了亚文化理论的形成和发展。在他们眼中,阶级是影响亚文化现象的重要因素,处于社会底层的青年创造出的亚文化并不是颓废、堕落的象征,而是青年们用自己独特的方式对现实世界进行批判。[①]

在伯明翰学派学者们的著作中,"风格化""边缘化""抵抗性"是基于意识形态思考的伯明翰学派对青年亚文化现象研究的特征归结。[②] 一方面,他们采用体验观察的方法对青年亚文化的表面风格进行了调查,如衣食住行、言谈举止等;另一方面,他们针对风格的背后,对其暗藏的意义进行阐述。伯明翰学派学者们认为,无论哪种风格的形成,都脱离不了已有的符号意义系统。换言之,在亚文化中,重点不在物品是什么,而在于这种物品怎么被该群体使用而产生新的意义。亚文化群体靠能被标识出的风格产生集体认同,从而对主流文化进行"抵抗"。

亚文化的"抵抗"不是通过激烈或者极端的方式,而是通过比较温和的有自己的风格的方式,主要体现在审美领域、艺术领域、休闲消费领域,是"富有意味和不拘一格的"[③]。这种"抵抗"和美国心理学家埃里克·埃里克森(Erik H Erikson)所说的解决认同危机的行为很相近。他在《同一性:青少年与危机》(*Identity:Youth and Crisis*)中描述的青少年的"认同"指青春期"个人独特性的意识感","经验连续性的潜意识追求"和"集体理性一致",[④]也就是希望通过别人的认同和肯定来确认自己的身份和自己所处的位置。他认为亚文化的产生是为了解决认同危机的象征性行动。

3.亚文化研究进入后伯明翰时期

直到20世纪80至90年代,网络技术的发展、消费社会的特征显现,亚文化也呈现出新的现象与特征。学者们借鉴皮埃尔·布尔迪厄(Pierre Bourdieu)的"文化资本"(cultural capital)以及性别理论家朱迪斯·巴特勒(Judith Butler)的"表演性"(performativity)理论,针对新出现的青年亚文化提出了"亚文化资本"

---

① 黄晓武.文化与抵抗:伯明翰学派的青年亚文化研究[J].外国文学,2003(2):30-39.

② 胡疆锋.反文化、大众文化与中国当代青年亚文化[J].新疆社会科学,2008(1):108-112,138.

③ 胡疆锋.中国当代青年亚文化:表征与透视[J].文化研究,2013(2):4-24.

④ 埃里克森.同一性:青少年与危机[M].孙名之,译.杭州:浙江教育出版社,1998:198-202.

"场景""部族"等新范畴。①

网络虚拟空间的出现，更是成为当代亚文化发展的重要平台和聚集地。由于伯明翰学派主要强调用社会结构来阐释亚文化的形成，而网络时代的很多亚文化现象实际上已经难以从传统的阶级、意识形态、文化霸权的角度进行解读，因此伯明翰学派的亚文化理论系统逐渐显得有些与时代脱节，出现了批评者的声音，其地位开始动摇，亚文化研究转向"后伯明翰时期"。

在"后伯明翰时期"，学者们更多关注亚文化与互联网媒介的融合，其形成的"后亚文化"理论开始弥补伯明翰学派的亚文化理论的解释缺失。不同于伯明翰学派的阶级、意识形态、文化霸权的视角，"后亚文化"理论以"新部落""场景""生活方式"等关键词来重新解释网络时代青年亚文化群体的行为，"后亚文化"理论认为在该群体当中具有短暂性、碎片化、个人主义等后现代的特征。②

（二）亚文化的定义与特征

美国社会学家米尔顿·戈登（Milton Gordon）根据区域因素的不同，提出了亚文化是"在不同的种族、经济、宗教和地区影响之下，而形成的具有自己独特风格的差异性文化"③。斯图亚特·霍尔（Stuart Hall）认为"亚文化是一种亚系统——更大的文化网状系统中的这个或那个部分内的更小、更为地方化、更具有差异性的结构"④。戴维·波普诺（David Popenoe）将亚文化定义为："更为广泛的一个亚群体，这一群体形成一种既包括亚文化的某种特征，又包括一些其他群体所不包括的文化要素的生活方式。"⑤而最符合伯明翰学派的"亚文化"概念界定的当属大众文化理论家约翰·费斯克（John Fiske）的表述："亚文化是更广泛的文化内种种富有意味而别具一格的协商。他们同身处社会与历史大结构中的

---

① 班尼特，哈里斯. 亚文化之后：对于当代青年文化的批判研究[M].北京：中国青年出版社，2012：1-19.

② 贝内特. 后亚文化转向：十年后的一些反思[J]. 胡疆锋，译.文化研究，2018（1）：67-86.

③ GORDON M M. The concept of the sub-culture and its application[J]. Social Forces，1947，26（1）：40-42.

④ STUART HALL，TONY JEFFERSON. Resistance through rituals：youth subcultures in post-war Britain[M]. London：Routledge，2006：6.

⑤ 波普诺.社会学[M].李强，译.北京：中国人民大学出版社，2004：78.

某些社会群体所遭际的特殊地位、暧昧状态与具体矛盾相应。"①

　　费斯克的亚文化定义基本概括了亚文化的几个特征。第一,亚文化的"抵抗性",当"某些社会群体"遭遇特殊处境时,尤其是遇到主流,或者父辈文化的阻碍时,会对这些阻碍进行反抗。第二,亚文化的"风格化",在遇到特殊处境时亚文化群体的抵抗并不是尖锐激烈的,而是以"协商"的口吻表达自己的观点,对主流文化进行"仪式化"的抵抗,主要体现在消费、审美等领域。第三,亚文化的"边缘性",与"主流文化"相比,亚文化群体处于弱势和边缘的位置。② 根据这三个特征,亚文化可以定义为:与主流文化共生在同一社会环境的,处于社会边缘的弱势文化,其以"风格化"的方式抵抗主流文化,其群体成员拥有共同的价值观、行为模式等社会行为。

　　亚文化并不是主动形成的,更确切地说,亚文化是被动地被区分开来的。根据美国社会学家霍华德·贝克尔(Howard Becker)的"标签理论"(labeling theory),文化本身没有区分或定义的能力,之所以会出现亚文化"偏差行为",是因为社会制定了一套主流文化的规则,一旦越轨或违背这个规则,就会被贴上"异常"的标签,而这些越轨者会被标示为"局外人"。③ 在整个大的文化系统中,亚文化具有自己独特的风格,是受到社会群体中一小部分人追崇的差异性文化,所以处在辅助的、次要的、中性的、边缘的位置。相比较主流文化而言,它的理性成分较少,但可以满足民众需要的感官体验。④ 相对而言,在大的文化体系中,有主流文化就会有边缘的亚文化,正是由于存在着差异化的亚文化,文化体系才更多元、更富有活力。

二、网络时代下的青年亚文化

　　青年亚文化(youth subcultures),是指主要由年轻人群体创造的、与父辈文化和主导文化既抵抗又合作的一种社会文化形态。青年亚文化所代表的是处于边缘地位的青少年群体的文化形态,它对成年人社会秩序往往采取一种颠覆的

---

　　① 费斯克.关键概念:传播与文化研究辞典[M].李彬,译.北京:新华出版社,2004:127.

　　② 胡疆锋,陆道夫.抵抗·风格·收编:英国伯明翰学派亚文化理论关键词解读[J].南京社会科学,2006(4):87-92.

　　③ BECKER H S. Outsiders:studies in the sociology of deviance[M]. New York:The Free Press,1963:1.

　　④ 扈海鹂. 全球化与文化整合[J]. 哲学研究, 2000(1):25-30.

态度、边缘性、颠覆性和批判性是青年亚文化最突出的特点。借助网络等新媒体表达自己是青年人逃避和抵抗成年人掌控世界的一种手段，网络时代下的青年亚文化与新媒体文化呈现相互交融的趋势。

（一）青年亚文化

从20世纪20年代起，芝加哥大学社会学系就开始展开对移民、犯罪青年群体的研究。美国人类学家拉尔夫·林顿（Ralph Linton）指出，青年人创造了一种脱离成人社会的与众不同的文化形式，进一步开启了青年亚文化研究学科化的视角。[①] 美国人类学家玛格丽特·米德（Margaret Mead）在1928年出版的《萨摩亚人的成年》（*Coming Age of Samoa*）一书中提出青年文化的雏形，她认为青少年在各类社会交往中所表现出来的与主流社会制度不相符的行为就是亚文化。[②] 由此可见，亚文化与青年文化有着相似而重叠的地方。英国文化理论家斯图亚特·霍尔（Stuart Hall）在《通过仪式抵抗：战后英国的青年亚文化》（*Resistance Through Rituals：Youth Subcultures In Post-War Britain*）一书中指出，用"亚文化"代替"青年文化"的原因是亚文化是一个更具结构性的概念，更能体现统治与从属之间的斗争关系，展示青年亚文化是如何与阶级关系、劳动划分和社会生产关系相联系的。[③]

伯明翰学派把亚文化的抵抗看作寻求"认同"。[④] 伯明翰学派认为的"认同"是个体将自我身份同另外某些身份相融合的过程，亚文化的产生是为了解决"认同"危机的象征性行动。[⑤] 受到符号学以及结构主义的影响，伯明翰学派在解释青年亚文化风格的时候使用"拼贴""戏仿"等概念，并且将这些概念结合，在理论上解释亚文化风格的构建。对主流文化的"拼贴"和"戏仿"是青年亚文化群体抵抗主流文化的主要方式。"拼贴"作为抵抗主流文化的一种手段，实际上是一种文化的重新加工、改编、移植的过程，青年亚文化群体选择主流文化中的部分元

---

①　布雷克.青年文化比较：青年文化社会学及美国、英国和加拿大的青年亚文化[M].孟登迎，宓瑞新，译.北京：中国青年出版社，2017：55.

②　米德.萨摩亚人的成年[M].周晓虹，李姚军，刘婧，译.北京：商务印书馆，2008.

③　HALL S,JEFFERSON T. Resistance through rituals：youth subcultures in post-war Britain[M]. London：Hutchinson，1976：16.

④　胡疆锋，陆道夫.抵抗·风格·收编：英国伯明翰学派亚文化理论关键词解读[J].南京社会科学，2006(4)：87-92.

⑤　费斯克.关键概念：传播与文化研究辞典[M].李彬，译.北京：新华出版社，2004：281.

素、符号、行为等进行改编，再重新拼接到一起，并且将它们置于青年亚文化的语境当中，从而获得不同于主流文化的意义表达，以实现对自身处境的仪式抵抗，形成风格独特的亚文化现象。"戏仿"则是指青年亚文化群体以开玩笑、调侃、戏谑的语气口吻，对主流文化的语言、行为等进行模仿，以达到嘲弄、讽刺的效果，从而实现自身对主流文化的仪式抵抗。

当青年亚文化在人群中形成一定规模之后，崭新的风格和创新意义必然引起谋求利益最大化的商业资本的注意。霍尔与帕迪•沃内尔（Paddy Whannel）在《通俗艺术》（*The Popular Arts*）里已经触及了青少年亚文化被商业化"收编"的问题。他认为："商业娱乐市场提供的文化起着极其重要的作用。它折射出业已存在的态度和情绪，同时提供了一个富于表达的天地，一套通过它可以折射出这些特点的符号……"[1]商业资本借助市场的力量，将青年亚文化所展现出来的颠覆、抵抗风格转换成可以批量生产的符号商品，如服装、视频、音乐等。批量生产出来的具有亚文化风格的符号商品被大量推向大众市场，在被商业化收编的过程中，亚文化的生命力就被削弱了，不再具有很强的抵抗性。一些热门的网络流行语被广泛应用于广告传播中以吸引青年受众就是亚文化被商业化收编的代表性例子。

（二）网络时代下的青年亚文化

随着互联网的飞速发展，新媒体环境下的青年亚文化也呈蓬勃发展之势。以新兴的媒介技术和传播手段作为助推器，网络青年亚文化凭借数据、图像、视频的技术优势，建构了一个由仿真、复制、互动和拟像构成的新世界[2]。网络亚文化十分多元，目前有代表性的网络亚文化包括二次元文化、恶搞文化、吐槽文化、佛系文化等。

1.二次元文化

二次元文化是青年亚文化与网络亚文化的融合，是对主流文化抵抗的代表。二次元，来自日语"にじげん"，意思是"二维"，相对地，"三次元"（さんじげん）被用来指代现实。该用法始于日本，早期的日本动画、游戏作品都是以二维图像构

---

① HALL S，WHANNEL P. The popular arts[M].New York：Pantheon Books，1967：276.

② 曾一果.恶搞：反叛与颠覆[M].苏州：苏州大学出版社，2012：5.

成的，其画面是一个平面，所以被称为是"二次元世界"，简称"二次元"。[①]

"二次元"用户通过动画（animation）、漫画（comic）、游戏（game）、小说（novel）中的作品去建构一个"架空""假想""幻想""虚构"的世界，对现实的主流文化进行仪式化抵抗。"次元壁"是二次元群体建构二次元文化的重要组成部分。具体而言，"次元壁"是指二次元群体为了与三次元群体即现实世界中的群体实现隔断而设置的一道虚拟的壁垒。而新媒体为二次元群体建立这道壁垒提供了便利，二次元群体利用新媒体构建出属于他们的行为、语言乃至价值观，借助二次元文化的力量尝试在二次元与三次元之间构建属于本群体的领地，打造二次元的文化壁垒，借此实现二次元群体的自我认同和对三次元即现实世界主流文化的仪式化抵抗。[②]

虽然二次元文化具有逃离、远离现实世界，对现实世界主流文化进行仪式化抵抗的味道，但也不能过度地解读，实际上二次元群体的群体认同更多的是出于对二次元文化的喜爱，具有较强的娱乐特质。同时，二次元文化也带有明显的消费主义特征，随着 ACGN（animation、comic、game、novel）产业的发展，二次元文化也开始泛指动画、漫画、游戏、小说、虚拟偶像、电影、电视剧以及其衍生同人创作与周边产品所蕴含的媒体文化，二次元群体也逐渐吸引更多的人，变得不再那么边缘那么非主流。随着二次元文化成为准大众消费的对象，其"次元壁"呈现出减弱的趋势，这也可以看作是商业娱乐市场与资本对二次元文化的收编。

2.恶搞文化

"恶搞"一词来自日语的"可恶"（くそ），是一种经典的网上亚文化，由日本的游戏界传入中国台湾，成为台湾 BBS 网络上一种特殊的文化，随着两岸文化交流的加强，这种亚文化再经由网络传到中国大陆。恶搞主要是对严肃主题加以解构，从而建构出喜剧或讽刺效果的娱乐文化。恶搞在当代流行文化中很常见。常见形式是将一些既成话题、节目等改编后再次发布，属于二次创作的一种手法。恶搞文化体现了颠覆经典、解构传统、张扬个性、讽刺社会的反叛精神，具有强烈的草根性和平民化色彩。[③]

作为一种亚文化现象，恶搞通过戏仿、拼贴、夸张等手法对经典、权威的人或

---

① 叶凯.二次元文化对当下中国电影审美倾向的影响[J].当代电影，2016(8)：142-144.

② 宋振.青年亚文化视角下的新浪微博营销研究[D].上海：上海外国语大学，2017：22.

③ 王硕，崔基哲.浅析网络恶搞文化的来源及其在社会中的积极意义[J].科教导刊：中旬刊，2014(12)：221-222,254.

事物进行解构、重组、颠覆,以达到搞笑、嘲讽等目的。① 恶搞是典型的青年亚文化,恶搞的生产主体以及受众大多是网络上的年轻一代。他们的价值观、世界观与主流文化群体不一致,对传统主流文化的说教与规训感到厌烦,通过恶搞来表达对主流文化的反抗。他们并没有特定的恶搞对象,在网络空间中,小到一首歌、一篇报道,大到政要名人、官方通告,任何他们觉得不符合他们价值观的内容都有可能成为他们恶搞的对象,且恶搞的内容往往具有颠覆性,因此恶搞现象往往表现出对主流伦理道德规范的冲击,从而被主流社会判定为"不务正业""离经叛道"。但有些时候,恶搞实际上恰恰用嘲讽的方式指出了主流文化、主流社会的问题点,从而得到恶搞亚文化群体的认同,因此具有强大的生命力。

3.吐槽文化

吐槽的说法来源于日本漫才(类似于中国的相声)里的"突っ込み",随着动漫在中国的流行,动漫界用"吐槽"当作"突っ込み"的翻译,一般是指从对方的语言或行为中找到一个漏洞或关键词作为切入点,发出带有调侃意味的感慨或疑问。②

吐槽文化也是一种网络亚文化。首先,同所有的亚文化一样,吐槽文化有着自己的仪式抵抗。吐槽的过程分为三个阶段,第一阶段是将文本对象拆开重新进行理解和拼贴,第二阶段是对对方话语中的"槽点"进行戏谑和调侃,第三阶段是吐槽之后的情绪释放。③ 发达的网络环境为网民提供了吐槽的平台,网民们在吐槽的过程中形成亚文化群体,质疑和抵抗着具有"槽点"的主流群体。其次,吐槽文化在这种抵抗的过程中形成了自己的风格,并在群体中寻找身份认同,形成自己的亚文化群体。吐槽行为就是这个亚文化群体最重要的文化特征,在这个亚文化群体中的个体,通过吐槽来认同自己在群体中的身份,而如果不能适应这个群体中的吐槽氛围,也就不能很好地在群体中生存。

吐槽文化作为亚文化的一种,有时也会被认为是不好的文化,受到主流文化的打击,但是社会在进步、人们的思想也在进步,吐槽文化也被越来越多的人所接受。在商业形式方面,吐槽文化能够带来商业利益已成为大家有目共睹的事

① 胡疆锋.恶搞与青年亚文化[J].中国青年研究,2008(6):4-12.

② 李其美.基于青少年亚文化理论探究《我的滑板鞋》在青少年间的走红现象[J].新闻传播,2015(10):20-21,23.

③ 王芳,吴君.仪式的抵抗:网络"吐槽文化"的传播研究[J].现代传播,2015,37(5):136-139.

实,吐槽语被用在商业宣传中,作品的"槽点"被当作卖点来吸引受众。在一些视频社交平台上,弹幕逐渐成为一种标配。弹幕的流行和吐槽文化的发展密不可分,弹幕作为一种吐槽工具,弹幕视频自然也就成为吐槽文化寄生的一个主要媒介。[①] 受众在看视频的时候,其中的很多画面都是非常合适的吐槽对象,这也就使得弹幕视频和吐槽联系起来。

4.佛系文化

"佛系"一词出自日语"仏系男子",最早于 2014 年在日本时尚杂志《NON-NO》提出,原指在日本流行的一类自己的兴趣和爱好都是放在第一位,基本上所有的事情都是按照自己喜欢的方式和节奏去做的男性。2017 年,互联网将"佛系男子"的说法带入中国网民的视野。其以引申义"都行""可以""没关系"的生活态度走红网络,"佛系"二字,开始频频见于朋友圈、公众号、微博等社交平台,不少网民开始以"佛系"作为自己生活状态和心态的定义。

"佛系"亚文化的形成离不开网络自媒体的传播。首先使得国内掀起"佛系"热潮的,是"佛系追星"。2017 年 4 月开始"佛系追星"的概念先在微博传播,11 月网络脱口秀节目《暴走大事件》提出"佛系追星"的说法,让"佛系追星"开始进入公众视野中。这一说法的出现,主要是针对"饭圈"(粉丝圈)的一种特有现象:出于维护自家的"爱豆"(偶像)的目的,拥有不同意见的粉丝各自为阵,互相竞争,甚至在网络上吵架,撕个头破血流天昏地暗。久而久之一些粉丝就开始希望能够远离纷扰,转而追求一种心如止水,不动怒、不吵架、不控评、不反黑的爱与和平的追星状态,于是追星圈子内出现了"佛系追星"的说法。[②]

之后 2017 年 11 月 21 日,微信公众号"留通社"发表了一篇名为《胃垮了,头秃了,离婚了,"90 后"又开始追求佛系生活了?》的文章。12 月 11 日,微信公众号"新世相"发布的《第一批"90 后"已经出家了》,将"佛系"一词正式推向了高潮,文章中提到的生活中的一些"佛系"现象引起了"90 后"人群的广泛共鸣,不同于过去力求事事做到最好,在生活中,青年人更多秉承一种随遇而安的心态,"有也行,没有也行,不争不抢,不求输赢",这也就是所谓"佛系"。这之后,刘念在《人民日报》上发表文章《也说佛系青年》。光明日报、中国青年报、南方周末、新华网等多家媒体也纷纷对"佛系"进行相关报道,这些文章的发表使得"佛

---

① 陈娟.网络"吐槽"现象分析[D].北京:北京印刷学院,2017:2.
② 张萌.亚文化谱系中的"佛系"网络流行语研究[J].中国青年研究,2018(8):32-37,63.

系"迅速成为年度词汇,成为一种新的文化现象,①由此引申出的"佛系青年",受到"90后"青年群体的狂热追捧,他们在网络上自诩为"佛系青年",在各大网络平台上转发有关"佛系"的文章,使用"佛系"表情包进行斗图,一起沉迷"佛系养蛙"游戏,甚至创建了"佛系"网络社区进行交友活动。这也标志着"佛系"现象正式成为中国新兴青年亚文化的重要表现形式之一,使得"佛系"文化开始成为当前青年亚文化研究中不可忽视的一种文化现象。

除了以上我们熟悉的网络青年亚文化之外,还有很多多元的青年亚文化,例如御宅文化、审丑文化、丧文化、土味文化、网红文化、萌文化等,这些亚文化的流行都与网络的发展有着密切的联系,而随着"躺平""内卷""凡尔赛""打工人""普信"等网络用语的流行,网络青年亚文化又不断延伸发展呈现出新的面向。

【思考题】

1.六度分隔理论对广告营销有何启示?

2.请举例说说你身边的强关系与弱关系是什么样的人。这些人在你的生活中扮演什么样的角色? 在你做购买决策的时候这些人的信息对你的影响如何? 什么情况下来自强关系的信息更重要? 什么情况下来自弱关系的信息更重要?

3.社会网络分析有哪些重要的测量指标? 这些指标的含义是什么? 你觉得网络中的强关系和弱关系可以依靠什么指标来测量? 意见领袖呢?

4.请说说 AIDMA 理论、AISAS 理论与 SICAS 理论的具体内容以及是什么原因导致 AISAS 理论和 SICAS 理论被提出。 AISAS 理论、SICAS 理论是对之前理论的颠覆吗? 这三种消费者行为理论分别适用于什么样的分析环境? AISAS 理论与 SICAS 理论对企业营销有何启示?

5.什么是网络整合营销传播理论? 网络整合营销传播的特征是什么? 请说说4I 理论的具体内容,4I 理论的营销启示有哪些,什么是 SoLoMo 理论,So、Lo、Mo 分别指代哪三个要素,什么技术分别支撑这三个要素?

6.什么是亚文化? 亚文化与主流文化的关系是什么? 网络上有哪些亚文化? 说说你对这些亚文化的认识和理解。

---

① 周思雯.青年亚文化视角下"佛系"研究[D].苏州:苏州大学,2019:2.

【本章参考与推荐书目】

一、国外专著

1.布雷克.青年文化比较:青年文化社会学及美国、英国和加拿大的青年亚文化[M].孟登迎,宓瑞新,译.北京:中国青年出版社,2017.

2.斯特莱登.强关系:社会化营销制胜的关键[M].魏薇,译.北京:中国人民大学出版社,2012.

3.彼得,奥尔森.消费者行为与营销战略[M].王欣双,译.大连:东北财经大学出版社,2015.

4.凯尔纳.媒体文化[M].丁宁,译.北京:商务印书馆,2013.

5.马瑟斯博,霍金斯.消费者行为学[M].陈荣,许销冰,译.北京:机械工业出版社,2018.

6.科特勒,阿姆斯特朗.市场营销管理[M].楼尊,译.北京:清华大学出版社,2011.

7.科特勒,凯勒,切内尔.营销管理[M].陆雄文,等译.北京:中信出版社,2022.

8.科特勒.市场营销学导论[M].何志毅,赵占波,译.北京:中国人民大学出版社,2007.

9.KARDES F R.消费者行为与管理决策[M].马龙龙,译.北京:清华大学出版社,2003.

10.格兰诺维特.镶嵌:社会网与经济行动[M].罗家德,译.北京:社会科学文献出版社,2015.

11.米德.萨摩亚人的成年[M].周晓虹,李姚军,刘婧,译.北京:商务印书馆,2010.

12.舒尔茨·D,舒尔茨·H.整合营销传播[M].王苗,顾洁,译.北京:清华大学出版社,2013.

13.佩罗特,麦卡锡.基础营销学[M].孙瑾,译.上海:上海人民出版社,2012.

14.费斯克.关键概念:传播与文化研究辞典[M].李彬,译.北京:新华出版社,2004.

15.电通跨媒体沟通开发项目组.打破界限:电通式跨媒体沟通策略[M].苏

友友，译.北京：中信出版社，2011.

16.鲍尔德温，朗赫斯特，麦克拉肯，等.文化研究导论[M].陶东风，等译.北京：高等教育出版社，2004.

17.霍尔，杰斐逊.通过仪式抵抗：战后英国的青年亚文化[M].胡疆锋，王蕙，译.北京：中国青年出版社，2015.

18.班尼特，哈里斯.亚文化之后：对于当代青年文化的批判研究[M].北京：中国青年出版社，2012.

二、国内专著

1.段淳林.整合品牌传播：从 IMC 到 IBC 理论建构[M].广州：世界图书出版公司，2014.

2.胡疆锋.伯明翰学派青年亚文化理论研究[M].北京：中国社会科学出版社，2012.

3.蒋旭峰，邓天颖.整合营销传播[M].杭州：浙江大学出版社，2009.

4.刘向晖.互联网草根革命：Web 2.0 时代的成功方略[M].北京：清华大学出版社，2006.

5.邵华冬，陈怡.广告主数字媒体营销传播[M].北京：中国传媒大学出版社，2016.

6.吴泗宗，盛敏，熊国钺.市场营销学[M].北京：清华大学出版社，2012.

7.易前良，王凌菲.御宅：二次元世界的迷狂[M].苏州：苏州大学出版社，2012.

8.曾一果.恶搞：反叛与颠覆[M].苏州：苏州大学出版社，2012.

实务篇

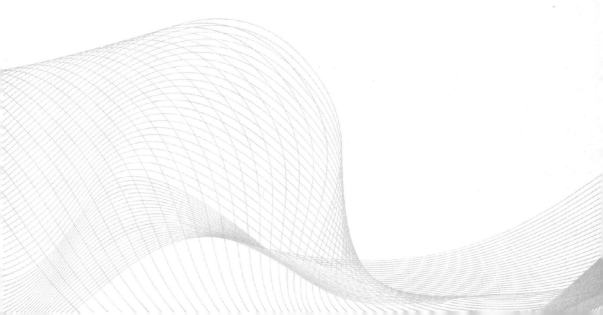

第四章
新媒体广告
产业

本章导言

    单一的广告活动在商品经济产生之后就有了,而广告产业则是在市场经济充分发展的条件下形成的,广告从单一的广告活动发展成独立的广告产业经历了漫长的过程。在广告产业链中,广告媒体是重要的一环,新媒体的发展为广告产业带来新一轮的变革,推动广告公司的数字化转型与广告业务的升级。本章主要介绍了新媒体对广告产业带来的变革,重点介绍了新媒体带给广告公司与广告业务的新机遇、新课题和新挑战,接着以大数据时代下的广告产业为主题,重点介绍数字广告产业的主体、广告公司的数字化转型以及最具代表性的数字广告业务——程序化购买,最后介绍大数据对广告产业带来的新需求与新挑战。

学习要点

- 了解广告产业的主体及其相关概念
- 理解新媒体技术对广告产业的变革
- 了解数字广告产业的主体、广告公司的数字化转型
- 熟悉程序化购买的结构、流程与优势
- 理解大数据对广告产业的变革

开篇案例

爆发式增长的直播电商行业

随着直播商业模式的成熟,直播成为电商平台的"第二春",特别是受新冠肺炎疫情影响,传统线下销售模式受到冲击,线下店铺经营受阻,用户居家时间变长,商家纷纷试水直播,上至品牌 CEO,下至一线导购都走进了直播间,购物直播、旅游直播、助农直播等多样化的网络直播纷纷涌现。

据中国互联网信息中心(CNNIC)第 48 次《中国互联网络发展状况统计报告》,截至 2021 年 6 月网络直播用户规模为 6.38 亿,网民使用率达 63.1%,其中,电商直播用户规模为 3.84 亿,占网民整体的 38.0%。另据艾瑞咨询《2021 年中国直播电商行业研究报告》,2020 年中国直播电商市场规模超 1.2 万亿元,年增长率为 197.0%,2023 年直播电商规模将超过 4.9 万亿元。2020 年直播电商服务企业与从业人数快速增长。截至 2020 年年底,中国直播电商相关企业累计注册 8862 家,新增 6939 家,较 2019 年增长 360.8%,行业内主播的从业人数已经达到 123.4 万人。目前,企业直播已经成为众多品牌的主要销售场景之一,2020 年企业直播成交额占整体直播电商的 32.1%,预计 2023 年占比将接近50.0%。直播电商的火爆可见一斑。

直播电商不断向社会消费品市场和网购市场渗透,直播电商能够更真实、快速、精准、稳定地反馈消费者需求,且主播有高效的匹配团队帮助品牌商分担履约义务与售后跟踪,帮助品牌开发真正适用于用户的产品和挖掘未被渗透的用户群体,一些大品牌纷纷与电商直播达成战略伙伴关系。2021 年 1 月 25 日晚间,一场虚拟与现实相结合的直播活动在天猫电器城官方直播间展开。借势年货节氛围,天猫消费电子行业首次大规模应用虚拟技术,带给观众新奇的活动体验。当晚,包括长虹、松下、华帝、美菱、小米、飞利浦、添可、容声、美的环境、飞立、智米、科西在内的 11 个大品牌,带着各家爆款单品的 3D 模型共同现身直播间。同时,美菱、容声的品牌总裁"空降"直播间,与天猫用户实现连麦互动,在推荐爆款产品的同时,在线发放"总裁年终福利奖"。①

虽然电商直播飞速发展,但也存在着一些硬伤,其中之一就是直播电商的退货率一直居高不下。行业头部主播退货率在 10% 至 15%,但直播行业整体退货

---

① 天猫消费电子年货节再现黑科技,虚拟互动技术赋能直播电商[EB/OL].2021-01-27,https://www.sohu.com/a/446983775_120264105.

率可达 30％ 至 40％,远高于传统网购退货率。[①] 中国消费者协会调研显示,消费者没有尝试直播电商的主要原因是担心商品质量和售后问题,分别占 60.5％ 和 44.8％。同时数据显示,在直播电商消费中,消费者冲动消费较严重,风险意识相对薄弱。有 37.3％ 的受访消费者在直播购物中遇到过消费问题,但仅有 13.6％ 的消费者遇到问题后进行投诉。44.1％ 的受访者认为冲动消费比较严重,39.6％ 的受访者认为在观看直播时无法真实体验到商品。[②] 在这种情况下,《网络交易监督管理办法》《网络直播营销管理办法(试行)》于 2021 年上半年陆续实施,将电商直播明确纳入网络交易监管范围,推动电商直播行业市场秩序进一步规范。

请思考:直播电商行业为什么会呈爆发式增长? 直播电商行业的发展对广告行业带来什么样的影响和变革? 直播电商行业的发展对广告行业带来的机遇与挑战是什么?

第一节　新媒体对广告产业的变革

广告产业的变迁与媒介的发展密不可分,美国传播学家沃纳·赛佛林(Werner J Severin)和小詹姆斯·坦卡德(James W Tankard,Jr.)指出:"目前,广告业正处于一个变化阶段,其主要原因是媒介环境发生了巨大变化。传统上针对广大不知名观众的大众媒体广告是一种行将消亡的传播形式。"[③]媒介形态的变迁改变了广告受众的媒介使用习惯与信息接触方式,而广告受众的变化又反过来推动媒介形式以及广告形态的变迁。

---

① 2020 直播电商白皮书重磅发布[EB/OL].2021-02-07,https://www.sohu.com/a/449297826_121629.

② 中消协报告:直播电商购物中虚假宣传、商品来源担心情况突出[EB/OL].2020-03-31,https://www.sohu.com/a/384533025_162522.

③ 赛佛林,坦卡德.传播理论:起源、方法与应用[M].郭镇之,孟颖,赵丽芳,等译.北京:华夏出版社,2000:11.

一、广告产业的概念、归属与构成

广告产业是现代服务业、信息产业和文化产业的重要组成部分，在塑造品牌、展示形象，推动创新、促进发展，引导消费、拉动内需，传播先进文化、构建和谐社会等方面发挥着积极作用。以下从广告产业的概念、归属与构成等方面，介绍广告产业。

(一)广告产业的概念与归属

广告产业的含义有广义和狭义之分。广义上的广告产业，指代理广告业务或提供相关营销传播服务的广告公司与承揽并发布广告的广告媒介公司在同一市场上的相互关系的集合。[①] 狭义上的广告产业，一般指从事广告经营活动并从中获取利润的专门化行业，即从事调研、策划、创意、制作、媒体购买与发布等广告活动的企业的集合。[②]

按照国际标准，产业可划分为第一产业的农业、第二产业的工业和第三产业。世界各国对于第三产业涵盖的范围和对象还没有一致的看法。但一般认为，第三产业大致包括流通行业、服务行业、文化教育等行业。广告产业作为一个独立的拥有自身独特运行规律的产业，正从传统的信息服务业逐渐发展为现代信息产业。根据广告产业的定义，广告产业具有强烈的服务色彩，应归属到第三产业的服务行业之中。

(二)广告产业的构成

广告主、广告公司和广告媒体是广告产业的主要构成要素，是广告产业价值链的运作主体，其中又以广告公司为主导。首先，广告主(advertiser)是指，为推销商品或者提供服务，自行或者委托他人设计、制作、发布广告的法人、其他经济组织或者个人；[③]其次，广告公司又称广告代理商(advertising agency)，是指专门经营广告业务活动的企业，其主要业务是策划和制作广告，并将这些广告通过

---

① 张金海,程明.新编广告学概论[M].武汉:武汉大学出版社,2009:269.

② 刘传红.广告产业的内涵及研究意义[J].商业研究,2008(4):193-195.

③ 全国人大常委会办公厅.中华人民共和国广告法[M].北京:中国民主法制出版社,2015:2.

适当的媒体传达给消费者,从而帮助广告主的产品或服务寻找顾客。[①] 广告公司是衡量广告产业发达和成熟程度的重要指标。最后,广告媒体(advertising media)是针对广告主的目标受众,提供载体发布有关商品或服务、新闻或消息、形象或理念等信息给这些目标受众,以达到最佳的广告效果的媒体部门,是生产者和消费者之间的桥梁。[②] 媒体通过内容吸引受众的关注,再将受众的注意力卖给广告主,广告主将广告投放在媒体上以接触目标受众获得广告效果,媒体以此盈利。广告公司、广告主和广告媒体三者是广告产业链条上的三大构成,之间存在着相互依存、相互协作的关系。

值得注意的是,随着新媒体崛起,原先处于被动角色的广告受众也已经完全握有发言的自主权,广告主与广告受众可以及时地交流互动,广告产业中广告主与广告受众间的"信息不对称"正在消退,其"合作"态势愈发明显。因此,新媒体时代,不仅仅是广告主、广告公司、媒体才能作为广告信息的发布者,作为消费者的广告受众(advertising audience)也能够成为广告信息的制造者和发布者,广告受众已成为新媒体广告产业重要的参与者与影响者。

二、媒介技术对广告产业的变革过程

目前基于互联网、信息通信和数字交互技术,新兴的媒介技术快速改变着广告产业。然而新媒体对广告产业的影响并不是一蹴而就的,从影响的范围与深远程度来看,可以分为初期、中期与后期三个阶段。

(一)初期:新媒介层出不穷丰富媒介选择

在新媒体发展初期,最先受影响的是广告媒体产业。随着新媒体成为广告主和广告代理商新的投放选择,传统媒体广告投放份额逐渐缩小,竞争趋于白热化的同时也受到新媒体的冲击。报纸持续低迷,其他媒体增长缓慢,过去传统媒体发展所依赖的财政拨款、媒体经营层面的创新以及经济高速增长的拉动作用已经呈现疲软趋势。虽然一些优秀的传统媒体随着竞争的加剧,不断寻求创新

---

① 拉塞尔,莱恩.克莱普纳广告教程:中文版[M].王宇田,王颖,钟莉,译.北京:中国人民大学出版社,2005:128.

② 赵福超.浅谈广告媒体的发展[J].企业技术开发,2009,28(6):71-72.

发展,不断扩张自己的实力,但增长速度已经开始低于整个媒体行业的平均速度。[1] 相对应的,新技术不断普及,新材料加速推广,各种新兴的数字媒体层出不穷,新媒体终端迅速增多,短视频、H5、直播、3D投影、虚拟现实等新媒体异军突起,不断变革着广告投放媒体的生态环境。

(二)中期:受众新媒介使用推动广告产业链变革

随着新媒体的进一步普及,受众的媒介使用习惯发生了改变。过去被动接收广告的受众在新媒体发展和媒介融合的形势下呈现出碎片化的态势,[2]在海量信息面前,他们已经可以根据自己的需要获取信息。受众个性化、差异化的需求越来越旺盛,受众原有的消费价值观、消费习惯也发生着变化。面对受众愈加个性化的信息需求,传统的广告服务模式被打破,广告产业链条开始发生变革,广告主、广告公司、媒体公司的策略都不得不做出相应的调整。首先为了更高效地实现传播目标,广告主开始向数字化转型,开始尝试着利用新媒介技术实现对既定目标消费者的广告传播。其次,广告公司也积极尝试使用新媒体开展营销创新,让广告内容更有针对性和差异化,以满足受众的个性化需求。最后,为了实现媒介组合的差异化,广告媒体公司也在技术上、理念上进行创新,不断丰富媒介投放组合,以满足不同设计形式的广告作品在投放策略上的差异化需求。

(三)后期:新媒介成为广告主稳定的媒介选择

随着新媒体营销逐渐成熟,新媒体广告效果开始呈现,广告产业已经离不开新媒体。新媒体不仅为广告主提供了多样化的选择,也创造了无可替代的价值和商机,广告主不再仅仅满足于传统媒体选择与传统的宣传方式,而更加青睐新媒体广告投放与传播。在新媒体的使用上,初期广告主主要是利用新媒体来作为传统媒体的补充,具有尝试与探索的味道,到后期新媒体广告投放已经不再是传统媒体的补充,而是广告投放媒介的重要选择。经过长期尝试,广告主已经能够更加明确、理性地分析自身的传播需求来确定自己的新媒体广告投放策略,一些产品高度同质化和高度依赖品牌形象的行业逐渐认可新媒体广告的效果,成为新媒体广告投放的主要行业。后期广告主也开始对新媒体广告提出更高的要

---

[1]　陈刚,季尚尚,王禹媚.2006 中国广告 走出迷茫[J].传媒,2006(12):36-40.
[2]　舒咏平.碎片化趋势与"广告载具"的微观承接[J].现代传播:中国传媒大学学报,2007(2):104-107.

求,精准化不再是新媒体广告的口号,而是成为广告主评估新媒体广告效果、支付广告代理费的重要指标。

未来,随着新媒体的更新换代,以 5G 为核心的移动互联网媒体将进一步普及,"人机交互""机器学习""视觉识别""虚拟现实"等新媒介技术也正在迈入广告业界,这些新技术将在具体的营销应用场景中发挥更大的作用,广告主利用新媒介技术的需求也将更加强烈。在这样的背景下,新媒介技术将成为推动广告产业链变革的有效动力,广告公司和媒体公司势必打破原有的服务模式,广告产业将迎来新一轮的变革。

三、新媒体时代下广告产业的变革重点

广告产业是商业利益驱动的技术密集型服务业。由于广告行业的竞争性,任何一项新媒体技术的出现,只要能够为广告传播所用,就能迅速成为广告业务利用的对象,实现其商业价值。随着新媒体技术的深入发展,广告产业价值链发生变化,推动整个广告产业的重构与升级。从广告传播的角度看,新媒体对广告产业的重要变革包括以下三方面。

(一)媒介层面:打破了传统媒体在广告媒体上的垄断

2000 年网络开始兴起,2011 年互联网发展为第二大广告媒体,并逐步发展为第一大广告媒体。以互联网为代表的新媒体技术正在给大众传播带来巨大的变革,媒体的形式和类别也在不断变化过程中。新媒体以传播精准、互动性强的优势,在广告公司的投放网络中的重要性日益提升。在过去传统媒体的垄断格局下,媒体价格居高不下,随着互联网的发展,媒体容量得到显著扩大,广告公司有了新的选择,传统媒体一统天下的格局被打破,广告公司的生存空间大大增加。以手机、互动电视和网络为代表的新媒体产业展现了巨大的市场潜力,特别是随着社交媒体、微电影、微博、微信为代表的新媒体应用的飞速普及,新媒体营销逐渐释放出巨大的能量,同时跨媒体的整合营销传播服务也延伸至新媒体领域,成为广告公司提供的最具价值的核心服务,受到广告主的青睐。

(二)受众层面:提供了广告主与广告受众交流的平台

数字媒介技术的应用,实现了广告主与受众、受众与受众之间的共享与互动,广告信息的传播者和接收者在广告信息传播过程中的界限日益模糊。随着

微博、微信、短视频等社交媒体或自媒体的出现,消费者更容易参与到广告中,他们不仅能主动参与到品牌的构建与传播,还能通过分享、评论、建议、反馈,不断影响周围广告受众对广告品牌的认知及理解,广告受众在广告传播过程中扮演着越来越重要的角色。与此同时,在基于数字化的新媒体平台上,用户的行为数据会被自动收集到企业的消费者数据库中,经过统计分析后直接指导企业进行线下生产、资源配置及物流配送等。这意味着进入新媒体时代,广告受众逐渐成为影响和决定广告效果的重要力量,广告主依靠单向的广告传播来达到强效果的时代不复存在,广告主必须加强与广告受众的互动与沟通,让受众参与到品牌构建中来,借助与受众的交流提升广告的传播效果。

(三)业务层面:增强了广告传播的多样性与有效性

首先,新媒体的发展丰富了广告投放媒体渠道,广告主可以在营销推广时综合考虑产品或服务的特征、目标消费群的特征,选出最合适的媒体和广告形式。同时,广告主也可以发挥各类型新媒体的优势,与传统媒体相互配合开展整合营销,从时间和空间层面对目标受众进行全方位的交叉互补式传播,从而有效提升广告效果。其次,新媒体特有的互动交流的传播方式、多媒体的呈现形式使得新媒体广告呈现出多样、立体的传播特征。利用新媒体特有的传播性质,可以帮助广告主制定多样化的品牌传播战略。此外,在广告效果监测上,新媒体可以借助观看数、点击率、购买量、转发量、评论数等指标跟踪广告的具体效果,及时调整广告投放策略,确保广告传播的有效性。

第二节　新媒体对广告公司的变革

在新媒体对整个营销传播环境的冲击下,新媒体广告的重要性大大增加,这也催生了一批专门从事新媒体广告的广告代理商,而原有的一些广告公司则借助上市等方式以资本的力量整合产业链,快速规模化,推动数字化转型。[①] 广告公司数字化转型的实质就是,广告公司在数字传播技术和整合营销传播所引发的市场环境和媒介环境的剧变中,为了谋求持续成长,在公司核心战略创新的推

---

① 姜帆.数字传播背景下广告的生存与发展研究[D].武汉:武汉大学,2010:90.

动下,在公司组织结构、企业文化、资源和核心能力的相继创新转型的支撑下,进行自身核心业务的不断变更,推进业务结构向高附加值迈进。[①] 在新媒体崛起的背景下,广告公司的数字化转型给广告公司带来新的机遇、提出新的课题,也带来新的挑战。

一、新媒体给广告公司带来的新机遇

新媒体对广告公司带来的变革首先体现在新媒体广告市场拥有巨大商机,品牌商等广告主逐渐认可并看好新媒体广告的发展前景与优势,广告公司借助新媒体广告业务的开展有了新的前景,特别是一些民营新媒体公司,通过专业化运营得到了飞速发展,在新媒体广告市场上站稳了脚跟。

(一)新媒体广告市场蕴藏巨大商机

传统媒体时代,广告公司经营范围比较狭窄,广告投放形式很难取得突破,受众也难得有机会参与到广告作品的制作过程中。新媒体的出现让广告公司看到了市场中的“蓝海”,微博、微信、抖音等微营销方式的使用,都为广告市场提供无限的机会。基于新媒体的原生广告、信息流广告正改善传统广告干扰性强容易产生消费者反感的问题,在最恰当的时间、最恰当的地点传播最恰当的广告信息。同时,新媒体仍在不断发展之中,相比传统媒体,还没有形成资源的垄断,有较大的市场空白,且进入门槛较低,这意味着有很多机会,很多中小型企业可以选择符合自己实力并符合目标受众定位的新媒体进行广告投放。未来将会有更多新兴的媒体出现,这些新媒体都可能促成新的广告业务,为投身新媒体广告投放的企业和广告公司带来更多的机会。

(二)广告主逐渐认可新媒体广告价值

经过三十年的发展,互联网淘汰了许多缺乏竞争力和优势的媒体,成就了许多实力雄厚有竞争优势的新媒体,如新浪、腾讯、搜狐等门户网站,百度等搜索引擎、优酷、腾讯、哔哩哔哩等视频网站,京东、天猫、拼多多等网络购物平台,新浪微博等社交网站,抖音、快手等短视频 APP,这些新媒体企业在竞争中保持并突出自身优势,获得大量的忠实受众。另外,互联网广告的低成本、目标受众的

① 代婷婷.整合营销与数字技术背景下广告产业业务转型[J].中国出版,2013(12):64-66.

精准定位与广告效果的可预测性逐渐被广告主所认知,加之市场的饱和与竞争的白热化使得看重广告成本与效果的广告主更希望利用新媒体广告缩减广告的开支,于是新媒体成为许多大企业、大品牌广告活动试水的战场。随着广告主对新媒体的认可,新媒体广告投放力度不断加大,上述实力雄厚的新媒体公司成为他们长期合作的广告媒体。借助与大型广告主的合作,这些新媒体企业的实力也不断增强,广告的传播效果也更能得到市场的认可,向着专业化的道路不断前进,新媒体公司、新媒体广告公司与广告主逐渐形成了良性合作、共同发展的关系。

(三)民营新媒体广告公司获得发展机遇

随着新媒体的发展,民营形式的新媒体公司不断成立,这些专业化的民营新媒体广告公司给中小企业更多的媒介主动选择权,不仅能够为这些中小企业提供专业化的服务,也可以帮助他们降低所要支付的广告费,于是这些专业化的民营新媒体广告公司逐渐赢得了这些中小企业广告主的青睐,通过服务中小企业得以在发展前期获得充足的经济动力和发展空间,在较短的时间内迅速发展壮大。与传统媒体相比,新媒体的广告价格低、广告目标受众定位准、信息量大、效果明显,且很多新媒体平台与组织也提供广告服务业务,这对于我国新媒体广告产业的快速发展以及规模的壮大起到极大的促进作用。随着新媒体广告公司越来越专业,发展态势也越来越好,实力也越来越强。例如,目前在纳斯达克上市的中国新媒体公司就有百度、新浪、搜狐、网易、盛大、第九城市、分众传媒等民营新媒体公司。

二、新媒体对广告公司提出的新课题

新媒体给广告公司带来新机遇的同时也给广告公司提出了新的课题,其中最重要的是广告公司如何进行数字化转型,如何利用新媒体来提高业务能力,如何借助新媒体广告的特征与优势,实现传统媒体广告所难以达到的广告效益。

(一)应用新媒体,提高业务能力

进入新媒体时代,应用新媒体是广告公司业务能力的新需求。在市场需求如此多元,数字技术日新月异的今天,新媒体广告的优势凸显,越来越赢得广告主和消费者的认可。同时新媒体所具有的双向互动的传播模式也符合现代消费者的信息接收心理,新媒体为受众提供的各种互动平台成为广告主与消费者进行沟通的重要手段。新媒体平台不仅可以提高广告主与目标受众之间的信息传播效果,也有利于广告主及时了解受众的反馈,从而改变产品设计或者广告营销策略。在认识新媒体广告的优势后,越来越多的广告主重视新媒体的广告价值,新媒体广告投放逐渐成为广告主广告媒介计划的重要组成部分。如何布局新媒体广告业务,不断提高新媒体广告的业务能力,成为广告公司向着更加专业化、精细化方向发展的新课题。

(二)向数字化转型,加强效果追踪

从广告主的角度来看,传统广告不仅花费大而且追踪困难,广告效果也很难评估,广告投放如同石沉大海,依靠传统媒体大范围传播的方式在受众日益细分化的今天难以获得良好的传播效果。相反,新媒体拥有传统媒体难以企及的独特优势,它既能满足广告主将广告信息精准传达给受众的需求,也可以满足受众获取有用广告信息的需求。同时新媒体广告由于具有数字化的特点,追踪起来非常容易,消费者在浏览点击广告的同时也为广告主带来有效的监测数据,让广告主能够非常清晰地看到自己的广告投放究竟带来了多少实际的利润,同时可以帮助企业找到大量的潜在消费者,从而促进产品销售。随着越来越多的广告主加大对新媒体广告的投放力度,他们对新媒体广告的效果追踪提出了更高更苛刻的要求,对已有新媒体广告业务的广告公司在效果追踪上提出新的课题。

(三)改变组织结构,提高整合营销传播能力

随着广告投放媒体的多样化与复杂化,整合营销传播已经不是新鲜的事物,但广告公司要提供整合营销传播代理也不是能够轻松实现的。其中最重要的是广告公司是否有为企业提供整合营销传播代理的组织结构。整合营销传播理论的提出者唐·舒尔茨教授从企业角度看待整合营销传播的执行,他指出"组织结构本身是整合营销传播的障碍"[①],他认为整合营销传播执行首先要从组织结构的整合着手。传统广告公司最常采用垂直式组织结构,也就是整个组织通过层级制来管理,决策权集中于最高层的管理者,这样的组织结构极易导致分割管

---

① 舒尔茨,等.整合行销传播[M].吴怡国,钱大慧,林建宏,译.北京:中国物价出版社,2002:218.

第四章　新媒体广告产业

139

理，非常不利于跨职能部门间的沟通与合作，也不利于不同专业背景的专家进行合作。[①] 因此如何将不同部门相互融合成一个整体，打破已有的层级制结构，促进职能部门之间人才的密切合作是企业在新媒体时代需要思考的重大课题。[②]

三、新媒体给广告公司带来的新挑战

新媒体的发展是不可逆的，新媒体的出现与普及对广告公司的运营已经提出了很多需要解决的新课题，未来广告公司还将面临新媒体的更多新的挑战，这些挑战可能目前对广告公司的影响还不大，但只要广告公司要开展新媒体广告业务，要适应新媒体广告时代的变革，就必须着手思考如何应对这些新的挑战。

（一）媒介购买能力淡化的挑战

首先，传统媒体时代的广告媒介选择是有限的，而随着以互联网为代表的新媒体的出现，广告主可以选择的广告投放媒介大大增加了。新媒体的多样性与灵活性使得越来越多的广告主不再通过广告公司和任何代理公司，而是直接与符合其要求的新媒体平台合作生产内容，从而削弱了广告公司的媒介购买能力。其次，依托数字技术诞生的多种新媒体形态的盛行，催生了大量专门从事新媒体购买的新媒体代理机构，这些机构也分割了原属于传统广告代理公司的媒介购买业务。[③] 此外，一些互联网巨头也加入广告业务的争夺战中，它们把控着互联网信息内容的传播渠道，并不断融合传统媒体与并购广告公司，成功构建了自己的广告业务链条，广告公司的媒介代理能力又进一步被削弱，这些变化使得传统广告公司在争夺广告主资源时越来越困难，广告公司过渡到转型或被并购的尴尬境地。这样残酷的现实对广告公司提出了更高的服务要求，广告公司不得不思考如何变革以适应新媒体时代。

（二）广告公司新媒体布局的挑战

数字技术的发展推动了传播环境与广告产业的变革，也引发了广告公司业

---

① 何佳讯，丁玎.整合营销传播范式下的西方广告公司组织变革[J].外国经济与管理，2004(1):44-47.

② 程明，姜帆.整合营销传播背景下广告产业形态的重构[J].武汉大学学报:人文科学版，2009,62(4):502-507.

③ 姜帆.数字传播背景下广告的生存与发展研究[D].武汉:武汉大学，2010:91.

务流程与服务模式的变化。其中最直接的变化就体现在广告公司如何布局新媒体上。新媒体广告的发展要求广告公司重视技术、引进技术并运用技术，但要合理地布局新媒体广告业务并非易事，大多数广告公司在新媒体布局上只是把熟悉数字媒介技术的人员安放于创意部门，但数字技术的设计、策划与执行与传统的广告创意流程有很大不同，这导致了数字技术人员与广告创意人员在广告业务和理念上的分歧。此外，也有很多广告公司将新媒体业务布局在媒介部门，等于是把新媒体作为媒体渠道的一种选择来进行布局，而无法充分发挥新媒体的优势。这两种布局方式都像是临时性的补充，而并未真正思考新媒体在公司整体业务结构中的位置，这样就很难充分发挥数字媒介技术的作用。广告公司要真正对新媒体业务进行布局，不应把新媒体的业务交给创意部门或媒介部门，不是将人员安插进去就可以了，而是要从公司的发展目标出发，明确新媒体在公司发展中的位置与所能发挥的作用，从公司整体来考虑新媒体业务的战略布局。

(三)广告公司人才需求的挑战

人才一直是广告公司最重要的资源之一。人才的经验、能力与创意，决定了广告公司的发展潜力。进入新媒体时代，越来越复杂的市场竞争环境迫使传统广告公司越来越依赖各种功能型的专家，广告公司对人才的需求有过之而无不及。要实现广告内容的个性化定制、广告媒介资源的整合、基于用户数据开展精准传播等，都需要掌握各种专业技能的广告专门人才。然而新媒体的变化非常快，广告公司已有的传统广告人本身面临着快速学习新知识、新技术的挑战，要快速招纳掌握数字技术的营销人才也不容易，要招到这些人才不仅要与其他广告公司、公关公司、咨询公司、创意公司进行竞争，还要与数字营销公司、互联网公司进行竞争。而即使招到了这些人才，如果广告公司的发展愿景与规划不符合这些人才的发展需求，也会导致人才的流失。未来，人才对广告公司来说将更为重要，尤其是在广告公司向数字化转型的过程中，势必需要引进更多的新型人才。这些具有专业技能的优秀人才可以促进广告公司变强变大，实力强大的广告公司就能够在竞争中脱颖而出，将实力一般的广告公司甩在身后，因此能否留住优秀的专业人才是广告公司未来发展的重要挑战。

(四)7×24 小时广告服务的挑战

新媒体时代已经没有了传统媒体黄金时段的概念，新媒体的传播是 24 小时的。一则广告即使是半夜发送也会有人观看，甚至能够得到很多人的反馈，这导致传统媒体的黄金广告位已经不再是广告主必须争夺的对象，新媒体在一天 24 小时内面对不同的受众都可以创造出黄金广告时段。同时，新媒体的 24 小时传播也意味着新媒体时代的广告传播要取得好的传播效果，24 小时的实时追踪与监测是必要的。喻国明教授指出，数字媒体为每个人都安装了向社会喊话的"麦克风"，如此也必然容易造成大众围观，引发迅速与多样的意见表达。① 一旦广告传播出现问题，广告公司必须在短短几个小时甚至几分钟内解决，如果出现负面舆论更要及时公关，如果等到隔天才开始处理后果就难以估计甚至难以弥补了。因此传统广告公司争夺黄金广告位的业务模式已经逐渐被新媒体 7×24 小时的广告服务取代。这也迫使广告公司必须摒弃或完善原有的传统广告服务模式，探索能够适应新媒体环境的广告服务模式，并重新定义广告公司自身在新媒体环境下传播的任务与所需的业务变革。②

（五）权衡广告公司发展方向的挑战

广告公司的经营和运作隐含着许多战略层面上的决策，这取决于每家广告公司在发展上的思考与权衡。新媒体技术带给广告公司新的发展可能，如今的新媒体广告已经可以做到用户自动识别，媒介自动匹配，甚至创意自动生成。在传统的广告公司中，广告策划能力和广告创意能力是广告人的核心能力，但现在广告公司为了进行数字化转型，要求全体广告人都"数字化"，以应对数字广告业务的需求，有的广告公司也大量招进掌握计算机、大数据，乃至人工智能技术的人才加以重用。当越来越多跨领域、跨界专家进入广告公司时，一方面怎样培养他们让他们发挥所长成为广告公司需要解决的问题，另一方面这些与传统广告人专业背景迥异的广告新兴力量的加入，也势必影响与挑战广告公司原有的思维方式、广告理念和业务流程，最终对广告公司的经营战略与员工的协作管理带来更大的难题。如何平衡数字化转型带来的红利与广告企业在经营选择上做出的妥协与让步，是新媒体时代广告公司面临的巨大挑战。

---

① 喻国明."关系革命"背景下的媒体角色与功能[J].新闻与写作,2012(3):57-58.
② 刘秀萍.微媒体环境下广告企业发展模式研究[D].南昌:江西师范大学,2013:21-22.

第三节　新媒体对广告业务的变革

新媒体对广告业务的变革是最具体、最细节、最直观的。如果新媒体对广告产业、广告公司的变革是主管部门、产业协会、企业领导要面临的问题,那么新媒体对广告业务的变革就是每一个从事广告业务的人都必须思考的问题,它关系到当下与未来广告业务技能的要求与需求,也最终关系到广告业务的开展、广告企业的发展和广告产业的未来。

一、新媒体广告业务的新机遇

新媒体的特性与优势为新媒体广告业务的开展带来新的机遇,包括立体的广告媒介组合的建立、广告传播效率与效果的显著提升、基于大数据的广告精准传播和规模化的新媒体广告定制服务。

(一)立体的广告媒介组合得以建立

随着受众的分化以及媒介种类的增多,广告媒介变得更加多元,每一种广告媒介的传播效果因时间、地点、传播对象的差异而不同,每一种广告媒介适合投放的广告风格也不尽相同。而基于数字化的新媒体,凭借技术优势能够把多种广告媒介整合起来,实现多维立体的广告传播和媒体的融合化发展。大数据技术的运用也使得基于新媒体的媒介组合变得更加科学可控。借助低成本、高效率的新媒体技术,广告公司便可以清晰地把握消费者的生活习性和媒介接受心理,广告目标受众定位愈加精准。在此基础上广告公司可以根据不同的媒介属性,相应地调整广告的设计风格、投放形式和诉求方式,营销人员也可以依据不同的广告目的和广告产品特性制定最优的媒介组合,达到更理想的广告效果。

(二)广告传播效率与效果显著提升

传统媒体时代,报纸、杂志、广播、电视受到时空的限制,传播效果有限,企业只能通过不断购买媒体版位和媒体时段来增加广告露出率,大大增加了广告的传播成本。随着互联网、移动互联网技术的发展,利用便捷的网络媒体,受众随时随地都能方便快捷地接收广告信息，同时随着即时通信、社交媒体用户的激增，广告受众也能够将自己认可的广告信息借助社交媒体分享给更多的人，这也无形中提高了广告的传播效果，降低了企业的传播成本。此外，相比传统广告，新媒体广告的效果追踪非常容易，消费者在浏览点击广告的同时也在广告投放平台上留下了有效的广告效果数据，广告公司可以通过这些数据测定出实际的广告投放效果，让广告主能够非常清晰地看到自己投入的广告费究竟带来了多少实际的利润，还可以帮助广告主定位到大量的潜在消费者。

（三）基于大数据的广告精准传播得以实现

新媒体时代广告的精准投放依赖于大数据技术的开发和应用，其实现原理主要是通过目标消费者的精准定位、消费需求的精准预测、广告投放的精准可控、广告效果的精准评估四个环节来实现的。[①] 首先，大数据技术能对目标消费者及其行为轨迹进行全面记录和动态追踪，对目标消费者进行精准定位。其次，数据挖掘和智能算法能够根据消费者的行为轨迹，分析其消费需求，并挖掘其潜在需求，从而对目标消费者的消费需求进行预测。再次，借助数字化技术，广告主可以实现对广告展示位置的控制、特定用户的一对一传播、广告投放费用的点对点核算，最终实现对整个广告投放过程的精准控制。最后，大数据能够量化从广告展示到用户点击再到下单购买的转化数据，精准核算出广告投入在各个阶段的效果转化率，从而帮助广告主优化广告传播策略，降低广告预算的无效损耗，提升投资回报率。

（四）规模化新媒体广告定制服务逐渐成熟

随着在线购物产业的发展，企业的广告需求日渐增加，当大型广告集团都集中瞄准那些上市公司的大型广告合同时，一些中小型企业形成的广告客户成为竞争相对较小的广告市场。运用现有的新媒体技术，广告公司能够为中小型企业客户提供专业的广告定制服务，为一对一的广告定制服务打开了大门。随着在广告定制服务上经验的积累，一些专业的广告公司已经善于运用大数据对不同行业的企业客户提供个性化的广告需求分析与定制服务，从而吸引越来越多的企业客户参与进来，展开规模化的广告定制服务，这也进一步促进了广告定制

① 倪宁，金韶.大数据时代的精准广告及其传播策略：基于场域理论视角[J].现代传播：中国传媒大学学报，2014，36(2)：99-104.

服务运作模式的不断成熟和完善。这样不仅能够帮助中小企业有效降低广告成本,也有助于广告公司提升专业的广告定制服务能力,树立具有竞争优势的业界口碑,从而获得持久和良性的发展。

二、新媒体对广告业务的新课题

奥美广告公司亚太总裁韦棠梦说:"过去我们可能会用三个月的时间去做一个海报,但是现在必须要用两天的时间就做出来,之后再根据项目在社交媒体上的表现,不断创作出新的创意,因此项目的作业团队也会更为精简。"[①]广告公司的数字化转型引起新一轮的广告运作理念与商业模式的变革,这些变革涉及广告业务的方方面面,最主要的课题包括以下四个方面。

(一)专业化的新媒体广告业务的提供

随着广告产业的数字化转型,网络营销、数据库技术、电子商务、客户信息管理系统等工具与手段已经广泛应用于企业的数字化营销中。广告公司为了更好地满足广告主的数字化营销需求,获得更大的持续发展空间,更加重视新媒体技术的运用,一些广告公司成立了专门的数字营销传播机构或部门,聘用精通新媒体技术的营销人员,进行新媒体广告平台的开发,将新媒体广告业务作为广告公司新的利润点。新媒体的不断发展与普及的确为广告公司的新媒体广告投放提供了多元的选择,但新媒体广告业务不仅需要合理布局,还必须思考如何提供专业化的新媒体广告业务。这就涉及新媒体技术之外的能力,例如新媒体广告受众的洞察、新媒体广告互动与转化流程的设置、新媒体与其他媒体之间资源的整合等,这些都对涉足新媒体广告业务的广告公司提出新的课题。

(二)广告投放效果的跟踪与呈现

在传统营销方式中,由于数据不透明和技术不完善,很多广告的传播都难以以效果为导向,广告主的广告费究竟能够得到什么效果是很难预测与实时跟踪的。但随着大数据、云计算等技术的普及,新媒体广告拥有了预测并实时跟踪广告效果的能力,广告主也更加注重广告投放的效果监控和目标考核。在新媒体

---

① 周艳,马涛.解构与重构:大数据时代的营销变革[J].广告大观:媒介版,2012(9):34-37.

广告活动中，广告公司如果无法运用数字化手段向广告主提供有效的效果预期报告与广告效果的实时监控数据，广告主就会质疑广告公司的能力，担心广告目标无法如期实现，这样广告业务就容易被善于此项服务的数字营销平台或新媒体公司夺走。因此，广告公司在开展新媒体代理广告业务为广告主提供广告投放策略时，除了需要了解广告主的广告需求和熟悉受众的不同媒介接触习惯外，还要精通新媒体技术，善于利用模型与指标呈现各种广告效果数据，从而保证广告投放效果符合广告主的预期，这是从事新媒体广告业务时广告公司所必须面对的新课题。

（三）大数据技术的应用与融入

在传统的广告运作条件下，广告主对广告目标受众的定位只能基于有限的调研与经验，也无法根据广告效果来分配广告预算和评估媒体价值，从而导致了广告投入的"低性价比"，传统的广告公司业务运作模式越来越难以满足广告主的需求。进入新媒体时代，大数据技术的发展与普及使得广告的运作流程发生了改变，一些传统的广告方法在大数据技术的冲击下不再适用。数据库在广告业务运作中的巨大价值得到凸显，目标消费者的精准定位、消费需求的精准挖掘、广告投放的精准控制、广告效果的精准评估，这些新媒体时代下的广告业务的实现都依赖大数据技术。[①] 这些新兴的广告业务体系已完全区别于传统的广告业务体系，未来随着云计算、物联网、5G 技术的迅速兴起，大数据业务更将成为广告业务不可或缺的一环，广告公司如何立足已有优势求新求变，将大数据技术融入新媒体广告业务中转化为公司发展的商机，是未来很长一段时间新媒体广告业务的新课题。

（四）新媒体广告的内容创意

新媒体时代，受众注意力资源的竞争更加激烈，那些单调的、没有创意的、强硬推销的广告已经无法引起受众的注意，只有那些有趣、互动性强、娱乐性强的广告才容易吸引消费者的眼球。在这样的背景下，新媒体广告必须突破传统广告的"硬卖"式宣传，重视新媒体广告的内容创意。新媒体广告可以通过品牌故事的讲述进行产品信息的传达，也可以设置与受众进行互动的情节，使广告传播

---

① 倪宁，金韶.大数据时代的精准广告及其传播策略：基于场域理论视角[J].现代传播：中国传媒大学学报，2014，36（2）：99-104.

更形象、生动、有趣,富有内涵,同时也更有亲和力。因此对广告公司来说,新媒体广告业务的成功开展不仅在于技术创新,更在于内容创意,那些成功的新媒体广告往往得益于优秀的富有影响力的内容。因此广告创意在新媒体时代中的地位不但没有降低,反而更加重要。然而在新媒介环境下,广告创意难度明显加大,广告既涉及复杂的网络环境、个性化的受众,还有很多技术上的考验,这些都对新媒体广告的内容创意提出了新的课题。

三、新媒体对广告业务的新挑战

新媒体对广告业务的挑战实际上是未来广告业务将面临的新课题,这些课题既包括新媒体广告设计者角色的转变,以及新媒体广告面临的个性化定制、效果评估、活动管理等更深入、更具体的问题。

（一）互动平台搭建者角色的挑战

新媒体时代,微博、微信等社交媒体蓬勃发展,在以社交媒体为代表的自媒体中,传播者和受众的角色随时都处于转换之中,受众从原来单纯的信息接收者成为信息传播的参与者,他们更乐于参与品牌互动,在社交平台上对广告内容或广告产品发表个性化的评论,并同其他网友交流意见。互动、分享已经成为新媒体时代消费者行为的关键词。因此,新媒体时代,广告公司的任务已经不再是单纯制作和传播广告信息,而是要建立和维护品牌与消费者互动的有效平台,扮演品牌与消费者互动平台搭建者的角色。这就要求广告公司尊重受众的自主性,充分调动受众的参与热情,鼓励受众参与到与品牌的互动中,利用新媒体技术搭建更多的互动平台,给受众更多自我表达的机会,注重品牌与受众之间互动机制的建立和评估,从而让企业品牌更具话题性,也更有亲和力。

（二）内容大规模个性化定制的挑战

在新媒体时代,社会阶层的多元裂化,广告媒介的小众化和消费者群体的细分、碎片化趋势明显。[①] 注重个性和"非主流"已经成为新媒体广告受众重要的标签,新媒体时代的消费者对千篇一律的广告内容很容易就厌倦了,他们更愿意

---

① 黄升民,杨雪睿.碎片化背景下消费行为的新变化与发展趋势[J].广告研究:理论版,2006(2):6-11.

看到富有新意的广告内容。这就需要广告公司进行广告内容的个性化定制，针对不同的细分市场和不同的投放媒介，做出不同版本的广告，甚至设计不同调性的广告投放给不同的受众群体。面对新媒体时代受众向广告商提出的既要注重个性化，又必须规模化生产的挑战，"规模化定制"出现了。规模化定制是个性化定制和大规模生产两个长期竞争管理模式的综合，它以大规模生产的价格实现产品的多样化甚至个性化定制。[①] 这对新媒体广告营销人员提出很高的要求，他们不仅要熟悉多种新媒体的特性与技术，还要能够在此基础上进行内容的大规模个性化定制，不仅要在短时间设计出多种不同的广告创意方案，还要随时针对营销效果对广告创意方案进行调整，来满足受众深层次的个性化需求，达到广告传播效果的最大化。

(三)广告效果评估优化的挑战

虽然新媒体提供了广告效果监测的平台，但不同的新媒体平台差别很大，不同的平台有不同的效果监测指标，即使是同一种新媒体，也根据广告投放的形式与界面有着不同的监测指标。而新媒体广告投放往往整合了多种媒体，因此要如何设定与追踪这些指标，又如何对这些指标进行专业的评估都非常考验广告公司的技术与能力。一方面，广告公司需要设定合适的测量指标，运用相应的技术手段与平台数据来监控这些来自不同媒体的指标变化；另一方面，广告公司也要研发出用来协助解读与评估不同媒体指标科学性的标准、工具和评估体系。此外，由于广告活动用不同的监测指标很可能出现不同的监测结果，大型的广告主也完全可能聘请第三方数据监测公司帮助他们综合评估广告的传播效果与广告公司监测和评估体系的有效性，这就迫使广告公司必须不断优化广告效果的监测体系和评估体系，以获得广告主的认可。

(四)广告活动管理的挑战

新媒体时代下的广告活动是一项复杂的系统工程，管理的内容非常多。首先，新媒体广告传播往往涉及的不只是一个媒体，也很可能是多个媒体。这些媒体既有搜索引擎、微博、微信等新媒体，也有电视、户外等传统媒体，而不同媒体具有各自的媒体特性，在表现形式及传播手段上各不相同。因此，一项广告活动

---

① 派恩.大规模定制：企业竞争的新前沿[M].操云甫，等译.北京：中国人民大学出版社，2000：45.

进展过程中,广告公司需要同时管理多种媒体上的广告传播,这给广告公司的管理工作带来极大的挑战。其次,新媒体上的广告传播很难像传统媒体那样容易把控,如果处理不及时,企业极易受到负面舆论的攻击。因此,完善的舆情监测、危机预警与应对对于涉足新媒体广告业务的广告公司而言也很关键,具有这些能力可以保证广告公司能敏锐地把握广告传播中可能的变故,从而及时采取必要的措施,将整个广告传播过程引导到与目标相符的发展方向上。而这些目标的实现不仅对广告公司的能力与技术提出很高的要求,也驱使广告公司必须与媒体、公关公司建立起良好的战略合作关系。

四、新媒体广告业务的人才需求

基于新媒体对广告业务带来的机遇、课题与挑战,新媒体广告业务对人才能力的需求有很多,但在当下,以下四方面的人才是最亟须的,拥有这些技能的人才能够帮助广告主与广告公司解决目前面临的主要难题。

(一)拥有整合能力的人才

今天的广告产业正处于技术、创意、环境等要素融合交汇的转折点,新的商业模式与原有的商业模式碰撞时,"整合"就势在必行。如何全方位且更有针对性地对公司观念、商品或劳务等信息内容进行有效的整合,然后将有价值的信息传递给需要的受众,成为当下广告产业迫切需要解决的核心问题之一,也是广告公司生存竞争关注的焦点。[①] 新阶段的"整合",不是过去营销的做大做强,而是技术、创意、内容、数据等要素的科学整合,背后需要一套以某个要素为核心与其他要素协同作用的科学逻辑。特别是未来基于云计算、物联网、大数据、人工智能、区块链等新技术的持续发展,媒介传播资源、用户市场和产业资源都会重组和融合,带来更大的价值。在这样的背景下,拥有整合各种资源能力的人才是企业和广告公司所缺少的,他们是新媒体广告业务战略布局中优先需要的一类人才。

(二)从事内容营销的人才

在广告主最关注的数字营销业务中,内容营销最受关注,广告主除了重视销

---

① 陈刚,王禹媚.新兴市场、共时性竞争与整合营销传播:整合营销传播在中国市场的发展状况研究[J].广告大观:理论版,2009(1):7-15.

售增长外，已经很明确地将内容营销作为自己重要的市场策略去执行，如何正确利用内容营销来提升品牌价值是大多数广告主的营销目标之一。可以看到，目前越来越多的广告主已经不再局限在传统媒体投放广告，而更加重视通过新媒体渠道创造和发布原创的广告内容，并经过相应的加工将这些优质内容通过微信、微博等社交平台进行病毒式传播，借助优质的广告内容提升品牌形象与企业形象。未来广告主将更加重视品牌与用户的交流，以用户喜欢的内容与其产生情感共鸣，增加用户黏度。在这样的背景下，内容营销能力成为衡量新媒体营销能力最重要的指标之一。能够挖掘品牌精髓，进行内容原创，从事内容营销的人才将成为广告主、广告公司打造品牌核心竞争力的重要动力。

（三）实现有效购买转化的人才

对于广告主来说，如何将消费者的兴趣变成购买是最具挑战性的任务。目前，广告主通过社交、资讯等平台来接触消费者，在广告投放过程中广告主更希望看到广告传播能向品牌的官网和电商平台导流，也就是说广告主不仅希望能够与消费者、潜在消费者进行有效的沟通，也希望他们能够进行购买。这意味着，广告主期待的广告代理服务是通过广告传播实现与消费者互动，并在此基础上实现购买转化，而不是单纯的产品或品牌信息的输出或曝光。广告主青睐电商广告，其中一个重要的原因就在于电商平台天生具备购买转化的优势，再加上近些年电商平台对内容持续进行深耕细作，成为广告主实现品效合一需求的最优选择。如果广告公司提供的新媒体广告无法实现向购买转化，则将面临被电商平台取代的严峻形势，目前企业的广告费正不断向异常火爆的直播电商平台转移。在这样的背景下，拥有能够借助新媒体营销实现购买转化的人才是广告公司提升核心竞争力的关键。

（四）有效洞察用户数据的人才

在全球数字化和供需关系升级的背景下，数据不仅是重要的生产资料，也是企业未来发展的关键。但消费者数据的激增给客户数据分析和管理工作带来了巨大的挑战，数据管理成为广告主最期待解决的痛点。目前大多数广告主都希望更好地利用现有的消费者数据，产生了寻找专业的广告公司进行合作，帮助其进行数据管理的诉求，但广告公司多年的传统服务模式一直以创意、媒介执行为主，很少涉及数据管理，经验相对较少。建立一套属于企业自己的数据系统，从消费者数据中获取有效的洞察精准接触消费者，成为企业最大的愿望。而如今虽然可用的消费者数据越来越多,但由于传统数据管理方法论的局限、数据开放程度有限、数据孤岛现象严重等局限,企业发现越来越难以从数据中汲取有效的洞察。在这样的背景下,能够构建和利用数据资产对消费者进行有效洞察的人才是广告主和广告公司亟需补上的人才短板。

第四节　新媒体时代下的广告产业

随着互联网的不断发展,全球数字广告市场规模总体呈逐年增长态势,广告产业正处于从传统业态向数字化转型发展的关键时期,随着越来越多的广告主将营销预算向新媒体广告倾斜,数字广告产业迎来了发展的黄金时期,但也需要看到的是,广告产业的数字化转型仍有很多不确定的因素,大数据就是其中一个必须面对的课题。

一、广告产业的数字化转型

（一）数字广告产业的主体

数字广告产业的主体除了有数字广告服务需求的企业广告主外,还包括数字媒体服务商、数字广告代理商、数字技术服务商,它们相互合作共同支撑起数字广告产业。

1.数字媒体服务商

数字媒体服务提供商,即拥有数字广告发布平台,出售受众数字媒体注意力的服务提供商。目前来说,数字媒体服务提供商按照其发源模式主要可以分两个大类:一是传统媒体(报纸、杂志、电视、广播等)在数字媒体平台的延伸(如电子杂志、数字广播、移动电视等);二是自生型的数字媒体(即基于互联网、移动互联网技术产生的新媒体)。[①] 目前已有的自生型数字媒体可以具体细分到相关应用,主要包括网络新闻、搜索引擎、社交媒体(即时通信)、电商网站、网络游戏、网络直播和视频网站(短视频)等。

---

① 　李名亮.广告公司经营模式转型研究[D].上海:上海大学,2014:20.

2.数字广告代理商

数字广告代理商一般属于数字营销机构的范畴，即代理从事数字广告作品及数字媒体营销活动的制作、策划和执行的专业化机构。从从属关系来划分，主要可分为以下三类公司。[①]

(1)传统广告集团旗下的数字广告业务公司

该类公司存在于集团公司框架内，专注于数字营销，主要服务于集团公司客户，与其他下属公司一起为客户提供数字整合传播服务，属于传统广告公司下设的数字服务机构。该类公司可以来自传统广告集团的自建或并购。如奥美集团旗下的奥美世纪(Neo@Ogilvy)、阳狮集团旗下的狄杰斯(Digitas)、昌荣传播集团旗下的昌荣互动(Charm Interactive)等都属于广告集团自建的新媒体公司。现今全球最大的广告传播集团奥姆尼康集团(Omnicom)曾将 5 个互动代理商 Agency.com、Interactive Solutions、Razorfish、Red Sky Interactive 以及 Think New Ideas 收于旗下，从事数字广告业务。[②]

(2)新媒体公司下属的数字广告代理公司

该类公司一般以技术服务型公司为主，他们一方面帮助自己所属的数字媒体公司售卖广告资源，同时还作为广告售卖平台，帮助其他媒体售卖流量。与传统广告集团下的数字广告公司一样，该类公司也可以来自新媒体公司自建或并购。我国的网络广告联盟大部分都是新媒体公司自建，如百度联盟、阿里妈妈就属于自建型公司，而微软旗下的 aQuantive、谷歌旗下的 DoubleClick、雅虎旗下的 24/7 Real Media 均为通过并购而成为新媒体公司下属的数字广告代理公司。

(3)自生独立型数字代理公司

该类公司一般是数字技术型公司、创意与数字制作型或专门媒介型公司，这些公司不依附于任何一个集团或其他媒体公司，而属于独立运营的数字广告代理公司。他们一般没有较长的公司历史，大多由传统广告公司从业者创办，或由网站或技术服务商以独有的技术、人才或客户从无到有发展起来。目前如华扬联众(Hylink)、新意互动(CIG)、欧安派(OMP)等公司就属于自生独立型数字代理公司。而一些以往是自生独立型的数字代理公司，也可能由于被广告集团或媒体集团并购而成为他们业务的组成部分，因此目前独立的数字代理公司也可能在未来被并购成为广告集团或媒体集团下属的数字广告代理公司。例如，

---

① 张玲.新媒体广告[M].重庆：西南师范大学出版社，2016：117.
② 冯章.网络广告[M].北京：中国经济出版社，2008：26.

2011年蓝色光标集团(Blue Focus)就并购了当时属于自生独立型数字代理公司的美广互动(Meet Expo)。

3.数字技术服务商

数字技术服务商,即为广告主、广告代理服务商、广告发布媒体等提供技术支持和相关服务的专业组织。从服务商提供的服务类型来看,数字广告技术服务商的构成主要包括数据技术服务商、平台技术服务商和效果优化技术服务商三大类。而从具体细分上来看,数据技术服务商还可以细分为第三方监测和研究服务商、认证服务商、隐私服务商、数据供应商、数据管理平台、数据聚合服务商、Tag 管理服务商、社交数据分析服务商等;平台技术服务商也可以细分为广告网络服务商、移动广告网络服务商、需求方平台服务商、供应方平台服务商、广告交易系统服务商及运维和架构服务商等六个大类;效果优化技术服务商则可以细分为动态创意优化服务商和搜索引擎效果优化服务商两大类。①

(二)网络广告联盟的建立

网络广告联盟是广告产业数字化转型过程中的产物,其最大的优势在于以低营销成本保障高广告效果。目前网络广告联盟还处于发展阶段,随着整体网络广告联盟市场成熟,广告主范围将逐步扩大,越来越多的传统广告主也将选择广告联盟作为发布网络广告的渠道。

1.网络广告联盟的概念

迈克尔·波特(Michael E Porter)最早将"联盟"的概念引入企业管理的相关领域,根据迈克尔·波特的界定,企业在保持各自市场地位独立的基础上,形成的长期协定就是企业联盟。② 简单而言,"联盟"的本质就是各企业为达成各自的目标而采取的一种战略模式。网络广告联盟就是联盟概念在广告领域的延伸,即广告投放主体和网络媒体为实现各自利益,达成的一种战略联盟模式。艾瑞咨询发布的《中国网络广告联盟行业发展报告》对网络广告联盟有较为完整的界定,报告中将网络广告联盟界定为集合中小网络媒体资源组成联盟,通过联盟平台帮助广告主实现广告投放,并进行广告投放数据监测统计,广告主则按照网

---

① 李明亮.广告公司经营模式研究[D].上海:上海大学,2014:82.

② 黄德春,刘志彪.环境规制与企业自主创新:基于波特假设的企业竞争优势构建[J].中国工业经济,2006(3):100-106.

络广告的实际效果向联盟会员支付广告费用的网络广告组织投放形式。①

从定义来看，网络广告联盟是一个系统，由几部分构成。首先联盟平台是网络广告联盟的核心组成，联盟平台实际上就是联结广告主和加入联盟的各个网站方的平台，它通过自身的广告匹配方式为广告主提供高效的营销推广，同时为众多的网站方提供广告收入。联盟会员，即艾瑞报告中的"中小网络媒体资源"，具体指的是注册加入网络广告联盟平台并通过审核，且至少投放过一次联盟广告并获得收益的站点。联盟广告主，指通过网络广告联盟投放广告，并按照网络广告的实际效果支付广告费用的广告主。

2.网络广告联盟的发展

网络广告联盟的模式最早发端于美国。1996年，亚马逊书店推出了一种会员制营销，根据这一营销方式，任何网站都可以申请成为亚马逊书店的联盟会员，在自己的网站上推荐亚马逊书店经营的图书。亚马逊书店依据网站实际售出书籍的种类和已享折扣的高低给予网站相应的佣金。这种营销方式的出现帮助亚马逊书店奠定了网络零售业第一品牌的地位，这种加盟营销的方式就是网络广告联盟的雏形。

目前，主流的网络广告联盟形式是美国的AD network，即广告网络。广告网络是集合门户、垂直类、中小网络媒体资源组成的媒体资源平台，这个平台可以帮助广告主实现广告投放。除了AD network这种形式外，还有一类狭义的广告联盟形式存在，即AD affiliate（广告附属），AD affiliate是将互联网上大量的小网站组成一个投放广告的联盟平台，多数依附于某一网站或广告主。②

百度联盟是我国网络广告联盟的代表。百度联盟成立于2002年，在创业初期，为了聚集流量，百度与大量的网站合作。当时的合作方式是，其他网站把百度搜索框代码投放到任一网页，向其用户提供免费的搜索服务。实质上就是百度免费把搜索技术提供给这些网页使用，百度则从中获得网页流量，而那些网站则不用自己开发搜索功能，就能够为用户提供优质的搜索服务。这种以提供搜索服务为中心的百度与网站之间的合作模式，就是百度联盟的最初形态。③ 百度联盟自成立至今，无论是在业务模式上还是技术上都有突破性的发展，成为我国网络广告联盟行业的代表性企业。

---

① 艾瑞咨询.2008—2009中国网络广告联盟行业发展报告［R］.艾瑞咨询集团,2009.
② 艾瑞咨询.2008—2009中国网络广告联盟行业发展报告［R］.艾瑞咨询集团,2009.
③ 刘佳.百度联盟进化：从搜索联盟走向媒体平台［J］.互联网周刊,2009(24):110-115.

3.网络广告联盟的核心机制

网络广告联盟除了由广告联盟平台、网络媒体、广告主构成外,还具有付费模式和匹配技术这两个核心机制。

(1)网络广告联盟的付费模式

网络广告联盟的付费模式指的是广告主向联盟平台支付广告费用的参考标准。从整个网络广告行业来说,网络广告的付费模式有 CPT(cost per time)、CPC(cost per click)、CPM(cost per mille)和 CPA(cost per action)四种。CPA 根据不同的行为又衍生出三种付费方式:CPS(cost per sale)、CPL(cost per lead)和 CPR(cost per response)。以下具体介绍这几种付费模式。

CPT 即按时长收费,目前品牌图形广告主要以这种方式为主;CPC 即按广告有效点击数付费,为了防止恶意点击行为的发生,大部分的联盟平台会限定一个 IP 在 24 小时内只可以点击一次;CPM 即按广告展示次数付费,指的是每 1000 次展示而支出的费用;CPA 即按效果付费,此模式意味着网站引导用户到达指定页面后需发生有效下载、留言、注册或者产生互动行为才进行付费。在网络广告联盟领域,应用最广泛的是 CPC 和 CPM 付费模式,其次是 CPA 付费模式。

CPA 模式又演化出三种付费方式,CPS 指的是按照用户最终购买或消费的服务商联盟活动产品的数量或金额的一定比例进行分成;[①]CPL 就是要让客户点击广告,然后登录到广告商的指定页面进行付费,其同样也是 24 小时内同一 IP 只算一个有效登录;CPR 是指按照用户的回应数量计费,网民在正确回答广告主设定的问题或者拨打了网上提供的直拨电话以后才被算作一次有效回应,同样限定同一个 IP 在 24 小时内不能重复回答同一广告主提出的问题。这三种 CPA 的付费方式中,属 CPS 最为常用。

在采用联盟营销时广告主可根据实际销售的效果选择不同的付费方式,大多数的网络媒体和服务商的报价单中,可以看到从 CPM 到 CPS 等众多计费方式的排列。[②]

(2)网络广告联盟的匹配技术

广告匹配技术是网络广告联盟的核心技术,广告匹配技术的精细化程度直接影响匹配效果和广告效果,并最终影响网络广告联盟的发展前景。网络广告

---

① 艾瑞咨询.2008—2009 中国网络广告联盟行业发展报告[R].艾瑞咨询集团,2009.

② MORIARTY S E, EVERETT S-L. Commercial breaks: a viewing behavior study [J].Journalism Quarterly,1994,71(2):346-355.

联盟的匹配技术主要有三种：关键词匹配技术、基于上下文内容的匹配技术和基于用户行为特征的匹配技术。关键词匹配技术是根据用户搜索的关键词所触发的广告匹配；基于上下文内容的匹配技术充分利用各种上下文信息，有效解决了传统信息检索中由于查询的关键词过短、用户信息需求难以理解的问题；基于用户行为特征的匹配技术通过搜集网民在使用产品中留下来的数据，比如区域、事件、访问内容、喜好度等，并对这些数据进行模型化，再匹配对应广告。

网络广告联盟寄生于互联网之上，因此它的发展必然会受到网络大环境的影响。目前，网络广告联盟的广告价值还未得到广泛的认可，品牌广告主主要还是倾向采用广告代理方式来投放网络广告，对网络广告联盟的广告价值仍持观望态度。此外，流量造假、点击欺诈、精准度不高、缺乏行业标准和规范等问题，也阻碍了网络广告联盟产业链的发展。

（三）基于程序化购买的网络广告产业链

在信息飞速增长的移动互联网时代，传统的媒体排期采买方式在投放精准度和运作效率等方面都难以满足广告主的需求，加之媒体方也迫切期望将"剩余流量"变现，[①]在需求与技术的多重因素助推下，以程序化购买为中心的网络广告产业链应运而生。

程序化购买（programmatic buying）于 2008 年发源于美国，并在 2012 年之后逐步被引入中国，是基于自动化系统（技术平台）和数据自动地执行广告资源的交易和投放管理的过程。相较于传统的互联网广告产业，程序化购买广告产业的操作流程相对复杂和具有技术性，其通过对广告展示位置和时间的灵活控制、特定用户的一对一获取、广告投放费用的点对点核算，实现整个广告投放过程的精准可控。[②] 与传统媒体购买方式相比，程序化购买能够使广告主和代理商拥有更多对于营销技术、数据以及媒体资源的选择权与控制权。[③]

1.程序化购买的结构与流程

程序化购买广告要通过需求方平台（demand-side platform，DSP）、供应方

---

①　九枝兰.营销大咖说：互联网营销方法论与实战技巧[M].北京：人民邮电出版社，2017：102.

②　倪宁,金韶.大数据时代的精准广告及其传播策略：基于场域理论视角[J].现代传播：中国传媒大学学报,2014(2)：105-110.

③　Tiger Yang.程序化购买,构建营销新生态[J].中国广告,2016,271(5)：39-40.

平台(sell-side platform,SSP)、广告交易平台(ad exchange,ADX)、数据管理平台(data management platform,DMP)共同发挥作用。[①]

需求方平台 DSP 是广告主投放和管理广告的平台。广告主只要在 DSP 上设置好需求,DSP 就可以通知广告交易平台 ADX 接入符合条件的媒体资源,锁定目标受众,实现广告的精准投放;供应方平台 SSP 是媒体投放和管理广告的平台。首先,SSP 可以帮助媒体实现广告展示控制,像展示时间、展示频次等。其次,SSP 可以实现余量的补充设置,对来自 ADX 的广告,SSP 可以帮助媒体设置展示的优先级,对于优质的媒体以及媒体的黄金广告位,可以接入更多的优质广告客户,对于余量,可以接入其他的广告资源,以提高广告创收。DSP 服务于广告主,SSP 服务于媒体,最后他们都需要通过 ADX 来产生交易,通过竞价或者非竞价的方式,完成程序化购买。

数据管理平台 DMP 在整个程序化购买广告产业链中的主要任务是通过对受众数据的收集,对受众进行分析。在目前的技术条件下,DMP 主要通过挖掘用户在网络中浏览时的 cookie 来完成,随着技术的发展,DMP 获取数据的途径不断增加,不再局限在 cookie 上。DMP 对 DSP 和 SSP 都具有重要的意义,DMP 是实现广告精准化的重要条件之一。[②]

在程序化购买的过程中,DSP、SSP 和 DMP 普遍会采取标签化用户的方式,以方便寻找最适合己方合作的对象。每个用户被贴上的标签越多,该用户的核心特征就越具体和明显,且这些标签不是一层不变的,而是随着用户在互联网线上浏览、搜索行为的发生而不断变化。

具体来说,程序化购买广告通过 ADX 使广告的买方和卖方相互接触,买方就是广告主,卖方就是媒体平台,整个过程如图 4-1 所示。广告主在 DSP,媒体方在 SSP,二者通过 ADX 取得沟通。广告主会将自己的广告需求放到 DSP 上,当某个网民登录到广告购买的网站时,SSP 就向 ADX 发出信息,ADX 就把相关信息如该受众的特征、上网习惯等信息以标签化的形式传达给 DSP,同时向 DSP 发出竞价请求。DSP 在接到 ADX 的竞价请求以后,会把该受众的标签化信息发给该平台上的多个广告主,广告主可以结合受众的标签化信息与自身的需求决定是否参与竞价。如果参与竞价则发出价格等信息进行回应,DSP 会按照 SSP 的要求对此次广告曝光出价,并在 ADX 规定的时间内向 ADX 发送竞价

① 孙政.程序化购买或将"宠冠"广告市场[J].上海信息化,2016(4):16-20.
② 黄杰.大数据时代程序化购买广告模式研究[J].新闻知识,2015(4):58-60.

响应。这样几个广告主就在 ADX 上对此次的广告曝光进行拍卖式购买。ADX 会在 DSP 的多个出价中选出价高者成为竞价成功的竞价方,并向其发出竞价成功通知,告知其获得此次广告的曝光机会,同时也向其他竞价方发送竞价失败的反馈。之后竞价成功的广告主的广告信息便会实时地在这个网民登录的网站上展示,让该网民看到。

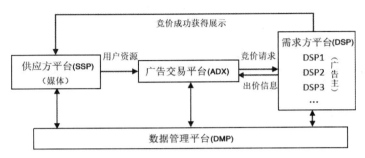

图 4-1　程序化购买

广告交易平台有多种类型,按照是否公开广告资源可以分为公开广告交易平台(public ad exchange)与私有广告交易平台(private ad exchange):公开广告交易平台上的广告位资源一般来自不同媒体,而私有广告交易平台上的广告位资源则通常来自单一媒体。相比将自身资源放在公开广告交易平台出售,大型媒体集团倾向于搭建私有广告交易平台,将自己的广告位资源单独出售,以提升对自有媒体资源出售的控制力。

2.程序化购买的模式

程序化购买可以通过实时竞价模式(real-time bidding,RTB)和非实时竞价模式(non-real-time bidding,non-RTB)两种交易方式完成。

实时竞价模式属于公开交易,是参与程度最广泛的交易方式,图 4-1 介绍的过程就是实时竞价模式的程序化购买过程。在 RTB 模式下,广告公司采用实时竞价的购买方式购买目标受众浏览的广告位,既解决了媒体资源售卖效率的问题,减轻了广告公司的资金压力,也很好地规避了无效的受众到达。[①] non-RTB 模式不采用实时竞价的方式,属于私有交易,一般都是广告主与媒体事先约定好价格,广告主预先购买了一些具有知名度的媒体或者是某些优质的广告位,且这些要投放的广告的目标受众都是预先经过标签化的用户,所以只有出现符合要

---

① 王宇婷.聚焦广告业新一代颠覆者:RTB 广告[J].文化产业导刊,2014(9):66-70.

求的目标受众时，广告才会在这些媒体的广告位上显示，收取费用。虽然 non-RTB 模式缺少了 RTB 模式的实时竞价环节，但通过这种模式，广告主能够预先购买优质媒体和广告位，能更好地控制媒体和广告位的质量，最大程度地保障广告投放的效果。

无论是 RTB 模式还是 non-RTB 模式，当用户进入广告页面时，该用户看到的广告是各交易平台根据其标签推送的符合其兴趣意向的广告，所以不同的标签用户打开此广告页面时看到的广告是不同的，所以说这种广告售卖方式实质上是对用户的购买。在广告购买之前，广告主需要预存付款，在整个广告购买过程结束以后，按照广告发布产生的实际效果支付广告费，各媒体平台的成员从广告主支付的广告费中按比例分成[①]。

3.程序化购买的优势

程序化购买的优势主要包括四方面，即实现广告的精准对接、提高广告主的回报效率、提升媒体的管理效率、避免对广告受众的骚扰，可以说对广告产业价值链上的各大主体而言，均具有重要意义。

(1)实现广告的精准对接

传统的广告购买与投放基本是通过人工操作来完成，从投放广告形式、媒体的选择、物料的准备一直到媒体排期等这些流程都需要人工来实现。伴随着网络技术的不断更新与进步，加之广告主对广告的投放效果越来越挑剔，传统的广告购买方式饱受诟病。与传统的基于人工的针对媒介的购买方式不同，程序化购买是基于用户大数据分析，自动匹配符合营销诉求的目标受众，通过程序实现购买这些目标受众浏览的广告位，从而进行广告的自动投放。这意味着程序化购买的不只是媒介，还能够实现"目标受众"的自动购买，确保广告投放的精准有效，且整个实现的过程是在用户点击的一瞬间自动完成的。

(2)提高广告主的回报效率

对广告主而言，程序化购买的回报效率是显而易见的。首先，在广告购买过程中，广告主可以在 DSP 平台上设置好所要投放的广告、广告所面向的目标受众以及所能支付的价格，然后经由 ADX 进行交易。其次，在购买方式上，广告主可根据自身的实际需求，选择 RTB 模式和 non-RTB 模式两种交易方式，non-RTB 还有私有程序化购买、优先交易、私有竞价等多种选择。最后，在广告效果上，程序化购买可以精准触达目标受众，追踪用户并实现多次曝光，且仅为那些

---

① 邹未光.网络广告联盟监管策略研究[J].中国市场监管研究,2015(1):63-67.

他们设定好的想要获取的目标消费者支付广告费，从而大大提高了广告费的针对性与利用率。

（3）提升媒体的管理效率

对媒体而言，程序化购买广告使其可以轻松管理广告位并提高广告收入。借助 SSP，媒体可以轻松地管理多个广告位，也可以对同一个广告位的多个广告投放进行管理。例如，可以将不同时段、不同访问区域的同一广告位差异化定价，售卖给不同广告主，同时可以根据广告主出价的高低，设置展示的优先级，合理地安排广告位置和流量，从而能够最大限度地优化媒体的广告营收，在广告投放过程中大大节省人力资源和时间成本，避免媒介资源的浪费。

（4）避免对广告受众的骚扰

通过程序化购买的广告可以提高广告的针对性与精准性，避免受众看到感到被骚扰的广告，从而保证受众对广告有良好认知和体验。随着程序化广告的匹配技术越来越精准，推送给受众的广告将更有针对性，使受众只看到与自身需求和利益相关的广告。且由于广告信息与消费者需求密切相关，广告信息也能够吸引那些潜在的消费者，引发他们仍处于萌芽中的购买需求并做出后续的购买决策行为。

在当下阶段，程序化购买仍不断致力于解决精准营销的痛点与细节问题，未来随着数字广告的发展，程序化购买将作为一种响应广告主、媒体需求的便捷程序，提供更加精准、功能性更强的自动化广告购买服务，进一步得到各大广告产业主体的青睐，被越来越多地用于新媒体广告与品牌的传播上。

二、大数据时代下广告产业的挑战

人类社会正步入大数据时代，大数据的影响力远远超出了互联网领域，早已融入了人类经济和社会生活的各个层面。在营销领域，大数据的使用正贯穿整个营销过程，大数据通过对海量数据进行分析，挖掘有巨大价值的产品和服务或深刻的洞见。[1] 大数据融入网络营销全程不仅要求参与广告业的各大主体对大数据的营销价值有更深刻的认识，也对他们提出新的挑战。

---

① 迈尔-舍恩伯格，库克耶.大数据时代：生活、工作与思维的大变革[M].盛杨燕，周涛，译.杭州：浙江人民出版社，2013：4.

（一）大数据的营销价值

未经筛选或加工过的海量数据，蕴含着难以估量的商业价值。无论在哪个媒介时代，无论广告主要用什么样的形式与消费者沟通，了解消费者的特点与需求是基本前提，收集海量的消费者数据是挖掘消费者特点与需求的基础。而将这些海量的消费者数据存储起来的介质是各种数据库，于是数据库营销成为大数据营销的早期形态。广告主通过各技术平台的数据监测提取出单个用户的访问记录，如百度上的搜索行为、淘宝上的某次购物行为以及新浪微博消息发布行为等，将数据以人为单位进行存储整合，并不断进行更新、完善，直至形成海量的用户数据，并根据用户数据库制定沟通策略，选择合适的沟道方式。

随着社交媒体和移动媒体的发展，数据呈爆炸性增长，以往那些基于数据库统计数据的方式已被实时的大数据计算所取代。对于广告主和广告公司来说，大数据的价值就在于它可以将每个消费者的行为细节都记录为一个个信息节点，同时利用科学的算法与模型对多个维度的数据进行分析、评估，协助营销人员基于用户的行为、消费习惯，甚至喜好偏爱等数据洞察对目标受众进行精准的定位，对广告内容设计提出指导意见、对广告媒体投放进行合理规划、对广告效果评估提供指标协助、对广告活动的全过程提供指导性意见。①

（二）大数据对广告产业的挑战

进入大数据时代，数据已经成为企业经营和竞争优势的主要来源，广告公司同样也需要具备有效运用大数据的能力。目前，一些广告公司已经推出了专门追踪网络大数据的系统，通过这些系统分析消费者心理与行为，并将其作为开发营销方案和工具的基础资源。但在未来，如何让大数据服务于广告营销，广告主和广告公司还有很长的路要走，大数据对广告产业提出了新的挑战。

1.处理大数据方法的挑战

对大数据营销而言，最困难的并不是获取数据，而是如何对海量的数据进行清洗、归类、处理，只有数据的价值被挖掘得越来越透彻，营销的方向才会越来越清晰，这是实现精准营销的前提。因此，基于大数据的精准营销，关键不在于大数据的量，而在于能不能对大数据进行精细的处理和立体的呈现。特别是企业获得的大数据，只有少部分是已经结构化的数据，而大部分是半结构化数据或非

---

① 艾瑞斯.大数据思维与决策[M].宫相真，译.北京：人民邮电出版社，2015：33.

结构化数据，且来源于互联网搜索、社交网络、电子商务等渠道的非结构化数据通常占到大数据的近八成。而目前的大数据处理方法主要还是用来处理结构化的数据，那么如何建立科学、有效的数据处理模型和过程，高效地处理那些立体的、多维的非结构化的大数据是大数据营销面临的重大难题。①

2.吸收大数据决策人才的挑战

在大数据时代，数据分析一旦失误，任何数据的错误导向都可能成为一场灾难，因此企业需要具有丰富数据营销经验和创新思维的新型领导者，依靠他们敏锐的数据洞察发现市场商机，针对企业的具体业务做出决策，将数据决策与企业决策结合在一起，有效地弥补数据与现实之间的鸿沟。而要运用大数据进行有效决策考验的是企业的人才储备和培养机制，现今大数据运用还处于初级阶段，处理大数据的技术也还相当有限，光是能够处理大数据的技术人员都极为缺少，而能够运用大数据进行决策的人才更为稀缺，他们不是只会数据处理技术的专家，而是既会技术又懂行业的复合型人才，只有这样的人才才能基于大数据的处理结果，结合行业发展现状与趋势，为企业做出合理的决策，让大数据成为企业发展的驱动力。但就目前而言，这样的高端人才凤毛麟角，是各个行业争夺的对象，能否吸引这些人才并合理发挥他们的能力决定了企业的发展潜力。

3.大数据控制权博弈的挑战

对广告产业的各大主体而言，用户大数据具有巨大价值，能够拥有用户大数据的企业就能获得更强的竞争优势，广告主和广告公司常常因为数据所有权变得关系紧张。对广告公司而言，一些重要的数据是他们在竞争中保持优势的砝码，是不能够与其他竞争对手分享的。每当广告主要求广告公司向其第三方合作伙伴分享相关数据时，出于对自身利益的保护，他们都会十分谨慎，避免透露过多的数据。同时，大型企业的广告主也常采用聘用专业的第三方数据公司的办法获取相应的营销和监测数据，甚至根据其提供的数据来评估广告公司的广告效果。为了赚取广告费，广告公司容易夸大广告效果，因此广告主更愿意信任第三方数据监测公司，且他们的技术往往比广告公司更为专业，如何在多方博弈中保持对数据的控制权是广告公司在大数据营销上的巨大挑战。

4.大数据隐私安全的挑战

企业掌握的大数据来自网络各种不同的平台和媒体，包括搜索引擎的搜索数据、电商平台的购买数据和口碑数据、社交媒体用户间的交互数据等，这些大

---

① 邓超明.基于战略转型的广告企业发展研究[D].武汉:武汉大学,2014:75.

数据为企业的营销决策提供了重要参考,但这些数据也包含很多个人信息,随着用户数据泄漏和买卖事件的曝光,用户对个人数据隐私的保护意识越来越强,数据保护立法也不断完善,企业如果在收集大数据的过程中没有得到用户的许可,或者通过不正当的手段或渠道获取本不该获取的用户数据,就容易为其大数据营销埋下危机,一旦数据泄漏或者被媒体揭发,无疑会受到用户的反感与抵制,甚至受到相关法律的惩罚。因此,企业在进行大数据营销时,必须保护好用户的隐私和数据安全,思考如何在伦理道德和法律法规允许的范围内获取用户数据,并合理地运用到服务消费者与企业营销上。

【思考题】

1.什么是广告产业? 广告产业包括哪些主体? 什么是广告主? 什么是广告代理公司? 什么是广告媒体? 广告主、广告代理公司和广告媒体之间的关系是什么样的?

2.媒介技术对广告产业产生的变革可以分为哪三个阶段? 每个阶段的内容是什么? 新媒体时代下广告产业变革的重点是什么?

3.新媒体带给广告公司哪些新的机遇、课题与挑战? 新媒体带给广告业务哪些新的机遇、课题和挑战? 新媒体广告业务需要什么样的人才?

4.数字广告产业的主体有哪些? 什么是网络广告联盟? 它有哪些付费模式?

5.程序化购买是什么? 程序化购买由哪几个部分合作完成? 其流程是怎么样的? 程序化购买有哪两种类型? 每种类型分别有哪几种形式? 程序化购买的优势在哪?

6.大数据给广告产业带来哪些新的挑战?

【本章参考与推荐书目】

一、国外专著

1.莫拉斯.赢利模式:电子商务成功之路[M].冯雷,译.北京:社会科学文献出版社,2003.

2.霍斯金斯,麦克法蒂耶,费恩.媒介经济学:经济学在新媒介与传统媒介中的应用[M].支庭荣,吴非,译.广州:暨南大学出版社,2005.

3.奥佛尔,得希.互联网商务模式与战略:理论和案例[M].李明志,郭春磊,史晓珣,译.北京:清华大学出版社,2002.

4.莱文森.数字麦克卢汉:信息化新纪元指南[M].何道宽,译.北京:北京师范大学出版社,2014.

5.莱文森.新新媒介[M].何道宽,译.上海:复旦大学出版社,2014.

6.琼斯.影响力:让网站内容打动访客[M].张敏杰,译.北京:人民邮电出版社,2014.

7.舒尔茨,等.整合行销传播[M].吴怡国,钱大慧,林建宏,译.北京:中国物价出版社,2002.

8.莱恩,金,拉塞尔.克莱普纳广告教程[M].第十七版.李东贤,刘颖,译.北京:清华大学出版社,2008.

9.艾瑞斯.大数据思维与决策[M].宫相真,译.北京:人民邮电出版社,2015.

10.派恩.大规模定制:企业竞争的新前沿[M].操云甫,等译.北京:中国人民大学出版社,2000.

11.迈尔-舍恩伯格,库克耶.大数据时代:生活、工作与思维的大变革[M].盛杨燕,周涛,译.杭州:浙江人民出版社,2013.

二、国内专著

1.陈培爱.国家经济发展战略与中国广告产业创新发展研究[M].厦门:厦门大学出版社,2011.

2.褚多锋,奚春雁.媒体经营运作实务全书[M].北京:清华大学出版社,2001.

3.范以锦,董天策.数字化时代的传媒产业[M].广州:暨南大学出版社,2008.

4.冯拾松,江梅芳.现代广告学[M].北京:科学出版社,2011.

5.冯章.网络广告[M].北京:中国经济出版社,2008.

6.黄升民,周艳,王薇.内容银行:数字内容产业的核心[M].北京:清华大学出版社,2013.

7.九枝兰.营销大咖说:互联网营销方法论与实战技巧[M].北京:人民邮电出版社,2017.

8.匡文波.网络媒体的经营管理[M].北京:中国传媒大学出版社,2009.

9.骆正林.传媒竞争与媒体经营[M].北京：中国广播电视出版社,2008.

10.邵培仁.媒介经营管理学[M].杭州：浙江大学出版社,1998.

11.石本秀.新媒体经营管理[M].北京：中国传媒大学出版社,2012.

12.谭云明.传媒经营管理新论[M].北京：北京大学出版社,2007.

13.熊澄宇,等.文化产业研究战略与对策[M].北京：清华大学出版社,2006.

14.殷俊.新媒体产业导论：基于数字时代的媒体产业[M].成都：四川大学出版社,2009.

15.张金海,程明.新编广告学概论[M].武汉:武汉大学出版社,2009.

16.程明,张金海.广告经营学[M].北京：北京师范大学出版社,2018.

17.赵子忠.内容产业论[M].北京：中国传媒大学出版社,2005.

18.周鸿铎.媒介经营与管理总论[M].北京：经济管理出版社,2005.

第五章
新媒体广告
受众

本章导言

　　新媒体广告的受众是一个复杂的概念,这些受众既是使用新媒体的网民也是通过网络接收广告信息进而做出购买决策的消费者。随着新媒体时代的到来,大众媒体居高临下的传播模式宣告终结,新媒体广告受众已经不再是代表到达率的数字,而是充满个性的个体,不管是媒体还是企业都必须重视这些新媒体广告的受众。同时这些新媒体广告的受众也随着时代的发展而不断变化,他们的媒介使用行为和消费观念都显著影响着新媒体广告的效果。本章在定义新媒体广告受众的前提下,借助相关研究报告,从网民与消费者视角对新媒体广告受众的特点进行洞察,同时通过经典的消费者行为理论与模型来分析网络时代的新媒体广告受众。

学习要点

- 熟悉受众、广告受众、新媒体广告受众的概念
- 了解新一代消费者的消费行为与趋势
- 掌握网络时代下消费者行为的变化与特征
- 熟悉网络时代下消费者的购买决策过程
- 理解理性行为理论模型、熟悉创新扩散理论

开篇案例

佛系青年与佛系广告

　　在第三章的网络亚文化的相关理论部分我们介绍了佛系文化,描绘了"不争不抢、不求输赢、有无均可"的"佛系青年"的生存姿态。这群"佛系青年群体"自

小生活在经济起飞的时代,科技日新月异、物质生活丰裕、网络技术普及,他们的选择空间大了很多,因而面对未来生活的不确定性和选择的困难,在迷茫中选择了"佛系"的生存姿态,并在网络世界中演绎了一场"佛系青年"的"群体狂欢"。这些在网络空间中标榜自己为"佛系青年"的群体具有鲜明的标签,对新媒体广告而言是独特的受众群体。

2017年,日本雪糕品牌AKAGI发布了一则超级魔性的广告,这条广告可谓大胆到极致,在广告中不仅不推销产品,还自嘲自己的广告没有用。"新上市,才怪,虽然不是新上市,但还是来打个广告吧","如果这支广告可以提升业绩,让业绩变好的话,那就真的奇怪了","推出了这么虚的广告,实在很不好意思,再见","电视上的广告,大概都是15秒,真的很短哦,15秒如果没有认真想的话,就会变成这样哦",这些不按套路出牌的佛系广告旁白让人忍俊不禁,再加上魔性的舞蹈和配乐、黑白的漫画人物形象和佛系的自我吐槽,这支广告迅速走红,洗脑程度不比神曲差。

2018年,AKAGI又发布了第二则魔性广告"轻飘飘体操",广告片中三个有着奇奇怪怪表情的小人,一起做着所谓的"佛系养生操",片子一开头说到"虚荣心和自尊心就像身上的赘肉,今天就丢掉羞耻心,和超无力大叔一起运动吧",之后的动作讲解就是在一本正经地胡说八道,如"啊,刚买的伞就成这样了的动作","不动声色地拾起百元硬币,假装没人看见的动作","富有俄罗斯风情的毛甲蟹动作","外星人捣年糕的动作","从未亲眼见过的狗撒尿的动作","未来稻草人的动作"。网友纷纷表示被这些可爱而又不正经的五毛画风和风骚的动作深深折服了。

这两则广告从创意表现上看是对传统广告的颠覆,令人不禁对其效果质疑。但这两则广告却在网络上得到了广大网民的喜爱,其背后所呈现的"不作为""高兴就好"的创意理念恰恰映射出佛系文化的影子。在纷繁复杂的社会中,不管广告受众还是制作广告的广告主都面临巨大的压力,"佛系"的调侃似乎变成他们抵抗压力的一种新鲜的方式,体现出"自娱自乐"的精神和价值观,也为广告作品带来有趣的灵魂与生命力。

请思考:如何看待佛系青年群体和佛系广告?佛系青年与新媒体广告受众之间的关系是什么?佛系广告有效果吗?为什么网络时代佛系青年和佛系广告会迅速走红?

第一节　新媒体广告受众

　　新媒体广告受众并不是一个简单的概念,受众在传播语境中是信息的接收者,但新媒体广告传播是利用新媒体进行的广告传播行为,其不仅仅是信息传播,也是面向广告目标对象期待对其态度或行为产生影响的商业传播。这实际上就涉及两个范畴的受众概念,也就是从传播学视角所理解的接收新媒体广告信息的受众和从市场营销视角所理解的广告信息真正想要到达并起作用的目标受众,因此新媒体广告受众的概念值得我们深入分析与思辨。

一、受众概念的变迁

　　在传播学领域,"受众"是一个重要概念,"受众"一词译自英文"audience",是随西方传播学进入中国内地而开始流行的概念。媒介受众的说法最早来自公共剧院、歌舞表演以及早期的竞赛和大规模表演的观众。古希腊或古罗马的城市都会有一个剧院或竞技场,它们的受众具有许多和今日的受众相类似的特征。[①] 因此受众最早的概念实际上是"特定地点的实体人群"。受众概念的内涵与外延也伴随着传播媒介技术的变革而不断发展。在大众传播语境下,广义的"受众"是指传播过程或传播活动中信息的接收者或受传者,是传播的对象,[②]狭义的"受众"则特指大众传播媒介的信息接收者,他们既是报纸的读者、广播的听众,也是电视的观众,因此针对不同的媒介,受众是不同的群体,但小范围信息交流的个体则不属于狭义受众的范畴。

　　随着新媒体的发展,互联网、移动互联网的各种终端也成为有较高普及率的大众媒体,受众也就包含了使用各种网络媒体的人群,其中主要是我们常说的网民群体。[③] 与其他传统媒体不同,在网络上,受众不再是被动的信息接收者,而

　　① 麦奎尔.麦奎尔大众传播理论[M].崔保国,李琨,译.北京:清华大学出版社,2010:324.

　　② 邵培仁.传播学[M].北京:中国人民大学出版社,1999:196.

　　③ 刘燕南,等.国际传播受众研究[M].北京:中国传媒大学出版社,2011:12.

能够主动地去使用互联网、移动互联网提供的各种应用,于是网络受众也就成为网络用户,他们可以自由地选择和使用各种网络所提供的多元应用以满足自己的个性化需求。为了突出网络受众的这些特征,"网众"的概念出现了。人们通过积极的媒介使用行为,以跨越各种媒介形态的信息传播技术为中介相互联结,构成了融合信息网络与社会网络的新型网络,成为"网络化用户",网络化用户的集合即"网众"①。

大众传媒时代诞生的受众概念与网络新媒体时代诞生的网众概念之间有几点不同。首先,网众是信息的生产者、发布者、传递者和接受者,而受众则是大众传播的信息接收者;其次,网众是多元化、个性化的,而受众是同质化的、统一化的;再次,网众之间是通过网络弱关系连接的,而受众则是原子化的,各自独立的;最后,网众是具有信息主导权的,可以相互交流联系,能够形成群体性口碑与舆论,拥护或抵制传播者,而受众则处于被动的地位,无法与传播者交流联系。②

二、广告受众与媒介受众

广告受众的概念是受众的次级概念,它特指接收广告信息的受众,而广告必须借助一定的媒体进行传播,因此广告受众与我们所说的传统大众媒体的受众有区别也有联系。

首先,从投放媒介上看,广告受众接收的内容是广告,而刊载广告的媒介是广告媒体。广告媒体与大众媒体有重叠的地方,也有不同的地方,例如传单、海报、橱窗都是我们熟悉的广告媒体,但它们都不属于大众媒体。而在大众媒体中,广告刊载的地方也与大众媒体的主要内容如新闻等有明显的区分,一般都有特定的区域专门刊登或播放广告,也就是我们熟知的广告位或广告时段,而广告受众就是这些广告媒体、广告位所刊载的广告信息的受众。

其次,从投放目的上看,广告受众并不是漫无目的地接收广告信息。广告受众一般都是广告刊播商品或服务的消费者或者潜在消费者,他们之所以会关注广告,是因为有着某种需求,通过接触广告对广告产生了兴趣,或引起了进一步了解商品或服务的欲望,这与之后的购买决策是息息相关的,这也是广告商投放

---

① 何威.网众与网众传播:关于一种传播理论新视角的探讨[J].新闻与传播研究,2010(5):47-54.

② 张玲.新媒体广告[M].重庆:西南师范大学出版社,2016:134.

广告的根本目的。相对于广告受众的概念，媒体的受众主要是为了收看或收听媒体上的节目，如报纸上的新闻、广播中的音乐、电视上的电视剧等，而广告只是他们接收到的信息中的次要内容。

三、广告受众概念的范畴与核心

基于以上对广告受众区别于受众的特殊性分析，我们可以从广告媒介受众的角度和广告目标受众的角度来理解其范畴。[①]

（一）广告媒介受众

根据广告的定义，广告是一种非人际传播活动，广告的传播需要依靠一定的媒介进行。广告主或广告商通过这些媒介传播广告信息，在媒介上接触到广告信息的人群就是广告媒介受众。从这个意义上看，广告媒介受众又可以分为报纸广告受众、广播广告受众、电视广告受众、户外广告受众、网络广告受众等。根据媒介进行划分的意义在于，营销人员可以根据不同媒介的传播特点和受众的媒介接触习惯来制定有效的广告投放策略。

（二）广告目标受众

广告目标受众是真正意义上广告主希望影响的广告传播对象。为了实现广告的目标效果，广告在设计、策划、投放之前就必须明确这则广告要给谁看，这就是广告的目标受众。每则广告都有要宣传的产品、服务、观念等内容，这些内容并不是给所有人看，而是集中在某个特定的群体，如商品或服务的消费者、企业采购的决策者、经销商等，因此要针对这个特定的群体来设计广告要宣传的内容，通过对这些对象进行合理的诉求分析，以达到促进商品、服务销售，或者提升企业、品牌形象的目的。

（三）有效的广告受众

从广告实务上看广告受众的两个层次的概念，广告媒介受众是从媒介投放的角度进行的受众界定，广告目标受众则是从诉求对象角度进行的受众界定，两个层次的概念有助于广告营销者更清楚地制定广告投放策略与诉求策略。而从

---

① 刘昕远.广告学概论[M].北京:中国轻工业出版社,2008:171.

重要性看,广告目标受众的准确界定是广告媒介受众有效定位的前提,只有确定了广告的目标受众,才能选择有效的投放媒介。因此从广告实务流程来看,相比广告媒介受众定位,前期的广告目标受众的定位更为关键。从广告受众的有效性上看,并不是所有接触广告媒介的受众都是广告的目标受众,也不是所有的广告目标受众都能接触到广告投放的媒介,真正有效的广告受众是广告媒介受众群体与广告目标受众群体的交集,也就是那些既接触到广告媒介又是广告目标受众的群体,[①]如图 5-1 所示。

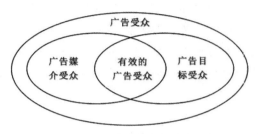

图 5-1　有效的广告受众

从广告商的角度来看,有效的广告受众群体是广告传播希望影响的那群人。然而消费者的购买决策受到很多因素的影响,是一个复杂多变的过程,因此广告并不一定能直接影响购买。只有对消费者群体有足够的分析与洞察才能准确找好目标受众,并用合适的媒介去影响这些受众,这样广告才能作用于有效的广告受众。

四、新媒体广告受众的概念

新媒体广告受众的概念是广告受众的次级概念。简单来说就是新媒体广告的接收者,而从广告媒介受众与广告目标受众两个范畴的概念来看,新媒体广告的受众既包括通过台式电脑、平板电脑、手机等互联网、移动互联网终端接触广告信息的受众群体,也包括有购买商品或服务需求,在网络上通过网络搜集广告在内的商品信息,或向在线用户征求商品体验的网络消费者。而根据对广告受众本质的分析,新媒体广告受众虽然可以泛指新媒体广告的接收者,但其最终要影响的受众群体实际上是那些有购买广告商品或服务需求的消费者。因此新媒

① 　张玲.新媒体广告[M].重庆:西南师范大学出版社,2016:135.

体广告受众的概念不仅包括新媒体广告接收者的范畴,也包括网络消费者的范畴。

第二节 新媒体广告受众洞察

随着市场环境与营销理念的转变,新媒体营销逐步转化为以受众和数据为核心,而不是以媒体和宣传为核心做传播,对受众行为的洞察是未来营销的关键所在。[①] 要对新媒体广告受众进行洞察,我们首先要知道作为新媒体受众的他们是怎样的一群人,同时我们也必须知道作为目标消费者的他们又有什么样的消费习惯与行为。

一、网民视角下的新媒体广告受众

传播媒介没有选择人的权利,而是人在有选择地使用媒介,而人使用媒介根源在于满足自身的需要。[②] 通过对网民的基本数据、网络使用数据,以及网络应用使用行为数据的调查,我们可以了解目前作为新媒体广告受众的网民群体是怎样的一群人,他们的媒介使用情况如何以及网络媒介满足了他们哪些方面的需求。

(一)中国网民的基本数据

据中国互联网络信息中心(CNNIC)2021 年 9 月发布的第 48 次《中国互联网络发展状况统计报告》[③],截至 2021 年 6 月,我国网民规模达 10.11 亿人,互联网普及率达 71.6%,如图 5-2 所示,其中城镇网民规模为 7.14 亿人,占网民整体的 70.6%,农村网民规模为 2.97 亿人,占网民整体的 29.4%。我国手机网民规模达 10.07 亿人,网民手机上网比例达 99.6%,这意味着大部分的中国人都能够

---

① 黄升民,周艳.互联网的媒体化战略[M].北京:中国市场出版社,2012:113.
② 邵培仁.传播学[M].北京:高等教育出版社,2007:287.
③ CNNIC.第 48 次《中国互联网络发展状况统计报告》[R].北京:中国互联网络信息中心,2021.

上网,网民几乎人手一部手机,手机成为网民的主要上网方式。

图 5-2　中国网民规模和互联网普及率(出处:CNNIC)

　　从具体各项指标来看,网民男女比例为 51.2∶48.8,与整体人口中男女比例基本一致,20～29 岁、30～39 岁、40～49 岁网民占比分别为 17.4%、20.3% 和 18.7%,其中 30～39 岁的网民占比最高,高于其他年龄群体,50 岁以上网民群体占 28.1%,互联网持续向中高龄人群渗透,如图 5-3 所示。我国非网民规模为 4.02 亿,农村地区非网民占比为 50.9%,非网民群体城乡差异逐渐消除。对于非网民来说,不懂电脑/网络和文化程度限制是其不上网的主要原因。促进其上网的因素中,最重要的是方便与家人或亲属的沟通联系。很多长辈买手机的主要目的就是使用微信等应用,方便和在外的子女、亲友们联系。随着网络技术的普及与文化水平的提高,未来将有更多非网民成为网民群体的一员。

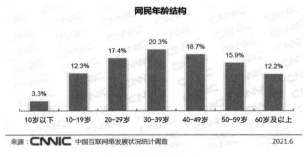

图 5-3　网民年龄结构(出处:CNNIC)

（二）中国网民的互联网使用

上网时长是反映网民网络使用的指标，根据 CNNIC 的统计，网民人均每周上网时长为 26.9 小时，平均每天约 3.8 个小时，如果按 8 小时睡眠时间计算，网民在醒着的时候有将近四分之一的时间在上网。我国网民使用台式电脑上网、笔记本电脑上网、电视上网、平板电脑上网的比例分别为 34.6％、30.8％、25.6％和 24.9％，台式电脑仍是最主要的上网终端，笔记本电脑紧随其后。

在各大互联网应用中，我国即时通信、网络视频（含短视频）、网络支付、网络购物、搜索引擎用户规模位列前五，分别达到 9.83 亿、9.44 亿、8.72 亿、8.12 亿、7.95 亿，网民使用率分别为 97.3％、93.4％、86.3％、80.3％、78.7％。即时通信，如 QQ、微信等聊天工具已经成为网民最重要的网络应用，几乎所有的网民都会使用，而网络视频次之。短视频的用户规模达到 8.88 亿，网民使用率达 87.8％，仅次于即时通信和网络视频。此外，网络新闻、网络音乐、网络直播、网络游戏、网上外卖的用户规模分别达 7.60 亿、6.80 亿、6.38 亿、5.09 亿和 4.69 亿，分别占网民整体的 75.2％、67.4％、63.1％、50.4％和 46.4％。在这些互联网应用中，增长最快的为网上外卖、网络购物、网络音乐、网络直播、搜索引擎，增长率分别为 11.9％、3.8％、3.5％、3.4％和 3.3％。

（三）网民视角下的新媒体广告受众

根据以上 CNNIC 的第 48 次《中国互联网络发展状况统计报告》，我们可以发现，目前的网民主要是 20～49 岁的"70 后"、"80 后"与"90 后"，其次为 10～19 岁的"00 后"，且以学生群体为主，他们已经从互联网向移动互联网转移，几乎每人都有手机。即时通信、网络视频（含短视频）、网络支付、网络购物、搜索引擎是他们最常用的网络应用，可以看出这个群体是不折不扣的新媒体使用者和网络消费者，是新媒体广告的核心受众。他们既擅长使用搜索引擎搜索相关的产品信息，也擅长在网购平台进行支付与购物，还习惯通过即时通信应用将购买体验与消费体验与他人分享。除了普遍使用的网络应用外，网络新闻、网络音乐、网络直播、网络游戏、网上外卖紧随其后，这些垂直应用的数据也呈现出一个多元化、个性化的新媒体受众群体，他们容易在浏览网络新闻、收听网络音乐、收看网络直播、体验网络游戏、享受网上订餐等应用使用中接触新媒体广告。

随着社会发展速度加快，人们的生活节奏越来越快，面临的压力也越来越大。这些新兴的网络应用之所以能够快速发展，得到网民的大量使用，就在于它们满足了他们实时、便捷、高效、快速获取信息、服务生活的需要。即时通信满足了网民与他人沟通交流的需求,搜索引擎、网络新闻满足了网民迅速获取信息的需求,网络支付、网络购物、网上外卖满足了网民随时随地购买商品与服务的需求,网络视频(含短视频)、网络直播满足了网民娱乐消遣的需求,网络音乐、网络游戏满足了网民追求兴趣爱好的需求。这些需求的满足让这些互联网应用成为网民生活的重要组成,成为他们生活的延伸,也为互联网产业的发展创造了发力点,包括新媒体广告在内的各种商业行为和模式也有了更多的选择和发展空间。

二、消费者视角下的新媒体广告受众

随着电子商务的发展与各种网络购物平台的兴起,大量的网民成为在网络上购物的消费者,他们跟现实消费者一样,支付费用购买商品,只是这一切都在网络平台上实现。而为了吸引这些消费者购买商品,企业和品牌商开始在网络上投放广告,推动了新媒体广告的发展。对新媒体广告而言,广告主真正想要到达的受众并不是新媒体的使用者,而是广告的目标受众,也就是广告商品或服务的消费者与潜在消费者。因为只有他们购买了广告主的商品和服务,广告费用才能真正转化为广告主的利润。因此消费者洞察是认识新媒体广告受众的关键,消费者洞察能让新媒体广告受众的抽象概念变得立体起来,而新媒体时代下的消费者洞察,必须建立在调查的基础上。

艾瑞咨询是最早涉足互联网研究的第三方机构,它于 2018 至 2021 年发布了多份与新中产和白领人群消费相关的调查报告,如《2018 年新中产精神消费升级报告》《2018 年中国轻中产人群研究报告》《2019 年中国中产女性消费报告》《2020 年中国新白领消费行为研究报告》《2021 年中国白领人群消费及职场社交研究》。报告对调查对象的称谓虽有"新中产""轻中产""新白领"等不同的表述,但主要为 20 至 49 岁的"80 后""90 后"群体,主要居住在一、二线城市,主要以脑力劳动为谋生方式。而据中国互联网络信息中心(CNNIC)的数据,中国 20 至 49 岁网民占到全体网民的 56.4%,是网民的主要组成。因此根据这些报告的内容,我们可以对这一群体的消费观念与行为进行分析和洞察。

（一）新中产的精神消费①

中产阶级指处于上层阶级和下层阶级之间的人群。中产阶级是一批收入稳定、能推动内需、给整个社会带来稳定发展的群体。新中产是伴随着国家经济快速发展成长起来的中产一代，整体文化水平较高，经济水平较高，多为有车有房一族，因此与上一代中产阶级有较为明显的观念差别。新中产不仅是网民的主要群体，同时也是现代社会的消费决策主体，他们的消费需求推动着我国消费升级的进程。艾瑞咨询与沐光时代为了解最新消费趋势和消费者需求，调研了500名一线、新一线、二线城市的新中产阶层，并发布了《2018年新中产精神消费升级报告》。根据该报告，相比其他消费者群体，新中产的消费观念和行为具有以下三方面的特点。

1.对享受型产品与精神文化消费关注度较高

新中产群体对电影文娱等文化精神产品的关注不亚于其他商品，而对于消费行为的目的性，则更多的是在追求一种享受。例如，他们喜欢在悠闲的时候享受饮酒，把饮酒当作一种对自己的犒赏，而较少因为激动、鲁莽、伤心而喝酒，于是出现了如江小白、RIO鸡尾酒等面向这一群体的酒品牌。此外，新中产群体的主要消费支出中，旅游、子女教育、休闲娱乐/个人爱好以及自我学习等方面是主要消费内容。其中旅游是他们最重要的消费之一，且有明显的增加趋势。对于忙碌的新中产群体来说，旅游是为了休闲放松，体验不同的风俗人情，或欣赏不同的景色。高收入的新中产群体几乎都有出国旅游的经历，他们希望能通过旅游"遇见不一样的自己"，虽然近年来疫情的蔓延抑制了出游的机会，但他们对旅游的喜爱仍有增无减。新中产群体在人际交往、休闲娱乐、自我学习领域的投入明显增加，他们不仅关注享乐型产品，对能提升自身素养的精神文化消费领域的重视程度也有显著提升。

2.更加看重产品对生活品质的提升作用

由于意识到保持身体健康的重要性，新中产群体非常注重健康及身材的管理。近一半的新中产群体在休闲期间选择经常性健身，以提前防范身体状况下滑，同时他们也重视利用休闲期间提升自身的文化素养和生活质量，特别是有伴侣的新中产人群这一趋势更为明显。在产品消费上，对新中产而言，他们对产品的品质有了更高的要求。例如，在空气质量堪忧的环境下，空气净化器成为他们

---

① 艾瑞咨询，沐光时代.2018年新中产精神消费升级报告[R].北京：艾瑞咨询，2018.

最多购入的家电,购买比例高于空调、冰箱、电视这些常用家电。对于像净水器这样可以保护家人健康的电器或者可以提升生活舒适度的电器,即使贵一点他们也愿意购买。在服务消费上,例如餐饮,对新中产来说,可口的食物固然重要,但好友或家人的陪伴、悠闲的氛围、干净卫生和舒适的餐桌椅也是他们挑选就餐环境的关键因素。

3.新中产更重视产品对自我理想型的塑造功能

相比其他年龄层群体,新中产更希望通过产品和服务来实现对自我理想型的塑造。他们中超过半数的人会关注时尚号参考穿搭风格,其中女性关注时尚号的人群比例明显高于男性,而男性的穿搭风格则更为自我,不易受他人影响。在自我提升方面,大部分的新中产群体养成了阅读的习惯,他们习惯通过网络扩展知识面,此外还会通过购买线上课程、加入社群跟随行业大 V 学习、参加线下培训机构等方式持续提升自己。在社交方面,新中产可以迅速通过各类社交软件找到新朋友,有着一群有同样兴趣能够一起玩的朋友,这也为兴趣社交营销提供了契机。烹饪、烘焙、户外运动和健身是新中产最主要的休闲娱乐活动,他们会从网络或书籍上研究玩法,或关注领域内的大 V 的玩法,或购买培训课程。在生活方面,新中产对智能产品非常向往,他们对 VR 眼镜、智能路由器、智能体脂秤等智能产品有较高的购买热情。

从以上三方面新中产的消费观念与行为的特征可以看出,他们对消费的追求正在超越产品功能层面,更重视产品所带来的感官享乐和精神愉悦,更多为体验和服务付费,更讲究产品对自身素质、生活品质和未来发展的提升作用,愿意通过购买理想的产品和服务成为更理想的自己。新中产对精神文化消费领域的关注所促发的新一轮的消费升级也为新媒体广告营销指出了新的方向,提出了新的要求。新媒体广告不仅需要从产品的功能层面推送广告信息,更要体现出产品的消费可以给消费者带来的精神上的满足与享受。在这一过程中,企业或广告商需要考虑新媒体广告所呈现出来的广告调性和所塑造的品牌形象是不是消费者期待的,是否能让消费者产生共鸣,是否能在某种程度上响应消费者追求品质生活、塑造理想自己的愿望。

2020 年 8 月,RIO 微醺与周冬雨合作的微电影《空巢独饮万岁》在微博、微信和抖音刷屏,在抖音的整体曝光达到 8743 万人次,覆盖 6869 万人,在微博的视频总播放量为 3862 万、转评赞超 28 万,很多网友看完之后连呼"上头"。[①] 之所以这部微电影有如此大的魅力,就在于 RIO 微醺通过观察独居年轻人的生活,将其定位在"一个人的小酒",切中了独居青年独处时刻对于放松和治愈的需求。现在的年轻人很多以独居方式生活。在独居生活中,他们一边为一个人生活感到孤独,一边享受孤独给予他们的自由。在大城市终日忙碌的年轻人,回到家后,终于可以享受安静的一刻,就着一罐小酒慢慢消解白日里的不称心或是其他无法安置的情绪,然后继续开始新的一天。就像是周冬雨在微电影里说的:"一人的微醺快乐,是一人以上无法体会的",代表了许多年轻人的心声。RIO 微醺所传递的品牌精神与当下年轻人的"悦己独饮文化"产生了强烈的共鸣,满足了他们精神消费的需求。

（二）轻中产的理性消费[②]

艾瑞咨询于 2018 年发布了《2018 年中国轻中产人群研究报告》,调研了一线、新一线、二线城市的轻中产阶层。根据艾瑞咨询对轻中产的定义,轻中产相较于新中产规模更大、更年轻,主要是"80 后"、"90～95"群体,他们的资产状况介于普通大众和新中产之间,新中产多为企业主管和专业人员,而轻中产有较多企业一般人员。伴随中国国民经济持续发展以及高等教育普及率的提高,未来中国轻中产群体将持续扩大。轻中产是对品质感和美好生活有一定追求,但消费上懂得适度节制、品牌追求更加理性的一个群体,他们正逐渐成为中国消费市场的中坚力量。相比其他消费者群体,他们的消费观念和行为具有以下四方面的特点。

1.重视品质追求高生活质量

艾瑞调研数据显示,轻中产人群对品质要求普遍较高,对他们而言,品质是消费决策的首要考虑因素,而品牌意味着品质保证。他们更重视食品的营养成分,也更要求服装的舒适度、穿搭性和易打理性。能够使轻中产人群提升生活品质的服务消费类型有很多,其中旅游、运动是他们认为最能带来生活品质感的消费类别,出去看看、强健体魄让人神采奕奕、充满活力,为自己注入更多的精神力

---

① RIO 微醺×周冬雨 2020 第二弹:空巢独饮万岁［EB/OL］.2020-08,https://www.digitaling.com/projects/124921.html.

② 艾瑞咨询.2018 年中国轻中产人群研究报告［R］.北京:艾瑞咨询,2018.

量,这是品质生活的必备。① 在居住环境方面,轻中产要求相对较高,他们关注生活中的小细节,希望通过使用高品质的与生活息息相关的泛家居产品来感受生活的质感,如床垫、抱枕、棉拖等卧室家居用品,茶具、咖啡机、榨汁机等餐厨用品,以及室内空气调节小家电、个人护理小家电都是备受他们青睐的。这些泛家居产品在为轻中产人群带来更高的舒适感、提升其生活品质的同时,还可帮助其缓解压力、放松心情。

2.重视自我价值追求与自身调性一致的消费

轻中产人群十分重视自我投资以使自己变得更好。当前在线平台提供的知识付费产品类别更加多元化,从工作到生活多维度迎合消费者对内容的需求,学习时间更加弹性并且碎片化,这为轻中产进一步提升内外兼修水平提供了有效途径,更好地满足了他们希望变得更加优秀、提升自身魅力与能力的需求。在知识付费方面,绝大部分的轻中产每年都为知识付费,主要是在教育类平台购买课程。此外,轻中产也追求品牌与自身调性的一致。对于轻中产人群来说,品牌的意义不仅在于品质,能够彰显个人品位也是其选择品牌时考虑的重要因素。但他们更强调实用主义、简约主义,他们不会盲目追逐奢侈品和大牌,而是选择与自身调性一致的品牌。同时,对于他们认为具有品牌内涵、高品质、值得买的东西,即使需要支付较高的价格,经过深思熟虑后,也会为其买单。在轻中产人群看来,购买高价产品是对自己努力工作的一种犒赏,抑或是高工作、生活压力下的一种慰藉,以获得满足感,进而更努力、积极地工作与生活。

3.看重"高性价比"消费"有节制"

宏观数据显示,随着中国宏观经济增速放缓,房价、租房成本的上升,性价比成为大部分的中国消费者在消费时最关心的因素。同时,我国人口老龄化正加速到来,代际压力持续显现,大众生活成本高、压力大的现状更加突出,这些现实因素直接导致了轻中产群体消费欲望受到抑制,推动了理性消费时代的到来。现实生活中,虽然轻中产人群有着较高的年收入,在网购上的消费金额是整体网购用户的两倍左右,但他们大部分每个月都需要偿还一定数额的贷款。这表明轻中产人群虽具有高于整体网购用户的消费能力,但其消费需求的满足以高负债作为代价,因此消费能力也是有限的。这样就形成了轻中产对品质的较高追求与其实际自由支配的消费能力不足的矛盾,最终形成了他们的理性消费行为,

---

① 中国轻中产的消费哲学[EB/OL].2018-12-16,https://cj.sina.com.cn/articles/view/5115326071/130e5ae7702000i7st.

即在消费过程中会对消费支出金额设定上限，重点追逐性价比较高的品牌和商品，减少冲动消费，合理规划消费支出等，于是追求高性价比的理性消费成为轻中产的诉求，高性价比的商品更容易获得他们的青睐。

4.既投资子女教育又富养宠物

在轻中产关注的影响未来消费水平提升的因素中，既包含宏观经济、职业前景等外部因素，也包含潜在的家庭消费支出等内在因素。其中，已婚的轻中产人群认为子女教育是影响其当前及未来三年消费水平提升的因素，高于父母赡养、房贷车贷等因素。这是因为，轻中产人群多为"80后"至"95后"，他们出生并成长于经济条件不断改善、科技快速发展的信息时代，受教育程度高，崇尚科学教育，育儿及教育理念更强，对子女教育的规划更清晰，在子女教育方面有高支出意愿，且支出弹性较大。与养子女相比，未婚的轻中产喜欢富养宠物来获取乐趣和满足。宠物能为主人带来最简单的陪伴和信任感。为了给宠物带来更好的生活条件，除宠物的主粮、用品和零食外，宠物的医疗服务、洗澡美容等也很重要，大多数饲养宠物的轻中产在宠物饲养方面投入了较多的金钱和精力。

从以上对轻中产几个特征的概括可以看出，轻中产人群具有高收入、高消费、高负债的特点，他们追求高品质生活，但消费上懂得适度节制、品牌追求更加理性而非炫耀消费，是一个强调生活"高性价比"的群体。在消费行为上更加注重品质、注重提升自我价值、注重精神消费，追求兴趣爱好的满足。随着消费升级与消费者日趋理性，品质消费的需求将得到进一步释放，品质消费将成为国内消费市场发展的必然趋势，但品质消费并不简单等同于高消费，而更多意味着兼备高性价比的消费形态。高性价比的品质消费受到越来越多年轻消费者的推崇，这一趋势对新媒体广告创意与传播有着重要的指导意义。消费者回归理性也意味着广告回归理性，在理性且看重品质的消费者看来，真实、真诚、真挚地展现广告的诉求远比炫酷的广告宣传更有吸引力。

网易严选在2020年"双十一"期间，在互联网上发起了一场主题为"要消费，不要消费主义"的广告传播，先是发表"退出'双十一'大战"的声明，并希望引导消费者回归初心——买对的，不买贵的，如图5-4所示。① 随后网易严选推出了广告短视频，并配合推出了一份《生活哲学手册》，向用户传递严选"朴素"的生活

---

① 腾讯网.网易严选：退出双十一，更好的补贴用户［EB/OL］.2020-11-05.https://new.qq.com/rain/a/20201105A03FCA00.

哲学,由广告引出的微博话题"当代青年人的消费观"阅读量达到 1.2 亿,讨论 2.1 万。① 在众品牌消费升级的时候,网易严选提醒消费者注意理性消费,反对消费主义,希望与具有理性决策思维,既想追求低价、平价,又想获得跟大牌产品同样品质的消费者建立起沟通关系。广告活动的主要对象就是那些容易冲动消费、暂时又没有经济能力的年轻人,提醒他们正视自己在购物时最原始的需求,不要被一时的欲求透支了未来的生活,这与"80 后""90 后"的理性消费趋势是契合的,同时这一主题也契合当下网民在知乎、B 站等互联网平台对消费主义的思考。

网易严选 V

11月4日 18:48 来自 iPhone X

置顶 亲爱的朋友,大家晚上好,我们想告诉大家一个消息。#网易严选退出双十一大战#

✽ 点击查看今日热点

☆ 收藏　　　　　⤴ 5842　　　　　💬 6315　　　　　👍 95131

图 5-4　网易严选在微博发表"今年'双十一',我们将退出这场大战"

①　网易严选退出双 11:要消费,不要消费主义［EB/OL］.2020-10,https://www.digitaling.com/projects/136709.html.

（三）新白领的社交消费①②

根据艾瑞咨询《2020 年中国新白领消费行为研究报告》和《2021 年中国白领人群消费及职场社交研究》，新白领人群主要集中在 25～39 岁，平均 30 岁左右，多在一、二线城市工作，专科及以上学历，多是本科学历，从事脑力劳动的职业，个人月收入在 4000 以上，平均过万，已婚有孩居多，家庭年收入 10 万元以上，有房有车，工作稳定，消费能力强。为了把握新白领的消费特征，艾瑞咨询发布了以上两份报告，分别调查了 2000 名和 1896 名新白领人群，对分析新白领群体消费行为有重要意义。根据这两份报告，新白领的消费观念和行为具有以下三方面的特点与趋势。

1.购买行为中蕴含社交属性

由于新白领有较高的经济水平，因此在一些类别的商品购买上具有一定的跟风倾向。例如，在身边朋友都有轻奢配饰的情况下，自己也必须得置办一些，不管有几个包，衣橱里总觉得还少一个刚上市的最新款。此外，较为年轻的"90后"新白领也更容易因他人推荐而购买商品，例如在购买美妆护肤品时，有更多的"90 后"新白领会考虑周围朋友和同事的口碑推荐，而"95 后"新白领相对更看重明星代言。在轻奢配饰、美妆护肤品、腕表、手机等这些外显型的商品上，新白领的购买行为具有明显的社交需求，从某种意义上看，他们购买这些产品不只是为了自己，也为了能够成为社交的话题，或者成为某个群体或圈子的一分子，甚至成为引领该群体或圈子的意见领袖。

2.社交平台成为购买行为的关键推手

随着社会化软件与直播平台的普及，当新白领在网上购买品牌产品时，平台推荐、熟人推荐和线上陌生人推荐，已经成为最常见的品牌认知方式。对新白领而言，消费就像一种休闲活动，他们习惯边逛边买，并基于他人的推荐减少试错成本。随着新白领群体在购买商品时对各类社交应用的重视，社交媒体不再只是一个社交工具，而逐渐成为用户获取消费信息、了解产品好坏并最终做出消费决策的重要渠道。电商平台中也引入推荐内容，辅助用户决策。例如，对于新白领最喜欢的旅游产品，较之传统旅游，他们更想去小众的地方体验不同生活。但忙于工作和生活的新白领缺少时间去寻找合适的目的地，而通过微信、小红书等

---

① 艾瑞咨询.2020 年中国新白领消费行为研究报告［R］.艾瑞咨询,2020.
② 艾瑞咨询.2021 年中国白领人群消费及职场社交研究［R］.艾瑞咨询,2021.

社交平台,他们可以了解网友们的推荐及其提供的攻略,从中选择适合自己的目的地,减少踩雷的风险。

3.职场社交服务成为未来网络社交产业的新趋势

很大部分的职场白领对职场社交持积极认可的态度,"90后"职场白领以及一线城市职场白领这一态度更为明显。他们认为职场社交有助于团队之间更好协作,业务沟通更高效,职场社交还可以增进合作伙伴之间的信任,有助于商业决策,同时在职场社交过程中有机会快速学习与工作相关的知识,提升个人能力,此外职场社交有助于拓展人脉资源,帮助自己找到新的工作机会,有助于跳槽和未来的职业发展。随着移动互联网的发展,中国庞大的网民基数为线上社交的发展提供了用户基础,社交APP也由原来的横向综合发展转变为纵向的垂直深耕,开展差异化竞争。天际网、脉脉、领英等职业社交平台出现,萌生了新的产业和经济形态,也激发了就业市场的活力,职场社交场景价值凸显,例如目前职场社交平台上兴起"职场社交+求职招聘"的社交招聘新模式,未来也将成为越来越多企业获取中高端人才的重要方式。

从以上三方面新白领的消费观念与行为的特征与趋势可以看出,新白领是一群具有较高经济水平且依赖推荐做出购买选择的人群。首先,他们相对一般大众消费实力更强,不排斥高端和提前消费,乐于使用分期提前享受好物,也更愿意走在潮流的前沿,因此一些能够满足他们的社交需求的外显型商品成为他们购买类别中的重要对象。其次,对新白领而言,消费是一种探索行为,他们敢于试错,但为了降低购买风险他们会寻求熟人或陌生网友的推荐,社交媒体自然成为他们购买决策的重要参考平台。最后,对大多数新白领而言,职场社交非常重要,但目前在网络社交服务消费上,能提供优秀的职场社交服务的商家凤毛麟角,如何将信息与人脉进行精准、高效的匹配,实现各个行业跨圈层的资源与人脉的融合互通,将是未来网络社交重要的发展方向。近年来一些品牌商逐渐从泛社交的议题聚焦到职场社交等垂直领域,从职场的各种议题和故事出发与品牌或产品产生关联,在关注职场问题的同时也建立起品牌与新白领群体相互理解、引发共鸣的桥梁。

职场的已婚女性应该算是新白领中困难较大的群体了,她们的困境太过于显而易见,以致我们甚至不必多说,所有人早已意识到这一点。只是有时候我们不愿意去听她们的声音,或是即使听到也选择性地忽视了。2021年三八妇女节,服务3亿女性家庭用户的天猫超市,联动智联招聘、美图秀秀、Soul App、人人视频、SocialBeta、美颜相机6个女性用户聚集的平台及自媒体,共同发起"#

姐答我的'30＋'♯"话题讨论，为"30＋"职场妈妈创造出一个开放的话题场，悉心倾听她们的声音。① 天猫超市携手这些平台在上海人民广场地铁站，将职场妈妈在生活中得出的经验，凝结成了一条条"姐答"的生活哲学，其中一则地铁海报如图5-5所示，这些海报在人潮拥挤的地铁站，让人无可忽视。天猫超市还将"♯姐答我的'30＋'♯"的宣言印在快递盒上，并让其走进千家万户。该话题与宣言不仅引爆网络上对职场妈妈的讨论，更让用户在参与讨论中感受到职场妈妈的困难，也感受到天猫超市对职场妈妈群体的支持与理解。

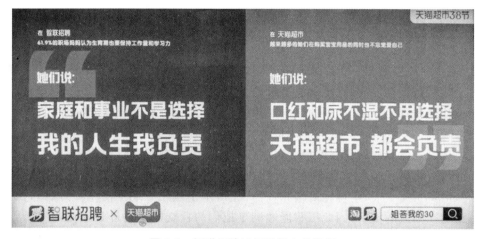

图 5-5　智联招聘×天猫超市的海报

第三节　新媒体广告受众的消费行为

新媒体广告受众在一定程度上与新媒体时代下的消费者群体是重合的，即经常通过互联网等新媒体了解商品信息、进行网络购物、分享用户体验的消费者群体。消费者行为是指人们为满足需要和欲望而寻找、选择、购买、使用、评价及

———————————

① 聚焦职场妈妈困境，天猫超市让社会听见"她们"［EB/OL］.2021-03，https://www.digitaling.com/projects/155897.html.

处置产品和服务时的所有活动和过程。① 网络消费(Internet consumption)就是人们以网络为手段来购买具体商品或劳务以满足自身需求的行为过程,②包括对物质产品和精神产品的消费。随着网络平台的不断变化发展,网络时代下的消费者行为也呈现出一定的特征与规律。

一、网络时代下消费者的行为特征

在网络经济时代,物质文化与生活水平逐渐提升,消费者行为受到各种因素的影响,消费需求也表现出多样化和个性化。同时,他们拥有互联网强大的通信能力,能够轻易地获取市场信息,他们也拥有电子商务所提供的便利的购物环境,能够高效地进行购买决策。比起传统经济时代,新时代下消费者的行为特征主要表现为以下几方面。

(一)产品选择上,感性需求增强

在当今网络经济时代,消费者购买商品不再局限于满足物质上的需求,而是更多的希望满足其心理上的需要,消费者不仅重视产品的质量、价格,也开始关注商品的情感属性,也就是商品能否满足自己的情感需求。在商品的选择上,消费者更喜欢那些能够表现自己与众不同的商品,而不是统一标准大家都一样的商品,他们在享受商品服务的同时,更强调个体被尊重、信任和关爱。因此在选择商品上,新一代消费者不仅会从它是否为生活所需去判断,而且会从心理角度出发,从情感上寻求与自身个性、风格一致,容易得到赞赏的商品,而避免去购买与自己性格、风格喜好不符的商品。这意味着,消费者更在意商品与自己的联系,更喜欢那些品牌价值观能引起共鸣的感性商品,他们除了希望通过网络购物来满足自己的实际需求外,还希望通过网络购物得到在传统购物场所无法得到的各种乐趣。

(二)品牌塑造上,参与性增强

在之前的经济环境中,商品的流通更多是依靠商家的生产和推销,消费者只

---

① 荣晓华.消费者行为学[M].大连:东北财经大学出版社,2011:6.

② 何明升,李一军.网络消费的基本特点及其对传统经济理论的突破[J].学术交流,2001(2):105-108.

是被动地从商家那里购买商品，只要得到特定功能的商品，消费者就满足了。但现在，相对于得到商品，消费者越发地注重消费意义。能够让消费者感到愉悦的，一般不在于他得到了什么功能的商品，而在于消费这个商品所带来的附加价值，也就是所谓的品牌消费。此外，如今的消费者已经成为品牌消费的主角，他们除了想得到某个品牌的商品外，更希望主动地参与到品牌的塑造和传播过程中。因此，品牌塑造不再是企业一方的事情，品牌的打造与消费者的参与是分不开的，甚至可以说有了消费者的参与，品牌才能展现出独特的魅力。在这样的背景下，企业要在塑造和传播品牌时就考虑好消费者的参与需求和体验效果，通过多种形式把消费者邀请到品牌的塑造和传播过程中，当消费者体验到参与品牌塑造的乐趣时，他们就更愿意支持和传播该品牌，成为该品牌的忠实粉丝。

（三）信息传播上，主动性增强

传统大众媒体时代，消费者是被动的信息接收者，销售人员使用各种手段比如大众媒体广告使消费者了解产品信息，消费者和销售人员之间的信息是不对称的。但到了互联网时代，互联网拓宽了消费者获取信息的途径，给消费者搜集全面的信息提供了可能。丁俊杰教授指出，如今的消费者已不再相信单一的信息来源，他们需要不断地"搜索"、"分享"和"比较"，从而获取自己更需要和更满意的信息。[①] 在网络购物的过程中，消费者只需在搜索引擎输入产品名称，产品的详细信息和各种评论便呈现在眼前，这些信息既有来自商家的宣传，也有来自其他消费者亲身体验的口碑。经过各种渠道获取与商品有关的信息并加以分析比较，消费者便能够更加客观、专业地做出购买决策。同时，消费者也更加重视在整个消费过程中的感受与价值感知，在购买后也热衷于在网络平台上，向他人分享自己的购物感受与使用后的真实体验，以供他人参考，从而影响他人的购物行为。

（四）消费选择上，个性化需求凸显

随着互联网的发展，人们获取信息越来越便利，信息的快速流通使得消费者的思想越来越开放，新一代的消费者拥有鲜明的个性，追求独立的思想，具有独特的欣赏水平，消费心理也更加多元，对产品的个性化需求成为市场的主流需

---

① 丁俊杰.2008 年中国广告业的动力与动向[J].山西大学学报:哲学社会科学版,2008（3）:43-47.

求。同时,网络为全球化市场提供了平台,来自世界各地的产品汇聚网络,种类极为丰富,同时随着现代社会经济高速发展,人们的收入与消费水平也不断提高,消费者对产品的个性化消费已经成为可能。因此,新一代消费者更喜欢寻求那些可以体现自身独特性格与品位的商品或服务,更愿意选择自己喜欢或能展现自身个性的商品或服务进行消费,以满足自己的个性化需求,也借助这样的方式来彰显自己与他人的差异。在个性化消费的大趋势下,企业也纷纷通过对市场进行细分,构思、设计、制造多样化、差异化、独特化的产品去满足消费者的个性化需求,这也进一步丰富了消费者的个性化选择。

(五)购买决策上,理性消费凸显

面对日益增多的商品种类,消费者往往难以在众多商品中做出选择,感知风险不断加大。在网络环境下,庞大而全面的信息为消费者购物提供了丰富的选择,消费者会利用互联网搜集到的信息主动地了解和分析产品的优势和劣势,进行反复的斟酌比较,综合分析和评价产品是否能够满足自己的需要,甚至亲自去商场体验或者与亲友探讨,从而做出最优的购买决策。有了各种渠道的信息,消费者能够大范围地选择、比较商品或服务,购买决策也更加从容,那些真正质优价廉的商品更容易在新一代消费者的购买决策中胜出。与此同时,面对错综复杂的网络环境与市场环境,价格仍是消费者最看重的因素,即使经营者想尽办法通过各种营销手段来降低消费者对价格的敏感以提升利润,但性价比较低的产品仍难以获得消费者的青睐。

网络时代下,消费者的以上特征为新媒体广告指明了方向也提出了新的要求。新媒体广告应更具互动性与个性化,要考虑到目标消费群体的个性化需求和情感需求,从对他们的内心洞察出发,找到能够打动他们,让他们产生共鸣的诉求点开发广告创意,同时注意避免夸大其词、夸夸其谈,凸显产品真正的优势与特征,吸引他们主动地搜索相应的品牌信息与产品信息,参与到广告的互动中。

二、网络时代下消费者的购买过程

对广告营销而言,消费者行为中最重要的就是消费者的购买行为,这一过程正随着网络时代的到来发生着转变,网络技术的使用和网络环境的感知正成为影响网络时代消费者购买过程的重要因素。

（一）消费者的购买决策过程

消费者的购买决策过程，也就是消费者通过购买以满足自身需求的过程。消费者的购买决策是购买行为的核心，具有前导作用。消费者的购买过程在实际购买之前就已经开始，并且延长到实际购买后的一段时间，有时甚至是一个较长的时期。这个过程不只是简单的买或不买，而是一个复杂的过程。从酝酿购买到购买后的一段时间，消费者的购买过程可以大致分为五个阶段：唤起需求、收集信息、比较选择、购买决策和购后评价。[①]

购买过程的起点是需求的唤起，生活中消费者会接触到来自内部和外部的刺激，这些刺激导致了消费者某种需求的产生，这是消费者进行购买决策的前提。当消费者产生了某种需求后，就希望通过某种途径来满足自己的需求，其中很重要的途径就是购买某种商品。为了买到合适的商品，消费者就进入了收集信息的阶段，他们会通过各种渠道来收集各种与商品相关的信息，如商品的功能、价格等，为接下来的比较与选择提供充足的信息。比较选择阶段，消费者会对自己收集到的信息进行不断的比较，淘汰掉不符合需求的产品，将考虑集合不断缩减，最终集中到几个合适的商品上。之后就进入了购买决策阶段，此阶段是购买过程的关键，消费者会最终选定最合适的商品进行购买，对企业而言购买就意味着赚得利润，广告营销有了效果。但消费者的购买行为并没有因购买而结束，购买后消费者会对购买的商品进行评价，究竟商品是否满足自己的需求，是超出预期还是不如预期，或是与预期相符，都会影响到消费者再次购买该商品的意愿。

（二）网络时代下的购买决策行为

在新媒体崛起的背景下，信息的传播环境已经发生了改变。现代社会信息交流频繁，互联网与移动应用指数级增长，网络搜索引擎、电子商务平台不断壮大，这些新媒体带来的一切都为消费者的购买行为提供了极大的便利。从购买决策过程来看，消费者行为一般要经过信息接触、信息收集、比较选择、购买决策、购后评价这一整个过程，进入网络经济时代，每个阶段均发生着改变。

[①] 刘立.Web 环境的消费者行为变化[J].南京邮电大学学报：社会科学版,2006(2):41-45,51.

1.信息接触阶段

信息接触阶段是消费过程最早的一个阶段,也是在整个消费过程中不可缺少的基本前提。在这个阶段,消费者接触到产品的有效信息并产生关注。相比线下实体店广告,企业可以通过微博、微信、短视频、直播等新媒体渠道和病毒式营销、口碑营销、互动营销等营销方式来发布广告信息,吸引潜在消费者的注意,形式多样、内容丰富的新媒体广告可以更好地将信息呈现在消费者的面前刺激消费者的感官。同时,企业也可以通过网络大数据进行消费者定位和筛选,针对消费者的需求进行定向营销,将有价值的产品信息推送到存在潜在需求的消费者面前,从而引起消费者的注意。

2.信息收集阶段

消费者接触到信息对产品产生关注后会进一步收集相关信息,传统的信息接触过程中,消费者大都是出于被动,且信息的获取渠道本身就不多,获得的信息又容易是不完整的,甚至不同渠道的信息有矛盾的地方却又无从判断,因此消费者只能依靠非常有限的信息就匆匆做出购买决策。而在网络环境下,网上充斥着海量信息,互联网可以向消费者提供最广泛、最全面的商品信息,而搜索就是在这些海量信息中收集信息的主要手段。网络提供的搜索引擎可以帮助消费者更高效地搜索信息,减少消费者的搜索成本,为消费者提供精准的信息并增加他们对产品的了解。在搜索功能的帮助下,消费者的信息收集有更大的主动性,他们可以根据一些已知的信息,凭借搜索引擎的关键词搜索功能进行有目的性的信息搜索,同时通过网络的超链接,消费者也能不断扩大获取信息的渠道,迅速收集到所需要的信息。

3.比较选择阶段

为了使购买方案符合消费者的预期就需要在多个方案中进行选择,比较选择也是购买决策前必不可少的阶段。一般而言,消费者在购买前脑海中会有几个进行比较选择的产品,但对这些产品的评价标准因人而异。在线下,消费者在实体店可以看到并试用这些产品,从而对产品的性能有大致的判断,但在线上,消费者只能通过文字和图像介绍来了解商品,而无法获得与商品近距离接触时材质、气味、声音等所带来的感官体验。但网络提供给消费者丰富的信息获取渠道,借助各种互联网应用,他们不仅能够非常快捷地检索到自己所需要的产品信息,还可以通过各种网络筛选功能设定产品的选择标准,无须具备相应的专业知识就能对各种类别的产品做出比较、判断、选择与评价,从而选出最适合自己的产品。借助在线评论,那些没有经验的消费者也可以及时了解到经验丰富的消费者对产品的评价,不用担心没有能力对商品进行比较判断,这些丰富的间接经验足以弥补直接经验的不足,使他们的选择更加理性也更有信心。

4.购买决策阶段

购买决策是指消费者同意购买某商品或服务并在支付后获取该商品或服务的过程。与传统消费相比,互联网环境下消费者可以通过电子商务平台直接实现购买。电子商务平台能够提供各种商品信息,消费者的消费决策更为理性,不易形成冲动消费。网络消费也更容易受到网络中人们对于商品的各种评价,也就是网络口碑的影响。在互联网环境下,消费者进行消费决策时,所要考虑的因素往往多于现实中做出购买决策所需要考虑的因素。互联网对购买决策的影响同样取决于与产品功能、消费者需求相关的一些因素,同时也包括一些网络交易特有的因素,如快递的服务质量就是网络购物的一个重要决定因素。在传统的购买交易过程中,消费者可以直接购买确认后的产品,付完钱也立马能够拿到产品。但在网购过程中,消费者并不能马上拿到商品,消费者需要先网上付款,再等待产品寄到,快递包装的好坏、寄送的快慢、取货的方便程度等都是网购决策时需要考虑的。

5.购后评价阶段

消费者购买完商品后会对该产品或服务各方面进行评价,也可能将评价与体验告诉他人,这就是口碑传播。口碑传播不仅表达了消费者今后的消费意向,也可能影响其他消费者的消费行为。口碑不同于商家的广告,口碑信息既可以是好的推广宣传,也可能是对产品不利的负面评价。正面的口碑分享能够提高品牌的知名度和美誉度,保持用户的忠诚度,帮助企业节约营销成本,扩大营销范围,增强营销效果,而负面的口碑分享则足以影响企业的声誉、销售与利润。网络环境下,消费者有了更便捷的口碑分享渠道,消费者也更愿意分享自己对产品或服务的评价。因此,企业必须重视消费者的口碑评价,在收集到消费者的网络评价之后,建立起用户数据库,合理利用大数据技术进行分析和归纳,及时改进自己的产品和服务,以产生良好的口碑效应。

基于以上对网络时代下消费者购买决策过程的分析,互联网环境下的消费者行为正发生着一系列的变化,以网络广告为代表的新媒体广告也必须适应这些变化。首先,在商品信息的接触与收集阶段,广告不再是消费者获得商品信息的唯一方式,消费者有了更多获取商品信息的途径,他们开始频繁地使用网络渠道主动搜索信息,因此新媒体广告应尽量提供消费者所需要的、感兴趣的重要信息,提供方便的信息获取渠道给消费者。其次,在比较选择和决定购买的阶段,除了亲自体验之外,互联网信息及在线口碑成为消费者主要的信息来源与决策依据,因此新媒体广告在传播上应以真实性为原则,避免夸大其词,忌虚假宣传,同时也要重视和跟踪消费者的口碑信息。最后,在购买后阶段,消费者会积极地利用网络渠道分享商品体验,因此新媒体广告应以消费者为中心,以消费者喜闻乐见的表现形式展现商品或服务的高品质,激发消费者的正面口碑,让他们主动帮助企业进行产品和品牌的宣传,从而构建良好的顾客关系。

第四节　新媒体广告受众的分析模型

网络消费者行为研究,是将消费者行为理论应用于网络经济环境中,针对消费者的网上消费活动进行的研究,可以说消费者行为理论是网络消费者行为研究的理论基础,网络消费者行为模型是建立在消费者行为理论的发展之上的。在消费者行为的理论模型中,理性行为理论模型及其后期的发展模型是分析消费者行为的重要模型,而在分析消费者群体中新事物的传播过程时,创新扩散模型是更为有效的分析模型。

一、理性行为理论与模型

理性行为理论及其系列模型是分析消费者行为的基础。理性行为理论顾名思义就是认为消费者是理性的而不是随意的,在做出某一行为之前,消费者会进行复杂的心理活动,综合考虑做出这个行为的意义与结果,才会产生行为意向,最终导致行为的发生。

（一）理性行为理论（TRA）

理性行为理论（theory of reasoned action,TRA）是由美国学者菲什拜因（Fishbein）和耶兹（Ajzen）于 1975 年提出的。[①] 理性行为理论是基于理性人的

---

① 　FISHBEIN I, AJZEN. Risk taking and information handling in consumer behavior [M].Boston:Graduate School of Business Administration Harward University,1975:176-210.

假设,理论的核心要素是行为意向(behavioral intention),行为意向是指个体执行特定行为的倾向,是行为的预测变量。同时,个体的行为意向又受行为态度(attitude)和主观规范(subjective norms)的影响,如图 5-6 所示。

图 5-6　理性行为理论模型

行为态度是个体对执行某种行为的正面或负面的评价。主观规范指的是人们认为对其有重要影响的人希望自己行动与否的感知程度,是由个体对他人认为应该如何做的信任程度以及自己对与他人意见保持一致的动机水平所决定的。这种压力来自对重要他人,如家人、朋友等认为他是否应该执行某特定行为的知觉。[①]

运用理性行为理论,可以有效预测消费者的网上购物行为。[②] 根据理性行为理论模型,消费者在购买某件商品或服务之前最重要的就是产生购买的行为意向,这与消费者对购买的态度与主观规范相关,广告在这一过程中发挥着重要作用。在传统媒体时代,广告主要作用于消费者的态度,广告能够提供消费者认识产品功能与优势的重要信息,对消费者购买决策产生推动作用;而到了新媒体时代,随着微博、微信、抖音等新媒体平台的出现,企业也会将广告投放于这些社交平台,或者鼓励已购网友在购物平台上发布正面的口碑信息,当消费者看到自己的亲朋好友和大量网友对广告产品的好评和点赞时,无疑会增加对广告产品的信任与好感,无形中受到主观规范的影响,促进购买决策的进行和购买意愿的形成。

---

① 张辉,白长虹,李储凤.消费者网络购物意向分析:理性行为理论与计划行为理论的比较[J].软科学,2011(9):134-139.

② HANSEN T,JENSEN J M,SOLGAARD H S.Predicting online grocery buying intention:a comparison of the theory of reasoned action and the theory of planned behavior [J].International Journal of Information Management,2004,24(6):539-550.

（二）计划行为模型（TPB）

在理性行为理论的基础上，耶兹对其加以修改，并于 1991 年提出计划行为理论（theory of planned behavior，TPB）[①]。计划行为理论去除了理性人的假设前提，认为人的实际行为最直接的影响因素是人的行为意向，并在态度、主观规范的基础上加入了知觉行为控制，即人所感知到的自己对其行为的控制能力，其与态度和主观规范一起解释和预测行为意向，最终导致行为的产生，如图 5-7 所示。

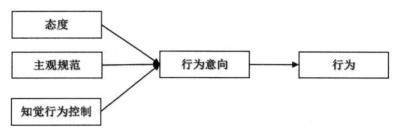

图 5-7　计划行为理论模型

计划行为理论的主要内容包括：（1）态度（attitude）：个人对行为表现的主观感觉（正面的和负面的）；（2）主观规范（subjective norms）：个人对于是否采取某项特定行为所感受到的社会压力；（3）知觉行为控制（perceived behavioral control）：个人在从事某特定行为时，对于所需资源与机会的控制能力的知觉；（4）行为意愿（behavior intention）：个人对于采取某项特定行为的主观概率的判定；（5）行为（behavior）：个人实际采取的行为。[②] 计划行为理论主要针对行为意愿和行为表现进行分析，行为意愿主要受到个体态度、外在主观规范和内在知觉行为控制的影响。

计划行为理论模型在理性行为理论模型的基础上增加了知觉行为控制的变量，对购买行为而言，知觉行为控制可以理解为对购买决策相关信息的控制能力，这涉及消费者对购买决定的感知风险。在传统媒体时代，基本上所有的大众媒体都有"把关人"的存在，虚假、欺诈的广告信息经过层层把关较少存在。但到

①　AJZEN I.The theory of planned behavior[J].Organizational Behavior and Human Decision Processes，1991，50(12)：179-211.

②　王静，杨屹，傅灵菲，等.计划行为理论概述[J].健康教育与健康促进，2011，6(4)：290-291，301.

了新媒体时代,任何组织和个人都可以利用新媒体发布广告信息,这就导致了虚假广告甚至欺诈广告的泛滥。对于网络消费者而言,要区分虚假广告信息是有一定难度的,受到欺诈后又很难诉诸法律手段维权,因此消费者对新媒体广告信息的感知控制能力是较弱的。同时,对于一些年幼和年迈的消费者而言,较少接触和使用新媒体,也容易误信虚假广告信息而受到侵害。久而久之,消费者对新媒体广告就有了更高的警惕性,他们会更加理性,只有通过多方比较才愿意进行购买。

(三)技术接受模型(TAM)

美国学者戴维斯(Fred D Davis)在 1986 年提出了技术接受模型(technology acceptance model,TAM),该模型是运用理性行为理论研究用户对信息系统的接受时所提出的一个模型,提出技术接受模型最初的目的是对计算机广泛接受的决定性因素做一个解释说明,[①]如图 5-8 所示。

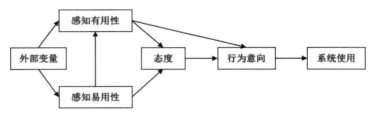

图 5-8　技术接受模型

技术接受模型包括两个主要因素:感知有用性(perceived usefulness)和感知易用性(perceived ease of use)。感知有用性是指用户对信息系统的主观价值判断,是用户使用信息系统之后,对该信息系统能够提高工作效率的判断;感知易用性是用户对该系统的方便操作程度的判断。技术接受模型认为信息系统的使用是由人的行为意向决定的,而行为意向由用户的使用态度和感知有用性决定,感知有用性则进一步由感知易用性和外部变量共同决定,感知易用性由外部变量决定,如图 5-8 所示。而外部变量包括系统设计特征、用户特征、任务特征、政策影响、组织结构等。[②]

---

① DAVIS F D.A technology acceptance model for empirically testing new end-user information systems : theory and results[D].MA:MIT Sloan School of Management,1985.

② 鲁耀斌,徐红梅.技术接受模型的实证研究综述[J].研究与发展管理,2006(3):93-99.

技术接受模型在理性行为理论模型与计划行为理论模型的基础上引入了感知有用性与感知易用性这两个变量,从技术接受的角度看,这两个变量是用户对该系统的一个判断,而从广告传播的角度看,就可以理解为广告信息是否有用,是否容易理解。随着新媒体技术在广告领域的应用,广告有了更丰富的表现,但这也存在着一个问题,那就是新媒体广告的表现形式是否让消费者觉得容易理解和容易操作。目前有很多广告引入了互动机制,但由于种种问题,如页面打不开、信息字体过小、界面难以操作、观看时间过长等的存在,广告不仅无法吸引消费者进行互动,还影响了消费者对该品牌的印象与态度,广告转化率难以达到预期。相反,一些经过反复调试,从视觉、听觉、互动、转化都精心设计的新媒体广告则容易成为一时间刷爆网络的"病毒式"广告,获得超出预期的经济效益与社会影响。从这个角度看,新媒体广告的有用性与易用性是其发展需要关注的两个方面。

（四）期望确认理论模型（ECT）

期望确认理论（expectation confirmation theory,ECT）是由美国营销学者奥利弗（Richard L Oliver）于 1980 年提出的,是研究消费者满意度的基本理论。[①]

奥利弗（1980）认为消费者的再次购买意愿的形成过程如下:消费者会对欲购买的产品或服务的表现形成一个购买前的期望（expectation）,该期望会影响消费者对产品的态度和购买倾向。购买后,消费者会根据实际使用的经验,对产品的绩效产生认知（perceived performance）。当产品表现超过绩效时,产生正面不确认（positive disconfirmation）,当产品表现等于绩效时,产生确认（confirmation）,若期望超过绩效时,则产生负面不确认（negative disconfirmation）。接着,消费者的购买前期望与购买后的确认情况将影响消费者的满意程度（satisfaction）。最后,消费者的满意程度会影响消费者再次购买的意愿（repurchase intention）,当消费的满意度越高,再次购买的意愿也会越高,如图 5-9 所示。由 ECT 模型可知,消费者的持续购买意愿是由满意度决定的,而满意度是由期望、绩效及两者的确认所决定的。[②]

---

① OLIVER R L.A cognitive model of the antecedents and consequences of satisfaction decisions[J].Journal of Marketing Research,1980,17(4):460-469.

② 孙金丽.网络购物中消费者决策行为模型的构建[J].中国管理信息化,2011,14(18):101-103.

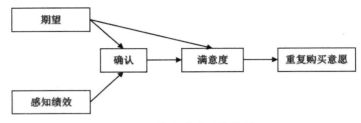

图 5-9　期望确认理论模型

消费者的满意度一直以来是企业和品牌商关注的焦点,期望确认理论模型很好地说明了消费者满意度的形成,其重心与前面三个模型不同,主要用于解释购买后的消费者心理。根据期望确认理论,购买后消费者对商品或服务的感知绩效会与购买前消费者对商品或服务的期望形成对比,对比的结果既可能是超过预期,从而感到开心或惊喜,也可能是与预期一致,需求得到满足,抑或是低于预期,从而感到失望或愤怒。前两种情况下,消费者会感到满意,也就更愿意重复购买该商品或服务,而后一种情况下则难以有较高的满意度,就会避免再次购买该商品或服务。

期望确认理论模型对新媒体时代的广告效果有重要启示。有很多消费者是在网络上购买商品,而为了促进商品的销售,广告商容易将商品最佳的一面展示出来甚至有所夸大,这就导致消费者容易对商品有很高的预期,但实际上买到手才发现跟其预期有很大差距,甚至产生被欺骗的感觉,这就很容易导致消费者对商品与商家产生不满甚至愤怒,更不用说再次购买。因此在进行新媒体广告设计与传播时,广告的真实性仍然是第一原则,广告可以在产品优势的方面进行适当的夸张,但不能过度,这样才能确保消费者对商品的预期不会太高。此外也要注意提升商品本身的质量,不断完善商品品质,确保商品真实的质量与实际宣传保持一致,否则消费者容易形成网购商品虽然价格低,但是质量差的印象,购买高价商品时形成较高的感知风险,而拒绝在网上购买高价商品。另外,要对消费者的反馈如实地解答,对不满的消费者及时提供相应的解决方案或赔偿损失,这样才能不断提升消费者的满意度,获取持续不断的忠实消费者。

（五）整合技术接受模型（UTAUT）

整合技术接受模型（unified theory of acceptance and use of technology,UTAUT）是文卡塔什（Venkatesh）、莫里斯（Morris）、戴维斯（Davis）等人于

2003 年在对 TAM 模型的相关研究总结的基础上提出的,它对 TAM 模型进行了相应的完善,使模型在解释个体使用行为的时候更加有效。[1]

　　UTAUT 模型中有四个核心维度,其中绩效期望(performance expectancy, PE)是指个人感觉使用系统对工作有所帮助的程度;付出期望(effort expectancy,EE)是指个人使用系统所需付出努力的多少;社会影响(social influence,SI)是指个人所感受到的受周围群体的影响程度,主要包括主观规范、社会因素和公众形象等三方面;此外促成情况(facilitating conditions,FC)也会直接影响使用行为,促成情况指个人所感受到组织在相关技术、设备方面对系统使用的支持程度。[2] UTAUT 模型同时还验证了使用行为与四个自变量,即性别、年龄、经验和资源之间的作用关系,如图 5-10 所示。

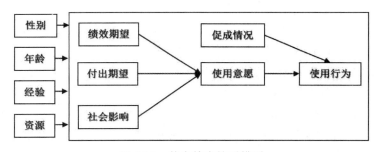

图 5-10　整合技术接受模型

　　整合技术接受模型是之前几个模型的整合,能够更加全面地解释消费者的购买决策,在理性行为理论模型的基础上加入了期望确认理论模型中的绩效期望(感知绩效)和技术接受模型中的感知易用性(付出期望)来解释消费者的态度形成,而社会影响更直观地反映了主观规范的内涵,同时整合技术接受模型还加入了促成情况这一变量以及性别、年龄、经验、资源等调节变量。

　　对新媒体广告而言,这几个新加入的变量是重要的,促成情况的加入实际上指出了新媒体广告商、广告主在新媒体广告传播上应做出相应的努力以确保广告的有效传播,例如确保新媒体广告在不同的系统、平台上都能够正确地播放,同时也不能耗费消费者过多的流量资源与等待时间。此外,性别、年龄、经验、资

　　①　VENKATESH V,et al. User acceptance of information technclogy:toward a unified view[J].MIS Quarterly,2003,27(3):425-478.

　　②　寸晓刚,陈顺清.信息系统接受行为的研究透视[J].科技管理研究,2006(2):208-211.

源等调节变量的提出也指出新媒体广告投放者要注意消费者之间的差异，例如网络游戏广告的受众在这几方面的差距就很明显，不同性别、不同年龄，拥有不同游戏经验和游戏资源的玩家对网络游戏广告的接受程度是完全不同的，新媒体广告应该根据广告目标受众设计合适的广告内容，寻找合适的投放媒介。

在这些消费者行为模型的基础上，研究者们还在这些重要变量的基础上增加新的变量来进一步解释新媒体时代下的消费者行为，这些变量涉及新媒体广告的调性、互动性、场景化等关键特征，这些也是新媒体广告实践中影响消费者的重要特征。

二、创新扩散理论与模型

创新扩散理论（diffusion of innovations theory，DIT）是埃弗雷特·罗杰斯（Everett M Rogers）于 20 世纪 60 年代在《创新的扩散》一书中提出的，罗杰斯认为创新是"一种被个人或其他采纳单位视为新颖的观念、实践或事物"，一项创新应具备相对的便利性、兼容性、复杂性、可靠性和可感知性五个要素。[①] 根据创新的定义，新媒体广告也是一种广告的创新形式，它借助新型的广告媒介传递广告信息，传播范围广、接触终端多样、表现形式丰富、诉诸多元感官刺激，同样具有创新的便利性、兼容性、复杂性、可靠性与可感知性。

（一）创新的扩散过程

创新扩散的传播过程可以用一条 S 形曲线来描述。在扩散的早期，采用者很少，进展速度也很慢；当采用者人数扩大到扩散人数的 10％至 25％时，进展突然加快，曲线迅速上升并保持这一趋势，即所谓的"起飞期"；在接近饱和点时，进展又会减缓，如图 5-11 所示。[②]

罗杰斯也在创新扩散理论中对创新扩散过程中各类人群进行了研究和归类，他指出创新精神是特定体系内某些个体或团体比其他成员更早采用创新的能力，根据创新精神的高低，他把创新的采用者分为创新者、早期采用者、早期采用人群、后期采用人群和迟缓者。创新者（innovators）是勇敢的先行者，自觉推动创新。创新者在创新交流的前期过程中，发挥着非常重要的作用；早期采用者

---

① 罗杰斯.创新的扩散[M].辛欣,译.北京:中央编译出版社,2002:10-30.
② 罗杰斯.创新的扩散[M].辛欣,译.北京:中央编译出版社,2002:235-262.

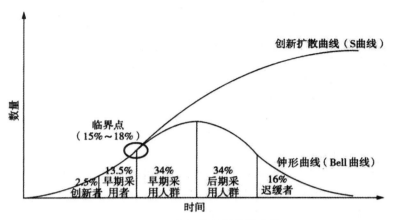

图 5-11　罗杰斯的创新扩散曲线

(early adopters)是受人尊敬的社会人士,是公众意见领袖,他们乐意引领时尚、尝试新鲜事物,但行为谨慎;早期采用人群(early majority)是有思想的一群人,也比较谨慎,但他们较普通人群更愿意、更早地接受创新;后期采用人群(late majority)是持怀疑态度的一群人,只有当社会大众普遍接受了新鲜事物的时候,他们才会采用;迟缓者(laggards)是保守、传统的一群人,因循守旧,对新鲜事物吹毛求疵,只有当新鲜事物发展成主流、成为传统时,他们才会被动接受。[1]

罗杰斯指出,创新事物在一个社会系统中要能继续扩散下去,必须先有一定数量的人采纳这种创新事物。通常,这个数量是人口的 10%～20%。在创新扩散过程中,创新者为创新的扩散做了必要的准备。这个只占扩散人数 2.5% 的群体能够在人际传播中发挥很大的作用,劝说他人接受创新。在罗杰斯看来,创新者就是愿意率先接受和使用创新事物并甘愿为之冒风险的那部分人,这些人不仅对创新初期的种种不足有着较强的忍耐力,还能够对自身所处各群体的意见领袖展开游说,使之接受以至采用创新产品,成为早期采用者。[2] 之后,创新又通过这些早期采用者迅速向外扩散,进入快速扩散阶段。

新媒体广告的传播过程也具有创新扩散的规律。在新媒体平台上,最早接触 H5、短视频、微电影等新媒体广告的受众往往都是那些关注新鲜信息也乐于

①　潘天骄,陆颖隽,邓仲华.从创新扩散理论看图书馆的云计算应用[J].国家图书馆学刊,2012,21(6):27-32.

②　李庆春.创新扩散理论与品牌传播的契合性[J].经营与管理,2012(3):13-14.

向他人分享的新媒体受众,他们不一定有多大的影响力,但通过他们的转发,那些真正有巨大影响力的网红、大 V、明星等才可能接触到这些新媒体广告,成为新媒体广告的早期采用者。而借助这些意见领袖的转发,广告才能迅速在网络上传播开来,到达早期采用人群,最终影响到目标消费者,因此可以说新媒体广告传播是创新扩散在新媒体时代的真实写照。

（二）创新的采纳过程

在消费者接触到创新事物之后就涉及创新采纳过程。根据创新扩散理论,创新产品的采纳过程主要包括:1.了解和认知阶段:消费者接触创新产品,有了初步的了解;2.兴趣阶段:消费者对创新产品产生兴趣,并搜寻更多的产品信息;3.决策评估阶段:消费者根据自身需求,结合所获取的产品信息做出判断,并决定最终是否采纳;4.执行阶段:消费者考虑创新产品是否适合自己及对采纳后果有一定把握,并在特定状态下实际执行;5.反馈阶段:消费者会因正面的结果强化持续采用的决策,也会因负面的结果改变持续采纳的决策。

新媒体广告的采纳过程也具有创新采纳的几个阶段。对于 H5、短视频、微电影等新媒体广告,消费者首先会被新颖的形式所吸引,进而浏览广告信息,对广告的产品产生兴趣,并通过广告提供的网络链接或者通过搜索引擎进一步搜索获取信息,根据搜集到的信息进行购买决策,有疑问的广告受众还可以向商家进行提问,从而更加明确其是否进行购买,如果获取的各种信息与新媒体广告的信息相符则进行购买,如果仍不能明确或与新媒体广告信息不符,则放弃购买。

（三）创新扩散的影响因素

影响创新扩散速度的五大因素包括:相对优势、兼容性、复杂性、可见性和可试用性[①]。

1.相对优势,指一项创新被认为它优于其所取代的想法。经济性、社会声望、便利性、满意度等都可以被认为是判断其相对优势的维度。相对优势是采用者主观认为的,而非其客观上有多大优势。人们认为的优势越大,扩散得越快。2.兼容性,指一项创新与潜在用户的价值观、过往经验、需求的一致程度。一项创新与社会现有价值兼容性越强,其扩散速度越快。3.复杂性,指一项创新被使用或理解的难度。创新采纳门槛越简单,扩散程度越快。4.可见性,指一项创新

---

① 罗杰斯.创新的扩散［M］.辛欣,译.北京:中央编译出版社,2002:189.

是否具备可观察性。可见性可以促使人们讨论这项创新,创新的效果越容易被看到,人们就越容易一起讨论这项创新,那么这项创新就越容易被采用。5.可试用性,指一项创新在某些程度上可被试用的可能性。可试用的创新能让用户减少不确定性,也提供边用边学的可能。

影响创新扩散的五个因素,同样适用于指导新媒体广告传播。

首先,新媒体相对于传统媒体的优势在于它的数字化、交互性与个性化,如果新媒体广告还像传统广告或者早期的网页广告一样,它就不具备相对优势,广告就很难扩散开来。其次,兼容性也是新媒体广告设计的重要原则,它既要求新媒体广告的诉求点针对目标受众的需求让受众产生共鸣,也要求广告所呈现的形式和投放的媒体是受众所乐于接受的。再次,复杂性强调了新媒体广告的易理解性与广告的易用性,新媒体广告如果拥有简单易懂的广告诉求与简洁易用的互动界面便越能影响受众。复次,可见性意味着新媒体广告不能只是一味地传递广告信息,更应该提供给消费者足够可见的线索,这些线索既包括商家提供的照片和视频,也包括已经购买的消费者发布的使用评价、晒出的照片与视频,将商家的线上营销与口碑营销结合起来。最后,可试用性指新媒体广告的可调试性,即新媒体广告可以根据受众的反馈而不断调整,相对传统媒体广告,新媒体广告的更新非常迅速,广告商可以根据受众的反馈不断地完善新媒体广告的内容与形式,推动新媒体广告边调整边扩散。

此外,传播渠道也是创新扩散的重要影响因素。创新扩散是需要通过一定社会网络进行的,在创新向社会扩散的过程中,大众传媒到大众的渠道可以普及相应的信息与知识,但在说服人们使用创新时,人到人的人际传播则更为有效。因此,罗杰斯认为,要让创新扩散开来,最有效的办法就是"双管齐下",把大众传播与人际传播结合起来优势互补。新媒体本身就具备大众传播与人际传播的功能,它既能像大众媒体一样将广告信息传播开来,让目标受众接触广告,同时也提供目标受众与商家之间、目标受众之间交流联系的平台,只有结合大众传播与人际传播,新媒体广告才能迅速扩散,最终达到最佳的传播效果。

【思考题】

1.你认为什么是新媒体广告受众?该概念可以分解为哪两个概念,分别表示什么?

2.根据中国互联网络信息中心的报告,你认为目前网民有哪些突出的媒介使用行为?为什么短视频、网络购物、网络直播等网络应用会受到网民的欢迎?

3.根据艾瑞咨询的报告,你认为目前年轻消费者有什么新的特征与趋势?你是否也有这样的特点或者你观察到哪些新的特点或趋势?

4.网络时代下消费者行为发生了哪些变化?针对这些变化,企业营销应该注意什么?

5.消费者的在线购物过程包括哪些阶段?在这些阶段新媒体扮演什么样的角色?

6.理性行为理论模型包括哪些常见模型?这些模型适用于分析什么样的网络消费者行为?

7.创新扩散理论介绍的创新扩散过程包括几个阶段?创新者、早期采用者在创新扩散过程中扮演什么样的角色?试利用创新扩散过程分析新媒体广告的传播过程和注意事项。

【本章参考与推荐书目】

一、国外专著

1.埃尔潘.消费社会学[M].孙沛东,译.北京:社会科学文献出版社,2005.

2.波德里亚.消费社会[M].刘成富,全志钢,译.南京:南京大学出版社,2008.

3.罗杰斯.创新的扩散[M].唐兴通,译.北京:电子工业出版社,2016.

4.麦奎尔.麦奎尔大众传播理论[M].徐佳,董璐,译.北京:清华大学出版社,2019.

5.麦奎尔.受众分析[M].刘燕南,译.北京:中国人民大学出版社,2006.

6.南波利.受众经济学:传媒机构与受众市场[M].陈积银,译.北京:清华大学出版社,2007.

7.希夫曼,维森布利特.消费者行为学[M].第 12 版.江林,张恩忠,等译.北京:中国人民大学出版社,2021.

8.布莱克韦尔.消费者行为学[M].吴振阳,译.北京:机械工业出版社,2010.

9.霍伊尔,麦金尼斯.消费者行为学[M].第五版.崔楠,徐岚,译.北京:北京大学出版社,2011.

10.布莱思.消费者行为学精要[M].第二版.丁亚斌,郑丽,霍燕,译.北京:中信出版社,2003.

二、国内专著

1.符国群.消费者行为学[M].北京：高等教育出版社,2015.

2.顾文钧.顾客消费心理学[M].上海：同济大学出版社,2011.

3.黄格非,束珏婷.消费者行为学[M].北京：清华大学出版社,2007.

4.黄璐.网络经济中的消费行为：发展、演化与企业对策[M].成都：四川大学出版社,2018.

5.黄希庭.消费心理学[M].上海：华东师范大学出版社,2012.

6.江林.消费者心理与行为[M].第7版-数字教材版.北京：中国人民大学出版社,2022.

7.林建煌.消费者行为[M].第四版.北京：北京大学出版社,2016.

8.刘晓红,李倩玮,田芯.市场营销学[M].天津：天津大学出版社,2014.

9.荣晓华.消费者行为学[M].第6版.大连：东北财经大学出版社,2021.

10.王雁飞,朱瑜.广告与消费心理学[M].北京：清华大学出版社,2011.

11.姚秀丽.消费者行为及网络购物[M].北京：科学出版社,2010.

第六章
新媒体广告
创意

本章导言

　　大卫·奥格威曾说过："没有创意的广告犹如在黑夜里悄无声息驶过海面的船只，无人知晓。"①创意是广告的生命之源，也是新媒体广告实务的核心，新媒体广告创意的好坏决定了广告作品是否能够打动目标受众，也最终决定了广告的效果和企业的效益。随着消费者对传统广告的排斥和对新媒体互动性、个性化的认可，广告受众对新媒体广告创意越来越挑剔，新媒体广告的创意策略与方法显得越发重要。本章介绍了广告创意的相关概念、新媒体时代下广告创意的变化，并介绍了新媒体广告创意的常见类别、步骤与策略，同时也指出了目前新媒体广告创意存在的问题以及未来的发展趋势。

学习要点

- 了解创意、广告创意的概念
- 理解新媒体时代广告创意的变化
- 熟悉新媒体时代广告创意的 SPT 原则
- 理解新媒体广告创意的类别、步骤与策略
- 了解新媒体广告创意存在的问题
- 了解新媒体广告创意策略的新变化及其发展趋势

---

　　①　奥格威.奥格威谈广告[M].曾晶，译.北京：机械工业出版社，2003：16.

蘑菇街携"宫里的世界"瑞兽集福迎新春

新的一年,诸事顺利,是每个人对新年的期盼。瑞兽,即吉祥的神兽,承载着中国人对美好生活的寄托。2021年,因为疫情,有超过1亿人不能返乡过年,也不能像往年一样全家出游集福,在此背景下蘑菇街携手故宫宫廷文化IP"宫里的世界"推出"瑞兽集福"小游戏。用户可以在线上"进入"紫禁城寻瑞兽抽福佑卡,感受新年的人文气息和福气。

"宫里的世界"与"十殿下"是故宫宫廷文化系列子IP,非常契合蘑菇街的时尚基因以及中国人对"新年新气象"的期待,活动所蕴含的丰富的历史文化内涵,让新年祝福更显意义非凡。"瑞兽集福"小游戏将鹿、龙、貔貅、凤凰四只瑞兽请出宫,为用户送上祝福,如图6-1所示。四只瑞兽经过精心的设计,饱含吉利祥和、幸福美满的寓意,用户可以在逛紫禁城的同时迎接瑞兽,获得好运。

图 6-1 "瑞兽集福"小游戏中的四只瑞兽

在寻瑞兽的同时用户还可以抽福佑卡,抽到福佑卡后,用户可以用微信分享给好友请求解密。五张福佑卡都经过精心的设计,蕴含满满的福气,也非常适合分享传递。用户可以将健康签、财富签送给亲友,也能在初三情人节当天邀请另一半解读新年的爱情祝福。情人节期间,用户只要在"瑞兽集福"小游戏中集齐5个主题签并成功解签,就可参与抽奖获得支付红包,还有机会获得足金镶玉吊坚、足全镶玉生肖牛首饰等开运大奖。此次活动令人眼前一亮，尤其受到很多年轻人的喜爱，许多用户在微信朋友圈和微博平台转发活动参与集福。蘑菇街在推出精美的"瑞兽集福"小游戏的同时，也在微博发起了品牌认领"十殿下"的活动。"十殿下"（瑞兽）各有不同的寓意和象征，一起为用户送出祝福和新年红包，这一活动也吸引了大量的用户参与。①

请思考：该新媒体广告案例中，创意体现在什么方面？为什么蘑菇街要借助故宫宫廷文化 IP？"瑞兽集福"小游戏和"十殿下"（瑞兽）的微博认领为什么能吸引年轻人？你觉得新媒体广告创意的关键是什么？

第一节　新媒体时代广告创意的变化

新媒体时代，广告受众越发个性化，广告传播媒介越发多元化，随着广告创意环境的变化，广告创意的思路、流程与执行自然也发生着改变，广告创意人不得不关注新媒体时代广告受众与广告媒介的变化，根据受众的需求与新媒介的特性，寻找能够吸引他们并产生情感共鸣的广告创意与表现策略。

一、广告创意的概念与价值

广告创意是广告吸引受众的关键，广告如果没有创意必将淹没在信息的海洋中，受众不会在广告上驻足停留，广告自然也就失去效果。广告创意常常被提及，创意的重要性也容易得到认同，但广告创意概念的界定并不容易。

"创意"是广告术语，通常被认为是舶来词，是广告业提及率最高的术语之一。在英文中能表达"创意"含义的词汇常见的有三个，即 creative、creativity、idea，它们都具有创造性、创造力、点子的意思。从词性上看，创意既有名词属性又有动词属性。作名词讲，创意是指具有创造性的想法或构思，"有创意"常常用来形容独具匠心、新奇巧妙的构思；作为动词讲，创意指进行创造性思维或策划从而制作广告作品的过程。不管是作为名词还是动词，创意的核心都是要实现

---

① 蘑菇街×宫里的世界，瑞兽集福迎新春［EB/OL］．2021-02-19，https：//www.163. com/news/article/G36J70OA00019OH3.html.

好的"创造",从而更好地达到广告效果。①

　　广告创意是广告活动中最引人注目的环节。广告定位的创始人威廉·伯恩巴克(William Bernbach)将其誉为"赋予广告精神和生命"②。奥美广告的创始人大卫·奥格威(David Ogilvy)在其《一个广告人的自白》(*Confessions of an Advertising Man*)中写道："要想有效吸引消费者的注意力,同时说服他们来买你的产品,非要有很好的特点不可,除非你的广告有很好的点子,不然它就像很快被黑夜吞噬的船只一样。"③这里所提到的"点子",就是创意。在《创意的生成》(*A Technique for Producing Ideas*)这本著作中,广告大师詹姆斯·韦伯·扬(James Webb Young)提出在广告活动中,创意是旧元素的新组合,它来源于对不同事物之间关联的洞察。④与詹姆斯·韦伯·扬的观点相近,美国广告创作革命代表人物李奥·贝纳(Leo Burnett)也曾提出创意的关键是用有关的可信的品调高的方式,在无关的事物之间建立一种新的有意义的关系,而这种新的关系可以把商品用某种清新的见解表现出来。⑤

　　创意是广告的核心。广告大师们都从自己的理解与实践的体会对广告创意进行了论述,而从科学的广告实务操作上看,广告创意是指广告人员根据市场调查结论、品牌形象特性和公众心理需求,立足广告战略,运用联想、直觉、移植等创造性思维方法,提出新颖的主题设想,设计广告宣传意境和表现情节的构思过程⑥。从传播的角度看,广告创意是为了达成传播附加值而进行的概念突破和表现创新⑦。从静态角度看,广告创意是为了达到广告目的,对广告的主题、内容和表现形式所提出的创造性的主意;从动态的角度看,广告创意是广告人员对广告话语进行创造性的思维活动⑧。

　　广告大师威廉·伯恩巴克说："创意是广告的灵魂,是赋予广告精神和生命的活动,广告一旦失去了创意就等于失去了生命,就将变成苍白的叫卖和空洞的

　　①　金定海,郑欢.广告创意学[M].北京:高等教育出版社,2008:7.
　　②　卢泰宏,李世丁.广告创意:个案与理论[M].广州:广东旅游出版社.1997:1.
　　③　奥格威.一个广告人的自白[M].林桦,译.北京:中信出版社,2010.
　　④　扬.创意的生成[M].祝士伟,译.北京:中国人民大学出版社,2014:48.
　　⑤　张起.广告的创意与意境[J].成都大学学报:社会科学版,2003(3):18-19.
　　⑥　何修猛.现代广告学[M].上海:复旦大学出版社,2002:48.
　　⑦　金定海,郑欢.广告创意学[M].北京:高等教育出版社,2008:7.
　　⑧　余明阳.广告策划创意学[M].上海:复旦大学出版社,2007:147.

皮囊。"①创意不仅是广告的核心,也是广告的灵魂。创意并不会改变广告对象,但可以改变人们对广告对象的感知。在当今纷繁的广告环境中,创意对广告至关重要,创意的好坏决定了广告的效果,创作的广告要吸引受众的目光,让受众留下深刻的印象,抓住他们的心,让其对广告产品产生良好的态度,都需要靠创意来实现,而由创意带来的独特的新意和趣味感能够让广告更加生动形象,是将广告接触转化为消费者良好态度的关键。

二、新媒体时代广告创意的变化

20 世纪 90 年代初期,随着跨国广告公司不断进入我国,创意这一概念也渐渐在国内广告业传播开来,并作为一个热门词汇得到广泛应用,其价值也逐渐被整个广告行业所认同。进入新媒体时代,数字技术给广告业带来层出不穷的变化,促使广告创意思路、广告创意流程、广告创意评价标准等方面呈现出许多新的特色。

（一）广告创意思路：从突出商品特性到吸引受众参与

在传统媒体时代,广告创意是在固定的、标准化的流程中产生的。做广告创意之前,广告商先进行市场调查,再根据调查结果和广告主的需求设计广告内容,最后进一步丰富和细化广告内容。20 世纪 50 年代初,罗瑟·瑞夫斯(Rosser Reeves)提出的 USP(unique selling proposition)理论就是传统广告创意思路的代表思想。② 根据 USP 理论,广告创意要先挖掘产品的特征,对其特征进行形象化,再选择合适的媒体进行传播。在传统媒体环境下,广告创意关键是要把握商品特性,以突出商品特性而展开,这种创意流程已趋于成熟和稳定。

随着新媒体传播工具不断发展和变化,受众接触到的广告内容更加多元与优质,他们对广告信息的解读、处理和赏析能力已经大大提高。没有创意的广告越来越难得到关注,广告创意的中心逐渐从创意者向受众转移。在新媒体背景下,广告创意在传播商品特性之外,更需要调动受众的参与积极性,利用长于双向交流的新媒体建立起一种产品品牌与受众之间的密切关系。广告大师李奥·

---

① 卢泰宏,李世丁.广告创意:个案与理论[M].广州:广东旅游出版社,1997:1.
② 瑞夫斯.实效的广告:达彼思广告公司经营哲学:USP[M].张冰梅,译.呼和浩特:内蒙古人民出版社,1999.

贝纳就曾强调,"广告是人与人沟通的行业,我们应永远力行这个原则"①。在以互动为优势的新媒体环境下,广告创意必须调整思路,在操作模式上寻求突破和创新,以整合营销传播理念、互动营销理念、关系营销理念为指导,以消费者为中心,将各种广告元素整合起来,突出新媒体广告的互动性,吸引消费者参与到广告活动中,从而建立、巩固与强化广告品牌与消费者之间的关系。

(二)广告创意流程:从线性模式到复合型模式

在传统的广告操作流程中,广告公司一个完整的广告项目通常要依次经过市场调研和广告策划,然后才由客户部将策略单下达给创意部,创意部按照客户部的"旨意"来进行相关的创意构思以及概念视觉化工作。因此在传统的广告操作流程中,创意环节一直处于整个广告流程的后段。随着新媒体技术的发展,这种线性的广告创意流程正被打破。在新媒体环境下,信息传播速度变快,广告的更迭速度也变快,广告活动的方方面面都离不开创意。新媒体广告创意不应在广告流程后段创意环节才参与进来,而应该在广告运作的最初阶段就加入广告策划与设计中,覆盖广告业务全过程。一个广告创意的诞生,已经由传统的经过市场调研部门、客户部门、策划部门再到创意部门的线性操作模式转变为以受众为中心,以创意为整合要素的多部门广告业务协作的复合型操作模式。②

日本电通广告公司是世界上最早开展广告新模式探索的著名广告公司之一,"创意至上"是其一直秉承的理念。按照电通新模式的广告操作流程,公司在接到广告任务后,广告创意人员必须在第一时间参与到广告创作中来,创造出一种与品牌核心价值体系相统一的主导创意理念,用这个理念来指导广告推广、宣传营销等传播策略的制定,同时根据具体的新媒体特征和消费者特征开展核心创意的延伸。这意味着广告创意人员的全程参与:为使企业的产品更具吸引力,广告创意人员先要通过前期的市场调研把握受众的消费行为,接着围绕着新产品特性创作出独特的广告主题,制定合理的广告策略,以及开展恰当的媒介推广活动等。③ 这也意味着在新媒体时代,广告创意人与以往相比,其视野正逐步跳出自己固有的一隅,参与到广告业务的全流程。

---

① 许正林,贝纳,阮明赏.李奥·贝纳:关于创意的 100 个提醒[J].中国广告,2012(3):115-118.

② 宋鑫.新媒体环境下的广告创意研究[D].郑州:郑州大学,2011:15.

③ 宋鑫.新媒体环境下的广告创意研究[D].郑州:郑州大学,2011:16.

（三）广告创意执行：从推式策略到拉式策略

传统广告中，创意内容往往先由广告人制定好，然后再通过媒介投放去吸引消费者，并向其告知相关产品或品牌信息，消费者只是单纯的受众。这种广告模式成型于大众媒体时代，当时的广告追求覆盖面，相比广告创意，广告投放的媒体决定了广告的效果，广告创意的目的就是实现推式（push）传播。

随着互联网以及新技术的普及，数字技术催生了新型的网络互动媒体，新媒体时代消费者的生活环境也发生了变化。首先，新媒体时代下消费者眼前充斥着各种各样的信息，同时他们拥有强大的信息检索能力，如何能够有效吸引他们利用搜索行为参与到广告活动中来，是广告成功的关键。其次，社交媒体等自媒体技术与网络口碑的病毒式传播为广告信息的自主性扩散提供了新的手段。广告主借助包裹着产品特征与品牌文化的创意"病毒"信息的投放，不需要投入过多的媒体成本就能够提高广告信息被用户接触到的概率，轻松地推动商品或品牌信息的广泛传播，实现超乎预期的广告效应。因此，如何利用有创意的拉式（pull）策略，吸引消费者参与并进行二次传播是开展新媒体广告创意的新课题。

（四）广告创意受众：从受众到参与者

在媒介技术平民化的新媒体时代，广告受众具有新的特征。首先，由于传播技术的变革，受众已经转变了传播角色，由以前被动的信息接收者变成既可接收信息又可发布信息的信息参与者。其次，草根文化的兴起，使得个人的表达权利得到充分的尊重，每个人的需求与欲望都可以得到自由的表达。借助网络平台，每个消费者都可以参与品牌信息的定制，与广告主一起塑造品牌的形象。

基于广告受众的新变化，在新媒体环境下，消费者已经由广告活动纯粹的旁观者变为积极的参与者，品牌真正回归消费者。[①] 新媒体时代的广告受众和传统媒体时代的广告受众不同，他们更偏向年轻群体，更愿意接受新鲜、稀奇、有趣的广告信息，他们富有创新意识充满激情，他们在物质上更重视生活的质量，精神上更重视自由、平等、包容的精神，更能接受多元的创意内容。因此，广告创意人要善于把握新媒体广告受众的心理状态，注意将时代性的元素融入广告创意当中，通过采用适合年轻受众的推广方式，营造广告浓厚的创新色彩与文化氛

---

① 李华强.数字化时代的创意新概念[J].新闻大学,2007(4):137-142.

围,保持品牌的活力与个性,吸引受众参与到广告活动中。

（五）广告创意的评价标准的变化:从 ROI 到 SPT

在以报纸和电视为代表的大众媒体时代,广告大师威廉·伯恩巴克把广告创意的评价标准归结为 ROI 原则,即相关性(relevance)、原创性(originality)和冲击力(impact),这是基于对单纯的广告信息表现力的一种评价标准,它与传统媒体注重产品信息的单向传播模式相符,是衡量大众媒体时代广告创意优劣的最核心的思想与原则。[①] 传统的大众媒体广告都可以根据 ROI 原则进行分析,即使在新媒体时代的今天 ROI 原则还是非常适用的,它指出了广告创意如果要有出色的效果就应该遵循这三个原则。

随着新媒体的发展,广告的创意思路、创意流程、创意执行以及广告受众正发生变化,广告创意的评价标准也发生了新的改变。在新媒体的环境下,评价新媒体时代广告创意的优劣由围绕广告信息的评价扩展到对于广告主可控的平台、信息传播过程的互动性,以及互动平台运行机制的评价。所以,广告创意评价的标准也相应地从注重信息表现的 ROI 原则,扩展到注重网络传播的 SPT 原则,即可搜索性(searchable)、可参与性(participative)和可标签化(tag-able)。[②]

1.可搜索性

传统媒体广告的广告主由于受到传统媒体时间空间的限制以及广告预算的限制,往往无法购买太多媒体版位或时长,无法呈现丰富而全面的广告信息,因此更注重围绕着产品独特的销售主张进行创意的提炼。然而进入数字媒体时代,网络超链接以及搜索技术的应用,使得数字新媒体不仅能够发布丰富而全面的广告信息,且不需要为此多购买广告版面或广告时长,大大节约了广告成本。借助超链接与搜索功能,新媒体广告可以提供丰富而全面的产品信息,这表面上看起来与传统广告提炼创意的做法相矛盾,但全面信息的提供是建立在对产品、品牌信息优化和受众兴趣和需求洞察的基础上的,受众可以根据自己的兴趣进一步搜索获取所需的信息。因此,在新媒体时代,为了能够让消费者在接触广告后迅速获得对其有用的信息,广告创意人不仅要遵循传统媒体广告创意的简易原则,还要提炼出容易被消费者后期搜索的关键词,这

---

① 张金海.20 世纪广告传播理论研究[M].武汉:武汉大学出版社,2004:46-47.

② 金鑫.从 ROI 到 SPT:数字化时代"更消费者中心"的创意评价标准[J].广告大观:理论版,2007(5):12-16.

些关键词不仅要和产品、品牌有一致性和关联性，还要满足共性与个性。

2.参与性

新媒体时代，以互动为核心优势的新媒体广告使得"以受众为中心"从营销理念变成现实。新媒体广告创意不仅在选题方面更加灵活，更加贴近受众，也更注重让受众参与到整个广告之中，受众的参与成为新媒体广告的一部分。在参与的过程中，广告创意甚至超脱设计者最初的预期效果，充满了延展性。参与式的广告大大增加了广告对受众的吸引力，能够使受众更好地了解商品，减少受众对广告的免疫和反感，让受众在轻松愉悦中参与到广告中获得对商品和品牌的认知。为了提升广告的参与性，新媒体广告的创意者需要围绕消费者的需求，通过富有创意的构思来搭建互动平台，利用独具特色的广告互动形式，吸引消费者参与到广告活动中，让他们与广告进行互动，拉近品牌与消费者之间的距离。

3.可标签化

在信息快速流通的新媒体时代，标签化显得格外重要，标签化是对信息主动分类、概括，进而交流、分享的过程。可标签化，意味着广告信息在互动的过程中容易被识别，同时具有能够被多级传播的可能。例如，社交媒体平台上用户的识别和话题的发布都是依靠一个个标签，可标签化也为新媒体广告创意的传播提供了基础。当一个有价值的广告信息用标签概括之后，就相当于既明确了该广告的传播重点，又确定了广告受众是关注这些标签的人，受众不仅能通过搜索这些标签的关键词看到该广告，同时也能够将广告以标签化的信息形式传递给其他人，这样广告既能更有针对性，也能够实现广泛传播。此外，标签化也为广告业务提供了便利。标签化既是大数据技术用来处理和分析数据的重要手段，也是广告程序化购买中对广告信息与目标受众进行匹配的关键技术，标签化让广告主明确所要刊播的广告主题，也让消费者收到自己关注的广告信息。

第二节　新媒体广告的创意实践

新媒体广告的创意实践涉及很多具体的问题和细节，如要开发创意的新媒体广告是何种类别，新媒体广告创意如何生成，新媒体广告创意有何可以借鉴的策略，以及在进行新媒体广告创意时需要注意哪些问题等，对这些问题的厘清有助于有针对性地进行新媒体广告创意实践,使新媒体广告创意实践更加科学、有效。

一、新媒体广告的创意类别

新媒体广告最重要的创意重心是互动性,即实现广告发布者和受众之间能通过广告进行实时的信息交换。在强调互动性的新媒体广告创意类别中,网页互动广告、游戏互动广告、情景互动广告、感应互动广告、智能互动广告是最常见的五种形式,是新媒体广告创意实践的主要方向。

(一)网页互动广告

新媒体环境下,网页不仅仅是传播信息的载体,更是广告主与用户进行双向互动的平台,利用网页的互动性设计创意框架,可以吸引受众参与到互动中,并形成话题。网页互动广告,是最普遍的互动广告形式,其通过鼠标、键盘、触摸屏、摄像头等形式与网页广告中的内容元素进行互动,让受众更深入地了解广告诉求,感受到广告主的品牌形象与个性。

波哥大河流经 47 个哥伦比亚的城市,其中包括人口超过 900 万的首都波哥大。它的河道有 380 公里长,由于每月被倾倒 270 吨固体废物,废弃的沙发、装饰品、玩具、床和家用电器等各种各样的垃圾都被扔到河里,97% 的河道受到污染。波哥大银行(Banco de Bogotá)与♯Grupo Río Bogotá 合作推出"The River Apartments"(河流公寓)项目,在麦肯广告公司(McCann)哥伦比亚分公司的支持下发布了"河流公寓"的网页互动广告。这个公寓完全用河中的垃圾布置,旨在让大家了解水源污染,以及如何正确处理固体废物,如图 6-2 所示。用户可以通过鼠标、键盘进行虚拟游览来探索这个公寓,了解更多信息。①

该网页互动广告的发起者波哥大银行成立于 1870 年,是哥伦比亚历史最悠久的商业银行机构,也是哥伦比亚最大、最具影响力的金融机构之一。该广告活动不仅在哥伦比亚形成巨大的社会影响力也体现了波哥大银行热心环保事业的社会责任感,提升了该银行在公众心中的正面形象。

---

① 哥伦比亚波哥大银行公益活动 用垃圾软装房屋[EB/OL].2020-11-24,http://iwebad.com/case/9183.html.

图 6-2　河流公寓中的垃圾

（二）游戏互动广告

　　网络游戏是最受年轻网民欢迎的网络应用之一，游戏互动广告以网络游戏为互动的载体，通过有效的创意与策划，把广告信息和游戏角色或游戏场景有机地融合在一起，使受众在游戏的娱乐氛围中参与互动，在游戏的互动过程中传递广告讯息和企业品牌文化，让游戏玩家成为企业忠诚的品牌消费者、追随者和传播者。[①] 在以游戏互动进行广告创意开发的时候，广告创意者必须考虑到产品的特性，目标受众的游戏喜好、消费习惯、兴趣爱好和基本的群体特征，所选择的游戏也不能太过复杂，否则很多的受众会因为繁多的游戏规则或步骤而放弃参与。

　　百比赫（Bartle Bogle Hegarty，BBH）广告公司新加坡分公司为热门度假岛屿圣淘沙开发了一个 Sentosa Crossing（圣淘沙森友会）活动。这是该旅游局在任天堂 Switch 游戏《动物森友会》（Animal Crossing）上的第一个品牌虚拟目的地，它让用户可以在家中体验圣淘沙。虚拟圣淘沙的一切都经过了精心的设计，真实地反映了岛上的景点。这是 2020 年新冠疫情最严重时候的项目，由于受疫

---

　　① 龙再华.植入式广告，网络游戏的下一个金矿[J].声屏世界：广告人，2007（6）：141-142.

情的影响,大家不能出门,所以这个"圣淘沙森友会"就变成了一个完美的虚拟度假胜地,岛上的热门地标和景点都被纳入其中。[①]

2020年疫情防控期间全球的旅游业受到严重打击,"圣淘沙森友会"成为圣淘沙旅游局的游戏互动广告,吸引年轻人在玩游戏的过程中体验圣淘沙的知名地标与景点,如图6-3所示。在《动物森友会》中,玩家可以自由地在系统随机给出的几个地图中选择一个作为自己的居住地,在上面种植花朵、挖掘化石、钓鱼、捉昆虫,还可以用岛上的各种材料制造道具或家具。玩家对游戏中的操作也很熟悉,降低了互动门槛的同时提高了互动的效果。

图6-3　《动物森友会》中"圣淘沙"的海滨一角

（三）情景互动广告

情景互动广告是将网络与现实中的场景联系起来,通过网络媒介与场景进行互动,实现身临其境的一种广告形式。情景互动广告借助各种场景,让受众对该场景产生视觉交流与认知,并通过与场景互动参与到广告中,从而产生某种情感、情绪和体验感,为广告增添真实性与临场感。

---

① 新加坡圣淘沙旅游局宣传活动 动物森友会体验［EB/OL］.2020-11-25,http://iwebad.com/case/9185.html.

如何将世界范围内的代表性山峰通过虚拟体验再现给每一个人，是瑞士专业登山户外运动品牌猛犸象（Mammut）一直以来的心愿。2016 年，猛犸象邀请登山运动员 Lakpa Sherpa、Pemba Rinji Sherpa、Kusang Sherpa 和 AngKaji Sherpa 背着特殊的可以 360 度拍摄的相机记录他们攀登珠穆朗玛峰南坡的过程，如图 6-4 所示。接着营销人员把这些资料制作成一个网站，在网站上面用户除了能够 360 度查看登山线路之外，还可以观看一些登山者利用无人机拍摄的影片，同时网站会引导用户去了解和购买猛犸象的专业登山设备，这个网站实际上就是猛犸象精心打造的情景互动广告。①

图 6-4　猛犸象的情景互动广告

该情景互动广告基于虚拟现实技术，让所有人都可以坐在家里客厅的沙发上，借助连接到智能手机和平板电脑上的装置，以 360 度视角随心所欲地操控屏幕，观看登山过程中的虚拟现实影像，体验到攀登珠穆朗玛峰的真实感受。这些影像不像传统广告有着华丽的包装，更没有特效或滤镜，却可以真实地呈现出登顶珠峰的标志性路线和登山过程中激动人心的时刻，这对那些可能永远无法亲身登顶的人们而言是极具吸引力的。同时，在受众与情景的互动过程中，广告也无形中宣传了猛犸象的技术装备和运动装备，树立了品牌专业的形象。

---

①　终极海拔|MAMMUT 猛犸象♯PROJECT360 首登珠峰之巅［EB/OL］.2016-05-26，http://www.ispo.com.cn/news/detail/a5cKUyJ.

（四）感应互动广告

感应互动广告是结合数字技术、计算机技术和感应技术根据所感应到的受众眼睛、表情、头部、手脚等具体的变动，在广告表现上做出相应的信息输出，使得广告与受众动作结合起来的广告形式。感应互动广告可以充分利用各种线上与线下技术，将枯燥、单调的广告变得极具互动性、娱乐性与趣味性。

2019 年，美国音箱品牌 JBL 为了推广 JBL PULSE 3 便携式蓝牙扬声器，在人流如织的港珠澳大桥珠海公路口岸投放了感应互动广告。借助 LED 动感灯箱、隐藏式音响和红外线感应，当人们走过广告牌红外线感应的区域时，广告牌就能感应到参与者，广告牌中的 JBL 音响装置就会播放声音并发出炫彩灯光，[①]如图 6-5 所示。这一广告突出了 JBL PULSE 3 音响可定制 360°立体声的强劲音效和光影秀的功能，让音乐真正"看的见"。广告也具有很强的趣味性、娱乐性与参与感，吸引了大量行人体验 JBL 的感应互动广告，并与广告合影发朋友圈传播，将线下传播与线上传播结合起来。

图 6-5　JBL 的感应互动广告

---

①　雅仕维珠海口岸：哈曼 JBL 耳机"看得见的声音"[DB/OL].2019-07-11，https://v.qq.com/x/page/r0897f2fqqt.html.

（五）智能互动广告

智能互动广告将最先进的智能技术应用到广告互动中。虚拟现实技术是目前最常被提及的智能技术,其他应用在广告互动的智能技术还包括人脸识别、指纹识别、声音识别等,这些技术都正在促进着广告进行创新性的改革,使广告更加个性化。

从 2020 年初疫情席卷全球开始,线下的活动受到了巨大影响,以往万人聚集的音乐节、游戏节和各类大型活动纷纷取消。走向线上是这道难题的解法,但如果线上只有视频直播、图文介绍、聊天留言,那么在线下活动会场中的闲逛游览、认识新朋友和与友人相聚、各类新奇展品的体验都将失去。OPPO 未来科技大会 2021(OPPO INNO DAY 2021)就通过智能互动技术构建了一个线上虚拟活动平台 INNO WORLD,如图 6-6 所示。进入该线上活动平台,用户可以定制自己的专属形象,观看大会直播,打卡拍照,沉浸式体验 OPPO Air Glass、OPPO Find N 等前沿科技成果。同时,INNO WORLD 也打破时空限制,让用户轻松自在地与世界各地的朋友们聊天互动,发送表情,表达个性。

图 6-6　OPPO 线上虚拟活动平台 INNO WORLD

大会举办期间,已有超过 250 万参会者来到 INNO WORLD 游玩打卡,互动交流,领略 OPPO 的创新思考。INNO WORLD 也因此获得 FWA(Favorite

Website Awards)"每日最佳网站"（FOTD）奖项。FWA 认为,OPPO 创新性地构造了充满数字感与乐趣感的 INNO WORLD 虚拟世界,带给参与者前所未有的智能互动体验,这让我们看到,"虚拟世界正在走进日常生活"①。所以智能互动广告重要的不是复杂的智能技术,而是从品牌自身出发以目标受众为中心,打造能让他们沉浸其中的广告场景,体验到企业所要传达的品牌理念。

这些类别的互动广告针对某一广告主题,通过新颖独特的表现方式,借助具有双向互动功能的各种媒介手段和技术,就商品、服务、特定的观念或体验等与受众深入沟通,促使其参与并主动分享互动感受,让受众感受到新媒体广告的趣味与魅力,也实现了高效的品牌传播,提升了广告的转化率。

二、新媒体广告的创意步骤

新媒体广告创意并不局限在传统媒体的广告创意环节.基于传统广告创意流程,新媒体广告也有比较明确的创意步骤,先后包括明确广告定位、界定目标市场、突出广告诉求、提炼广告创意、选择广告媒体和规划多级传播等六个步骤。

（一）明确广告定位

不同的产品与品牌的创意表现是不同的,这要求在进行新媒体广告创意之前,需要明确品牌在消费者心中的位置,从产品或品牌的定位出发,寻找合适的创意表达。广告定位是指通过广告突出产品的特色,这种特色足以让其在消费者心中树立一个独特的印象,这个印象是其他竞争者没有的,是有区别度的,也是与消费者需求相联系的。广告定位的最终目的就是指导广告的创意与传播,使广告创意深入人心,让产品或品牌在消费者心中占据一个独特的位置,留下深刻记忆。这样,当消费者需要某类商品时,第一时间在脑海中就能想到广告所推荐的产品或品牌,同时明确其优点。明确而具体的广告定位可以让消费者体会到广告所要表达的产品的特点与优势,既对广告创意提出明确的方向,也有助于广告创意的传播让消费者产生认同和好感。

---

① 王平.麦当劳推出"炸鸡味"VR 设备 取名 Happy Goggles[EB/OL].2016-03-02,ht-tps://news.znds.com/article/news/8349.html.

（二）界定目标市场

创意大师詹姆斯·韦伯·扬曾说"在每种产品和消费者之间都有各自相关的特性，这种相关联的特性就可能导致创意"①。因此，在进行广告定位的同时，对目标消费者的界定也是重要的。目标消费者就是广告想要到达的人群，对新媒体广告而言，清晰、明确地界定目标消费者与广告定位同样重要。在广告创意者进行新媒体广告创意时，首先需要准确锁定目标消费者，尤其是核心消费群体，根据他们的人群特性进行创意，进而根据这些目标消费者的媒介接触习惯，选出合适的新媒体进行投放。新媒体与传统媒体不同，传统大众媒体主要就是报纸、杂志、广播、电视、户外，而新媒体多种多样，因此在进行媒介选择的时候，细化和锁定合适的目标消费者接触点是关键。而要合理地设定目标受众的接触点，首先要对目标消费者进行洞察，越能深入了解目标消费者日常的行为习惯和心理，则越能找到接触他们的最佳媒介。

（三）突出广告诉求

对于新媒体广告来讲，诉求点决定了新媒体广告是否能够在海量的广告信息中脱颖而出，而创意对新媒体广告诉求点的进一步强化决定了广告所具有的生命力和感染力。清晰的广告定位与明确的目标市场界定是准确挖掘广告诉求点的基础，而围绕诉求点的广告创意则是广告成功的前提，真正能够让受众产生共鸣，进而激发消费者购买产品和服务的往往是基于诉求点的创意表现。因此为了让新媒体广告信息传递更加有效，不仅要知道产品或服务有什么样的功能、目标消费者是谁，还要告诉目标消费者通过购买该产品或服务可以满足什么样的需求或者解决什么样的问题，而这就强调新媒体广告创意必须突出广告诉求，将产品的优势特征与消费者的潜在需求结合起来。

（四）提炼广告创意

在成功选定诉求点之后就要决定如何以目标消费者喜闻乐见的形式呈现诉求点，这就需要提炼广告的创意概念。然而要构思好的创意并不容易，美国行销专家华克·史密斯（J Walker Smith）与安·克拉曼（Ann Clurman）在《时代行销：消费者世纪大调查》中指出，唯有了解消费者所属时代潜藏的价值观所形成

① 胡朝阳.广告学：设计·传媒[M].上海：上海人民美术出版社，2008：67.

的消费动机，才能量身定做产品、服务，才能沟通出他们的需要、兴趣和渴望。[①] 广告创意实际上体现了一定时期内人们的审美意识、伦理道德、思想观念及历史文化等因素，这决定了好的广告创意必须"先读懂消费者"。消费者也是不断变化的，"70后"、"80后"、"90后"和"00后"都因处在不同时代和社会环境下而呈现不同的生活方式、价值观和需求，这就决定了广告创意人必须"读懂特定时代及其社会中的消费者"。因此提炼广告创意的过程完全取决于创意人对时代、对社会、对消费者的体悟，通过体悟产生灵感，赋予广告生命与灵魂。

（五）选择广告媒体

创意贯穿广告活动始终，其效果依赖于每个环节有效的执行与衔接，只要有一个环节出现短板，就会影响创意价值的最大化。创意赋予广告生命与灵魂，但广告创意也必须依附于实体才能让目标受众看到，进而到达目标消费者群体。因此，除了构思、策划、制作等环节，承载广告创意的媒介选择与投放也是影响广告传播效果的一个重要环节。不管广告创意有多优秀，没有好的载体，创意的传播效果就难以实现。因此，广告创意者要注意广告创意表现与传播媒介的匹配，如果没有注意到内容与媒介的匹配性就容易降低广告创意的实效性，在很大程度上失去广告创意对受众的吸引力。例如在新媒体广告发展初期，一些新媒体广告只是把适用于电视的广告视频直接搬到网络媒体上投放，却忽视了互动的设计与受众的参与，由于网络媒体的自由性与开放性，网民无意收看便会跳转离开，广告自然难以获得好的效果。

（六）规划多级传播

通过什么样的媒体渠道将广告发布出去对广告传播来说是重要的，而在新媒体时代，广告发布完成之后并不代表广告创意过程的结束，对一些进行病毒式营销的广告作品而言，广告发布之后才是关键。因此，在新媒体广告发布之后扩大其传播效应尤其重要。"多级传播论"对于新媒体广告的创意传播实践具有重要的指导意义，多级传播的意义就在于让那些具有独特性与创造力的广告能够借助新媒体平台逐层扩散到网络空间中，从而实现一传十、十传百的传播效果，最终实现新媒体广告创意的多级传播。科学规划新媒体广告的多级传播能够在

---

① 史密斯，克拉曼.时代行销：消费者世纪大调查［M］.姜静绘，译.北京：三联书店，2000：306-307.

一定程度上使优秀的新媒体广告创意被更多的目标受众看到，达到更加广泛的传播效果。因此，新媒体广告创意者在策划过程中就必须对整个传播活动进行规划，通过多级传播策略弥补广告作品在首次传播中受众较窄的缺陷，从而扩大其影响力，更好地提升广告创意的传播效果。

三、新媒体广告的创意策略

广告策略是从广告活动的各个环节或组成部分出发，为了贯彻战略方针实现战略任务而采用的手段或方式。它要根据环境情况在战略原则允许的范围内不断变换，具有很强的机动性和很大的灵活性，以及工作手段和操作方式上的艺术性。广告策略的制定是为了通过各个环节各个局部的高效率而使整个广告运动获得成功。① 相比较于传统单向传播的广告，创意策略的好坏直接影响到受众对新媒体广告的认可度与参与度，因此新媒体广告最注重创意策略。进入新媒体时代，广告媒介的特性与受众的需求都发生了显著变化，新媒体广告创意策略最重要的是让广告具有体验性与互动性。常见的新媒体广告创意策略主要有以下几种。

（一）提供奖励

新媒体广告追求广告的互动性，但要让人们主动参与到广告互动中是很困难的。任何生物都具有"趋利性"。在网络上，在没有看到完整广告之前点击广告，对受众来说是一件消耗时间和精力成本的事，他们会避免点击广告，或者在短时间停留后迅速关闭，这样广告互动就难以实现。只有点击进去，了解了广告的互动价值，消费者才更愿意参与互动沉浸到广告体验中，最终受到广告的影响。因此，在新媒体广告活动中，广告主有必要通过设置一定的激励诱因，如返现、优惠券、折扣、赠品等来激励受众参与广告互动，设置"奖励"是目标受众参与新媒体广告互动的有效手段。

在 2020 年新中国成立 71 周年国庆之际，同程旅行联手爱德基金会打造了一个与国庆具有强情感关联的福利互动 H5，用户首次登录 H5 活动页面，即可领取三张随机的同程中国图，除此之外，每日登录打卡、好友互相赠送和在小程序里下单购买火车票，也可以获取不同数量的中国图，而每一张中国图的背后，

---

① 赵霞.广告营销在市场推广中的应用[J].市场研究,2015(3):34-35.

都会附赠一个假期出行优惠券，包括火车票、酒店、景区门票等各种出行福利立减优惠券，如图 6-7 所示。而只要集齐 7（忠、勇、仁、义、礼、智、信）＋1（合）张中国图，就可以合成 71 中国图，直接兑换到手 71 元现金红包。[①]

a   b

图 6-7 同程旅行的福利互动 H5

在该新媒体广告中，优惠券与现金红包就是驱动用户参与互动的奖励，而奖励有时候不只是金钱上的，也有精神上的。例如在该 H5 广告中，最后的 71 元现金红包用户还可以选择是领取奖金还是捐助公益，如果选择捐助公益，同程旅行就会同步捐赠出相应数额的金额，用于爱德基金会"致敬平凡英雄"的公益项目，捐给那些在抗洪、抗疫、抗震救灾中具有英雄精神或因公受伤的公安、武警、消防和医护等光荣群体。而这一做法实际上也让奖励更有意义，同时也提升了同程旅行的社会责任感和品牌形象。

---

 ① 各个品牌都在忙于国庆营销时，同程却为我们准备了一场特别的致敬［EB/OL］.2020-10-12，https：//www.digitaling.com/articles/357762.html.

（二）诉说故事

在各种广告充斥消费者眼球的今天，若想赢得有限的注意力，必须让广告有足够的吸引力，诉说一个有关品牌的动人故事是最好的途径之一。纽约广告研究机构与美国广告协会经过三年的调研发现，相比普通的产品定位广告，消费者更喜欢那些讲述品牌故事的广告。[①] 故事不仅可以让广告信息更具可读性，还可以强化广告与受众之间的关系。当一则广告以说故事的方式演绎成一段段令人印象深刻的情节时，消费者就容易在故事情节的体验中产生共鸣，广告所要传递的信息和观念便有了深入人心的可能。

Childline 慈善机构于 1986 年成立于英国伦敦，专注于为儿童提供心理疏导与咨询，尤其是对那些患有各类心理疾病的孩子们。Childline 的咨询师发现，有越来越多的青少年开始困扰于自己的外形、性别、心理健康状况，他们更容易察觉自己的"格格不入"，或是感觉自己"并不正常"。Childline 于是携手广告公司 The Gate，以及制作公司 Blink Productions 和 Rowdy Films，推出题为 *Nobody Is Normal* 的定格动画，Childline 希望借该动画告诉青少年：别害怕，也别慌张，其实大家多多少少，身体里都住着隐形的"小怪兽"。[②]

短片开头，一只毛茸茸的小怪兽走进房间，穿上了挂在衣橱里的"人类男孩"外衣。在学校，他眼神忧郁，面目紧张，和同学们互动时，总担心身体里蠢蠢欲动的"小怪兽"会不自觉地跑出来。在教室，在运动场，在餐厅，他总是要努力摁下自己的真实面目，以免惊扰到其他人。在学校的舞蹈大赛中，舞台上一位美丽女孩的身体里跑出了不怎么美丽的怪兽。"啊，原来她身体里，也住着一个奇奇怪怪的自己。""别怕，我和你一样。"小男孩于是拉下自己的外衣，毛茸茸的小怪兽瞬间跳了出来。而身旁的伙伴们也纷纷变身，露出一个个奇奇怪怪，却又有些呆萌的真实自我，如图 6-8 所示。最后出现广告语"不论你的内心感受是什么，你不孤单"（No matter how you feel inside，you are not alone），而这支暖心动画的背景乐，正是来自英国知名摇滚乐队 Radiohead 的经典曲目"Creep"（《讨厌鬼》）。

---

① GRANAT P.Earned media's day has come and PR must take advantage[J].PRweek, 2011,14(10):28-30.

② 英国慈善机构超暖动画：原来你是个"怪物"？这么巧，我也是[EB/OL].2020-11,https://www.digitaling.com/projects/139972.html.

图 6-8 *Nobody Is Normal* 广告片中奇怪而呆萌的"真实自我"

诉说故事的新媒体广告不仅要有美好的视觉效果,更要富于情感,让人们在故事中获得启发,引发共鸣。故事要想打动人心,则必须从"心"入手,而对消费者的洞察是找到故事创意灵感的源泉。*Nobody Is Normal* 的广告短片就是基于对青少年心理的洞察,用定格动画的方式描绘学校中既定的情节,形象生动地讲述青少年遇到的心理问题,用青少年群体喜爱的表现形式使他们很好地融入故事情节中,与故事产生共鸣。这种说故事的广告创意可以把那些比较抽象的诉求转变成受众容易理解与接受的感性诉求,利用质朴而强烈的情感力量,使广告脱颖而出,扎根于人们心中。

(三)制造娱乐

在当今"娱乐至死"的时代,广告正从打造品牌知名度的传统广告目标向着让更多的用户参与进来,让更多的受众感到全身心的愉悦,让受众记住该品牌、喜欢该品牌的目标转变。与此同时,如今的广告也呈现同质化趋势,一旦有新的创意,就有大批跟风、抄袭的广告出现,广告受众越来越希望能够看到有新颖性、有原创性、有技术创新的广告作品,他们希望通过娱乐的形式,来获得自我的实现和对刺激的追求。[①] 制造娱乐的新媒体广告以一种非广告的形式接触消费者，通过高度的参与、幽默的表达、虚拟的体验和立体化的交流诉诸其感官，使他们在愉悦中接受广告信息，减少对广告的反感和抵触。

2021 年 7 月 17 日世界表情符号日，哥斯达黎加数字代理商 Orson 为麦当劳进行的一次巧妙的推广，始于他们注意到一个微小的细节：每一个社交媒体和系统软件（IOS、Facebook、Android、Google 等）都使用麦当劳的薯条形象来创造他们的薯条表情符号。因此，为了庆祝世界表情符号日，Orson 邀请人们把"（麦当劳）薯条"表情符号，变成使用最多的表情符号，如图 6-9 所示。用户所要做的就是把它们放在经常使用列表的顶部，把证据发给麦当劳，并赢得真正的麦当劳薯条。而为了实现把表情放在常用列表，用户就需要经常使用该表情，也就是说用户需要发送多次薯条表情，这个薯条表情才能被系统推荐到常用列表。麦当劳的这个薯条表情符号，最终被使用了超过 65 万次。[②]

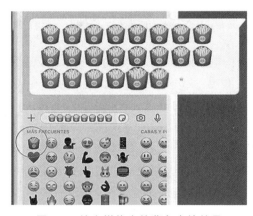

图 6-9　社交媒体中的薯条表情符号

表情符号是社交媒体用户用来交流的最常使用的信息，表情符号比起文字更形象也更能表达情感，而这常常被营销者所忽略。Orson 就细心地观察到表情符号的重要意义，同时也发现了社交媒体将麦当劳薯条默认为薯条表情符号的代表形象的事实，从而找到创意的突破口。同时，该活动发布于世界表情符号

①　段淳林，廖善恩.中国广告创意发展的新趋势[J].中国广告，2009(8):116-121.

②　哥斯达黎加麦当劳世界表情日营销活动 最常用表情[EB/OL].2021-08-04，http://iwebad.com/case/9560.html.

日更赋予该活动以特殊意义,人们也更愿意响应该广告活动的号召,最终赢得真正的薯条奖励。该活动的创意灵感来自一个小小的表情符号,但整个创意策略设计得非常完整、合理,用户既不需要耗费太多的时间精力,又可以在娱乐互动中获得有意义的活动体验,无形中提升了对麦当劳品牌的好感与亲近感。

(四)设置悬念

广告创意中最需要的是创新,倪宁教授指出"广告创意要新颖独特,就要利用人们普遍的逆反心理、好奇心理,不照搬照抄,不可以模仿,创造出与众不同,不落俗套的广告"①,而设置悬念就是引发受众好奇心,创作出具有新意的广告的重要手段。

设置悬念利用的是人们都有对事物的控制欲望与知晓欲望,对产生疑问的内容都想一探究竟的心理。如果广告设置的悬念能够贴合受众所想,和他们当下所要解决的问题或现状相关,就能成功吸引他们的注意,使他们参与到广告互动中来。所以设置悬念广告并不是简单地"卖关子",而是要对受众进行洞察,了解他们生活中的所思所感,将他们所需与广告能够提供给他们的信息结合起来,将悬念转化成问题的解决和需求的满足,最终让人们有所收获。

2021年年底,腾讯公益推出了一款悬念式的 H5 公益广告《写不正的字帖》,如图 6-10 所示。H5 邀请用户书写字帖,但书写过程字总会变得歪歪扭扭,歪歪扭扭的汉字与方正的字帖形成强烈的冲突,用户在疑惑的同时 H5 告知其真相:在中国的高寒山区,因为当地取暖条件有限,很多孩子的手被冻僵、冻伤,这对他们的生活和学习都造成了严重的伤害,该 H5 正是模拟高寒地区手被冻僵的孩子的书写过程,手被冻僵后书写过程比较艰难,如果用户在挑战过程中点击重写,也就更加能感受到孩子们的竭尽所能和无能为力,得知真相后会更加触动内心,理解孩子们的难处,从而更愿意帮助这些需要最基础保暖用具的孩子们。②

---

①　倪宁.广告学教程[M].北京:中国人民大学出版社,2001:141.

②　腾讯公益 H5:写不正的字帖[EB/OL].2021-12-01,https://www.digitaling.com/projects/196349.html.

a   b

图 6-10　H5 公益广告《写不正的字帖》

该 H5 来自广州英扬传奇广告公司的创意，首先，"写不正的字帖"的悬念式标题激起大众"就要写正"的挑战欲望，让每个人都跃跃欲试，引发分享动机。其次，H5 整个画面采用粗糙质朴的风格，真实还原了孩子们的处境，破旧的本子，破旧的田字格纸条，粗糙发肿的小手，带领用户进入孩子们艰难的学习环境，激发同理心。再次，为了提升用户的沉浸式体验，创意人员采集了很多真人模仿手抖写字的数据，并转化为程序语言，创造出最接近手抖写字的效果。最后，用户在写完字帖后会得到一个有趣的评价，形成分享动机，同时也能看到令人心酸的真相，简单操作便能捐款，将广告效果直接转化为爱心行动。

再走心的文字不如"感同身受"来得强烈，城市人群对寒冷的认知，与高寒地区孩子们体验到的寒冷，有着本质上的区别，当他们无法感同身受时，对广告的共情也会削弱。这次悬念式的新媒体广告创意活动，非常精准地找到"冻手写不好字"的核心洞察，以一种挑战的形式与用户产生了互动，调动了网民的广泛参与,从而达到很好的传播效果。

（五）丰富体验

体验,即"以身体之,以心验之",美国经济学家约瑟夫·派恩二世（B Joseph Pine Ⅱ）认为,体验是当个人达到情绪、体力、智力甚至是精神的某一特定水平时,他意识中所产生的美好感受。他指出,继产品经济和服务经济之后,体验经济时代已经到来,客户的需求不仅仅是产品或服务,他们还追求感情与情境的体验,企业间的竞争从有形产品和无形服务的竞争,进入消费者情感、文化氛围方面的竞争。如何在满足消费者工作与生活需要的同时,创造体验价值,使消费者获得意外欣喜,是企业留住客户,获得成功的关键。①

体验经济必然会催生出体验式营销,而体验式广告是体验式营销的重要手段,所谓体验式广告就是借助于多样化的媒介符号形式将"体验"传播出来,制造视听方面的体验,满足受众心理需求,实现与消费者的良性互动,从而提升品牌关注度。体验策略要让消费者体会到品牌或商品的优良品质,享受附加的心理价值,满足其自主和娱乐需求。② 例如,在广告创意当中融入 3D 技术、自动识别技术、虚拟现实技术等,引导人们参与使用品牌、产品或服务,提升消费体验。相对于线上新媒体广告,户外新媒体广告更能通过创意形成良好的用户体验。

英国人爱读书,连坐地铁的时候也是人手一本。据伦敦地铁对 2000 名英国成年人的调查,由于通勤时间不足,30％的人在 6 个月内仍无法读完一整本书。70％的人宁愿把时间花在一部杰出的小说上,而非社交媒体。于是,位于伦敦的金丝雀码头（Canary Wharf）地铁站就出现了一台超酷的"小说自动贩卖机",为乘客提供优质的地铁读物,这台贩卖机并不出售整本的小说,而是为乘客打印短篇小说的内容,较短的篇幅可以让乘客在抵达目的地前轻松读完,这是全新的阅读体验,如图 6-11 所示。

这台"小说自动贩卖机"实际上是由法国出版社 Short Édition 开发并投入制作的户外新媒体,这个新媒体完全是按照地铁用户的需求所制作的,在满足地铁受众需求的同时也进一步培养了英国民众通勤过程中读书的习惯。对出版社而言,读者群的养成对书籍出版业务非常重要,而让人们切身体验阅读纸质读物的乐趣

---

① 派恩.吉尔摩.体验经济［M］.夏业良,鲁炜,等译.北京:机械工业出版社,2002:33-40.
② 薛媛.以"互动"为核心取向的网络广告创意策略分析［J］.广告大观:理论版,2007(5):70-74.

图 6-11 "小说自动贩卖机"打印出来的地铁读物

是培养民众阅读习惯的最好方式,而阅读习惯的养成也为书籍出版提供了源源不断的消费者。目前,全世界有许多图书馆、机场和大学等都购置了这台收录了9000 多位作家的著作的"小说自动贩卖机"。①

(六)借助形象

形象化是艺术创作中表现思想情感的一种方法,它以塑造可感性、鲜明性、生动性的艺术形象为目标,让人如临其境。形象化广告的信息更注重情绪和感受的传达而非信息和语言,在视觉呈现的瞬间实现信息的传递与接收,不仅能超越时代、民族的条条界限,更能穿透思想、语言和文化的隔膜,实现奇思妙想。中国传统美学讲究以形写神,有生命力的广告同样如此,新媒体广告创意同样应学会以形象化的手法表达内容,从表象、意象、联想中获取创作素材,使人们在视觉或情感上牢牢地记住品牌或产品。

在 2019 年春节,合兴堂醒狮少女队去村里的一户人家进行节日助兴表演时被村民以"女孩舞狮会影响风水"为由,当场撤下。虽然被否定,但女子舞狮队的

① 世界各地"奇葩"自动贩卖机盘点,什么都敢卖[EB/OL].2020-11-27,https://www.digitaling.com/articles/373884.html.

队员们并没有放弃,从2019年组建至今,这支女子醒狮队从6人发展到20人,一年获奖的数量,比男子队10年获奖的总数都多。2021年12月,在第五届广州市青少年醒狮表演中,合兴堂的醒狮少女队荣获了赛群狮金奖和最佳鼓乐组合奖。这源自她们的坚持和对女性平权的追求。

2021年三八妇女节,珀莱雅以一支关于"性别不是边界线 偏见才是"的广告片成功破圈,呼吁全社会关注和消除性别刻板印象,引发大众的广泛响应和关注。2022年的三八妇女节,珀莱雅延续"性别平等"的主题推出了网络短片《醒狮少女》,如图6-12所示。该片邀请到女足主将王霜声音出演及特别出镜,借这位青年偶像之口来讲述合兴堂女子醒狮队的故事。在这个两分半钟的视频里,女子醒狮队训练时的艰辛让人印象深刻,"性别不是边界线,偏见才是","历史不仅是history,也有her-story","那些看似高大、不可逾越的性别偏见,不过是纸老虎,不能成为阻挡女孩们成为狮子的决心",视频里王霜的旁白也直击内心,发人深省,女足精神和女子醒狮队的精神不谋而合,给视频前的观众带去了更大的鼓舞与感动。珀莱雅通过展现醒狮少女的故事来致敬女性力量,希望以此鼓励女性不给自我设限、抵抗规训,广告片中多元的女性形象也成为珀莱雅品牌中独具一格的记忆符号①。

图6-12　珀莱雅《醒狮少女》

---

① 珀莱雅38节特别短片:《醒狮少女》她们将冲破偏见[EB/OL].2022-03,https://www.digitaling.com/projects/198001.html.

四、新媒体时代广告创意存在的问题

新媒体时代为广告创意提供了丰富的数字技术和表现技法，但创意并非简单的技术与视觉的呈现，同时新媒体广告受众的变化也对广告创意提出新的要求，目前新媒体时代的广告创意仍存在着一些值得关注的问题。

（一）脱离广告目标，盲目追求创意

创意作为广告的灵魂，创意的好坏决定着广告的成败。创意在广告中的灵魂地位毋庸置疑，但对创意作用的过分夸大与渲染往往也会使广告步入"创意至上"的歧途。广告是艺术与科学的结合，如果广告创作者过分推崇创意，一味强调创新广告的发布形式，认为只要有好创意就可以圆满完成广告使命，只要创意与众不同、标新立异便可让广告在市场中脱颖而出，久而久之就容易使创意成为凌驾于广告目标之上的绝对真理，与市场调查、受众定位、传播目标等环节割裂开来，使广告失去重要的科学性，而不再是基于广告各方面要素得出的表现策略。[①]

一旦"创意至上"的思想蔓延开来，新媒体时代的广告创意就变成什么都要与新技术沾上边，而生硬地使用新技术只会限制广告创意的发展。新媒体时代广告创意人拥有了更为丰富的创意载体和更为先进的传播技术手段，但如果广告创意者没有真正理解新技术的价值，只是一味地追求使用新技术来进行创意，为了表现最酷炫的形式，为了呈现最新潮的技术，而忽视了产品诉求或品牌文化与形式、技术的融合，就相当于摒弃了广告的创意理念，忽视了广告的传播规律。例如随着新媒体技术的发展，一些广告为了求新求变，应用了虚拟现实、3D全息、H5等新技术表现，但广告内容与产品或品牌关联性不强，甚至格格不入，这样只会给人感觉光有噱头没有内涵，很难提升新媒体广告的效果。

广告创意是整个广告传播中的一环，创意的目标应与广告目标相一致，创意应基于对产品与品牌的理解和对受众的深入洞察。而如果盲目追求创意，忽略了创意的本质是为广告主服务，创意脱离产品或品牌传播而存在，那么即使受众能够参与到广告互动中来，也不能体会到广告要传达的产品或品牌信息，这样做不但对产品和品牌的传播没有帮助，而且会白白浪费广告主的巨大投入，广告创

---

① 宋鑫.新媒体环境下的广告创意研究[D].郑州：郑州大学，2011：22.

意本身也失去了意义。

（二）缺乏长远规划，忽视与时俱进

广告创意与品牌相辅相成，广告创意是为品牌长远发展服务的。这并不是说广告创意不应该用来提升短期的利润，而是说如果广告创意没有宏观的战略方向，没有纵观大局的视角，只是为了销量而打广告，则很容易陷入夸大吹嘘、相互打压的境况，不能树立品牌形象、传播企业文化，难以推动品牌形成和发展，难以实现品牌溢价和忠诚购买，不能够给企业带来长远的效益。

相对而言，新媒体广告的创意与传统广告的创意不同，长于互动的新媒体广告更多的是要建立起与受众的良好关系，提升品牌和企业的形象，而如果广告目标一开始就局限于眼前的利益，是很难看到广告创意效果的。因为在眼前利益的目标驱动下，广告创意难免重在强调产品和品牌有多好，只重视向受众传播自己，而不会考虑如何加强与受众的互动，加深受众对品牌的理解，那么广告也就不能很好地与受众"交心"，无法让他们产生情感的共鸣，自然也得不到受众的喜爱与拥护，无法获得长远的效益。

而要成功利用新媒体广告服务于品牌形象的塑造则必须与时俱进。新媒体时代催生、拓展出越来越多的广告表现方式，受众也逐渐向各种新媒体平台转移，养成新的媒介接触和使用习惯。广告创意人要利用好各种新媒体，对于媒介环境、消费者需求以及传播方式的变化不能视而不见，而应紧跟新技术和新潮流，熟悉各类新媒体的传播优势和受众的变化趋势。在新媒体环境下，广告人如果缺少追寻广告创意发展趋势的意识，不从内容上和形式上求新求变，不能有效地和受众进行沟通互动，新媒体广告的优势就难以发挥。

（三）轻视受众需求，创意高于道德

虽然新媒体广告相对传统媒体广告有很多新的特征，但就目前而言，很多新媒体广告仍然具有传统媒体广告"强制"传播的弊端。例如，我们经常会在打开一个网页或者一个应用后跳出广告窗口，如果仔细阅读这些跳出的弹窗广告，常会发现这些广告并非自己需要的，虽然目前很多窗口已经可以选择关闭，但由于其相关性弱等缺陷，仍具有很强的干扰性，当受众在使用某个媒介时，时间、精力被这些强迫性和干扰性的广告所占用，就难以避免地会产生一种厌恶心理，之后受众对这一类别的广告会具有本能的回避和抵制习惯。除了弹窗广告之外，在文章中、视频中的硬性植入等强制传播的问题仍普遍存在着。

此外，有些新媒体广告创意建立在侵犯消费者隐私的基础上，他们通过使用新媒体技术来记录网络用户的个人信息，在没有得到用户同意之下将其用于商业用途。因此大数据等技术的使用是一把双刃剑，对企业而言可以更深入了解用户需求，提高广告的精准性，并能提供个性化的广告投放；但从受众角度来看，受众在看过某个商品的网页之后，各大网络平台就纷纷出现该商品的广告，即使广告很有创意，也容易让受众感到不安，这如同自己的一举一动都被媒体所监视一样，一些不法媒体还可能把这些涉及个人隐私的数据在没有告知用户的前提下转卖给各大广告平台，虽然提供的广告信息很可能是自己所需要的，但也容易产生反感。

因此，在新媒体环境下，广告人在开展创意的同时，也必须恪守"道德为先"的原则，站在受众的角度考虑广告创意是否会影响受众的媒介体验，是否会引起受众的不满与反感，是否侵犯了受众的权益，否则广告人自认为富有创意的广告信息在受众看来也只不过是"垃圾信息""流氓行径"，甚至一看到就立即关闭，产生强烈的回避心理，这样的广告创意就连基本的信息传递功能都难以实现。

第三节 新媒体时代广告创意的新趋势

新媒体是一个变化的概念，创意也代表着创新，这意味着新媒体广告创意也必然会与时俱进，不断变化与发展。借助新媒体技术与平台，新媒体广告可以表现的内容更加多元与深刻，在进行广告宣传的同时，可以触人心弦，可以发人深省，这些都是新媒体广告最吸引受众的地方，未来新媒体广告创意也将更贴近消费者，贴近生活的真、善、美。

一、新媒体时代广告创意策略的变化

（一）从广而告之转向精准化创意

传统媒体时代，广告的成功在于媒体的传播力，只要媒体能够将广告信息传递给足够多的人，通过增加媒体的传播强度总能提高产品或品牌的知名度，为大众所熟知，广告仍停留在"广而告之"的阶段。到了新媒体时代，特别是随着近年来媒介技术的进步，人们在互联网上所留下的所有痕迹都被记录下来，在用户允许的范围内收集这些数据，经过对数据的分析筛选，广告可以被科学地推送至精准受众群体中，这为新媒体广告的精准投放提供了技术支持。与此同时，新媒体分众化传播和点对点传播的特点也决定了新媒体的广告创意策略必然发生改变，新媒体广告不再像传统媒体广告一样，做一版创意可用于所有的媒体和受众，新媒体广告创意必须面向不同媒介接触点的受众群体，发展出更多与媒介接触点调性相匹配的创新形式，设计出不同创意风格的内容，以吸引个性化的受众群体。

（二）从营造关注转向参与体验

传统媒体时代，广告传播的创意思路通常是用新奇的创意表现来吸引受众的眼球，制造营销"热点"，从而得到受众的关注。到了新媒体时代，全新的技术手段赋予了广告创意更多的可能性，新媒体广告也更加注重体验过程，优秀的体验就是最好的广告创意。麦克卢汉指出，"媒介即人的延伸"，新媒体延伸了人类的感官，借助新媒体技术，新媒体广告能够充分调动起人的视觉、听觉、触觉甚至全感官来感受广告作品，全面地感受广告所要传递的信息，从而产生情感的共鸣。因此新媒体时代的广告创意应更加重视受众的参与体验，以真实的体验去打动消费者。在这样的创意思路下，传统媒体时代通行的"营造关注"的广告创意策略在新媒体时代必然要让位于"营造体验"，即让广大的消费者亲自参与到广告传播过程中，成为广告的传播者。①

（三）从性能诉求转向精神诉求

在传统媒体时代，产品的同质化还不严重，消费者拥有的信息渠道仍有限，大众媒体发挥强大的宣传作用，广告只要说清楚产品的特征与优势就能获得成功。但到了产品饱和、供大于求的时代，只是从产品性能上进行诉求已经很难获得成功，文化与精神再次成为广告创意的焦点。在新媒体背景下，过多地求新求变必然带来浮躁的广告文化，而只有发掘出产品中蕴含的深层的精神元素，打造品牌浓厚的文化氛围和价值观念，才能达到提高广告效果的目的。即使在数字技术发达的今天，精神元素的传播效果非但没有弱化，反而还在新媒体广告创意中越发凸显。近年来一股"新国潮"风席卷全球，富含"新国潮"元素的广告作品

---

① 宋鑫.新媒体环境下的广告创意研究[D].郑州：郑州大学，2011：27.

也深受国内外受众的喜爱,不少中国品牌借此脱颖而出。因此,新媒体广告创意的未来趋势必将更注重文化与精神的感召力,借助新旧文化、主流文化与亚文化的碰撞,提升广告创意的内涵与水平。

二、新媒体时代广告创意的发展趋势

在新媒体广告发展的过程中,新媒体广告的特征逐渐深入人心,不断影响人们对新媒体广告的认识,同时也提高了消费者对新媒体广告的要求,互动化、娱乐化和整合化为新媒体广告创意指明了方向。

(一)互动化

随着信息接收与传播自主权的提升,受众已经不满足于安静地坐着等待接收广告信息,而是主动地搜索广告信息,参与广告信息的互动。因此单向传播的广告创意已经不容易吸引受众的关注,更难以打动受众,互动已经成为新媒体广告创意的核心要素。相比单向的创意传播,具有互动性的新媒体广告创意形式具有明显的优势。首先,互动化能够减轻受众对广告的排斥心理,让广告更有体验感和趣味性,从而更高效地实现广告目标。其次,具有互动设计的广告创意可以让品牌在互动中建立与消费者的联系,使得广告得到更好的反馈。消费者能够随时随地获得有价值的广告信息,企业也可以根据消费者的反馈评估广告效果,及时调整广告创意策略。

(二)娱乐化

没有天生喜欢看广告的消费者。广告创意的本质是拉近消费者与产品或品牌的距离,为了实现这一目的,广告创意就必须增加消费者喜欢的元素进去。其中,娱乐化广告就是消费者所喜欢的一种广告创意形式。广告创意的娱乐化趋势要求广告必须打破直接表达产品内容的“硬式”推广的狭隘思路,在创意上运用内容营销的思维,大胆尝试新的表现形式,提升广告的娱乐性。同时,广告创意还可以利用时下热门的娱乐事件或议题,将这些娱乐化元素贴切地融入广告的创意之中,充分激发消费者的主动参与意识。此外,数字媒体技术的发展使得动漫、游戏、微电影、短视频等媒介形式对受众的吸引力越来越强,这些人们喜闻乐见的媒介形式也为广告创意者提升广告创意的娱乐化水平提供了有效的手段。

（三）整合化

传统媒体的广告内容的创意与媒介投放往往是分开的,但在新媒体时代,优秀的广告创意不仅仅是内容创意与媒介投放的简单叠加,更需要将广告内容与投放媒介整合起来进行广告创意策略的制定,同时有效地整合新旧媒体、线上与线下媒体,实现广告传播效果的最大化。所以,新媒体广告的创意人需要在创意理念的指导下创造性地选用媒介,打破传统媒介选择的局限,让受众尽可能地参与到广告互动中,实现创意资源的整合。而要实现创意资源的整合,其关键原则便是以目标消费者为中心。这意味着广告创意策略制定之前,广告创作者必须根据目标消费者的自身需求和特点进行需求分析与挖掘,确保广告内容与用户需求相匹配,同时充分考虑投放的新媒体平台的特征,打造与目标受众需求、投放媒体调性相一致的整合营销方案。

【思考题】

1.什么是创意?新媒体时代广告创意发生了什么变化?

2.广告创意的评价标准 SPT 指哪三个指标?

3.新媒体广告创意有哪些种类?新媒体广告创意有哪些步骤?

4.新媒体广告创意有哪些常见策略?新媒体时代广告创意存在哪些问题?

5.新媒体时代广告创意的发展趋势是什么?广告创意策略有什么新的变化?

【本章参考与推荐书目】

一、国外专著

1.哈特利.创意产业读本[M].曹书乐,包建女,李慧,译.北京:清华大学出版社,2007.

2.豪厄尔斯.视觉文化[M].葛红兵,译.南京:译林出版社,2014.

3.朗德维,贝纳斯特.广告金典[M].綦玉宁,译.北京:中国人民大学出版社,2006.

4.派恩二世,吉尔摩.体验经济[M].毕崇毅,译.北京:机械工业出版社,2021.

5.梅萨里.视觉说服:形象在广告中的作用[M].王波,译.北京:新华出版社,2004.

6.奥格威.一个广告人的自白[M].林桦,译.北京：中信出版社,2015.

7.费尔顿.广告创意与文案[M].陈安全,译.北京：中国人民大学出版社,2005.

8.史密斯,克拉曼.时代行销：消费者世纪大调查[M].姜静绘,译.北京：三联书店,2000.

9.弗罗里达.创意经济[M].方海平,魏清江,译.北京：中国人民大学出版社,2006.

10.凯夫斯.创意产业经济学：艺术的商业之道[M].孙绯,等译.北京：新华出版社,2004.

11.扬.创意的生成[M].祝士伟,译.杭州：浙江教育出版社,2021.

二、国内专著

1.程宇宁,丁邦清.广告创意[M].第3版.长沙：中南大学出版社,2017.

2.丁邦清.广告策划与创意[M].北京：高等教育出版社,2011.

3.何修猛.现代广告学[M].上海：复旦大学出版社,2008.

4.侯玥.网络广告创意与设计[M].北京：中国传媒大学出版社,2017.

5.胡朝阳.广告学：设计·传媒[M].上海：上海人民美术出版社,2008.

6.胡丽霞.创意思维[M].北京：北京大学出版社,2010.

7.金定海,郑欢.广告创意学[M].北京：高等教育出版社,2008.

8.李四达.交互设计概论[M].北京：清华大学出版社,2019.

9.李明合.玩转媒体做创意[M].北京：中国传媒大学出版社,2012.

10.刘建萍,陈思达.广告创意概论[M].第2版.北京：中国人民大学出版社,2018.

11.卢泰宏,李世丁.广告创意：个案与理论[M].广州：广东旅游出版社,1997.

12.马晓翔.新媒体艺术透视[M].南京：南京大学出版社,2008.

13.莫梅锋.互动广告发展研究[M].北京：新华出版社,2012.

14.蒙南生.媒体策划与营销[M].北京：中国传媒大学出版社,2007.

15.舒咏平.广告创意思维[M].上海：复旦大学出版社,2009.

16.王健.广告创意教程[M].北京：北京大学出版社,2004.

17.余明阳,陈先红,薛可.广告策划创意学[M].上海：复旦大学出版社,2021.

18.张金海.20世纪广告传播理论研究[M].武汉：武汉大学出版社,2004.

19.郑也夫.后物欲时代的来临[M].北京：中信出版社,2016.

第七章
新媒体广告
伦理与监管

本章导言

    广告在传播品牌信息、推销产品或服务的同时也宣传着商家所倡导的价值观念,这种价值观念必然会折射出一定的道德观念。而这些道德观念不仅影响着人们的消费行为、消费方式,还对人们的消费观念,甚至价值观产生广泛而深远的影响。以长远的目光和全局的视角来考量新媒体广告行业的发展,强调伦理道德规范,有助于新媒体广告正确指导受众的消费观念,传播积极健康的生活方式,进而引导社会文明的发展。新媒体广告伦理是新媒体广告活动内在道德性和外在规范性的要求,是构建和谐传播生态环境的有力保障[①]。本章主要介绍新媒体广告伦理、伦理失范的类型与表现、伦理失范的原因和新媒体广告的监管。

学习要点

- 理解广告的特征与伦理的关系
- 熟悉新媒体广告伦理的概念、规范主体
- 熟悉新媒体广告伦理他律的主体
- 理解新媒体广告伦理失范的类型与主要原因
- 熟悉新媒体广告监管的主要法律法规

---

  ① 魏炜.网络广告的发展与困境[J].决策探索,2006(9):71-72.

开篇案例

魏则西事件

2014 年 4 月,正在西安电子科技大学读大二的魏则西检查出滑膜肉瘤,这是一种恶性软组织肿瘤,没有有效的治疗手段,生存率极低,五年生存率是 20% 至 50%。之后魏则西在百度上搜索滑膜肉瘤,并通过百度推广找到武警北京第二医院推出的生物免疫疗法。同年 9 月至 2015 年年底,魏则西先后在武警北京第二医院进行了 4 次生物免疫疗法的治疗,花了 20 多万元,结果却是未能如愿。治病的巨额花费将家里积蓄掏空,2015 年 8 月,绝望的魏则西在知乎上发帖提问:"21 岁癌症晚期,自杀是不是更好的选择?"

2016 年 4 月 12 日上午 8 时 17 分,魏则西在咸阳的家中去世,终年 22 岁。魏则西去世当天,在一则"魏则西怎么样了?"的知乎帖下,魏则西父亲用魏则西的知乎账号回复:"我是魏则西的父亲魏海全,则西今天早上八点十七分去世,我和他妈妈谢谢广大知友对则西的关爱,希望大家关爱生命,热爱生活。"该帖中,他质疑百度竞价排名的医疗信息有误导之嫌。出人意料的是,事件并没有随着魏则西的去世而结束,反而愈演愈烈。网友找出魏则西在 2016 年 2 月 26 日一则题为"你认为人性最大的恶是什么?"的回答,将百度搜索和百度推广推上风口浪尖。魏则西的回答在其去世后,引发了网络热议,"魏则西回答帖""魏则西去世消息"和"百度搜索滑膜肉瘤排名第一的是武警北京总队第二医院"的截图在微博上被转载 1 万余次,网友在转载评论中称:要百度给合理说法。2016 年 5 月 2 日,国家网信办会同当时的国家工商总局、国家卫生计生委成立联合调查组进驻百度公司,对此事件及互联网企业依法经营事项进行调查并依法处理。

请思考:魏则西事件给你的感受是什么?魏则西事件是可以避免的吗?百度推广在魏则西事件中扮演了什么角色?网络广告业应该注意什么问题才不会导致类似事件的发生?

第一节　新媒体广告伦理

新媒体广告作为新兴事物,在飞速发展的同时也产生了一系列问题,广告伦理就是其中的重要问题。广告作为面向社会大众传播的商业化信息,对社会整

体的价值观塑造必然产生无法忽视的影响。如果新媒体广告过于功利而忽视了应该遵守的伦理道德，不仅会侵犯受众的利益，也会损害新媒体广告产业健康的发展环境和光明的未来。因此新媒体广告产业的各大主体，在发展广告业务的同时也要明确自身的伦理道德底线，诚信经营、公平竞争，向公众传递积极向上、具有真实性、思想性和艺术性的广告作品。

一、广告伦理的定义

无规矩不成方圆，伦理道德是社会成员做人做事的行为准则。广告活动的参与者也是社会的行为主体，其通过广告追求商业目的如果不受伦理道德的限制，必然会危害社会的正常秩序和侵犯受众的合法权益。因此不管是新媒体广告的广告主、广告代理公司、媒体公司还是新媒体广告的创作者都必须守住自己的伦理道德底线，推动新媒体广告产业朝着健康的方向发展。

（一）伦理与道德的概念

在西方，伦理"ethics"一词源自希腊文"ethos"，本意是"本质""人格"，也与"风俗""习惯"等词相联系。在中国古代，伦理原先是分开的"伦"和"理"两个字。"伦"的本意指"关系""条理"，引申为人伦，"伦谓人群相待相倚之生活关系"①，即人与人之间符合一定规则的关系，如父辈与子辈之间的关系，子辈要孝敬父辈的这种规则就是"伦"。"理"的本意是治玉，指在雕琢玉石时要按照其纹理进行，这样玉石就不会碎裂而成为精美的玉器，引申为分析精微之意，后来演变为治理、整理，协调社会和人际关系。"伦理"一词最早见于《礼记·乐记》中"乐者，通伦理者也"，意思是音乐是跟人伦道理相通的，指明了礼乐在伦理上的教化作用，强调音乐艺术必须纳入礼的规范。根据"伦理"一词的词源，伦理就是指人们处理相互关系时所应遵循的准则、原则和规定。

跟"伦理"很接近的一词为"道德"。西方的道德"morality"一词源于拉丁文"mos"，"mos"是单数形式，指个人性格、品性，复数形式为"mores"，指风俗习惯。之后，morality被用来指美德、道义、道德等。在中国，"道"的本意是道路，后引申为原则、规范、规律、道理等。"德"则是表示对"道"的认识，许慎《说文解字》中对"德"的解释是"德，外得于人，内得于己"。意思是说，讲道德是对别人有

---

① 黄建中.比较伦理学[M].北京：人民出版社，2011：22.

益、对自己有帮助的事情。先秦以后，"道德"一词逐步具有了确定的涵义，指做人的品质、精神境界和处理人与人之间关系时应遵守的行为规范和准则。

伦理与道德这两个概念，无论是在中文里面，还是在其英文里面，一般并不做很严格的区分，它们都是指对社会关系的协调要符合一定的规则①。在大多数情况下，伦理和道德被作为近义词使用，而如果要予以区分，伦理更偏重于客观、外在和社会，更强调人与社会的互动；道德更偏重主观、内在和个人，更强调个人内在操守②。简单来说，伦理是社会之理，即社会的普遍道德义理，或者说是义理化的社会道德准则。道德则是个人判断人们行为的参照标准和原则，是否合乎道德在很多时候取决于个人的判断。

(二)广告与伦理的关系

"广告伦理"包括"广告"和"伦理"两个概念，指的是与广告有关的伦理现象③，诸如广告活动如何反映社会伦理，如何受伦理环境的制约以及如何传播伦理道德，影响和促进社会伦理的发展等。具体而言，广告伦理是指以广告传播活动为中心，以广告活动所形成的各种关系为对象，以揭示广告活动中伦理道德的形成、发展及发挥作用的规律为内容，从而确立的广告活动中的行为准则④。

广告与伦理之间有着千丝万缕的联系，广告活动是人类商业活动形式之一，是一种面向大众社会的商业营销活动，获得经济利益是广告的根本任务。广告在推销产品或服务，传播品牌信息的同时也必然宣传着商家所倡导的价值观念，这些价值观念必然会折射出一定的伦理观念，因此广告处在一定的商业伦理环境中，能够反映不同时期、地区与社会发展中的伦理观念⑤。广告所反映的伦理观念不仅影响着人们的消费行为、消费方式，还对人们的消费观、价值观，甚至人生观、世界观产生深远的影响，因此广告也需要受到社会伦理的限制。从长远来看，强调广告伦理有利于传递健康的消费方式，指导消费者树立正确的消费观、价值观，也有利于社会主义物质文明与精神文明的双重建设。

---

① 章海山，张建如.伦理学引论[M].北京：高等教育出版社，1999：2.
② 朱贻庭.伦理学大辞典[M].上海：上海辞书出版社，2011：14.
③ 陈正辉.广告伦理学[M].上海：复旦大学出版社，2008：8.
④ 李淑芳.广告伦理研究[M].北京：中国传媒大学出版社，2009：21.
⑤ 苏士梅.论传统伦理道德对现代广告传播的影响[J].新闻界，2005(5)：134-135.

（三）广告的特性与伦理

广告既是一种商业传播活动、一种文化传播活动，也是一种公共传播活动，广告的功利性、人文性与公共性决定了广告所要遵守的伦理。

1.广告的功利性与广告伦理

在论及广告的功能时，广告大师奥格威认为，广告唯一正当的功能就是销售而不是娱乐大众[①]。简单地说，做广告就是为了销售。营销的目的就是推广产品、获取利润，广告作为营销的重要手段，决定了广告与生俱来具有功利性。广告之所以受到广告主的青睐，也在于广告可以提高产品的销量，创造品牌溢价，提高市场占有率，实现利润的最大化。广告代理公司与新媒体公司也同样是在经济利益的驱动下从事广告活动。所以，广告活动的本质固然是追逐利润，功利性是广告的基本特征，而调节广告主体之间、广告主体与广告受众之间利益关系是广告伦理的主要任务，其本质冲突就在于义与利的较量、诚实守信与虚假欺诈的对抗，广告利益的取得必须遵循社会主义市场经济准则和社会主义道德。

2.广告的人文性与广告伦理

广告是对商品的宣传，本身就是消费文化的一种形态，属于社会文化的一部分。美国著名的政治学家塞缪尔·亨廷顿（Samuel Huntington）说："所有的文化都是彼此关联的，没有任何文化是单一的、纯粹的。"[②]在现实生活中，广告不仅以其特有的经济功能全面渗透于社会经济生活中，成为经济发展的强大驱动力，更以其特有的文化张力全面参与社会文化的建构，塑造了人们的生活方式，改变了人们的文化形态，影响着人们的消费观、道德观和价值观[③]。广告的传播过程就是将广告主的价值观念传递给受众，强化并促进受众接受价值观念的过程。这些价值观念必然传递着相应的社会文化，广告的人文性不言而喻。由于广告具有人文性，这就要求广告必须倡导道德观念，在实现经济效益的同时，还要关注社会效益的实现，以人为本，传载正确、先进、积极的价值观念、审美情趣和社会文化。

[①] 奥格威.广告大师奥格威：未公之于世的选集[M].庄淑芬，译.北京：三联书店，1996：封底.

[②] 伊格尔顿.文化的观念[M].方杰，译.江苏：南京大学出版社，2003：17.

[③] 张艳.浅析广告伦理教学的重要性[J].黑龙江科技信息，2009（1）：156.

3.广告的公共性与广告伦理

尽管大多数广告的传播目的并不是要为公共利益服务,但却不可避免地拥有了公共性。这是由于广告的媒体是面向大众的,是当今社会必不可少的信息提供来源,在大众获取社会信息需求中发挥着不可替代的公共服务作用。同时,广告的信息传播活动也是现代大众文化的有机组成部分,对广大受众的价值观念和社会行为有着广泛而强大的影响,这种影响力对社会秩序以及社会公共生活有着直接的影响①。广告虽然是一种商业行为,但由于广告传播的公共性,参与主体和参与方式也都带有了公共属性。如果广告对公共利益关注不够,传播缺乏理性或过度商业化,就会导致公共性的流失,影响公众正确价值观的形成。由于广告的公共性,广告行为主体必须自觉遵守伦理规范,面向社会大众传播符合社会伦理道德的信息内容,提高受众的公共意识和公共精神。

二、新媒体广告伦理的内涵

新媒体广告伦理是广告伦理在新媒体时代的新要求,其内涵根据所要规范的对象主体具体可以分为新媒体广告的广告主、广告代理公司、新媒体公司以及新媒体广告的创作者所要遵循的伦理规范。

(一)新媒体广告伦理的概念

计算机伦理学的非正式兴起可以追溯到控制论创始人诺伯特·维纳(Norbert Wiener)。维纳在1948年的《控制论:或关于在动物和机器中控制和通信的科学》(*Cybernetics:Or the Control and Communication in the Animal and the Machine*)和1950年出版的《人有人的用处:控制论与社会》(*The Human Use Of Human Beings:Cybernetics And Society*)这两本书中指出,应将公众对新技术的讨论延伸到道德层面②。新媒体广告作为新媒体技术发展下的产物,也涉及广告伦理的议题。

广告伦理是社会伦理中商业伦理的重要构成,指广告活动应遵守相应的伦理规范。新媒体广告伦理是广告伦理在新媒体传播这一特殊领域中的表现,是广告伦理的一个重要组成部分,新媒体广告伦理可以被定义为:以新媒体广告传

---

① 文倩.网络视频广告伦理问题研究[D].广州:华南理工大学,2015:20.

② 万百五.控制论创立六十年[J].控制理论与应用,2008(4):597-602.

播活动为中心所形成的关系以及蕴含在这些关系中的伦理观,具体体现在新媒体广告主体和从业人员在从事新媒体广告活动时所应遵守的道德准则和行为规范①。其范畴十分宽泛,既包括新媒体广告主体的社会责任意识,也包括作为新媒体广告投放媒介的新媒体公司的监督责任意识,更包括新媒体广告从业者的职业理想、职业态度、职业纪律、职业良心和职业声誉等。这些准则与规范都有一个最基本的出发点,就是无论进行什么样的新媒体广告活动都要以受众的利益为考量,在不影响受众正常的媒体使用、不给受众造成困扰的情况下进行新媒体广告的传播②。

新媒体广告伦理的确立为新媒体广告传播活动树立正确的价值规范,提供明确的实践依据,使得新媒体广告对内能够合乎道德性,对外能够合乎规范性,进而能够在广告市场中构建和谐的传播关系,实现广告的文明传播。

(二)新媒体广告伦理的规范主体

在广告参与者中,广告主、广告公司、新媒体公司、新媒体广告创作者是广告创作与传播的主体,他们之间的关系是新媒体广告产业最主要的经济关系,同时这些新媒体广告主体与广告客体即广告受众之间的关系则更直接地表现为伦理责任关系,这些经济利益关系与伦理责任关系的处理,除依靠法律外,还需要正确的伦理观念的指导③。

1.广告主的伦理

在新媒体广告的生态链中,广告主作为新媒体广告活动的发起者和出资者,对是否做、怎么做广告,以何种方式在哪些媒体发布广告等具有绝对的自主权,可以说广告主控制着新媒体广告活动中的每一个环节,对新媒体广告有着生杀予夺的大权。同时广告主也是新媒体广告活动的最终受益者,广告的影响力与广告主的自身形象及产品的销售利润有着直接的联系④。所以广告主作为新媒体广告活动的发起者、出资者和最终受益者,他们在新媒体广告活动中处于绝对的地位,他们有权利与义务保证广告信息的真实性,需要对广告代理商制作的广告进行审查,切实维护消费者的正当权益,引导消费者形成健康积极的消费观念

---

① 吴瑷瑷.网络广告的伦理解读[J].青年记者,2011(2):71-72.

② 孙莹.试论网络传播中伦理问题产生的原因[J].今传媒:学术版,2012(8):53-54.

③ 吴瑷瑷.网络广告的伦理解读[J].青年记者,2011(2):71-72.

④ 文倩.网络视频广告伦理问题研究[D].广州:华南理工大学,2015:17.

与行为,这是商业社会对广告主的要求,也是广告伦理规范的出发点。

2.新媒体广告代理公司的伦理

新媒体广告代理公司接受广告主的委托,代广告主开展新媒体广告业务,可以说是新媒体广告活动的"代理人",是广告主和广告受众之间的桥梁。因此,新媒体广告代理公司伦理至少包括三个方面:一是对广告主负责。新媒体广告代理公司首先是为广告主服务的,他们需要站在广告主的立场上,从前期广告的调查到创意设计与制作,以至后期的媒体投放等各个环节,都要为广告主的商业利益和社会利益着想,为其进行有效的新媒体广告传播。二是对广告受众负责。新媒体广告代理公司也需要从广告受众即消费者的利益出发,真实、准确、有效地介绍产品信息,给消费者带来有用的信息和消费上的便利。三是对社会负责。新媒体广告代理公司在传达产品信息时,还需要考虑新媒体广告是否符合社会伦理道德,是否能促进社会主义物质文明与精神文明建设[①]。

3.新媒体公司的伦理

新媒体公司作为广告活动的"发言人",是广告传播的最后一道关卡。传统媒体投放的广告在发布之前都需要层层的审查,新媒体广告的监控和审查目前还没有那么严格和规范,所以新媒体公司必须自觉承担起对广告主、广告受众和社会应尽的伦理责任。虽然对新媒体公司而言,广告费仍然是其当前盈利模式中最主要的收入来源,是其赖以生存和发展的支柱,但新媒体公司在广告的传播过程中,仍必须认真履行好媒体"把关人"的职责,对广告内容和形式的真实性、可信性、文化性等进行审查,考虑社会公共利益和公共理性,营造出良好的传播环境,在得以延续发展的前提下做到对公众和目标受众负责,为社会的和谐发展提供支持和保障。

4.新媒体广告创作者的伦理

传统媒体的广告创作者一般都是广告主的宣传部门或广告公司的专职人员,广告主和广告公司所应遵守的伦理规范就是他们所需遵守的伦理规范。但在新媒体时代,有些新媒体用户不需要借助广告公司就拥有自行设计、发布和传播广告的能力,他们既扮演广告主的角色也扮演了广告公司的角色,直接连接成千上万的新媒体广告受众,因此这些新媒体广告创作者的伦理素养对新媒体广告也具有不可忽略的影响,是新媒体广告伦理重要的规范主体。在缺乏监管与审查的新媒体环境下,有些新媒体广告创作者为了吸引受众的目光,为了让自己

---

① 吴瑗瑗.网络广告伦理问题研究[D].开封:河南大学,2009:12.

获得利润,无视伦理道德,设计、发布一些低俗、虚假、干扰性强的新媒体广告,严重威胁新媒体广告的健康发展。对该群体的伦理规范是新媒体广告的重要课题。

综上,真正健康高效的新媒体广告业务应当是广告主、新媒体广告代理公司、新媒体公司和新媒体广告创作者这四大新媒体广告主体在伦理规范下进行的,只有符合新媒体广告伦理规范的广告传播才是符合社会伦理和商业伦理要求的;只有这样的新媒体广告才能符合广告受众的需求、符合社会的需求,才能创造有效的信息传播,进而实现显著的经济效益与社会效益。

三、新媒体广告伦理的规范原则

就目前的新媒体广告发展现状而言,虚假低俗、恶性竞争等违背伦理的新媒体广告已成为不可忽视的社会问题,甚至给人们的消费观念及价值观念带来一定程度的负面影响,这就是新媒体广告伦理失范带来的后果。

马克思主义伦理学认为,在人们的行为实践领域内,真实性、思想性、艺术性是相互联系、相互贯通的,真是善的基础,美是善的具体形象①。根据马克思主义伦理学,新媒体广告的伦理实际上也就是要强调新媒体广告要进行真的创造、善的探索和美的追求,即追求新媒体广告的真实性、思想性和艺术性。

(一)真实性原则

作为一种面向公众的信息传播行为,"真"是新媒体广告必须遵循的首要伦理原则。偏离了"真",新媒体广告便失去了其最根本的信息传递价值。广告之"真"包含本源真实和形象真实,本源的真实即核心事实真实,产品、劳务的真实和广告语言表达的合乎实际②。也就是说,广告宣传的产品与服务必须是真实存在的,如果广告缺乏核心事实的真实,广告就成了欺骗的工具。形象真实反映广告表现的真实,也就是广告所宣传的产品形象应与实际上的产品形象是一致的,这就要求广告必须实事求是地呈现产品,不误导消费者。要做到形象真实,就要科学运用广告表现手法,可以适当对产品或服务的优势进行艺术夸张,但不得过分夸张,过分的夸张就成了欺骗。

---

① 陈正辉.广告伦理学[M].上海:复旦大学出版社,2008:103.
② 蒋含平.论广告真实性的三个层次[J].中国广播电视学刊,1996(6):69-70.

许多新媒体广告背离了"真"的原则,例如一些广告主为了赚取利润,对产品质量、性能进行虚假宣传,有意隐藏产品的缺陷,夸大产品的优点,误导消费者,这最终导致虚假广告、欺诈广告在网络上泛滥,让新媒体广告留下缺乏真实性的负面印象。新媒体的发展使广告传播活动变得便捷而迅速,但新媒体技术的进步并不能消除对技术不信任所带来的制约作用。在缺少信任的社会环境中,新媒体技术的进步所能带来的积极作用将受到极大限制。因此,新媒体广告传播中,"真"是最基本的伦理规范,这既是社会伦理对新媒体广告的要求,也是新媒体广告健康发展的前提。

(二)思想性原则

广告不仅是一种经济活动,还兼具向大众宣传的作用,广告信息中虽然最重要的是产品信息,但同时它传播的内涵与观念涉及道德伦理、社会风尚、价值追求、生活方式等。因此,新媒体广告作为商业行为,应该以保障消费者的利益为传播的出发点,向消费者提供有用的商品信息,并引导消费者正确的消费行为。与此同时,一则优秀的新媒体广告不仅要重视经济效益,还要担负起社会责任,不违反社会公德,在内容和形式上必须维护国家利益和民族形象,传播健康的信息,这就是所谓的新媒体广告的思想性。

由于监管相对滞后,我国目前的新媒体广告的思想性并不尽如人意,表现内容与表现形式不太健康、存在着崇洋媚外、涉黄涉暴、低级趣味等问题,甚至有些广告还存在着政治性错误,应引起我们的高度重视。为了提高新媒体广告的思想性,新媒体广告主体必须明白,广告不仅是一种经济活动,也是一个国家或地区经济发展和精神文明的象征。《中华人民共和国广告法》第九条也明令禁止那些含有淫秽、迷信、恐怖、暴力、丑恶的广告内容,禁止刊登那些妨碍社会公共秩序和违背社会良好风尚的广告。新媒体广告作为新生力量更应该不断地鼓励和激发广大受众朝着"善"的方向去发展,而不应把广大受众往"恶"的方面去引导。

(三)艺术性原则

哲学家黑格尔在分析美时曾指出"美的要素可以分为两种:一种是内在的,即内容;另一种是外在的,即内容借以意蕴和特征的东西"①。广告的艺术性原则就在于强调广告之美,既包括广告的内容美,也包括广告的形式美,内容之

---

① 黑格尔.美学:第一卷[M].朱光潜,译.北京:商务印书馆,1979:25.

"美"主要是指广告传播的信息是健康、积极、高雅的，而不是腐朽、恶俗、低级的，有利于社会良好道德风尚的形成和确立。形式之"美"体现在新媒体广告可以给受众带来视觉的享受与互动的乐趣，新媒体广告带有图、文、声、像等多感官元素。这些元素可以带给受众丰富的感官刺激和多元的互动体验，从而带给受众多层次的美的享受。

然而一些广告主及创作者忽视了新媒体广告的艺术性，在内容上，广告信息往往包含着不良刺激，最常见的是各种性暗示、暧昧低俗的情色内容，让人产生不健康的联想；在形式上，广告没有合理利用新媒体丰富的表现形式，只是将传统形式的广告生硬地搬到新媒体上，既没有互动设计，也缺少针对不同受众的个性化定制；在传播上，广告没有摆脱强制性传播的窠臼，采用群发、无差别推送等信息轰炸的形式来传递广告信息，采用欺骗、误导、强迫受众的方式来增加广告的点击率，严重干扰了网民的新媒介体验和高质量的内容消费。这些行为均违背了新媒体广告的艺术性原则，背离了广告带给受众"美"的享受的目标，很容易沾污整个社会的审美情趣，腐蚀社会的价值取向。

综上，新媒体广告主体在从事新媒体广告活动时，必须坚持以广告受众为本，遵循"真善美"的原则，在广告的真实性、思想性和艺术性上下功夫，使新媒体广告既实现广告的经济利益，又促进广告社会效益的提升，在社会主义物质文明与精神文明建设中发挥积极的作用。

四、新媒体广告伦理的自律与他律

道德评价的最一般标准就是善和恶，能够推动社会的发展就是善的，否则就是恶的①。但在现实中，善恶的边界往往不是那么容易确定的，新媒体广告伦理规范的实现往往需要行为主体的自律与来自监管主体的他律。

（一）新媒体广告的自律与他律

新媒体广告的自律与他律是规范新媒体广告行为的两类手段，自律靠行为者的自觉履行，而他律则靠他者对行为者的监督与约束。新媒体广告的伦理既需要自律也需要他律，两者相互补充，缺少其中一种手段对伦理的规范作用将大大降低。

---

① 罗国杰.伦理学［M］.北京：人民出版社，1998：405-409.

1.新媒体广告伦理的自律

伦理的标准是高于广告法律的，不遵守伦理并不会受到实质性的、法律上的惩罚。所以说伦理道德的规范往往需要依靠人们内心自律的力量来实现。由于新媒体"把关人"的缺失，新媒体广告行为主体的自律成为维系新媒体广告秩序的重要保证。

要做到新媒体广告伦理的自律，一方面，各个广告主体的负责人都必须以受众、消费者为中心去考虑信息传播的效果，把握并坚守各自的伦理底线，在不干扰用户媒体使用的前提下，通过向消费者提供有价值的信息来赚取相应的利润；另一方面，在自律的执行方面，广告主、广告公司、媒体公司应加强对从业人员的培训与教育，将媒介伦理、广告伦理的遵守纳入从业者的考核指标，确保从业人员自律意识的提升。通过培训与考核，在新媒体广告的执行过程中，广告伦理就会逐渐内化为各大广告主体从业人员的职业伦理道德，他们在进行新媒体广告活动策划和执行时就会自觉地遵守这些伦理规范。

新媒体广告伦理的自律是整个广告行业都需要自觉履行的，但要使新媒体广告伦理具有较高的自律性是很难的，广告主体有时候会为了利益或者其他的理由弃伦理道德于不顾，因此自律往往需要一定的驱动力。

2.新媒体广告伦理的他律

新媒体广告具有比传统广告更强的开放性与自由性，如果只依靠新媒体广告主体的自律来确保广告伦理的实现是不现实的。新媒体广告伦理规范既需要新媒体广告主体的自律，也需要他律。只有二者相辅相成，才能保证新媒体广告伦理规范的有效实现。法律法规、社会舆论、行业规范和媒体监督是对新媒体广告伦理进行他律的主体，他们可以依靠对广告的评价形成一种力量，对新媒体广告主体形成心理上的压力，促使新媒体广告主体意识到不符合广告伦理规范的行为并及时改正，更积极地践行新媒体广告伦理。

(二)新媒体广告伦理的他律手段

能够对新媒体广告伦理形成他律约束的手段主要包括法律法规、社会舆论、行业规范和媒体监督四大方面。

1.法律法规的他律作用

一个社会有两套约束人行为的系统，一是法律系统，另一个是伦理道德系统。二者并行才能确保社会的有序运行，缺一不可，单有一者，社会就可能出现混乱。伦理道德作为法律制定的依据之一，很多国家在制定法律的过程中，都把公认的社会伦理道德作为法律的一部分,将其写入法律。这样对那些违反社会伦理道德的人,社会就能够依据法律对其进行约束和惩罚,社会公德就得以维序。法律规范是新媒体广告他律的重要手段,具有强制性、制度化的特征。遵守法律法规是新媒体广告行为约束规范的最低标准,广告行为主体及其从业人员都不能违法,一旦触犯法律法规就会受到制裁。目前管理新媒体广告的法律法规主要有《中华人民共和国广告法》《互联网广告管理暂行办法》《电子商务法》《互联网信息服务管理办法》《网络交易监督管理办法》《反不正当竞争法》《消费者权益保护法》等。

2.社会舆论的他律作用

社会舆论是社会群体对行为社会主体所从事行为的评价,是社会他律的重要手段。除了法律之外,新媒体广告也受社会舆论的监督。借助各大成熟的网络平台,新媒体时代的受众已经具备监督广告主体是否有违反伦理道德的能力,人们可以在网络上对广告作品进行评价,对商家行为进行评判,从而形成强大的社会舆论压力对这些广告主体施加影响,起到约束新媒体广告行为的作用。是否遵守伦理道德成为衡量一个新媒体广告是否受社会舆论制约的重要标准之一,例如在新媒体广告的制作和传播中,是否做到不欺骗消费者,不倡导一些不健康的生活观念和伦理观念等①。当然新媒体广告不一定要表现出这些伦理道德,但至少不能违背这些伦理道德。一旦新媒体广告违背了伦理道德,其广告主就很容易会受到社会舆论的谴责,其所宣传的产品和品牌也容易遭到人们的抵制。

3.行业规范的他律作用

行业规范是一个行业的行为规范,是在一个行业范围内各行为主体默认的正确的行为准则。业内主体遵守了行业规范就会得到同行的尊重,如果他们违反了这些规范则会受到同行的谴责。但行业规范并没有强制性,也没有强制的办法来强迫每个业内主体按照规范来做,其是否能够被遵守就要看业内主体的意愿和从业人员的职业责任感。但行业的相关主体与机构也可以通过一些方式来对广告伦理进行引导。首先行业可以制定标准,例如《中国移动互联网广告标准》就是由中国广告协会互动网络委员会主持,多家互联网企业、广告公司、广告主、第三方数据机构共同参与制定的。其次,行业权威机构也可以通过举办比赛发挥他律作用。通过举办赛事,业内先进主体的主要负责人和广告协会的负责

---

① 程梅娜.中国网络广告伦理失范研究[D].乌鲁木齐:新疆大学,2016:18.

人就可以对各参赛的新媒体广告作品和团队进行评价和点评。在他们评价这些参赛的新媒体广告作品时，就可以将广告伦理作为重要的考量指标，嘉奖那些符合广告伦理传播正能量的参赛作品与广告人，这样就可以鼓励从事新媒体广告业务的主体和个人都朝着这个方向努力，提升他们的广告伦理规范意识。

4.媒体监督的他律作用

新媒体的互动性和个性化是大众媒体所不能相比的，但其具有的匿名性与开放性，大大增加了新媒体对广告把关与监督的难度。传统媒体时代，在受众接触到一则广告之前，刊播这则广告的媒体会对这则广告进行把关，媒体出于社会责任，会基于法律与社会伦理对广告是否应该刊载进行判断。而互联网出现之后，一切都变得难以控制，每个人都可以通过新媒体平台发送广告信息，进行各种广告植入。虽然新媒体很自由，但如果失去了媒体的把关和监管，上面刊载的广告信息只会是良莠不齐，受众的媒介体验也会跟着大打折扣。当受众向新媒体平台反映一则广告不符合社会伦理道德时，是否撤下广告全在于平台自身的判断。从整体上看，新媒体平台不受成熟的体制与法律的制约，在利益驱使下，对新媒体广告的把关与监督就减弱了。但随着新媒体法律法规的健全，新媒体广告的把关和监督将重新得到相应的重视。

综上，不管是新媒体广告行为主体的自律还是来自法律法规、社会舆论、行业规范、媒体监督的他律，这些手段都是相互协作相互促进的，新媒体广告的伦理规范的实现应该是这些手段共同作用的结果，它们共同构成了新媒体广告行业应该遵守的伦理道德规范，也决定了新媒体广告未来发展的道路。

第二节 新媒体广告的伦理失范及其原因

新媒体广告业的发展可以用"一日千里"来形容，但由于我国法律法规中对新媒体广告并没有太多规定，加之新媒体本身的开放性与隐匿性，都导致新媒体成为催生各种形式的广告伦理失范现象的"温床"，影响人们的正常生活和社会的稳定发展。

一、新媒体广告伦理失范的类型

失范是指失去规范,缺乏规范,广告伦理失范就是指广告在伦理上不符合规范,违背社会伦理道德的现象。究竟什么样的新媒体广告属于失范的广告,主要可以通过以下三方面来综合界定,由重到轻分别是触犯法律法规的新媒体广告、违反行业规则的新媒体广告、违背社会道德的新媒体广告。

(一)触犯法律法规

法律是衡量一个社会中的组织或个人行为的最低标准,触犯法律法规的广告是最严重的伦理失范。目前规范广告的法律中最主要的是《中华人民共和国广告法》,该法律对广告的各个方面进行了规定,对广告的主体、客体、从事广告活动的准则进行了解释,对广告中禁止包含的内容进行了规定,也对广告从业者在广告活动中应该遵循的程序与规则进行了规定。其次是《反不正当竞争法》《消费者权益保护法》,广告的最终目的是销售产品或服务,消费者是这些广告的受众和广告产品的使用者,广告是否具有欺骗行为,是否侵犯权益都是由消费者来检验的[①]。对互联网广告而言,《互联网广告管理暂行办法》是其最主要的规范法规,其他还有一些法规,虽没有涉及广告,但由于网络广告属于电子商务的范畴,同时也是网络信息的一种,因此《电子商务法》《互联网信息服务管理办法》《网络交易监督管理办法》等法律法规都对其发布和传播具有约束力。

(二)违反行业规则

顾名思义,行业规则是广告行业内的规则,它约束的是广告行业的从业人员。中国广告协会互动网络委员会出台的《中国互联网广告推荐使用标准(试行)》自 2009 年 1 月 1 日起试行,旨在采取循序渐进的方式逐步统一互联网行业广告标准,使互联网广告更加便于销售和代理销售。2014 年 3 月 15 日中国广告协会互动网络分会制定了《中国互联网定向广告用户信息保护行业框架标准》,以指导和规范各单位在互联网定向广告业务中对用户信息的收集、保存、使用和转移行为。该分会于 2015 年 3 月 15 日进一步发布了《移动互联网广告标准》,对移动互联网广告所涉及的术语、定义和缩略语,广告投放和排期,广告展

---

① 程梅娜.中国网络广告伦理失范研究[D].乌鲁木齐:新疆大学,2016:21.

示、广告监测及计算方法和异常流量排除等进行了统一规范。这些行业标准的制定都属于网络广告企业应该遵守的行业规则,如果网络广告企业都能遵守这些行业标准,那么网络广告的伦理失范问题就能够得到遏制。

（三）违背社会公德

社会公德是存在于社会群体中的道德,是生活于社会中的人们为了自身群体的利益而约定俗成的应该做什么和不应该做什么的行为规范[①]。社会公德代表着社会大众的伦理道德趋向,是新媒体广告的一个评价标准。在新媒体广告活动中,违背社会公德的广告是让消费者反感的,且消费者对广告的反感将转化为对企业、对产品和对品牌的反感,最终损害企业的声誉,降低其市场竞争力。虽然影响新媒体广告效果的因素有很多,但遵守社会公德是有效广告的基本保证。遵守社会公德的新媒体广告会让受众形成一个积极的印象,感受到广告企业或品牌的正能量,这样广告才有可能被受众记住,产生好感,而违背社会伦理道德的广告连最基本的要求也没有达到,自然也不会得到受众的认可。因此一则能够让观众喜欢的新媒体广告一定是符合社会公德的,违背社会公德的新媒体广告是伦理失范的广告,这种失范的广告虽不会受到法律的严惩,但由于其违背了人们对社会公序良德的认识,很难受到人们的青睐和赞赏。

二、新媒体广告伦理失范的原因分析

网络广告伦理失范现象是在网络社会中产生的,其产生的原因有多个方面,主要原因可以归纳为以下几方面。

（一）广告立法相对滞后

法律法规的不健全是造成网络广告伦理失范的主要原因,我国广告法总体来说还是存在立法迟滞、更迭缓慢的问题。《中华人民共和国广告法》在1994年10月由人民代表大会通过确立,在该版的《广告法》中,全文都还没有"网络""互联网"等与新媒体相关的关键词,自然也就没有与新媒体广告相关的具体的有针对性的法律规定。1996年国务院发布、1997年修改的《中华人民共和国计算机信息网络国际联网管理暂行规定》,以及2000年颁布实施的《互联网信息服务管

---

① 汤安佶.大学生公德:现状、原因及对策[J].剑南文学:经典教苑,2013(5):270-271.

理办法》《信息网络传播权保护条例》《互联网电子邮件服务管理办法》虽然为互联网治理提供了一些依据,但也都是针对网络信息传播方面的法律法规,对网络广告问题没有作出明确的规定,造成了网络广告的审查、监督和管理缺乏可依据的规章制度。

2015年4月24日,《中华人民共和国广告法》迎来了第一次修订,在媒介变迁如此飞速的当下,新《广告法》颁布的必要性与重要性不言而喻。新修订的《广告法》新增的关于网络广告的相关规定只有两条:一是网络广告要有明显的关闭标志,二是未经当事人同意,不得向其发送电子邮件广告。此外,新修订的《广告法》在第四十四条明确指出"利用互联网从事广告活动,适用本法的各项规定",但网络广告毕竟与传统广告不同,网络广告的发布与传播都在虚拟的网络上,很难进行监管,同时网络广告具有隐蔽性,有些广告的广告主是谁都难以认定,一旦出了问题广告很容易被删除,消失得无影无踪,这些都加大了收集法律依据对其查处的难度,这些细节问题在新《广告法》中难以规定,很多条款在网络广告上是不适用的。同时新版《广告法》中针对网络广告的条文还是过于笼统,缺乏具体操作性,将传统广告的管理理念生搬硬套到互联网领域中。可以说,虽然网络广告属于广告这个大类里的一部分,但法律规定的缺失无形中也给网络广告伦理失范提供了生长的空间。

2016年9月1日,《互联网广告管理暂行办法》开始施行,该《办法》明确了互联网广告的概念,并把互联网广告划分为五类,明确付费搜索广告等五类互联网广告必须标明"广告"标识,广告媒介平台也有制止发布违法广告的义务等规定,大大弥补了《广告法》缺少针对网络广告进行规定的缺失。但《互联网广告管理暂行办法》也存在很多不足,例如只明确了五类互联网广告,难以针对种类繁多的互联网广告进行监督与制约,且只要求平台方在明知或者应知利用其信息服务发布违法广告的应予以制止,但如何认定"明知"和"应知"均没有明确规定,这样平台方就容易对不明显违法的广告开绿灯。具体规定的缺失容易导致网络广告的相关监管主体无所适从,消费者的利益也难以得到根本有效的保证。因此,从某种意义上说现在网络广告的监管仍缺乏成熟的法律依据,远远跟不上互联网广告发展的速度。

(二)受众广告素养欠缺

在传统媒体时代,人们获取信息的渠道很有限,大家收看的媒体内容都是差不多的,所以大家都很关注这些内容。如果报纸或电视上一有不符合伦理道德的内容，就很容易被社会公知发现并指出给予纠正。网络技术的发展使得互联网终端越来越普及，原先只有一些会技术的人能够操作个人电脑，现在几乎每个年龄层的人都能够操作，再加上移动互联网和移动智能终端的发展使得手机成为每个人人手一部的自媒体。更重要的是，互联网跨越了时空的限制，互联网上信息的海量性和选择的自由性，使得每个人在互联网终端接触的媒体和信息是不一样的，这就导致互联网难以形成传统媒体时代下强大的社会舆论压力[①]。在缺失社会舆论压力的媒介环境下，受众的判断力和自制力就成为唯一约束其行为及抵抗侵权的关键力量，受众的媒介素养就显得尤为重要。

媒介素养是指人们面对大众传播媒介的各种信息时的选择能力、理解能力、质疑能力、评估能力、创造和制作能力以及思辨性回应能力，它的实质是人们怎样处理与媒介关系的问题[②]。而广告素养是媒介素养的重要组成，简单来说就是指受众处理广告信息的能力。俗话说，一个巴掌拍不响，受众广告素养的缺失，也是导致新媒体广告伦理失范的重要原因。从人的本性来说，人总想要寻找刺激，追求娱乐，因此不排除有些受众就是热衷于收看具有感官刺激、黄色挑逗、低级趣味的网络广告。而需求就会反映在供给上，广告创作者制作广告依据的便是受众的审美情趣，为了吸引受众的眼球，他们便容易投其所好，使得那些低俗广告、色情广告有了市场，甚至利用这些低俗广告进行欺诈的违法行为就会出现。

此外，由于网民的文化程度不同，道德素养不同，网民的素质参差不齐，加上面向公众的素养教育滞后，很多网民都没有受过专业的媒介素养教育，对网络广告就缺乏识别和评判的能力，习惯性地接受网络广告传播的所有信息。加之个人的猎奇心理与享乐需求，使部分网民失去了对广告的批判意识，面对低俗广告难以抗辩，面对虚假广告难以辨别，对广告内容不假思索的接受，从而导致上当受骗，甚至权益被侵犯了而不自知，面对合法权益被侵犯也难以维权，更谈不上对网络广告伦理失范进行监督与抨击。

（三）网络技术推波助澜

网络技术是网络存在和运行的基础，也是网络广告发展的核心推动力，但网络技术也为网络广告伦理问题频发提供了客观条件。网络的开放和自由大大提

---

① 程梅娜.中国网络广告伦理失范研究[D].乌鲁木齐：新疆大学，2016：47.
② 聂辉.网络经济下的广告理念[J].现代营销，2011（2）：28.

升了人们的信息获取能力与传播能力,同时也极大弱化了把关人的功能,人人成为信息传播的主体,也就意味着人人均有恶意传播信息的潜在可能。在虚拟的互联网空间中,网络广告的发布与传播主体可以轻易隐藏自己的真实身份,无法被准确检测与跟踪,从而不受现实世界伦理道德的约束,可以轻松规避被追究的责任。尤其是大量隐性广告发布者的身份更为隐蔽,那些发布不良广告的人可以在网络中隐藏得毫无踪迹,这为恶意广告滋生提供了机会,间接导致大量违法广告的肆意传播,加重了网络广告行业的混乱程度。

此外,网络的数字化与虚拟性也对网络广告的监管提出了高的要求,网络广告监管不同于传统媒体广告,单靠人工是无法对如此巨大数量的网络广告进行监管的。我国的公安系统虽然建立了网络监察部门,但往往因掌握的数字技术不够成熟而无法全面监测有问题的网络广告,也难以揪出背后的黑手。即便网络广告的监管技术不断发展,但违法的手段也同样在不断更新,违法违规、违反伦理道德的网络广告以各种新形式出现,令人防不胜防,隐匿在数字技术后面的违法者仍难以受到法律的制裁。同样令网络广告监管者苦恼的是,网络上的广告行为没有像现实广告中的约束机制,网络传播的及时性和广泛性又使这些不良广告能够快速准确地到达受害者,轻而易举地影响他们,网络技术无疑为这些网络广告失范行为提供了条件。

(四)行为主体盲目逐利

逐利是网络广告伦理缺失最根本的原因。广告的经济效益是评判广告效果的重要指标,在很多情况下广告行为主体为了实现经济利益,容易忽视自身的社会责任,有意无意地传播一些违背社会伦理的广告,这不仅导致受众对广告内容产生怀疑与批评,降低了广告的传播效果,也使媒体的公信力大幅下降,影响了社会的和谐发展,这就是广告行为主体盲目追逐利益的结果。但实际上,经济效益并不是评价广告效果的唯一标准,广告在制作过程中,其内容涉及消费者的生活方式、社会文化和价值取向,同时广告也是一种面向社会公众的社会传播行为,因此广告也具有社会属性与文化属性,必须承担相应的社会责任,这是盲目逐利的广告主体所忽视的。

但要做到经济属性与社会文化属性的双重关照对网络广告主和广告公司并不容易。随着同质化商品竞争越来越激烈,广告代理商不断增多,在竞争的压力下,在利益的驱动下,有些广告主及其广告代理商就容易忽视企业、品牌的长久利益,盲目地追求眼前的利益,放低了对伦理道德的要求,为了获取网络时代稀缺的注意力资源,采用夸大其词、哗众取宠、巧言令色的方式进行网络广告宣传,用低俗的内容刺激消费者的感官,误导消费者进行非理性购买,背离了广告应有的"真善美"原则,漠视消费者的利益与社会道义。

在这一过程中,网络媒体也容易沦为网络广告伦理失范的助推器。网络媒体一诞生就需要不断摸索其盈利模式,广告收入是这些媒体谋生的重要经济来源。网络媒体为了从广告业务中获得利润,也容易忽视应有的社会责任,使那些低俗的、有违伦理道德的广告没有把关就登上了网络,成为网络广告伦理失范的"推手"和"帮凶"。这种做法从长远来看对网络媒体自身是无益的,如果受众在某个网络媒体上经常看到一些恶俗的广告信息,那么久而久之他们也会认为该媒体就是低俗的[1]。实现自身利益的最大化对谋求发展的广告主、广告代理商和网络媒体而言是重要的,但其前提是不能违背伦理道德的约束。正是对利益的盲目追求造成网络广告中利益和道德冲突的迭起。

(五)监督主体管理缺位

网络广告作为新型的广告形式,其规范化的运作和健康发展,来自外部的监督管理不可或缺。但网络广告发布自由、难以追踪,使得网络广告游离在法律无法监管的灰色地带,不法网络广告商大行其道。与此同时,网络广告在我国属于新兴的广告市场,处在广告管理和网络管理的交接地带,加之多元化的网络传播主体、跨行政区域的特点,对网络广告的监管提出了巨大的挑战[2]。

网络广告监管的首要问题是监管主体繁杂。网络广告的监管在具体落实的时候涉及多个监管部门和需要协作的部门,从而容易造成一旦出现问题难以协作、相互推脱的局面。在 2015 年修改并颁布的新《中华人民共和国广告法》中,工商行政管理部门被规定为网络广告的主要监管部门,同时指出由相关部门进行广告审查作为审查机关,但法规中没有明确相关部门包括哪些机关以及如何分工。2016 年施行的《互联网广告管理暂行办法》结合互联网广告的特点,明确规定了对互联网广告违法行为实施行政处罚的具体管辖,确定以广告发布者所在地管辖为主,以广告主所在地、广告经营者所在地管辖为辅等规定,提高了广告监管部门搜集证据和提高监管执法的效率。但在现实执法中,

---

① 程梅娜.中国网络广告伦理失范研究[D].乌鲁木齐:新疆大学,2016:42.

② 徐继强.网络广告及其法律规制[J].上海市政法管理干部学院学报,2001,16(4):30-34.

即使出现了违法广告,网络广告行为主体的调查和追踪也不容易,例如一些第三方交易平台对列入经营异常名录的广告主或经营者没有采取限制措施,违法行为发生后,所在地工商和市场监管部门通过登记的住所或者经营场所很可能无法找到广告主、广告经营者,还有一些广告主、广告经营者为外籍或居住境外等,这些具体情况的执法都涉及多个部门的分工协作,开展起来难度很大。

此外,打击力度不够也是网络广告伦理问题屡禁不止的重要原因。对于网络广告监管中发现的问题,行政监管给予的处罚主要重视经济上的罚款,而未能追究或剥夺其市场参与权力。如果只是通过经济上的罚款,是很难对网络广告主体的不法行为产生威慑力的。一旦出现问题,只要罚款就能解决,之后其仍可以继续从事相关业务,久而久之就助长了网络广告主体即使违法交交罚款也可以继续存在的心态,网络广告市场中的违法行为就很难得到有效的打击。2015年的新修订的《广告法》中加大了对虚假广告的处罚力度,但网络虚假广告赚取的利润可能是罚款的几十倍甚至上百倍,对其经济上的处罚只是其赚取利益的很小一部分。而对于发布虚假广告的网络平台,更多只是责令其进行曝光整改。广告违法利润高,广告违法成本低,这就导致了屡改屡犯、边改边犯的普遍情况。

第三节 新媒体广告的监管

"监管"最初是英语"Regulatory Constraint"的翻译,可以看作是按照一定的规则进行的督促、审查、管理等。我国对新媒体广告的监管主要以互联网广告为主,可以大致分为三个阶段。即 1995 年《中华人民共和国广告法》颁布至 2015 年《广告法》的第一次修订为第一个阶段,这一时期监管的主要法律为《广告法》。第二个阶段以 2015 年《广告法》的第一次修订为分水岭,此次修订主要就是为了适应新媒体环境下的广告发展,对互联网相关表述的缺失做出明确的补充,所以前后两版《广告法》又分别被称作新、旧《广告法》。至 2016 年 9 月 1 日工商行政管理总局(2018 年并入国家市场监督管理总局)出台《互联网广告管理暂行办法》,第二个阶段结束。2016 年 9 月之后,针对网络广告有了专门的管理规章制度《互联网广告管理暂行办法》,是为网络广告管理的第三个阶段。

一、新旧《广告法》对网络广告的监管

旧《广告法》制定时互联网才刚刚萌芽，网络广告还没发展起来，因此该法律主要是对传统广告的监管，而旧《广告法》制定之后，网络飞速发展与普及，网络广告也发展为广告产业的重要组成部分，2015 年我国互联网普及率已达 50.3％[①]，超过半数的中国人已接入互联网，为了进一步管理网络广告，当年新《广告法》通过并生效，对广告的监管扩大到互联网广告领域，开启了网络广告监管的新里程。

（一）旧《广告法》时期的规制

关于广告行政规制的模式，不同国家根据各自国情，主要分为自律主导型和政府主导型两种模式[②]。我国的广告行政规制属于典型的政府主导规制模式。法定的广告监督管理机关是各级工商行政管理局，它负责制定广告业监督管理规章制度以及具体办法与措施，组织对广告发布及其他各类广告活动实施监督管理，组织实施广告经营审批及依法查处虚假违法广告。在广告的监督管理实践当中，又以部门职能进行监管领域细分，不同部门依照自己的主管范围，协同合作进行监察[③]。此外，在消费者、媒体及其他社会力量的监督下，行业充分发挥自律功能，发动各级行业协会，配合政府对广告业实施内部自查自纠。

旧版《广告法》颁布于 1995 年，作为我国政府在该领域的统领性法律，成为司法机关行使司法职能，对违法人员进行追责和处罚的主要法律依据。除了旧《广告法》，我国还有其他两部法律《反不正当竞争法》和《消费者权益保护法》也适用于广告监管，并对广告监管的主体和监管对象提出了具体规定。在监管网络广告问题上，虽然这三部法律都被运用到实践中并切实起了作用，但它们都没有明文对"互联网广告"或"网络广告"做出规定。因为在当时，国内网络广告尚未发展起来，立法机构并未对网络广告作出具体约束，旧《广告法》无法涵盖网络广告的制作、发布与传播领域。这一时期，为了加强对互联网的管理，国务院、国

①　CNNIC.第 37 次《中国互联网络发展状况统计报告》[R].北京：中国互联网络信息中心，2016.

②　阮丽华.网络广告及其影响研究[M].北京：中国社会科学出版社，2014：166.

③　王斯班.互联网广告的伦理与规制研究[D].武汉：华中师范大学，2017：25.

家信息产业部、工商总局先后出台了系列法律,但其中多数仅针对网络建设、运营、注册等互联网诞生初期的问题作了规定,除旧《广告法》《反不当竞争法》《消费者权益保护法》等条文以外,几乎没有明确的法条可作为职能部门的执法依据。

旧《广告法》时期的网络广告监管,存在不少弊病和漏洞。突出的法律问题表现在法律覆盖不全、违法行为界定不明上。就相关管理法律体系来说,我国立法机构对网络广告监管缺乏专门法律,且立法层级偏低,影响法律的权威性与效力。

(二)新《广告法》时期的改进

自 1995 年《广告法》出台以后,20 年后,《广告法》终于迎来了第一次修订。2015 年 4 月 24 日,第十二届全国人民代表大会常务委员会通过了《中华人民共和国广告法》修订稿,于 2015 年 9 月 1 日正式生效,此即所谓的新《广告法》。

新《广告法》对广告进行了重新界定,去掉了广告需要商品经营者或者服务提供者"承担费用"的限制,把网络广告特别是通过自媒体发布的广告也纳入《广告法》规制的范畴,同时在第四十四条规定"利用互联网从事广告活动,适用本法的各项规定"。这些法条的变动与出台,明确了网络广告的法律归属,扩大了《广告法》的管辖范围,保证了网络广告的管理与处罚有法可依,这是质的飞跃,具有里程碑式的积极意义。新《广告法》针对网络广告的各种特性也做出了不少明确细致的规定,主要表现在以下方面。

1.对虚假广告加大惩处力度

新《广告法》第四条规定:"广告不得含有虚假或者引人误解的内容,不得欺骗、误导消费者",在旧《广告法》基础上加上了"引人误解"的限制,扩宽了虚假广告的范畴,同时在第二十八条明确了对虚假广告的界定。第五十五条在旧《广告法》的基础上,加大了惩罚力度,对情节严重的虚假广告"处广告费用五倍以上十倍以下的罚款,广告费用无法计算或者明显偏低的,处一百万元以上二百万元以下的罚款,可以吊销营业执照",这些严厉的惩罚也同样适用于虚假网络广告,同时新《广告法》也列出了具体的禁止使用的极限用语,对虚假网络广告具有一定的震慑作用。

2.加大对广告代言的约束力

新《广告法》第三十八条规定:"广告代言人在广告中对商品、服务作推荐、证明,应当依据事实,符合本法和有关法律、行政法规规定,并不得为其未使用过的商品或者未接受过的服务作推荐、证明""对在虚假广告中作推荐、证明受到行政处罚未满三年的自然人、法人或者其他组织,不得利用其作为广告代言人",这些规定大大约束了虚假代言的行为,同时新《广告法》第五十六条规定,关系消费者生命健康的商品或者服务的虚假广告,造成消费者损害的,广告代言人应当承担连带责任。有了这些法条的规定,广告责任主体在原来的广告主、广告经营者、广告发布者的基础上,增加了广告代言人,完善了广告代言人及其法律责任制度,由于这些法规也适用于网络广告,因此也对网络广告代言具有明确的约束力。

3.强化网络广告受众的自主权

新《广告法》第四十三条规定:"任何单位或者个人未经当事人同意或者请求,不得向其住宅、交通工具等发送广告,也不得以电子信息方式向其发送广告。以电子信息方式发送广告的,应当明示发送者的真实身份和联系方式,并向接收者提供拒绝继续接收的方式",第四十四条规定:"利用互联网发布、发送广告,不得影响用户正常使用网络。在互联网页面以弹出等形式发布的广告,应当显著标明关闭标志,确保一键关闭"。这两条法条对保障广告接收者的知情权以及拒绝接收广告的权利有重要意义。一些长期存在的有违伦理的网络广告,如垃圾邮件广告、弹窗广告的骚扰性问题将得到进一步遏制。

4.明确了网络广告相关主体的职责

新《广告法》第四十五条规定:"公共场所的管理者或者电信业务经营者、互联网信息服务提供者对其明知或者应知的利用其场所或者信息传输平台发布违法广告的,应当予以制止。"第七十三条规定"工商行政管理部门对在履行广告监测职责中发现的违法广告行为或者对经投诉、举报的违法广告行为不依法予以查处的,对负有责任的主管人员和直接责任人员,依法给予处分"。明确规定了网络广告相关主体的责任与义务,同时也规定了对失职行为的惩罚措施,进一步强化了监管的执行力度。

5.保护网民的个人隐私

新《广告法》的第九条增补条例,明确广告内不得出现"泄露个人隐私"的情形。传统媒体时代的广告或许很少涉及个人隐私的侵犯,但到了新媒体时代,新技术为获取个人隐私提供了便利,一些新媒体广告业务如搜索引擎竞价排名业务、电商平台精准推荐业务,个人隐私泄露的现象愈演愈烈,很多网民在不知情的情况下隐私数据被盗取或泄漏给不法广告商用来做广告,新《广告法》开始重视网络广告侵犯网民隐私的问题。

6.规范重要领域的网络广告

新《广告法》的第十九条法规中对涉及医疗、药品、医疗器械、保健食品的广告进行规定,将"互联网信息服务提供者"增列为禁止这些广告的传播主体,也就是禁止在网络上传播这些领域的广告,明确了网络媒体在医疗、药品、医疗器械、保健食品广告中的法律责任。此外针对这些领域,"禁止广告利用广告代言人作推荐、证明""禁止在针对未成年人的大众传播媒介上发布",对这些与人们健康安全有直接关联的产品的网络广告宣传进行了进一步规范,避免这类广告对受众的身心健康甚至生命安全产生严重的影响。

7.重视网络广告对未成年人的影响

新《广告法》第四十条规定,不得发布不利于未成年人身心健康的网络游戏广告,明确规定,广告不得损害未成年人的身心健康;在针对不满十四周岁的未成年人的商品或者服务的广告中禁止含有劝诱其要求家长购买广告商品或者服务或可能引发其模仿不安全行为的内容;第五十八条规定,禁止利用不满十周岁的未成年人作为广告代言人等。这些法律条文的出现,加强了网络时代对未成年人的保护,降低了网络广告对未成年人的负面影响。

可以说,对网络广告管理实践来说,新《广告法》产生了极大的推动作用。从这一时期开始,网络广告的管理有了明确的法律归属,监管部门有了明确的法律依据,摆脱了困扰中国网络广告法律空白的尴尬局面。但同时,《广告法》的修订能够起到的现实作用仍十分有限,实际操作中仍然存在着认定困难、外延模糊、权责不明的现象,仍需进一步推动法律的完善①。

二、《互联网广告管理暂行办法》对网络广告的监管

新《广告法》的修订开启了网络广告监管的大门,但新《广告法》毕竟不是主要针对网络广告监管修订的法律,而网络广告与传统广告相比有很多特殊性,新《广告法》总有无法覆盖的地方。为配合新《广告法》的施行,2016年国家工商行政管理总局(2018年并入国家市场监督管理总局)局务会议审议通过的《互联网广告管理暂行办法》,成为规范互联网广告活动的针对性法规,对规范互联网广告市场环境,促进互联网广告行业及互联网产业健康发展具有重大意义。

(一)《互联网广告管理暂行办法》的法律意义

2015年颁布的新《广告法》已经将利用互联网从事广告活动纳入了法律规

---

① 王斯班.互联网广告的伦理与规制研究[D].武汉:华中师范大学,2017:28.

制的范畴,2016 年 7 月,国家工商行政管理总局出台了《互联网广告管理暂行办法》(后文简称《办法》),于同年 9 月 1 日起正式实施,《办法》进一步对互联网广告活动进行规范。《互联网广告管理暂行办法》是我国第一部直接指向网络广告管理的行政法规,其里程碑意义毋庸讳言,作为一部填补了法律空白的行政规范,其最突出的意义与价值在于对部分性质模糊的广告对象进行了明确的法律归属。

(二)《互联网广告管理暂行办法》的监管价值

1.明确网络广告限定范围

《办法》第三条明文规定"本办法所称网络广告,是指通过网站、网页、互联网应用程序等互联网媒介,以文字、图片、音频、视频或者其他形式,直接或者间接地推销商品或者服务的商业广告",首次对网络广告做了法理上的明确界定,进一步将新《广告法》中约束的广告对象明确到网络广告。

新《广告法》四十三条规定"以电子信息方式发送广告的,应当明示发送者的真实身份和联系方式,并向接收者提供拒绝继续接收的方式","以电子信息方式发送广告"的界定实际上已经包含了《办法》中关于互联网广告的界定,因此《办法》中所界定的网络广告也要符合《广告法》的要求。这就要求企业在向用户发送网络广告时不仅要在广告内容和信息中表明身份,还要提供拒收的方式,例如退订广告、拒绝接受广告的提示和相应选项。此外,新《广告法》第十五、十六、二十二条专门规定了关于处方药和烟草广告的发布规范,而《办法》则在新《广告法》的基础上直接禁止利用互联网发布处方药和烟草广告。

2.明确了网络广告的明示义务

近年来,付费搜索广告,也称为竞价排名广告的不正当竞争案件频发,百度、谷歌等知名搜索引擎公司在国内外都因此涉诉。"魏则西事件"更是将百度的竞价排名广告机制推上风口浪尖。但我国法律对付费搜索广告的规范一直是通过《反不正当竞争法》《商标法》等进行规范,而对此类广告发布的行为规范一直是空白。

此次《办法》中的第七条规定:"互联网广告应当具有可识别性,显著标明'广告',使消费者能够辨明其为广告。付费搜索广告应当与自然搜索结果明显区分。"这一规定与新《广告法》第八条关于广告中应当明示的内容的规定,以及第十四条"广告应当具有可识别性,能够使消费者辨明其为广告"的规定一致。《办法》首次将长期处于争议、范畴归属不明的"付费搜索广告"纳入广告范围,受广告法的规范,还规定付费搜索广告应与自然搜索结果有明显区分,同时明显标注出广告属性,保证互联网用户能够直观分辨二者,也规定了处罚办法。但《办法》对于如何区分付费搜索广告与自然搜索结果并没有进一步给出示范。而在2016年8月1日实施的《互联网信息搜索服务管理规定》第十一条对互联网信息搜索服务提供者(搜索引擎服务商)提出了规范要求:"互联网信息搜索服务提供者提供付费搜索信息服务,应当依法查验客户有关资质,明确付费搜索信息页面比例上限,醒目区分自然搜索结果与付费搜索信息,对付费搜索信息逐条加注显著标识"。①

3.明确了骚扰广告受众的行为

《办法》第八条规定:"利用互联网发布、发送广告,不得影响用户正常使用网络。在互联网页面以弹出等形式发布的广告,应当显著标明关闭标志,确保一键关闭。不得以欺骗方式诱使用户点击广告内容。未经允许,不得在用户发送的电子邮件中附加广告或者广告链接。"本条规定进一步细化了新《广告法》第四十四条对互联网广告的规定。

在新《广告法》的基础上,根据互联网的特征,《办法》明确了不得诱使用户点击、不得在电子邮件中附加广告或广告链接的内容。因此,企业今后在发布广告内容时不能再做"标题党",如果用户点击后发现文不对题、挂羊头卖狗肉的,企业就涉嫌违法了。同时,在发送电子邮件前要征得用户的同意,这就要求企业在用户注册或者接收服务条款时就明确要求用户勾选是否同意接收电子邮件广告等内容,并最好在电子邮件中明确退订的方式。

4.明确了各相关主体的职责

《办法》第十五条规定:"广告需求方平台经营者、媒介方平台经营者、广告信息交换平台经营者以及媒介方平台的成员,在订立互联网广告合同时,应当查验合同相对方的主体身份证明文件、真实名称、地址和有效联系方式等信息,建立登记档案并定期核实更新。媒介方平台经营者、广告信息交换平台经营者以及媒介方平台成员,对其明知或者应知的违法广告,应当采取删除、屏蔽、断开链接等技术措施和管理措施,予以制止。"这与新《广告法》第四十五条中对互联网信息服务提供者的规定一致。

本条要求广告平台经营者和媒介平台成员负有合理注意义务和审查义务,

---

① 国家网信办:付费搜索信息应醒目标识区分[EB/OL].2016-06-26,https://china.huanqiu.com/article/9CaKrnJW76a.

要求柜关主体建立档案登记制度，对合作方的真实信息进行记录并定期更新。此外，平台方在明知或应知的情况下需要承担删除、断开链接的责任，否则就构成违法或侵权。因此，承担违法责任或侵权责任的前提是证明平台方的恶意，即"明知或应知"。对广告发布的平台方而言，即使其角色是发布媒介或信息交换平台，仍应当负有合理注意和审查义务，如果平台中发布的广告明显违法的，就可以认定为平台方的"明知或者应知"。

5.明确了网络广告的不正当竞争行为

《办法》第十六条规定："互联网广告活动中不得有下列行为：（一）提供或者利用应用程序、硬件等对他人正当经营的广告采取拦截、过滤、覆盖、快进等限制措施；（二）利用网络通路、网络设备、应用程序等破坏正常广告数据传输，篡改或者遮挡他人正当经营的广告，擅自加载广告；（三）利用虚假的统计数据、传播效果或者互联网媒介价值，诱导错误报价，谋取不正当利益或者损害他人利益。"同时《办法》第二十条还规定了"工商行政管理部门对互联网广告的技术监测记录资料，可以作为对违法的互联网广告实施行政处罚或者采取行政措施的电子数据证据"。

在《办法》出台之前，网络广告中很多不正当竞争行为都是通过《反不正当竞争法》的一般条款来规制。除了上述付费搜索广告外，还有第十六条第一、二项中规定的利用程序、硬件进行拦截、快进、过滤等限制措施，以及破坏传输数据，篡改、遮挡他人广告、擅自加载广告等不正当竞争行为，也是随着近年来互联网技术的发展而出现的新型侵权方式。《办法》对此进行明确，有助于对竞争主体之间是否存在滥用技术手段阻碍竞争，排挤对手，扰乱市场秩序进行判断。《办法》进一步规范网络广告行为，填补了关于网络广告不正当竞争行为相关部分的法律空白。

6.明晰违法行为管辖权的地域归属

《办法》第十八条规定："对网络广告违法行为实施行政处罚，由广告发布者所在地工商行政管理部门管辖。广告发布者所在地工商行政管理部门管辖异地广告主、广告经营者有困难的，可以将广告主、广告经营者的违法情况移交广告主、广告经营者所在地工商行政管理部门处理。广告主所在地、广告经营者所在地工商行政管理部门先行发现违法线索或者收到投诉、举报的，也可以进行管辖。对广告主自行发布的违法广告实施行政处罚，由广告主所在地工商行政管理部门管辖。"

由于互联网广告发布链条长、广告资源碎片化、广告精准投放，不同浏览者同一时间在同一网站上看到的有可能是完全不同的广告。《办法》依据互联网传播特性和网络广告业自身的发展态势,对网络广告违法行为管辖权的地域归属作了详细的阐释:对网络广告的管理以广告发布者所在地管辖为主。广告主所在地、广告经营者所在地管辖作为相应的辅助手段。同时,在网络广告中,有很多是由广告主在自设网站或者其拥有合法使用权的互联网媒介上自行发布的,《办法》要求在广告主自行发布广告的情况下,网络广告活动由广告主所在地管辖。这就意味着,广告主或者广告经营者所在地在发现违法线索或者接到投诉、举报后,能够更快断开违法广告链接,更具可操作性[①]。

7.明确了网络广告的发布者

《办法》第十一条规定,"为广告主或者广告经营者推送或者展示互联网广告,并能够核对广告内容、决定广告发布的自然人、法人或者其他组织,是互联网广告的发布者",在新《广告法》的基础上进一步明确了网络广告的发布者。

《办法》将网络广告发布者的行为界定为"推送或者展示",并规定能够核对广告内容、决定广告发布的自然人、法人或者其他组织是网络广告的广告发布者,依法承担新《广告法》所规定的预先查验证明文件、核对广告内容的义务。该规定侧面界定了自媒体商品与服务推介行为的广告属性,根据这一条款,广告发布者也包括了由个人管理运营的自媒体平台或账号。有了上述法律约束,电商平台、微信朋友圈、微博里的广告,即使是由个人通过个人账号发布,一旦违反法律法规,也可由各级管理部门依法进行惩处。

8.明确了程序化购买广告行为中的法律责任

程序化购买广告是互联网广告行业的特殊经营模式,通常被称为"互联网广告联盟",这一模式的出现有利于广告商实现定向广告发布[②]。程序化购买经过近些年不断地发展,已经得到了很多广告主的认可,也受到大型网络公司的重视。程序化购买作为互联网广告产业的一类特殊业务,涉及需求方平台、媒介方平台、信息交换平台等多个行为主体,且要求相关数据平台拥有很高的处理能力,目前虽然各个数据平台均有发展,但质量参差不齐,投放精准度和数据安全都存在着一定风险。

《办法》在第十三条中规定:"互联网广告可以以程序化购买广告的方式,通

① 解读:互联网广告新规有哪些?[EB/OL].2016-07-11,https://www.sohu.com/a/104219526_119737.

② 郑宁,韩婕.互联网广告新规的动因、影响及应对[J].中国广播,2017(1):58-61.

过广告需求方平台、媒介方平台以及广告信息交换平台等所提供的信息整合、数据分析等服务进行有针对性的发布。通过程序化购买广告方式发布的网络广告，广告需求方平台经营者应当清晰标明广告来源。"同时，《办法》还对网络广告联盟的三方责任作出具体规定，对明显的违法广告活动，应及时通过技术手段和管理手段，采取应对措施以减小危害。《办法》的这些规定对程序化购买的相关主体的权利义务进行了一定程度的界定，有助于形成更加完善的程序化购买体系和相关监管制度。

《互联网广告管理暂行办法》的出台无疑对规范网络广告起了非常大的推动作用。2017 年 5 月，国家工商总局还下发了《现行广告法规汇编》《互联网新闻信息管理办法》《互联网管理办法》《网络交易管理办法》等法规条例，既规定了网络广告执法人员的责任，也对违法网络广告的处罚等都予以针对性的规定①。但由于网络广告业态还在发展和变化过程中，随着网络广告业态的发展与变化，将来还需要不断完善法律法规，制定出新的条款和新的规定，对具体的网络广告的新问题进行规范和处理，持续净化网络广告环境。

【思考题】

1.什么是伦理？什么是道德？伦理与道德有何区别？广告的哪些特性与伦理息息相关？

2.什么是新媒体广告伦理？其规范的主体包括什么？

3.什么是新媒体广告的自律与他律？新媒体广告他律的主要主体包括哪些？

4.什么是广告伦理失范？新媒体广告伦理失范的类型有哪些？新媒体广告伦理失范的主要原因有哪些？

5.什么是监管？我国对新媒体广告的监管分为哪三个阶段？主要的新媒体广告监管的法律法规有哪些？这些法规在哪些方面对新媒体广告起到监管作用？

---

① 徐明.大数据时代的隐私危机及其侵权法应对[J].中国法学,2017(1):130-149.

【本章参考与推荐书目】

一、国外专著

1.塔尔德.传播与社会影响[M].何道宽,译.北京:中国人民大学出版社,2005.

2.梯利.伦理学导论[M].何意,译.桂林:广西师范大学出版社,2015.

3.克里斯琴斯.媒介伦理:案例与道德推理[M].孙有中,郭石磊,范雪竹,译.北京:中国人民大学出版社,2014.

4.杰哈利.广告符码:消费社会中的政治经济学和拜物现象[M].马姗姗,译.北京:中国人民大学出版社,2004.

5.凯茨,莱斯.互联网使用的社会影响[M].傅小兰,严正,译.北京:商务出版社,2012.

6.费伦.作为修辞的叙事:技巧、读者、伦理、意识形态[M].陈永国,译.北京:北京大学出版社,2002.

7.韦伯斯特.信息社会理论[M].第三版.曹晋,等译.北京:北京大学出版社,2011.

8.伯顿.媒体与社会:批判的视角[M].史安斌,译.北京:清华大学出版社,2007.

9.库尔德利.媒介、社会与世界:社会理论与数字媒介实践[M].何道宽,译.上海:复旦大学出版社,2014.

10.史蒂文森.认识媒介文化:社会理论与大众传播[M].王文斌,译.北京:商务印书馆,2013.

11.史蒂文森.媒介的转型:全球化、道德和伦理[M].顾宜凡,等译.北京:北京大学出版社,2006.

12.伊格尔顿.文化的观念[M].方杰,译.南京:南京大学出版社,2003.

二、国内专著

1.陈汝东.传播伦理学[M].北京:北京大学出版社,2006.

2 陈绚.广告伦理与法规[M].北京：中国人民大学出版社,2015.

3 陈正辉.广告伦理学[M].上海：复旦大学出版社,2008.

4 黄建中.比较伦理学[M].北京：人民出版社,2011.

5.纪良纲.商业伦理学[M].北京：中国人民大学出版社,2016.

6.李淑芳.广告伦理研究[M].北京：中国传媒大学出版社,2009.

7.王军.传媒法规与伦理[M].第 2 版.北京：中国传媒大学出版社,2019.

8.王利明.电子商务法律制度：冲击与因应[M].北京：人民法院出版社,2005.

9.新玉言,李克.大数据：政府治理新时代[M].北京：台海出版社,2016.

10.钟瑛.网络传播伦理[M].北京：清华大学出版社,2005.

11.周祖城.企业伦理精品案例[M].上海：上海交通大学出版社,2010.

前沿篇

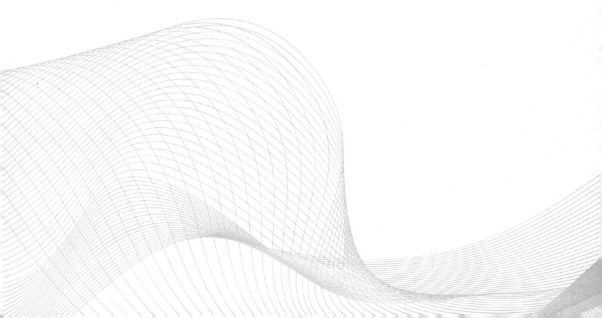

第八章
原生广告

本章导言

　　传统广告最大的问题就在于干扰性强。当受众经常收到很多没有价值的广告信息时，便会逐渐对广告产生反感与厌烦，甚至潜意识里避免收看广告，这就大大地影响了广告的传播效果。针对用户避免或跳过广告的问题，新媒体内容发行商和广告主多年来一直在寻求解决方案，原生广告就是基于这样的需求下诞生的。目前主要的网络广告形式，如搜索引擎广告、微博广告、微信广告、网络游戏广告、移动 APP 广告、短视频广告都在探索各自的原生形式，都可以在原生广告中找到自己的位置，原生广告成为新媒体广告重要的发展趋势。本章将介绍目前新媒体广告中最受关注的原生广告和其中最有代表性的信息流广告类别，主要呈现原生广告与信息流广告的诞生与发展、概念与内涵、主要类型等方面的内容。

学习要点

- 理解原生广告的定义、理念、核心内涵
- 理解原生广告与植入式广告、内容营销的区别与联系
- 了解原生广告的特征与分类
- 理解信息流广告的概念与特征
- 了解信息流广告的发展过程
- 熟悉信息流广告的主要类型

开篇案例

表情包原生广告

随着移动互联网和社交平台的不断发展，单纯的文字已无法形象地表现出人们的喜怒哀乐，用户之间的交流由最初的文字发展到图片，再到五彩缤纷、形态各异的表情包。表情包已成为现代人在线社交的重要沟通载体，其威力远远凌驾于文字之上。表情包是一切语言的高度凝练，颠覆了只可意会不可言传的表达局限，可谓是互联网最实用的创作之一。随着表情包越来越丰富，"斗图""表情包大战"成为当下人们表达情感、互相沟通、获得乐趣的一种独特方式，"能发表情包就不要打字"成为新时代网民社交心照不宣的原则。可以说，如今人们的网络社交离开表情包就会变得暗淡无味。

对于品牌而言，表情包是一个接近用户的营销新途径。在移动社交平台，诸多品牌商会根据自身品牌或产品的特点制作相关的表情包，供用户下载使用。例如旺仔表情包就是最好的例子。表情包中旺仔可爱多元的表情，既生动又传神，配上精简的文字，直观地表达出各种不言而喻的小情绪。同时旺仔还擅长追踪热点，跟进网络热词。如网络流行词"雨女无瓜"是"与你无关"的谐音，是一种带有方言腔的表达，意思即为与你无关。该流行词出自电视剧《巴啦啦小魔仙》，剧中"游乐王子"说话带点口音，说话发音被网友弄成了谐音梗。此外还有"小朋友要有小朋友的亚子（样子）""请你有点至知之迷（自知之明）""要泥寡（要你管）"等。2019年12月2日，国家语言资源监测与研究中心发布了"2019年度十大网络用语""雨女无瓜"位列其中[①]。由于旺仔的表情十分逗趣，网友通常用于回怼或调侃别人，如图8-1所示。[②]

图8-1　旺仔"雨女无瓜""你怎么这个亚子"表情

---

① 2019年度十大网络用语 你会几个？［EB/OL］.2020-01-01，https://www.sohu.com/a/364151436_479631.

② 星巴克、肯德基、旺仔、大白兔出表情包了，你 pick 哪一款？［EB/OL］. 2019-06-11，https://www.digitaling.com/articles/170869.html.

在压力越来越大、越来越需要宣泄的当下，表情包确实是年轻人的"生活必需品"。表情包制作相对简单，并不需要大额广告费，且能够兼顾趣味性和广告信息传达，新颖怪趣，在增强品牌认同感的同时可实现多次传播，小成本却有大成效。在如今的网络环境中，这种复杂多元的社交符号是传统广告传播方式所无法企及的。

请思考：表情包在网民社交中扮演什么样的角色？品牌制作的表情包属于广告吗？这样的表情包对品牌而言有什么作用？品牌在制作这类表情包时需要注意哪些事项才能达到好的效果？

第一节　原生广告的概念

原生广告是伴随着互联网广告以受众为中心理念而发展起来的新概念，是互联网时代新媒体广告的新探索，原生广告的概念更在于追求广告的"原生"效果，与之前的植入式广告、内容营销等概念有区别也有联系。

一、原生广告的诞生

在2013年，美国福布斯网站的"品牌声音"（BrandVoice）栏目上出现了一篇名为《PlayStation 4 vs.Xbox One：Winner Emerges Via Social Analysis》的文章，内容是SAP软件公司利用其旗下的某款数据处理工具对PS4和XBOX在社交媒体上的口碑进行的对比分析。而这篇文章其实是SAP软件公司在福布斯网站上发布的原生广告，这也成了世界上第一条有着"原生"概念的广告。

从运作模式上看，"品牌声音"是福布斯网站通过将网站的内容管理系统（content management system，CMS）有偿开放给企业营销者而打造的全新广告板块，即面对广告客户开放小部分有偿使用的资源，以新闻化的方式传播品牌，以实现广告的最大原生化[①]。这种新的方式，在内容上与网站内容保持一致，加上企业的logo和名称，成了原生广告的最早的形式。福布斯网站的这一举措也为其广告事业注入了新的生命力，创造了不菲的广告收入。

---

① 韩红星，覃玲.原生模式：美国媒体广告的创新和趋向[J].编辑之友，2016(12)：98-103.

随后，《大西洋月刊》（*The Atlantic*）网站和新闻科技博客网站 Mashable 上也出现了原生广告。自 2013 年起，越来越多的传统媒体引入了这种新型的广告形式，《纽约时报》（*The New York Times*）、《华盛顿邮报》（*The Washington Post*）、《华尔街日报》（*The Wall Street Journal*）等大报都启动相关计划，加快网站改版，相继在各自的网络版上开辟类似的原生广告板块，培养专门人员从事原生广告的创作，并将这些员工组成一个新的"定制内容部门"[①]。之后原生广告由传统门户网站转向社交媒体平台，如新闻聚合网站 Buzz Feed 的原生广告模式，它上面没有任何硬广告，而是将为广告主量身定制的品牌化内容（branded content）作为主要广告形式，并使其形成病毒式传播。与此相类似的还有脸书的"受赞助的内容"（sponsored stories）、推特的"推广推文"（promoted tweets）等。

随着原生广告逐渐被业界接受和认可，原生广告的专业代理公司也陆续诞生，如法国原生广告公司 Adyoulike、美国原生广告公司 Taboola、日本原生广告公司 popIn、美国的 Truffle Pig、Google 搜索广告等，他们拥有新闻编辑机构和社交媒体人才，能够为广告主提供内容创作、视频制作、社交媒体管理、洞察和分析服务，国外的原生广告市场机制逐渐成熟[②]。在国内，原生广告的发展脚步也未曾放缓。最先嗅到"原生"气息的是凤凰网，它率先引入原生营销理念，提出了"以品牌为中心的营销"向"以人为中心的营销"转移的理念[③]。

2012 年，凤凰网为伊利定制品牌新闻《中国牛仔的一天》，以新闻的视角深入中国养牛哈沙图牧场，用新闻纪实的方式，图文并茂地讲述奶牛养殖者赵国梁一天的工作，如图 8-2 所示。[④] 这则内容投放于凤凰资讯栏目，除了图片中养殖者的工作服上出现的伊利 logo，并无任何信息提示这是一条赞助内容。仅两天时间，曝光量便超过了 240 万，实现了 4.6 万次点击浏览。同年，凤凰网为柒牌集团定制了关于非物质文化遗产的系列纪录短片《中国，才是美》。该短片由 5 个微纪录片组成，包含董事长采访以及非遗成果的展示，并投放于凤凰视频的纪

① 贾金玺.美国数字新闻商业模式的探索与创新[J].重庆工商大学学报：社会科学版，2015,32(1):84-89.

② 崔文花,吴深深,孙珺.原生营销成长路 广告如何演绎生活传奇？[J].成功营销，2014(11):46-59.

③ 李德团,周嘉宁,肖夕鹏.原生广告的创意与反思：以凤凰网原生广告为个案[J].成都师范学院学报，2015,31(8):117-120.

④ 中国"牛仔"的一天 [EB/OL]. 2012-12-11,http://biz.ifeng.com/focus/detail_2012_12/11/474417_0.shtml.

图 8-2　凤凰网为伊利定制的品牌新闻《中国牛仔的一天》

录片频道。短短 10 天内,点击量超过了 11 万,柒牌官方微博账号的活跃粉丝剧增了 4 万多,这是传统互联网广告难以达到的传播效果①。2014 年纪录片《医》,立足于社会的热点——医患关系,把飞利浦品牌与社会责任关联起来,通过 6 位医生亲自讲述自身真实经历,传递用户对医患关系的误解,同时也传递飞利浦品牌的社会价值。2017 年,凤凰网开始基于国内首个实时监测用户数据平台下的"凤眼"和"智能数据库"两大系统,驱动凤凰网原生营销的发展,打造更多优质化的内容②。

　　除了凤凰网的原生广告外,以社交媒体为依托的原生广告模式也初见成效,如新浪微博、腾讯微信等社交媒体都在向原生广告领域进行不同程度的尝试,原生广告的形式与内容也随着广告业对原生理念的运用而变得更加多样。

二、原生广告的定义

　　原生广告并不是一个非常成熟的专业术语,其被提出至今也不过十年左右,因此对原生广告进行介绍之前,必须对其概念进行界定。通过对原生广告概念

---

①　韩红星,黄明顺.原生:广告的下一站[J].销售与市场:管理版,2016(7):71-73.

②　池小燕.凤凰网"双轮驱动"造就不同凡响[J].成功营销,2017(1):67.

的界定,我们可以更加理解原生广告出现的背景与原因,也能明晰其特点与优势。

（一）原生的定义

"原生"源于英文单词"native"的直译,在英文释义中指的是天生的、天然的、质朴的意思,强调的是事物保持着最初始的状态。原生一般有三层含义:(1)不破坏环境的,融入环境之中的;(2)原始的、天生的、最早的;(3)自发的创造性。原生一词也被用来形容各种事物,例如原生系统、原生生物、原生家庭,等等。

在社会科学领域,"原生"的概念最早被引入文化、艺术领域,涌现了众多关于"原生文化""原生文学""原生艺术"等相关方面的研究,其原生性的体现在于原始发生与后来、后续发展之间的逻辑性与关联性,强调事情、事件与原初理由之间的关系①。原生一词涉及的范围虽然很广,但在实质含义上主要强调基于事物的根源,保持本质特征。因此,原生广告中的"原生"可以理解为广告内容融入媒体与用户所在的传播环境,与所融入的传播环境无缝连接,保持媒体内容原有的形态。

（二）国外对原生广告的界定

原生广告,英文为 native advertising。原生广告概念的出现,最早可以追溯到 2011 年。2011 年 9 月,联合广场(Union Square)风险投资公司的创始人弗雷德·威尔逊(Fred Wilson)在媒体与广告在线营销(online marketing media and advertising,OMMA)全球会议上提出:新的广告形式将存在于网站的"原生变现系统"(native monetization systems)当中②。他认为,原生广告是一种从网站体验和 APP 用户体验出发的盈利模式,由广告内容所驱动,整合了网站和 APP 本身的可视化设计③。原生广告通过"和谐"的内容呈现品牌信息,不破坏用户的体验,为用户提供有价值的信息,让用户自然地接受商业信息。这是"原生"概念第一次出现在广告领域④。

---

① 彭兆荣.论"原生态"的原生形貌[J].贵州社会科学,2010(3):19-24.
② 康瑾.原生广告的概念、属性与问题[J].现代传播:中国传媒大学学报,2015,37(3):112-118.
③ 张庆园,姜博.原生广告内涵与特征探析[J].华南理工大学学报:社会科学版,2015(17):65-71.
④ 金定海,徐进.原生营销 再造生活场景[M].北京:中国传媒大学出版社,2016:29.

在原生广告的概念被提出之后，国外业界开始对这种新型的广告形式进行积极探索，纷纷从自己的角度来理解原生广告。如 2012 年新闻聚合网站 Buzz Feed 的副总裁威尔·海沃德（Will Hayward）认为"原生广告就是通过社交网络进行分享的赞助性内容""原生广告要在形式上融合于媒体，比如说，原生广告在脸书里面，会以一则新的动态出现，在 Buzzfeed 里面，就是一则报道"[①]。同年，英国传媒集团深度聚焦（Deep Focus）的执行总裁伊恩·舍费尔（Ian Schafer）认为"原生广告是一种以消费者本身使用该媒体的方式，去接触消费者的广告方式"。他强调了原生广告与媒体语境的融合，认为原生广告是一种成熟进步的广告模式，成熟之处在于其巧妙地利用了平台的优越性，增强用户的体验。

2013 年 6 月，为了研究原生广告的定义和标准问题，美国互动广告局（Interactive Advertising Bureau，IAB）组成了一个由 164 位专家组成的专家团，经过半年的努力出版了《原生广告手册》（*The Native Advertising Playbook*）。该手册阐明了原生广告是媒体平台为了达成广告与页面内容一致、与网页设计一致、与受众在平台上的行为一致这些愿望而催生的一系列广告产品形式。理想的原生广告在内容上与页面网站有着高度的相似性，形式上与页面设计十分融合，并且保持用户使用平台习惯的一致性[②]。《原生广告手册》为业界对原生广告的操作过程提供了相应的规范和框架，是原生广告理论建设的重要文献，但遗憾的是其对原生广告并没有明确的界定，更多的是将原生广告作为一种愿景。

随后国外的专家学者们又对原生广告的定义展开了大量的研讨，提出了一些观点，如加拿大营销协会主席米奇·乔尔（Mitch Joel）指出"原生广告是一种根据广告主提供的内容特征和自身技术条件，为每一个媒体创作出的独一无二的广告"[③]。视频广告发布平台 Sharethrough 的 CEO 丹·格林堡（Dan Greenberg）将原生广告概括为一种在内容、功能和形式上都不破坏用户原有体验，与用户接受的内容毫无二致的付费的媒体形式，他指出"为了使用户体验变得顺其自然，原生广告必须在形式和功能上跟随投放媒体"。验证码广告公司 Solve Media 给出的定义是："原生广告是一种通过在信息流里发布具有相关性的内容

[①] 邹伯涵.心流体验视角下原生广告传播特征研究[J].新闻研究导刊,2017,8(6):250-251.

[②] 2017 年中国原生广告市场研究报告[R].上海：艾瑞咨询集团,2017:44.

[③] JOEL M. We need a better definition of "Native Advertising". Harvard Business Review[EB/OL].2013-02-13,https://hbr.org/2013/02/we-need-a-better-definition-of.

第八章　原生广告

279

以产生价值、提升用户体验的特定商业模式"①。肯特州立大学（Kent State University）的科林·坎贝尔（Colin Campbell）和劳伦斯·马克斯（Lawrence Marks）认为：原生广告是一种由品牌商发起，授予广告制作方创作许可，并在消费者社交网络上广泛推送的品牌传播活动②。由以上的定义可以看出，国外对原生广告的界定主要是把它认为是一种基于广告融入媒介环境的新型广告形式或商业模式。

（三）国内对原生广告的界定

2013 年 2 月，凤凰网新媒体首席运营官李亚在参加美国互动广告局（IAB）年度峰会期间，在《数字营销》3 月刊的卷首语上发表了《数字营销趋势的十点展望》一文，将原生广告的概念正式引入中国，凤凰网也成为我国最早进行原生广告实践的媒体。凤凰网执行副总裁金玲认为：原生广告是以融入媒体环境、保障用户体验为基础的，为客户提供的精准、有价值的广告信息③。凤凰网对于原生广告的实践推动了原生广告在中国的发展。整体上看，凤凰网把原生广告视为一种全新的营销理念："通过融入用户所在的媒体环境，以精准方式推送，在保障用户体验的同时，提供对用户有价值的信息，并能实现快速全媒体适配"④。

随着原生广告的引入，国内学术界对原生广告定义也开始展开探讨。学界对原生广告也有多种定义，如表 8-1 所示。这些概念的界定对原生广告进行了多角度的思考，也为原生广告的发展提供了新的思路。

表 8-1 原生广告的界定

学者与年份	界定
喻国明（2014）	原生广告是内容风格与页面一致、设计形式镶嵌在页面之中，同时符合用户使用原页面的行为习惯的广告[a]
金定海（2014）	原生广告是从消费者需求中派生出的广告内容和形式，是基于互动的立场进行的内容营销[b]

① 金定海,徐进.原生营销:再造生活场景[M].北京:中国传媒大学出版社,2016:30.

② CAMPBELL C,MARKS L J.Good native advertising isn't a secret[J].Business Horizons 2015,58(6):599-606.

③ 金玲.原生广告重绘门户营销新方向[J].广告大观:综合版,2013(12):18.

④ 付继仁.原生广告,媒体营销模式的创新[J].广告大观:综合版,2013(8):94-95.

学者与年份	界定
李光斗（2014）	原生广告是指与媒体内容相结合的广告，易于被消费者记忆并自主进行传播[c]
宋祺灵、徐琦（2014）	原生广告与搭载媒介高度融合，本身是内容的一部分，对受众有一定信息价值，能够满足受众需要，受众阅读原生广告并不会损害自身的体验以及感受，是广告形式的一种数字化进化[d]
康瑾（2015）	原生广告是与上下文相关联的广告，并且整合了付费媒体（Paid Media）、公众媒体（Earned Media）和自有媒体（Owned Media）[e]
陈力丹（2016）	原生广告在广告内容与广告形式方面与媒介内容和媒体环境无缝融合，不破坏原有界面，不破坏用户体验，为用户提供有价值的内容，并保证用户在传播效果上对产品产生认知[f]
廖秉宜（2017）	以品牌理念为基础，以融入媒介环境为导向，以媒介内容为参照，以为受众提供有价值信息为前提，以新媒体技术为依托的新型广告形式[g]

a.喻国明.镶嵌、创意、内容：移动互联广告的三个关键词——以原生广告的操作路线为例[J].新闻与写作，2014(3):48-52.

b.金定海.情境 黏性 接触点[J].声屏世界·广告人，2014(3):35-35.

c.李光斗.原生广告：互联网时代的传播变异[J].中国广告，2014(4):49-50.

d.宋祺灵，徐琦.基于网络平台的原生广告发展现状研究[J].现代视听，2014(8):77-80.

e.康瑾.原生广告的概念、属性与问题[J].现代传播：中国传媒大学学报，2015,37(3):112-118.

f.陈力丹，李唯嘉，万紫千.原生广告及对传统广告的挑战[J].新闻记者，2016,000(12):77-83.

g.廖秉宜，何怡.原生广告的概念辨析与运作策略——以知乎日报原生广告为例[J].广告大观：理论版，2017,551(5):34-40.

　　根据这些原生广告的定义，学者们强调，原生广告不会打扰用户体验，它为用户提供的体验与所在媒介平台提供的体验大体相同，令用户舒适，而且还会为用户提供有用的信息，这些信息与传统广告里的劝说式信息不同，是真正与顾客息息相关的有价值的信息，其主要表现特征包括淡化其自身的商业特征、新颖有趣的广告形式与基调、情绪诉求的边缘化。

　　综合学者们对原生广告的界定和分析，简单而言，原生广告可以说是一种形式上融入媒体环境，内容上提供用户价值，将内容与传播环境无缝融合，保持用户浏览习惯，创造原生语境，于潜移默化之中传递信息的广告形态。

三、原生广告的本质内涵

原生广告被提出来之后，曾有部分学者怀疑原生广告的实际价值，认为原生广告只不过是"新瓶装旧酒"[①]。实际上，原生广告并非噱头，而是基于传统数字广告破坏数字媒介体验的问题背景下提出来的，具有与传统数字广告不同的本质内涵。

（一）原生广告的理念

从概念上看，原生广告并不是某种特定的、具体的广告表现形式，而更像是一种符合广告发展潮流的战略层面上的新型营销理念[②]，一种对新媒体广告创新的指导思想。原生广告的"原生"体现在广告信息与所承载媒介相贴合，广告表现与受众原有的媒介语境相契合，广告内容原生于有价值的媒体信息，强调重视广告所刊载媒体的特征，将广告信息与媒体内容进行有效结合。

"原生"理念的实现是为了解决现有广告主、媒体、用户三者之间的矛盾，通过寻求品牌与市场、服务、传播的聚合，整合多方资源，实现协作共赢，最终达到平衡媒介特色、用户体验和广告目标三者之间的关系。为了实现"原生"理念，品牌商与广告主需要深度挖掘行业及用户大数据，利用巧妙创意将广告融入用户媒体信息接收语境当中，通过广告与投放媒体的深度融合，提高受众的接受度，促进转化率的增长。

这一整套营销理念的诞生，其基础在于媒体营销模式的创新与发展[③]。根据"原生"的营销理念，广告的生产与投放将媒体摆到了关键的位置，强调原生广告源于媒体，根植于媒体，需要遗传并保持媒体的特征属性和用户的媒介体验。基于这个营销理念，广告要进行原生化的生产与投放，不仅要考虑媒介的属性，也要考虑受众的媒介体验。

（二）广义与狭义的原生广告

如果将原生广告的概念界定为一类新型的广告形式，根据其包含的广告类

---

①　吴志远,杨麟,黄艳平.原生广告：优雅地挣钱[J].新闻前哨,2015(4)：96-97.

②　宋祺灵,徐琦.基于网络平台的原生广告发展现状研究[J].现代视听,2014：77-80.

③　付继仁.原生广告，媒体营销模式的创新[J].广告大观：综合版,2013(8)：94-95.

型范围,还可以将其分为广义的原生广告和狭义的原生广告。根据"原生"的理念,广义的原生广告是一种与媒体环境高度融合,给人原生体验的广告,它的内容、形式、风格、设计与展示平台或使用场景相一致。它的表现形式多样,形式随着其传播平台的不同而有所变化。凡是基于原生理念的能够将品牌内容嵌入媒介环境、融入用户体验的各种广告类型都属于广义的原生广告,而不局限于任何一种固有形式。这意味着,基于"原生"理念的原生广告虽然诞生于互联网时代,但原生之所以原生,更在于其与投放环境的契合度,这才是原生广告的关键,因此原生广告可以是任何形式,而不局限于互联网形式。

从狭义上来讲,原生广告是互联网时代兴起的一种广告形式。它区别于干扰式的传统媒体广告,基于互联网技术和大数据技术,在表现上嵌入多种媒介语境,在内容上提供对用户有用的信息,在传播渠道上适配多种媒介,面向受众进行精准推送。因此,狭义的原生广告是指依托互联网技术和大数据技术,以媒介受众为中心,从品牌自身出发,在形式上与所依托的新媒体平台高度融合统一,在保证用户的媒介体验的前提下,向用户提供有价值广告信息的新媒体广告形式。

(三)原生广告概念的核心内涵

原生广告的概念的核心内涵主要包括以下四个方面,这四个方面是原生广告区别于其他广告的关键特征,同时也是原生广告的优势所在。

1.原生广告依托互联网而生

虽然在传统媒体时代,广告也强调要与媒体内容相关,但传统媒体广告并没有下意识地强调广告内容需要原生于媒体,这才导致了传统广告的"狂轰滥炸"问题。原生广告的"原生"理念提出于互联网时代,因此有意识地进行原生广告的实践主要在网络平台上。原生广告可以在用户日常的互联网浏览体验中以图片、影音、文字等任何形式出现,例如在微博里是一则分享,在微信朋友圈里是一则状态,在新闻栏目里是一则新闻报道。互联网不同平台的特色与优势也决定了原生广告在各个平台具有不同的目标受众、表现形式与传播优势。

2.原生广告与承载媒体的语境高度契合

原生广告将广告以内容化的方式无痕地融入投放的媒体语境中,以降低对用户媒介体验的干扰,这是原生广告最主要的特征。在传统媒体上,媒体内容和广告有明显的界限,有专门为广告设置的版块与时段。但原生广告则不同,它与其所投放的媒体平台中正常的媒体信息一样,在形式、风格、内容上保持一致,从而使广告内容能够自然地融入用户的媒介使用语境之中，与所依托的各种媒体的特性和调性相辅相成，既不妨碍用户的媒介使用，又更容易被用户所采纳，实现广告与媒体语境的高度契合。

3.原生广告以媒介受众为中心

与展示性广告相比，原生广告是以媒介受众为中心派生出的广告形式，其出发点是尊重受众的需求与体验。要达到原生的状态，广告自然需要契合该媒体用户的需求，尽可能地减少对用户的侵扰，不破坏用户体验，让广告与用户媒介使用场景相融合，让广告内容与媒介信息"和谐"衔接。出于这样的目的，原生广告的内容就不能仅仅追求单纯的产品的露出或品牌价值的传播，还必须兼顾用户的需要、兴趣点和使用媒介的习惯，尽可能地在用户感兴趣的媒体内容中融入紧密相关的、有价值的广告信息，这样才能让用户愿意接收这些信息，不对广告产生厌烦与反感。

4.原生广告依托大数据进行精准投放

借助媒体平台大数据挖掘、分析的能力，原生广告可以收集用户的多维度数据，打造立体的用户画像，基于具体的用户画像对目标消费者进行精准定位，对目标消费者的需求进行深入洞察，从而能够向目标消费者进行点对点的个性化内容推荐。同时，原生广告能够根据不同媒体平台的特征与调性，创造出目标消费者更乐于接受的媒介语境，激发消费者参与广告互动与反馈的热情，营造优质、深刻的品牌体验，从而面向个性化的受众实现精准投放，最终获得最大化的传播效果。

（四）原生广告与植入式广告的概念辨析

根据原生广告的概念和内涵，容易想起与其相类似的概念——植入式广告。植入式广告的提出早于原生广告，与原生广告的"初衷"相似。而原生广告是在植入式广告的实践基础上更为"先进"的一种广告实践。

1.原生广告与植入式广告的相似点

植入式广告是伴随着游戏、电视、电影等发展而兴起的一种广告形式，指商品（服务）或品牌信息嵌入媒介内容中的广告[①]。植入式广告通常以电影、电视剧等媒介内容作为切入点，在信息传播中将品牌信息融入受众的媒介接触中，隐

---

① 喻国明，丁汉青，王菲，等.植入式广告：研究框架、规制构建与效果评测[J].国际新闻界，2011,33(4):6-23.

藏广告意图,让受众在接触媒介内容的同时一并接触广告信息,以便在受众防御心理较低的情况下对他们进行"说服",避免硬性推广带来的消费者抗拒和反感。这与原生广告强调嵌入媒介环境,重视广告传播与媒介体验一致性相似,植入式广告实践的目的也是改变传统广告侵入式的广告模式,强调在媒介环境中植入广告,强调传播过程中的隐蔽性,达到"淡化广告意图""去广告化"的效果。

2.原生广告与植入式广告的差异点

虽然植入式广告与原生广告有一定程度的切合,但从以下三方面来看两者所带来的消费者体验有着根本差别。

(1)广告形式从"寄生"到"原生"

植入式广告看似与媒介内容结合,但实际上只是媒介内容的一部分,其存在与否并不影响媒介内容剧情的发展,因此本质上还是一种"寄生"在传播载体中的广告形式。植入式广告效果的好坏得看广告内容与媒介内容的相关程度。植入式广告与媒介内容相关程度越高,就越能形成记忆点,产生较好的效果。反之如果植入得不好,那就很可能让受众反感,产生负面效果。但实际上植入式广告要做到很好地融入媒介内容是很难的。植入的内容往往脱离于植入剧情的上下文逻辑,仅仅以单一的"露出",或者利用剧中角色的推广台词来达到推广的目的。这样的植入一般较为生硬,不仅难以影响受众还容易引起受众的抵触,也影响了受众对媒介内容的体验。而原生广告强调形式上"原生"于载体,嵌入用户每日接触的大量信息流之中[①],"内容即是广告,广告即是内容",广告、内容与载体之间高度结合,融为一体,广告效果也更为理想。

(2)广告内容从"植入"到"定制"

植入式广告为了"隐藏广告意图",有意识地将品牌的产品、名称、商标等相关物体或标识植入在游戏、电影、电视剧等媒介内容中,以降低受众对广告的提防心。但这些媒介内容的受众与广告的目标受众存在着一定的区别,且这些媒介内容的受众在消费媒介内容时也不能跳过植入式广告,没有自主选择的权利,从这个角度而言植入式广告也带有一定的强制性。由于植入式广告具有这样的强制性,一旦广告植入没有符合电影剧情等实际情况,缺少对受众有价值的信息和较强的观赏性,就容易产生低于预期的效果。相比之下,原生广告则以广告目标受众的角度出发,配合投放媒体的特征与调性来定制广告内容,往往一部电影就是为品牌量身定制的广告。广告的内容或新鲜有趣或令人深受启发,保证受

---

① 曾凡海.广告学[M].北京:清华大学出版社,2015:99.

众有良好的体验，从而容易引起受众的兴趣，激发受众主动关注和了解并进行二次传播。如果受众发现广告有任何问题，也可以选择回避、关闭或反馈，因此与植入式广告有本质区别。

（3）广告意图从"说服"到"体验"

原生广告与植入式广告的核心意图不同。植入式广告的核心意图是说服受众接收广告信息并促成购买，为了达到这个目标，植入式广告以植入的形式来触达受众，广告商更关注品牌在媒介内容中的暴露频次与持续时间对投放后的销售量变化的影响。由于企业的商业性目标，植入式广告通常需要采取强制性的广告置入，而这些置入的广告信息往往略显僵硬，忽视了用户进行媒介消费时的感官体验与情感体验。原生广告传播的核心意图则是融入受众体验①。心理学家米哈里·契克森米哈（Mihaly Csikszentmihalyi）提出了心流体验（flow experience）的概念，用以描述人们在参与活动时将所有精力和注意力充分投入活动中，继而创造出的强烈的情感体验②。原生广告就是尊重并合理利用用户沉浸在媒介中的心流体验，潜移默化地将广告信息嵌入进去，让广告回归其"有价值的信息"的本质中去，使受众以沉浸的心境处理广告信息，最终达到广告目的。

综上，原生广告在植入式广告的基础上，在广告形式上由"寄生"发展为深度融入的"原生"，在广告内容上由内容的"植入"过渡到内容的"定制"，在广告意图上由"劝服"发展到"体验"，既做到"表现原生"也做到"意图原生"③，是一种既不损害用户体验，又能实现广告主商业目的的广告形式④，是对植入式广告的优化与升级。

（五）原生广告与内容营销的概念辨析

原生广告实践可以说是内容营销的新尝试，但这两个概念有不同的出发点，简单而言，内容营销是通过内容来吸引消费者，而原生广告是为了不打扰消费者而采用原生的方式投放广告，出发点的不同就决定了两个概念的思考角度与侧重点不同。

---

① 康瑾.原生广告的概念、属性与问题[J].现代传播：中国传媒大学学报,2015,37(3)：112-118.

② CSIKSZENTMIHALYI M. Flow：The psychology of optimal experience［M］.Springer,Dordrecht,1990:4-5.

③ 袁潇,付继仁.大数据时代原生广告的传播路径研究[J].新闻界,2017(10):51-54.

④ 陆小凡.微博和微信信息流广告的比较研究[J].新闻研究导刊,2017(14):273-273.

1.原生广告与内容营销的相似点

"内容营销"(content marketing)一词很早就已经出现,最初是指把发行纸质杂志的策略引入广告行业进行专门化应用的营销手段。业界广泛认为,内容营销是企业通过多种渠道,如电子杂志、微博、短视频等发布多种形式的媒体内容,传递有价值、有娱乐性的与企业、产品或品牌有关的信息,向用户传递品牌价值的同时激发用户主动参与,并在互动过程中建立和维护用户与品牌之间良好关系的一种营销战略①。

内容营销的特点主要包括:一是广告内容的多样性,包括故事、图文、视频等,广告主将广告信息赋予这些内容之中,内容的表现形式极具多元化;二是广告内容的价值性,内容营销注重创造有价值的、精品化的内容来打动消费者,内容一般和产品或者品牌形象相关,引发消费者对内容的关注;三是广告传播的拉式策略,与硬性广告的推式策略不同,内容营销找到消费者的触点,通过有价值的内容让消费者产生兴趣,让消费者主动参与其中,并主动接收、搜索产品和品牌信息,激发消费行为②。

从上述概念来看,原生广告和内容营销都不以快速提升销量为目的,而是通过长期向消费者传播一些融入品牌核心价值观的内容,来提升消费者对品牌的认同与忠诚,从而在目标消费者心中建立稳定的品牌形象。二者在培养品牌忠诚,强调价值创造,让消费者对企业或品牌有亲近感,追求与消费者之间长期稳定的关系等方面具有一致性。从某种意义上说,原生广告是内容营销理念在广告方面更加专业化的应用③,原生广告是内容营销的高级形态④。而从概念范畴上看,内容营销是更为宏观的概念,强调通过内容的精心设计和安排来影响消费者以实现营销目的,而原生广告是内容营销下的应用与实践,是内容营销在广告形态设计方面进行实践的产物。

2.原生广告与内容营销的差异点

虽然内容营销与原生广告有很多相似之处,但两者还是有不同的侧重点。原生广告在继承内容营销理念的基础上进行了发展与变革,主要体现在以下三方面。

---

① 周懿瑾,陈嘉卉.社会化媒体时代的内容营销:概念初探与研究展望[J].外国经济与管理,2013(6):61-72.

② 李国宇.原生广告的内容生产程式研究[D].南昌:南昌大学.2017:8.

③ 康瑾.原生广告的概念、属性与问题[J].现代传播:中国传媒大学学报,2015,37(3):112-118.

④ 陈丽平.原生广告对既有广告业态秩序的挑战[J].青年记者,2015(6):80-81.

（1）从重视"内容创意"到重视"内容体验"

从商业属性来看,内容营销是借助内容创意的价值,运用品牌内容的传播来进行品牌推广和产品行销。简单而言,企业为了实现其所期待的营销目的,通过文字、图片、音频、视频等形式向受众传递有价值的品牌信息,就是所谓的内容营销。同时内容营销有多种表现形式,不一定需要做广告,广告只是内容营销的一种手段。

原生广告起源于内容营销,本质上是内容营销的数字化发展,是与特定传播媒体整合为一体的商业广告形态。但原生广告的理念却又高于内容营销,其目的不仅在于通过内容创意以精彩的品牌故事来巩固品牌与消费者的良好关系,更关注使品牌化内容成为对消费者有价值的"信息",使品牌内容融入媒体环境之中,把有价值的内容以潜移默化的方式传递到消费者心中①。原生广告的出现,改变了传统广告的营销模式,让广告信息成为媒介内容中不可或缺的部分,在品牌、媒体、用户三者之间建立起一种和谐的关系,将品牌内容融入用户的媒介体验中,向用户提供有价值的信息。

（2）从"以品牌为中心"到"以用户为中心"

内容营销借鉴了出版业"内容为王"的理念,内容生产"以品牌为中心",内容营销的内容创意以商品需求为驱动,关注重点更多地落在内容创意与消费者兴趣的匹配上,重视内容本身的吸引力,但缺乏对内容与媒介属性匹配的考量②。内容营销传播的内容多与企业品牌和产品直接相关,借用品牌故事的讲述对自身的品牌理念进行美化、包装、传播,而消费者仍处于被动地受内容影响的地位上,也缺乏对消费者行为模式的洞察,所以才忽视了消费者的媒介体验。

原生广告则"以用户为中心",创意内容基于用户的需求,这意味着创意内容不一定需要包括企业、产品或品牌的信息,可以与任何用户感兴趣的优质内容进行结合,可以是科普一种技术,可以提供美食菜谱,也可以规划假期出游方案。而大数据则是合理设计原生内容的关键技术,利用长期积累的用户数据,原生广告可以根据算法推算出用户可能感兴趣或需要的信息,从而确保广告内容与用户需求的相关性,提升广告的关注量与转化率③。同时,原生广告强调广告原生

---

① 康瑾.原生广告的概念、属性与问题[J].现代传播:中国传媒大学学报,2015,37(3):112-113.

② 黄明顺.原生广告的传播类型与传播机制研究[D].广州:华南理工大学,2016:27.

③ 李国宇.原生广告的内容生产程式研究[D].南昌:南昌大学.2017:10.

于广告媒介,也就是不破坏广告媒介原有的信息结构和形式,而根据媒介来设计广告信息。其关键就是要让广告信息与媒介属性关联起来,关注广告与用户媒介体验的真正融合,强调传递广告消息是为了潜移默化地影响消费者的品牌态度,吸引消费者而不是干扰他们。所以归根结底,原生广告是从消费者需求中派生而来,更侧重"润物细无声"地为用户提供良好的广告体验,从而实现广告的商业价值。

(3)从"企业主导"到企业、媒体、消费者"协作共赢"

内容营销的传播主体和执行者是企业本身,营销的模式仍以企业为核心,一切话语权都在企业,企业主导内容创作与传播的整个过程,包括内容创意、内容形式、内容投放渠道的选择、内容投放频率等具体的环节和细节,企业负责内容的创作,媒体只负责将投放的广告传递给受众。随着商品的饱和,商品同质化严重,企业竞争成为常态,市场营销的中心向消费者转移,唐·舒尔茨指出:"营销者已不再像从前那样控制着整个传播过程,他们已经失去了控制权""这是一个被消费者意见包围的传播世界,一个消费者希望从营销者那里了解信息的世界,而不是营销者一味地自说自话的世界"[①],"企业主导"的营销模式越来越难以满足市场变化的需求。

原生广告作为连接品牌、媒体和用户的桥梁,重视三者之间和谐关系的构建以及利益的共存与互惠。根据原生广告的理念,广告内容的制作并非广告商一锤定音,而需要企业、广告商和媒体共同协商,企业把广告交给专业的原生广告代理公司或者媒体内部的专业内容策划团队,广告商依据媒体特性与受众需求进行原生广告内容的创意与执行,媒体也有权力与尊重其定位的广告商合作,而拒绝投放会破坏其定位的广告商的广告。这在一定程度上能保证广告信息的内容生产基于用户的浏览习惯,同时也接近媒体内容的调性与偏好,既保证了内容创意的质量,也有利于实现企业、媒体、消费者三者利益的最大化,而非只顾及企业一方的利益[②]。

总而言之,原生广告与内容营销的本质区别在于广告融入媒体的一致化体验,原生广告与消费者的信息需求与媒介体验环境和谐共生,广告传播以品牌价值观传递为目的,建立在品牌、媒体与消费者合作共赢的基础上,是一种更加健康、友好的广告模式创新。

---

① 舒尔茨.重塑消费者:品牌关系[M].沈虹,郭嘉,译.北京:机械工业出版社,2015:4-9.
② 黄明顺.原生广告的传播类型与传播机制研究[D].广州:华南理工大学,2016:28.

第二节 原生广告的特征与分类

原生广告的出现与发展并不是偶然，原生广告形式满足了广告主、媒体、受众的新需求，因而具有强大的生命力。原生广告实际上是网络广告实践与现代营销观念的产物，它的很多特征并非原生广告独有，它所涉及的广告类别已经覆盖到互联网广告的各种类型。

一、原生广告的特征

原生广告的特征最主要的就是具有原生性，而为了达到原生性，原生广告也注重提高信息的价值性、精准性、开发性与定制性。

（一）原生性

相比传统的广告，原生广告最显著的特点就是，用户在接触原生广告的时候，并不会将其视为广告进行识别，而是下意识地将其视为媒体内容的一部分，原生性是原生广告最显著的特征，也是它最大的优势所在。原生广告的原生性表现在两个方面，一是形式原生，即形式上自然地融入媒介环境之中，与其他媒介内容保持形式一致。无论媒介具有什么样的特性，原生广告均能根据不同媒介环境变换成不同的形式，保证广告风格与媒体页面风格一致，和谐地融入媒介环境之中。二是内容原生，即广告内容与媒介内容相关，根据媒介内容来设计广告内容。原生广告根据媒介内容的上下文语境进行内容定制，让用户在接触到媒介内容的同时接触广告信息，却意识不到这是广告，这可以极大地削弱消费者对广告的惯性抵触和厌烦情绪。原生广告的原生性在形式和内容上都达到了与广告媒体的高度契合，体现了对用户的尊重。

（二）价值性

广告能够给用户带来有用的信息，是广告的基本要求，价值性是原生广告的一个很重要的特征。随着消费者主体地位的提升，他们对品牌广告的期待已经超出了对产品功能和性能诉求的要求，而更期待广告能传递其认同甚至产生共鸣的品牌价值观。原生广告就是从受众角度出发,以受众为中心,紧贴社会热点,创新广告内容,寻找品牌和用户之间的关联点,创作出对受众有实用性、有启发性、有观赏性的优质内容,同时将品牌理念、品牌价值观等融入广告内容之中,定制高价值、高可读性的品牌化内容①。同时将这些有价值的品牌化内容传递给有需求的消费者,尽可能地吸引消费者的关注,实现消费者对品牌诉求的价值认同与情感共鸣,最终实现原生广告的有效、快速地传达,让受众主动关注、购买,甚至进行口碑传播,建立起品牌与消费者之间的联系。

(三)精准性

基于网络信息与受众行为复杂化的背景,广告的精准性越发重要,精准性是原生广告的重要特征。在大数据与云计算技术日渐成熟的背景下,依托于大数据,媒体平台能获得消费者的相关信息,包括个人属性、地理位置、消费习惯、媒体使用习惯、社交信息、浏览记录、搜索订阅、支付行为等多维度的用户海量数据,用户数据库得以建立。广告主、品牌方通过强大的用户数据库可以对这些海量数据进行挖掘,并借助精准算法进行多角度的分析、估算,快速对用户画像进行绘制,预测用户的多样化需求、兴趣与喜好,实现目标受众的精准定位,同时还可以根据用户所使用的不同终端与系统进行个性化的内容定制。在此基础上,原生广告能够根据数据分析结果将品牌广告信息与用户的个性、兴趣与需求进行匹配,也能基于用户的媒介使用需求分析将用户与合适的媒介平台进行准确匹配,从而将定制好的原生广告插入受众平时喜欢接触的媒体信息当中,将精准的个性化信息推送给最合适、最需要、最感兴趣的目标受众。

(四)开放性

原生广告的开放性建立在平等的基础上,受众愿意主动选择观看原生广告完全是由于其内容的实用性、观赏性和娱乐性等价值因素。一方面,原生广告避开了侵入式的广告传播手段,与早期互联网广告强行侵占用户的媒介浏览页面不同,原生广告以媒介内容形式呈现,受众对原生广告的消费仍是按照用户消费媒介内容的方式进行。这样的形式尊重了受众自主选择信息的权利,虽然不能够确保所有受众都能对广告感兴趣,但至少不会产生反感,也更容易获得积极的反馈。另一方面,原生广告的开放性在于强调广告提供内容吸引用户的参与。

---

① 刘庆振.媒介融合新业态:数字化内容与广告融合发展研究[J].新闻界,2016(10):55-59.

相对于传教式的广告传播，原生广告以新鲜、有趣、有价值的内容吸引消费者的积极参与，通过持续、阶段性的互动来建立品牌与消费者之间的联系[1]，同时也提供给消费者评论、点赞、转发等多种与广告互动的方式，根据这些反馈广告商可以及时跟踪广告效果，进一步调整和完善广告策略。

（五）定制性

原生广告的定制性首先体现在形式和内容的多样化上。在形式上，原生广告不拘泥具体的形式，可以是一条微博，可以是一条视频，也可以是一款游戏；在内容上，广告内容与媒体原生内容无限贴近并与媒介环境融为一体，从而带给用户丰富的新奇体验。其次，原生广告的定制性体现在多终端的适配性。在全媒体背景下，各种传播终端之间日益渗透，能够适应各种屏幕终端的广告设计与投放成为广告策略的重点。原生广告能够基于不同媒体平台的不同属性设计不同的原生广告形式，迅速整合电脑、手机、iPad等传播终端，在复杂多元的媒介环境中不断探寻合适的形式，使设计出来的原生广告都能在不同平台、不同终端、不同系统中有效呈现，实现跨终端、多系统覆盖[2]。最后，原生广告的定制性还体现在制作团队的专业化，随着原生广告的不断发展成熟，各大媒体平台逐渐将自身更多的资源开放共享，这为专业化的原生广告团队给广告主量身定制最佳的广告方案提供了极大的便利。

二、原生广告的分类

2013年美国互动广告局（IAB）发布的《原生广告手册》中，将原生广告分为六大类：信息流广告（in-feed unit）、付费搜索（paid search unit）、推荐工具（recommendation widgets）、促销列表（promoted listings）、广告内的原生单元（in-ad with native element units）、定制单元（custom）[3]。而随着原生广告的发展，其类型也更加多元，较为常见的表现形式有：新闻类原生广告、信息流广告、搜索类原生广告、应用类原生广告、游戏类原生广告和户外原生广告。

---

① 韩红星，黄明顺.原生：广告的下一站[J].销售与市场：管理版，2016(7)：71-73.

② 张晓静.大数据时代原生广告的传播价值[J].新闻知识，2014(11)：51-53.

③ IAB.The Native Advertising Playbook[EB/OL].2013-12-04，http://www.iab.net/media/file/IAB－Native－Advertising－Playbook2.pdf.

（一）新闻类原生广告

新闻类原生广告又可以称为品牌新闻，是原生广告与新闻报道的结合，指用媒体的新闻视角报道与品牌相关的热点事件，用新闻的叙事方式把要传达的品牌诉求融入其中，实现新闻与品牌的关联。新闻类原生广告打破了原有的广告制作到广告投放的模式，不再由广告主或第三方进行广告制作后寻找媒体平台进行投放，而是由专业的新闻制作团队结合品牌特点、新闻事件、用户痛点进行新闻资讯与品牌广告的定制，如凤凰网为伊利定制的品牌新闻《中国牛仔的一天》就是新闻类原生广告。新闻类原生广告需要将产品、品牌的诉求点或价值观融入新闻报道中，或是借助新闻热点事件，在民众关注度未减的极短时间内快速进行创意、策划，内容要求既不会喧宾夺主，但又能恰到好处的点出品牌，定制化要求非常高。这类原生广告的创作者不仅需要有新闻人的专业素养，还要具备市场营销与广告实务的知识，这样才能找准二者之间的共生点。

新闻类原生广告是利用受众对新闻这一信息形式的信任，让具有较强公信力的新闻媒介为产品或品牌进行第三方信任背书，从而让受众对原生广告中的产品或品牌信息产生信任感。基于受众对新闻平台的信任，新闻类原生广告无论是在影响力、内容质量，还是在广告效果上都表现不凡，受到了广告主和媒体的青睐。从效果上看，新闻类原生广告虽然降低了用户体验的干扰，但其本质是品牌的新闻营销，由于其模糊了新闻和广告之间界限[①]，使得消费者容易被商业信息所欺骗，在一定程度上有悖新闻职业操守等伦理，也容易导致新闻媒介社会功能的消解。因此一旦新闻类原生广告设计不好，就可能导致新闻媒体的舆论公信力的降低，影响新闻媒体的信誉，甚至对新闻业产生冲击。

（二）信息流广告

信息流广告(in-feed ad)是原生广告的代表形式，是指广告商在数据分析基础之上，找准对广告有真正需求的目标受众，并在这些目标受众正常浏览的页面内容信息流当中嵌入广告的一种全新的营销推广形式。信息流广告形式与用户浏览的页面信息形式基本一致，只是用户并没有关注过这些信息源，通常在信息流广告的右上角会标注上"推广"字样作为广告标签以便与一般的媒体信息区分开来。目前信息流广告主要包括社交类信息流广告、资讯类信息流广告和视频类信息流广告。

[①]　朱芸.原生广告的实践逻辑与伦理困境［J］.新闻知识,2021(12):77-82.

信息流广告备受广告主与平台商的青睐,它有以下几方面的优势特征。从形式上看,信息流广告形式灵活丰富,极具创意,包括图文、链接、动画、表情包、视频、短视频等。从内容上看,信息流广告与用户关注的信息高度相关,能够确保广告自然地融入用户关注的信息中,对用户的浏览行为不产生干扰,极大地提升了用户的使用体验。从投放上看,信息流广告是基于大数据与程序化购买的广告投放,能够针对用户的需求与喜好精准投放合适的广告,具有较高的到达率与转化率。从使用场景上看,信息流广告利用了用户的碎片化时间,用户可以通过休息、通勤、社交的零碎时间阅读信息流广告,企业可以针对多种阅读场景或语境为信息流媒体用户带来多元的场景式营销体验。

（三）搜索类原生广告

搜索类原生广告的原型就是搜索引擎广告,它是依托搜索引擎技术与搜索平台的广告,搜索引擎提供的关键词搜索是搜索类原生广告发展早期的主要形式之一,是谷歌、百度、必应、雅虎等搜索引擎公司主要的广告收入来源。当企业有网站推广需求时,搜索类原生广告是首选之一,其利用人们对搜索引擎的使用习惯,将广告信息显示在搜索结果当中,吸引人们点击进入相应的网站,达到进一步传播相关信息的作用。但相比搜索引擎广告,搜索类原生广告更强调投放的广告应该是与用户搜索内容相关的,而不是依据企业所设置的关键词进行的硬性推送,是呈现能够让用户针对其所搜索的内容有所收获的有价值的内容,如科普文章、热门产品的比较、专家测评、用户分享等。

此外,搜索类原生广告不仅在搜索平台中出现,也出现在电子商务平台上,目前几乎所有的电子商务平台均带有搜索功能,当用户搜索某类产品或品牌时,搜索结果中就会置顶某款具体的产品或几款相关的产品,目前一些知名的电商网站,如天猫、淘宝、亚马逊、京东等都投放了类似的搜索类原生广告。与传统的侧边栏广告、弹窗广告等形式相比,搜索类原生广告的设计风格和形式内容与搜索结果的页面具有相似性,能够较好地融入原网站的媒体环境之中,根据用户的搜索行为分享经验或推荐产品,即使它们标有广告字样和关闭按钮,但其内容具有价值且接地气,对用户的干扰度较低,用户更容易接受。

（四）应用类原生广告

随着移动互联网发展,各类应用程序（Application,简称 APP）成为人们工作、学习、生活不可或缺的工具。不同于大众媒体"一网打尽"的特性,基于垂直、细分的 APP 应用更加专注特定领域。每个 APP 主要能够满足用户在某一方面的专业需求,如出行、聊天、看视频、听音乐、阅读、购物、拍照、学习等,可以说某个 APP 应用就对应着某个有特定需求的人群。APP 应用的这一特点创造了其对用户的独特价值,并逐渐培养了用户高黏度的使用习惯。

应用类原生广告就是以各类 APP 的产品价值来驱动的,根据 APP 不同的特性和用户群体来接触广告目标受众的广告表现形式。根据 APP 的用户大数据,应用类原生广告能够将广告内容精准地传递给目标用户,既不会干扰用户与 APP 的交互,还为用户提供了更多有价值的信息或服务,从而在最大程度上维护并提升用户的体验。许多 APP 应用都推出了符合自身平台特性的原生广告形式,表现形式也十分丰富且具有特色,如在线学习、影音视听、天气报道、休闲游戏等,每个垂直细分领域的应用都面向一个具有重大潜力的市场。

在在线学习领域中,有道词典在原生广告的实践上有着诸多成功的探索,具有较为成熟的形式,如图 8-3 所示。有道词典作为学习者学习中常用的在线学

a   b

图 8-3 有道词典的原生广告

习工具,其使用场景往往出现在人们的学习语境中,由于学习者会认真地关注平台上的学习内容,品牌主便可以将有道词典提供的双语例句、图示、"每日一句"等栏目作为原生广告的投放渠道,将广告内容融入用户的语言学习语境中。这样不仅可以满足用户的学习需求,也加大了用户对品牌信息的接触与交互。

（五）游戏类原生广告

庞大的用户群、超高的便携性、可支持联网等诸多优势使网络游戏的潜在市场比其他任何应用平台都要庞大,游戏因其具有的娱乐性与互动性,历来是网络广告主广告投放的热门媒体,也非常适合原生广告创作,原生广告自然少不了游戏类的原生广告。游戏类原生广告是指那些融入各类网络游戏情境中的广告形式,游戏类原生广告根据原生选择的媒介有多种形式,一般可以分为两类,一类是将游戏的附加产品、皮肤、通关奖励等作为原生的媒介所创作的部分原生广告,还有一类是将整个游戏作为广告,也就是为品牌定制一款游戏作为广告进行传播,即完全原生广告。就目前而言游戏类原生广告主要是第一类,而从严格意义上看,第二类才是真正的游戏类原生广告。

游戏类的部分原生广告的展现形式主要有两种,第一种是利用设定游戏任务的形式,让玩家在完成任务的过程中,接触到以关卡、道具、口令、角色、皮肤等形式呈现的原生广告;第二种形式是将广告内容以游戏界面与场景元素的形式展现给用户,只要用户进入游戏或选择某个场景,就一定会通过这个游戏的界面接触广告信息。有些玩家为了获得更有个性化的游戏体验或更好的游戏效果,会主动获取这些承载着原生广告信息的游戏元素。以当下最热门的游戏应用腾讯旗下天美集团的《王者荣耀》为例,它与各个厂商合作,制作相关角色的皮肤,例如知名角色安琪拉的魔法书封面隐约可见必胜客的标志,如图8-4所示。

游戏类完全原生广告就是专为品牌、产品等量身定制的游戏,游戏就是广告,广告就是游戏。该类型的游戏类原生广告的制作难度较高,一般是体验型的小游戏,如微信小程序的游戏、H5游戏等。例如2017年年底上线的微信小游戏《跳一跳》迅速走红刷屏网络,荣登"最受欢迎小游戏"排行榜首位。2018年初耐克看中了《跳一跳》游戏的原生价值,借助《跳一跳》游戏定制自己的原生广告。在改版后的游戏中,部分箱子变成了带有耐克标志的"鞋盒",在玩游戏的过程中,如图8-5所示,刚开始是耐克的红色鞋盒,当棋子跳上该鞋盒,鞋盒就变成灰白格方块图案,侧边栏出现"NIKE REACT"的英文字母。"NIKE REACT"实际上是耐克的一项自主创新的专利泡棉科技,最早发布于篮球产品,后运用到跑

图 8-4　王者荣耀角色安琪拉魔法书背面隐约可见的 pizza 标志

鞋产品上。耐克借助《跳一跳》定制的原生广告，让玩家在游戏的过程中真切感受到耐克的运动精神、鞋子弹性好的品质以及所采用技术的前沿性[①]。

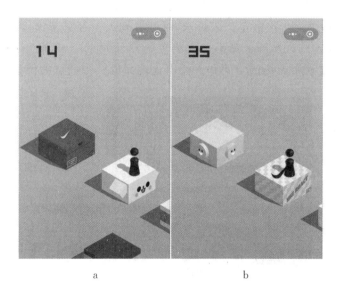

a　　　　　　　　　　　　b

图 8-5　微信《跳一跳》小游戏中的耐克鞋盒

---

① 两千万卖一个盒子的《跳一跳》：诠释游戏中的原生广告 [EB/OL]. 2018-03-05,
https://www.sohu.com/a/224860710_99972665.

（六）户外原生广告

户外媒体载体多样，凡是能在露天或公共场合通过广告表现形式同时向许多消费者进行诉求，能达到推销商品目的的载体都可称为户外广告媒体[①]。户外原生广告就是在广告形式和内容与周围环境巧妙结合，产品、品牌特点与广告信息完美结合，用打破常规的创意刺激消费者感官的广告形式。简单而言就是原生于户外的广告形式，与环境媒体广告（ambient media advertising）的理念不谋而合。它们均强调的是广告和周围环境之间的关系，根据广告信息选择特定的环境，巧妙借用环境中的自然因素和物理因素实现创造性的感官效果，从而带动广告的传播。

例如 Frontline 是治疗宠物跳蚤的品牌，其将广告投放在商场中，这个广告的视觉效果相当惊人，如图 8-6 所示。[②] 商场的底层地面铺有一幅巨型的狗狗的海报，当商城营业之后，在底层来来往往的人，从高层看下去就像一只只在狗狗身上的跳蚤，在高层逛商场的人们都能看到这则广告，广告语"Get them off your dog"更是进一步点破了广告诉求，呼吁养狗人士赶紧帮家里的狗狗清理一下跳蚤吧！这则广告实际上就是一则出色的户外原生广告，既不破坏和占用商场的空间，有效利用商场的空间和人流出色地完成广告创意的传达。

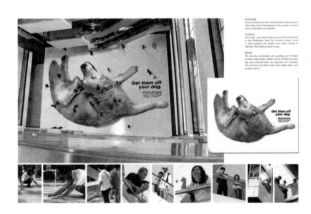

图 8-6　Frontline 户外原生广告

①　何燕华.新媒体环境下户外媒体创新路径[J].传媒评论,2014(4):64-66.

②　这些广告,只有神经病想出来的！[EB/OL]. 2018-02-19, https://www.163.com/dy/article/DB1F9PNS0511DQRH.html.

不同类型的原生广告的展示形式和平台呈现出一定特点。虽然目前以上类型的原生广告有些无论是在用户体验还是在内容属性上离真正原生广告的要求还有一定距离,甚至有些还具有一定的干扰性,但其向原生化发展的趋势已经有所表现,原生广告也向着精准化、娱乐化、全媒体化方向不断发展,表现形式也呈现多样化的发展趋势。

第三节　信息流广告

信息流广告是原生广告的重要类别,甚至有些地方把原生广告就作为信息流广告理解。实际上在 2013 年美国福布斯网站的第一条公认的原生广告之前就有了社交类信息流广告的实践,而目前最热门的原生广告也是社交类信息流广告和(短)视频类信息流广告,因此可以说信息流广告是原生广告的主要类型,也是未来原生广告发展的主要方向。

一、信息流广告的概念界定

近年来原生广告逐渐受到国内媒体的关注并呈现高速发展的势态,尤其是原生广告的主力军——信息流广告,因为良好的用户体验而成为许多移动广告平台竞相发力的重点[①]。

(一)信息流的概念

信息流来自英文词汇 feed,翻译为中文是喂养的意思,之所以用 feed 来表达信息流,主要为了形容把特定的信息推送给有特定需求的用户的"喂养式"信息传播方式。由于 feed 的意思较为宽泛,业界除了将 feed 表达信息流的意思外,还在不同语境下将 News Feed 称之为新闻推送、新闻源、新闻流、动态消息、动态汇总、动态页面等,从形态上看就是指该媒介平台上的新内容列表,也就是我们所说的"新鲜事"。在特定的信息流媒介平台上,平台会自动推送最新的内容给用户终端,News Feed 就是按相同的规格样式上下排布的内容列表。很多

---

① 范昕伟.微信信息流广告商业模式初探[J].新闻研究导刊,2016,7(2):190-191.

社交网站,比如脸书、推特,都会为客户推送最新订阅的网站内容。

但 News Feed 刚开始只是指媒体平台上最新资讯的列表,是网站为用户提供的最新资讯,而基于用户订阅的信息流最早源自 RSS Feed 应用。RSS(really simple syndication,简易信息聚合)是一种描述和同步网站内容的格式,是站点用来和其他站点之间共享内容的一种简易方式,通常被用于新闻和其他按顺序排列的网站[①]。RSS Feed 则被称为聚合订阅,是方便用户更便捷、有效地阅读自己感兴趣信息的一种应用。当用户在网络平台上看到自己感兴趣的内容,就可以点击平台上的 RSS Feed 订阅按钮,将自己喜欢的内容的来源加入订阅列表中,之后当该订阅源有新的内容时就会推送给用户,自动显示在订阅新鲜事中。订阅新鲜事主要以时间的顺序纵向排列,最新的媒体内容显示在最上面,每一则内容包括标题、图片和简短的介绍或内容开始的一部分信息。这是互联网早期用来方便用户自主获得所需信息的内容聚合方式,可以大大提升用户获取信息的效率。

RSS Feed 是最早的基于用户订阅的信息流形式。以目前新浪微博为例,如果用户在微博首页订阅了一些内容,如关注了某些明星、企业或品牌,News Feed 就是用户在首页可以看到的随着时间推移和刷新不断下沉的所关注的明星、企业或品牌所发布的微博内容,这些所关注和订阅消息的集合通俗来说可以理解为我们常说的"新鲜事"。这些新鲜事以信息流的形式呈现,和 RSS Feed 订阅的内容列表一样,包含醒目的标题,简单的描述,还有一些文中的图片。News Feed 与 RSS Feed 相比,共通点在于两者都实现了向用户推送个性化内容的目的,而差异在于 RSS Feed 是基于用户自主的订阅,News Feed 则是平台的信息推送,且目前平台已经可以实现基于平台数据和智能算法的精准推送。随着智能算法不断优化,平台可以通过智能算法对用户网络行为进行分析,进而归纳各个用户的兴趣标签,向用户提供精准的个性化推送。

(二)信息流广告的概念

信息流广告是一种全新的广告形式,英文被称为 News Feed Ads 或 In-Feed Ads,是原生广告的一种形式。信息流广告建立在依据媒体用户数据对用户的特征、个性、喜好进行分析的基础上,有针对性地将广告信息"嵌入"媒体平台上目标消费者订阅的新鲜事栏内,使得广告所展现出来的内容、风格与形式契合所刊载媒体页面的展示逻辑,以原生的方式融入用户的媒介语境,与媒介环境

---

① 仝彦丽,孙永道,辛景波.浅析 RSS 应用[J].消费导刊,2008(1):184,208.

融为一体①②。信息流广告不仅为用户提供了有价值的品牌、商品的相关信息，也避免了传统硬性广告给用户造成的负面影响，从而能够达到良好的传播效果。在信息流广告的投放过程中，广告商可以基于具体场景动态调整其插入的时机和频率，媒体也可以依据社会群体属性以及用户喜好进行智能推荐，用户也可以对广告进行互动、反馈、回避，达到三者的共赢③④。

(三)信息流广告的特征

信息流广告是以用户为中心、贴近用户的广告，既承载了广告的功能，还能够提供给受众有价值的内容消费⑤。其优势和特点主要体现在以下三个方面。

1.信息流广告能够向用户提供有价值的信息

在媒介使用过程中，消费者关心的是和自己相关的信息，而且是通过对他们而言比较方便的方式获取而不是对营销机构而言更方便传播的媒介来获得⑥。信息流广告应用大数据技术可以对目标消费者的数据进行实时的抓取和分析，能够根据有效用户数据描绘用户画像、定义用户标签，对用户进行分类，判断用户的购买消费意图，对潜在的目标用户进行精准定位，针对目标消费者个性化特征和需求，推送具有高度相关性的广告信息，帮助广告商与媒体平台减少无效用户数据的干扰⑦，确保投放的广告是对用户有价值的⑧。在数据驱动下，信息流广告的投放逻辑不断精准，内容对受众而言也更有价值，这样信息流广告在向潜在消费者呈现之后，也更容易得到他们的关注和认可，唤起他们的需求与欲望。

2.信息流广告内容原生能够保障用户的媒介体验

为了让广告接触符合用户使用所刊载媒体界面的使用习惯，信息流广告商

---

① 韩杰.微信朋友圈的信息流广告研究[J].新闻世界,2015(4):121-122.

② 施琴.社会化媒体信息流广告研究——以微信朋友圈信息流广告为例[J].传媒,2015(17):68-70.

③ KANURI V K, CHEN Y, SRIDHAR S H. Scheduling content on social media: theory, evidence, and application[J].Journal of Marketing,2018,86(6):89-108.

④ 崔艳岩.微信 Feed 流广告浅析[J].新闻研究导刊,2015(19):132,162.

⑤ 李彪.信息流广告:发展缘起,基本模式及未来趋势[J].新闻与写作,2019,424(10):56-60.

⑥ 舒尔茨.重塑消费者:品牌关系[M].沈虹,郭嘉,译.北京:机械工业出版社,2015:49.

⑦ 鞠宏磊,黄琦翔,王宇婷.大数据精准广告的产业重构效应研究[J].新闻与传播研究,2015(8):98-106.

⑧ 马倩倩.移动互联时代下信息流广告的发展探析[J].传播与版权,2018(6):83-84.

需要根据特定媒体平台的风格来编辑和加工广告内容，并将加工过的广告内容自然、顺畅地融入用户所订阅的社交内容、新闻事件、好友动态中，并与这些信息流产生关联，从而真正融入用户的信息消费语境中。因此，理想的信息流广告的呈现方式与这些媒体平台所分享的新鲜事信息的内容极其相似，能够无缝融入所刊载媒体的用户体验环境中，以一种友好的、亲切的、不打扰的方法来提供广告信息[①]。更重要的是，用户往往是在饶有兴致地浏览好友动态、最新资讯或热门视频中接触信息流广告，在潜意识里将信息流广告作为一条有价值的资讯进行处理，从而使得信息流广告能够降低用户的反感和抵触，改善用户的接触体验，有效提高用户对信息流广告的接受意愿。

3.信息流广告的推荐机制基于用户的选择与反馈

虽然广告即内容、内容即广告是信息流广告的一大特点，但信息流广告并不避讳用户发现自己的广告属性，这是信息流广告与隐性广告的最大区别。信息流广告的左上角等地方一般会添加"广告""推广""赞助""呈现"或"推荐"的广告标识，与真正的媒体内容区别开来。这决定了信息流广告要有效就必须在形式和内容上创新，真正提供给用户有价值的信息，否则用户很容易跳过这些内容。同时信息流广告也尊重受众的自主选择权，用户可以通过信息流广告所提供的按钮，选择"评论""点赞""转发""详情链接""不感兴趣""举报"等操作，不仅能够进一步了解详情，或是直接评价该广告，也可以直接回避，甚至进行举报。有了这些功能，就要求信息流广告必须提高其真诚性与互动性，在提供有价值的信息的同时促进受众与广告的交流与理解。

信息流广告这三方面的特点，可以简单概括为价值性、体验性和选择性。价值性体现在信息流广告的有用性，根据用户标签精准匹配，传递用户真正需要的内容；体验性体现在信息流广告能够将广告自然融于内容当中，在视觉上和功能上类似于消费者所使用媒体上的信息流，降低广告对用户媒体使用的干扰；选择性则在于消费者有权进一步查看或选择不再接收此类广告[②]。信息流广告的这些特点意味着它已经成为用户媒介体验的一个相互关联的部分，在达到广告效

[①] CAMPBELL C，EVANS N J. The role of a companion banner and sponsorship transparency in recognizing and evaluating article-style native advertising[J].Journal of Interactive Marketing,2018,43(C):17-32.

[②] MATTEO S,ZOTTO C D.Native advertising,or how to stretch editorial to sponsored content within a transmedia branding era[M].Switzerland:Springer International Publishing,2015:169-185.

果的同时也实现了受众、广告主、广告平台三方需求的最大满足。

二、信息流广告的发展历程

信息流广告最早来自国外,以脸书和推特为代表的社交类信息流广告实践开启了信息流广告实践的大门。2012 年之后我国的信息流广告实践也逐步开展,经过近十年的发展,已经具有多种较为成熟的类型,主要可以分为社交类信息流广告、资讯类信息流广告和视频类信息流广告三类。

（一）国外信息流广告的发展

信息流广告以移动端为主要载体[①],最早起源于美国的社交媒体脸书与推特的新鲜事插入广告实践,而信息流广告的成功实践也为新媒体平台创新提供了全新的盈利模式,完成了原生广告从互联网计算机终端向移动互联网平台的重要转移。

1.脸书的信息流广告实践

最初的脸书广告如同搜索引擎广告,主要显示在用户界面的右边,这些广告是在广告竞价系统竞价获胜的广告主所投放的广告,也被称为"侧边栏广告"。2006 年 9 月,脸书在好友动态的信息流中首次推出"嵌入式"的广告,即广告形式与好友动态信息展现一致且融于动态信息中,该广告形式试水收获了不错的效果,从而成为目前信息流广告的雏形。到 2010 年 2 月,在脸书的创始人马克·扎克伯格(Mark Zuckerberg)及其几位高管的努力下,脸书取得信息流广告技术专利,并向着更人性化的方向发展,如让用户参与广告游戏,或通过地理定位获取地理位置广告服务。

2011 年 1 月,脸书推出了一种更有亲和力的广告类型,名为"sponsored stories(受赞助的内容)"的广告形式,即在用户的新鲜事栏插入广告。通过 sponsored stories,广告主可以赞助发生在信息流中的任何活动,也可以选择特定的活动,如签到或在脸书应用中的活动,然后显示在信息流的右侧栏上。用户不会直接看到广告主的广告,但却可以看到其好友在广告主赞助活动的页面中签到或点赞或分享,并显示用户朋友的姓名、照片,指向相关脸书网页或应用程序的

---

① 王洽,傅蓉蓉.基于精准营销的微信信息流广告传播策略[J].传媒,2018,287(18):83-84.

图片和链接。例如当你的朋友在其脸书信息流中发布了在星巴克签到喝咖啡，星巴克赞助了签到活动，就会在 sponsored stories 广告栏中出现星巴克的信息流广告，内容就是你的朋友在星巴克签到及其发布的信息。

虽然用户朋友的信息流中本来就会显示该分享，但脸书现在将其变成了一种类似基于好友推荐的广告方式。sponsored stories 相比传统的侧边栏广告，对受众更具亲和性，且广告主可以利用用户行为数据来设计广告，让用户在不知不觉中产生对广告内容的兴趣，从而愿意点击广告链接进一步了解。相比传统的互联网广告，这种广告形式有助于增加用户对广告的信任程度和流量，减少用户对广告的排斥感并提高广告的转化率，增加营收。之后 sponsored stories 逐渐成为脸书成熟的营收方式。

2.推特的信息流广告实践

推特在 2010 年 4 月正式推出了"promoted tweets"，它的实现与在搜索引擎设置关键词有关，而广告形式就像推特的内容。广告主购买了关键词之后，当用户搜索该关键词时，广告主投放的广告就会出现在搜索结果页面的最优位置，主要形式有视频推广、账号推广、内容推广等。这类广告消息所具备的功能与普通消息一样，用户可以对其进行回复、收藏、转发等。同时用户可以自行参与并选择广告，还可以通过"不关我事""垃圾""点赞"等让个性化推荐系统不断提高自己的学习能力，使广告更加具有针对性和有用性。随着此类广告的不断壮大，promoted tweets 也成了推特的核心盈利业务。

2011 年 7 月，推特也在信息流中插入商业化内容，正式推出了信息流广告。该广告形式最开始采取粉丝关注度收费原则，定期向这些关注了该企业的粉丝推送信息流广告，这些广告只在粉丝用户的信息流中显示，且只出现在主页中。信息流广告刚开始也只是广撒网，并没有采用什么推荐算法，即向任何使用推特的受众进行广告投放。2012 年以后推特上信息流广告的推送形式开始采取精准投放策略，也就是允许广告主通过分析推特上的用户行为数据预测用户的广告需求，有针对性地向用户提供其感兴趣的广告信息。此种尝试开启了根据用户行为定向进行广告投放的信息流广告投放新模式，相较之前广撒网的投放取得了更好的效果。2013 年 1 月，推特上出现了基于用户地理位置的信息流广告，广告主可以根据用户的地理位置投放广告，为了更好实现基于地理位置的精准投放，推特先后收购了 Mopub、Namo Media 等移动端原生广告技术公司。

在脸书和推特的成功试水之后，信息流广告逐渐被引入各大社交平台上，Instagram、Pinterest、Vine、Snapchat、Linked In 等互联网平台也开始进行信息流广告试水。经过 10 年的发展,信息流广告始终没有被淘汰,而是顺应潮流逐渐成熟,且已经被广泛运用到了国外各个社交媒体平台上面。目前,国外三大社交媒体——脸书、推特、照片墙(Instagram),其信息流广告收入都成为其收益的主要来源。

(二)国内信息流广告的发展

国外的信息流广告形式创新很快被国内互联网公司借鉴,国内信息流广告逐渐发展起来,其发展经历了"引入萌芽期""探索试水期""全面发展期""营销应用期"四个阶段。

1.引入萌芽阶段(2012 至 2013 年)

通过借鉴脸书、推特上的信息流广告模式,2012 年 7 月新浪微博首开国内信息流广告之河,其挑选了一小部分品牌来进行信息流广告的测试,关注这些品牌微博账号的用户会在第一次打开微博时看到该品牌的信息流广告出现在其首页的第一条。不论当天任何时间登录,都能够保证在粉丝用户的首页第一条一定是该企业的广告微博,但随着用户刷新以及新鲜事的更新逐渐下沉,它在 24 小时之内不会继续出现,也就是一天最多只出现一次。测试后,新浪微博进一步将信息流广告商业化,标志着信息流广告正式进入中国市场。

随后,2013 年 3 月 14 日,新浪微博召开了一场小型的招商发布会,在发布会上新浪微博正式推出了命名为"粉丝通"的信息流广告产品,并首次对外披露了使用信息流广告进行推广的报价[①]。继"粉丝通"之后,新浪微博还推出了系列信息流广告产品——品牌速递和橱窗推荐。2014 年,新浪微博信息流广告正式上线,对信息流广告的操作流程、投放方式和收费模式进行了调整与完善,2015 年新浪微博信息流广告更新至产品粉丝通 2.0 阶段,2017 年新浪微博上线全新信息流广告"超级粉丝通"产品,针对"粉丝通"服务进行升级,满足更多广告主的营销需求。

2013 年腾讯新闻客户端也引入信息流 CPD(按天收费:cost per day)广告,6 月 QQ 空间推出了"广点通",其主要展现在 QQ 空间、QQ 客户端的好友动态的信息流之中。2017 年腾讯新闻客户端"品牌故事"信息流广告上线。得益于较早行动和布局,以及庞大的用户基数,新浪微博、腾讯微信成为信息流广告的首发梯队,之后它们也不断优化信息流广告推送模式[②],新浪的"粉丝通"和腾讯

---

① 韩杰.微信朋友圈的信息流广告研究[J].新闻世界,2015(4):121-122.
② 中国信息流广告用户洞察报告[R].上海艾瑞市场咨询有限公司,2017:32.

的"广点通"也成为国内信息流广告初期产品的雏形。由于社交媒体平台累积了大量具有黏性和使用习惯的用户，因此信息流广告具有较高的曝光率和转化率，信息流广告从社交媒体领域开始萌生。

2.试水探索阶段(2014 至 2016 年)

2014 年，以网易新闻、今日头条为代表的新闻资讯平台异军突起，成为信息流媒体平台的后起之秀，其信息流广告成绩斐然。新闻资讯平台发布的信息流广告属于新闻资讯类信息流广告，其内容是以新闻的形式进行推送，这也为其发展自身的信息流广告产品提供了便利。2014 年 8 月，网易新闻发布了新闻客户端的 4.0 新版本，正式引入信息流广告。同年，字节跳动旗下的今日头条原生广告上线，其依靠强大的推荐算法系统和精准的信息分发能力获取了巨大的流量，带动了信息流产品的发展并加速了信息流广告的商业化进程。新闻资讯类互联网巨头的加入使得信息流广告的平台越来越广阔，市场的竞争格局也越来越大。

2015 年，信息流广告持续发力，平台不断扩展。微信朋友圈的信息流广告是腾讯公司为成功将流量变现而探索出的一条新的商业发展模式。2015 年 1 月 21 日腾讯微信朋友圈开始进行信息流广告功能测试：一个名为"微信团队"的微信号出现在用户的微信朋友圈中，发布了 6 张图和链接做成的广告，并配有文字"它是什么"，在 6 张图中写着"它无孔不入""你无处可藏""不是它可恶""而是它不懂你""我们试图""做些改变"[①]，如图 8-7(左)所示。这是微信首次引入信息流广告，也是其步入商业化的开端，标志着中国的信息流广告进入试水探索阶段。

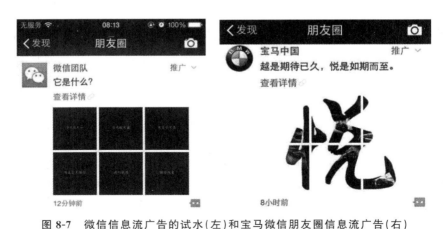

图 8-7　微信信息流广告的试水(左)和宝马微信朋友圈信息流广告(右)

---

①　李春晓.当微信朋友圈成为微信广告圈[J].企业观察家,2015(Z1):123-124.

2015年1月,微信朋友圈发布了首批三支信息流广告,其广告内容为宝马中国(汽车)、Vivo(互联网科技)、可口可乐(快消)三大品牌(品类),宝马的信息流广告如图8-7(右)所示。基于对用户的社交信息与活跃程度的分析,微信将这三个品牌的信息流广告分别投放给1000万目标用户,作为微信信息流广告在特定规模内的首次尝试。作为第一次尝试,三支广告均得到微信用户的大量互动,商家收获了巨大的点击量和曝光率,一时间成为业界热议的话题。同年12月10日,微信朋友圈信息流广告出现了图文加短视频的形式,在新媒体技术的支持下,微信信息流广告的表现形式不断推陈出新,带来更多探索的可能。微信信息流广告的成功上线,在我国新媒体广告行业发展过程中具有十分重要的意义。

3.全面发展阶段(2016至2018年)

新浪、腾讯、网易、今日头条、陌陌等老牌互联网品牌的成功也使得其他品牌按捺不住,纷纷布局加入信息流广告大战中,众多移动端应用APP也快速涌入并先后推出信息流广告,将信息流广告推到一个发展高峰。

2016年信息流广告更是迎来全面爆发。2016年初小米上线了以信息流广告为主要内容的智能营销平台;4月UC浏览器的信息流广告开始测试,测试后开始提供信息流广告资源位;6月一点资讯也开始变革,上线了Smart Feeds信息流广告产品;7月爱奇艺、360推出了信息流广告业务;9月百度上线了百度信息流广告产品;12月优酷土豆信息流广告上线。2017年之后,以抖音为首的短视频应用风靡全网,以新的内容形态拓展了社交媒体的边界,成为微信、微博之外的主流文娱平台之一,打造出又一热门流量入口。短视频平台的商业化变现也引起业界的广泛关注,快手信息流广告于2017年3月开始公测,抖音也在2018年开始踏入了信息流广告的领域。短视频平台的信息流广告业务的启动将中国信息流广告市场推向新的高潮。

经过试水探索阶段,信息流广告已经进入全面发展阶段,快速从社交领域延伸到资讯、搜索、视频、短视频等多个领域,由此形成以微信为代表的社交类信息流广告,以百度为代表的搜索类信息流广告、以今日头条为代表的资讯类信息流广告、以抖音为代表的短视频类信息流广告。各个领域从传统巨头到新兴力量也都加入了信息流广告大战,不断扩张其信息流广告业务、优化信息流广告样式、提升信息流广告内容、精确信息流广告定位、改善信息流广告体验,争取在移动互联网广告市场中抢占高地,开启各平台的商业化变现之路。信息流广告也因此得到全面发展,其市场竞争格局正式形成。

4.营销应用阶段(2019 年至今)

据华经产业研究院发布的《2020—2025 年中国线上信息流广告市场供需格局及未来发展趋势报告》,2019 年我国信息流广告市场交易规模近 1815.6 亿元,同比增长 57%,比起 2013 年至 2019 年的复合增速 106% 已明显放缓[①]。另据艾瑞咨询发布的《2019 年中国广告主信息流广告投放动态研究报告》,信息流广告在中国网络广告细分领域的市场份额不断攀升,2018 年占比为 22.5%,预计 2021 年将达到 35.8%[②]。这些数据表明,中国的信息流广告已日趋成熟,走向更深层次的应用期。

不同的广告因其表现形式的不同需要投放不同的媒体。针对多种网络应用平台,多样化的信息流广告业务的陆续推出,大大增加了广告主投放信息流广告的渠道。有了多元的渠道,参与投放信息流广告的广告主不断增加,由原来的以线下快消品为主向着线上线下多个领域的广告主扩展,网络应用、移动 APP、网络游戏、在线教育等网络服务领域的广告主也逐渐将信息流广告作为塑造品牌和强化服务形象的主要手段。此外,在新媒体技术的支持下,越来越多样的信息流广告形式被广泛使用,信息流广告的创意水平与表现质量也大大提升。

三、信息流广告的类型

总体而言,在信息流广告快速发展的今天,国内信息流广告主要可以分为三种——社交类信息流广告、资讯类信息流广告和(短)视频类信息流广告。其中社交类信息流广告为最常见、受众接触频率最高的广告类别。

(一)社交类信息流广告

社交媒体是最早进行信息流广告实践的平台之一。信息流广告的主要形式就是社交类信息流广告,即在社交媒体的用户动态中出现的与普通状态形式、设计风格一致的广告,它也是如今移动端社交媒体中的主要广告形式。目前社交类信息流广告以微信朋友圈信息流广告、微博信息流广告为主,这些广告嵌入微信朋

[①] 华经情报网.2020 年信息流广告行业发展现状分析,市场规模超过千亿[EB/OL].2020-08-13,https://www.huaon.com/channel/trend/640359.html.

[②] 艾瑞咨询.2019 年中国广告主信息流广告投放动态研究报告(电商篇)[R].上海:艾瑞咨询集团,2019.

友圈的好友动态、微博新鲜事等社交媒体内容的信息流中。用户在浏览自己关注的信息或好友的新鲜事的同时也会阅读到社交类信息流广告,甚至无意识地将其作为普通信息进行阅读。这些广告不再是干巴巴的硬性推广信息,取而代之的是品牌以友人姿态发布的有价值的信息,或是与产品或品牌相关的活动,并呈现社交媒体上的好友对该信息的关注和对活动的参与。因此用户看到的社交类信息流广告不再是纯粹的广告,而是他们所关心的"好友动态",同时这些广告也具有可分享、可收藏、可点赞、可评论的特点,用户可以通过这些机制表达对广告的态度[①]。

社交类信息流广告最大的优势在于互动性与精准性。

首先,社交类信息流广告所处的社交场景具有强互动性,其中微信信息流广告的表现尤其突出[②]。基于社交场景中熟人圈子的强关系或者非熟人圈子的弱关系,受众既可以通过点赞、评论、进入落地页等方式和广告主互动,又能和其他受众在评论区互动,且相对于其他场景,社交媒体具有为转发、分享等二次传播行为提供便利的天然优势[③],图 8-8 为明星彭于晏为其与爱彼迎在上海打造的民宿所做的朋友圈信息流广告,引发了受众朋友圈的点赞与互动,收到很好的效果。

图 8-8　彭于晏微信朋友圈信息流广告

①　郭泽德.传统广告将死 社交广告崛起:社交媒体时代广告发展趋势及传播策略研究[J].编辑之友,2015(7):9-13.

②　牛耀红.操控,赋权,话语空间:理解社交媒体广告的三个维度:以微信信息流广告为例[J].编辑之友,2017,10(254):49-54.

③　杨娟.移动互联网时代的信息流广告研究[D].武汉:武汉大学,2018:14.

其次，基于大量的社交用户数据分析，社交类信息流广告能够提高它的精准性。社交媒体拥有庞大的社交用户，积累了海量的与用户真实身份信息具有紧密关联的用户数据。社交平台可以通过搜集和分析这些大量的用户属性、社交关系、地理位置、浏览习惯等数据，基于大数据算法建立用户数据库和关系图谱，推测用户的兴趣爱好乃至购买倾向，将用户的这些特征与广告进行精准匹配，从而针对不同的用户推送不一样的信息流广告，并且随着用户的刷新而不断变化投放的广告，满足用户的个性化需求。

社交类信息流广告目前是各大社交平台的重点发力业务，处于快速发展阶段。随着大数据技术的进步，社交媒体在分析规模化、群体化用户数据上的效率将得到提升，社交类信息流广告的精准性优势也将得到进一步凸显，但在进行社交类信息流广告的投放时广告主也需要注意一些问题。

一方面，由于社交媒体是用户以自己为中心建立起来的社交圈子，出于血缘、地缘、趣缘等关系形成连接，因此个体的行为也会和大多数的好友行为相对一致[1]。所以在广告主投放社交类信息流广告时，应当重点考虑运用恰当、有趣、实用的广告内容及表现形式去激发广告受众之间的互动。另一方面，不同的心理距离（psychological distance）会影响人们如何解释页面中包含的同一信息[2]，人们在社交媒体氛围下感受到的心理距离比资讯类媒体要近得多，虽然信息流广告可以用心设计以避免对受众产生干扰，但与真正的朋友动态还是不同的，也标明了广告的标签，因此受众对社交类信息流广告出现的频率会较为敏感，不适合高频率地展现广告。

2020 年 2 月，小米集团创始人董事长兼 CEO 雷军发了一支朋友圈广告。该广告主要为了向大家介绍小米 10 强大的相机功能——1 亿像素全场景四摄、定制的 1/1.33"大底感光元件、全新的 HEIF 图像格式、AI 相机等。为了证明小米 10 的拍摄功能，雷军直接将小米 10 送上了太空，耗时 168 天，攻克 343 项技术课题，搭载长征四号乙运载火箭，最终经过百余位工程师的努力，成功突破大气层，并拍摄了"1 亿像素拍地球"系列照片。该朋友圈信息流广告并没有急着

① 徐智，杨莉明.微信朋友圈信息流广告用户参与效果研究[J].国际新闻界，2016,38（5）：119-139.

② KIM D H, et al. Are you on timeline or News Feed? The roles of Facebook pages and construal level in increasing ad effectiveness[J]. Computers in Human Behavior, 2016, 57(4)：312-320.

把以上消息推送给受众,而是以小米创始人雷军的身份发布朋友圈信息,并附上了小米10拍摄的地球照片,就如同雷军作为自己的好友发布了一则动态,如图8-9所示。该动态非常具有吸引力,当受众被动态所吸引点击进入广告,就能体会到小米10强大的拍照功能,也能感受到小米10的高端感。

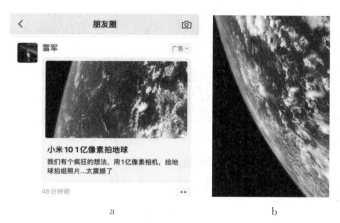

a   b

图 8-9　雷军朋友圈信息流广告

(二)资讯类信息流广告

资讯类信息流广告是嵌入资讯内容流中的广告,其主要将网络资讯平台作为投放平台,利用平台的大数据与智能算法,对用户的行为进行分析,对用户进行分类与画像的绘制,进而推送精准的广告信息。

资讯类信息流广告的投放主体是资讯类互联网平台,这些资讯类平台主要包括四类,一是传统媒体向新媒体转型时建立的资讯媒体,如人民日报、财新、南方周末、第一财经等;二是以新浪网、凤凰网、搜狐网、腾讯网为代表的门户网站平台;三是以今日头条、一点资讯、澎湃新闻为代表的新媒体资讯平台,最后一类是一些新闻客户端上的版块,比如网易新闻客户端的"话题"板块、澎湃新闻客户端的"问吧"板块等。诸多新闻客户端均有原生栏目,此类栏目会根据时下热点话题、热点事件邀请有代表性人物为网友答疑解惑,涉及时政、教育、金融、生活、文化、艺术、娱乐等各个领域,从而能够为各类品牌量身定制合适的原生广告。

资讯类信息流广告最大的特点在于资讯类平台具有权威性,而广告的投放会受到其投放平台的影响,一个权威的资讯平台会在无形中增加广告信息的可信度,为品牌做背书。在资讯类平台上,每条新闻之间各自独立且篇幅一般较短,方便受众的碎片化阅读,受众可以利用自己闲暇时间阅读资讯从而接触信息流广告①。同时,资讯类平台或客户端的原生栏目的用户大部分为受过良好教育的社会精英群体,他们理性、善于思考,他们的收入较高,不断追求更高的生活品质,因此资讯类信息流广告市场受到诸多大品牌的青睐,品牌原生栏目已成为企业投放资讯类信息流广告的绝佳平台。

图 8-10 为两则今日头条的资讯类信息流广告,左边的信息流的最下方有一则标题为《外置硬盘和内置硬盘的区别是什么》的资讯,表面上看起来是一篇技术科普的文章,但实际上是京东的信息流广告,在资讯下方标明了"广告"标签和广告主京东,其内容主要是科普如何分辨硬盘类型,但同时也是推荐了相应的硬盘,是名副其实的资讯类信息流广告。而右边的今日头条的信息流下方有一则标题为《全球唯一大熊猫三胞胎,一个字:萌翻啦》的资讯,表面上看起来是介绍熊猫三胞胎的文章,实际上是长隆旅游的信息流广告,因为要看到这个三胞胎的熊猫就只能到长隆野生动物园去看,因此该资讯越吸引受众,受众就越愿意前往长隆去旅游。这两则今日头条的信息流广告很好地将有价值的资讯和广告目的结合起来,是较有代表性的资讯类信息流广告。

a　　　　　　　　　　b

图 8-10　今日头条的信息流广告

---

①　杨娟.移动互联网时代的信息流广告研究[D].武汉:武汉大学,2018:15.

（三）视频类信息流广告

视频类信息流广告是指以视频网站、短视频平台为代表的平台商将视频广告插入平台上原有的视频内容中，使其与平台内容融为一体，受众难以分辨出来的一种广告形式。近年来，视频类信息流广告展现出丰富的内容性和高度的文化性，它不再是简单的商品展示或服务推荐，而是将品牌理念或品牌价值以带有故事情节的视频形式进行创作，并嵌入用户日常观看的视频内容中，通过叙事手法讲述品牌故事来拉近与消费者之间的关系。

在内容形式方面，视频类信息流广告多以教育、娱乐为主，形式上可以是短小精悍的品牌微电影，可以是融入品牌理念的品牌自制剧，也可以是传播力极强的"病毒"视频，还有近期异常火爆的移动短视频等多种广告形式。在内容呈现方面，声音与画面的动态配合塑造了视频类信息流广告生动多元的特点，丰富的表现方式和良好的视听体验，有利于广告创意的发挥与品牌诉求的传达。广告商能够利用故事情节吸引受众进一步观看，受众在看完后容易主动搜索广告的信息进行了解，产生较高的关注度与情感共鸣。在投放方面，视频类信息流广告自然地将视频广告嵌入视频内容信息流之中，在避免干扰用户使用媒介的前提下，以富有创意的内容吸引用户点开广告视频进行观看，并以富含情感与深意的故事情节传递出品牌的理念与价值观，从而启发用户理解广告诉求。

随着信息碎片化的加剧，视频类信息流广告逐渐向短视频类信息流广告转移，目前的短视频类信息流广告主要投放在抖音、快手、火山、西瓜等平台。目前，观看短视频已经成为人们的一种主流的娱乐方式，短视频更具视觉化、更具互动性的特色，能够为大众提供动态的画面和沉浸式的体验。具有创意的短视频信息流广告有很强的传播力。同时在短视频类信息流广告页面底部拥有非常明显的广告标识和操作选项，如立即下载、立即购买等。用户如果对该产品有兴趣，就可以点击该广告去购物链接或活动页面进一步了解，打通了短视频类信息流广告往电商平台引流的路径，提高了信息流广告的转化率。

例如图 8-11 是海底捞的视频类信息流广告，海底捞带动网友拍摄一系列"网红吃法"发到短视频平台，这些视频以网友的角度分享了自己在海底捞的消费经验，在快手、抖音平台爆火，很好地宣传了海底捞的形象与品质，吸引了无数餐饮企业纷纷效仿。

图 8-11　海底捞的信息流广告

【思考题】

1.原生广告是如何出现的？是如何传入我国的？原生广告的定义是什么？

2.原生广告的理念是什么？广义的原生广告与狭义的原生广告有何区别？

3.原生广告的核心内涵体现在哪些方面？原生广告与植入式广告和内容营销的异同点在哪？

4.信息流是什么？什么是信息流广告？信息流广告有什么特征？

5.信息流广告在国内外是如何发展的？国内信息流广告的发展可以分为哪些阶段？

6.信息流广告有哪三个主要类型？

【本章参考与推荐书目】

一、国外专著

1.荣,冯马特.动能：今日广告传播所需之力量[M].北卢丹,甘一鸣,译.北京：中国轻工业出版社，2012.

2.柯本.超赞营销：社会化媒体擦亮品牌[M].刘霭仪，译.北京：中国人民大学出版社，2012.

3.斯柯伯尔.个人品牌崛起E时代[M].胡赛，秦虞，译.武汉：华中科技大学出版社，2011.

4.舍基.未来是湿的[M].胡泳，译.北京：中国人民大学出版社，2009.

5.雷尼，威尔曼.超越孤独：移动互联时代的生存之道[M].杨伯溆，高崇，译.北京：中国传媒大学出版社，2015.

6.斯考伯，伊斯雷尔.即将到来的场景时代[M].赵乾坤，周宝曜，译.北京：北京联合出版公司，2014.

7.麦德奇，布朗.大数据营销：定位客户[M].王维丹，译.北京：机械工业出版社，2014.

8.契克森米哈赖.心流：最优体验心理学[M].张定绮，译.北京：中信出版社，2017.

9.诺蒂科恩.参与游戏[M].周舒颖，译.杭州：浙江大学出版社，2019.

10.舒尔茨.重塑消费者：品牌关系[M].沈虹，郭嘉，译.北京：机械工业出版社，2015.

11.塔腾，所罗门.社会化媒体营销[M].戴鑫，严晨峰，译.北京：机械工业出版社，2020.

12.以色列.微博力[M].任文科，译.北京：中国人民大学出版社，2010.

13.弗罗斯特，福克斯，斯特劳斯.网络营销[M].时启亮，陈育君，黄青青，译.北京：中国人民大学出版社，2021.

二、国内专著

1.丁正洪.社会化生存[M].北京：中信出版社，2014.

2.郭晓科.大数据[M].北京：清华大学出版社，2013.

3.胡正荣，唐晓芬，李继东.新媒体前沿发展报告[M].北京：社会科学文献出版社，2014.

4.金定海，徐进.原生营销：再造生活场景[M].北京：中国传媒大学出版社，2016.

5.马中红，陈霖.网络那些词儿[M].北京：清华大学出版社，2014.

6.戎彦.媒介融合时代的广告传播[M].北京：中国社会科学出版社,2014.

7.康初莹.新媒体广告[M].武汉：华中科技大学出版社,2016.

8.夏德元.电子媒介人的崛起:社会的媒介化及人与媒介关系的嬗变[M].上海：复旦大学出版社,2011.

9.肖凭,文艳霞,等.新媒体营销[M].北京：北京大学出版社,2014.

10.喻国明,丁汉青,李彪,等.植入式广告：操作路线图:理论、实务、规制与效果测定[M].北京：人民日报出版社,2012.

11.曾凡海.广告学[M].北京：清华大学出版社,2015.

第九章
新媒体广告
新形式

本章导言

　　网民对互联网以及手机各种应用软件的操作越来越驾轻就熟,且更愿意体验各种新鲜的娱乐方式①,新媒体的即时性、互动性、移动性、自主性等特征,也符合人们碎片化的娱乐需求,人们可随时随地获取所需的信息。新媒体的快速发展推动新媒体广告形式的不断变化发展。特别是随着移动互联网的普及,手机已经成为一个集服务功能、新闻功能、娱乐功能、经济功能于一体的新型大众媒体②,手机社交场景、消费场景与现实场景之间不断融合③。匡文波教授指出"手机媒体是网络媒体的延伸"④。目前很多网民都是在手机端接触到各种新媒体广告,本章主要介绍在移动端常见的三种新媒体广告,分别是微电影广告、短视频广告和 H5 广告。

学习要点

- 了解微电影的概念、特征
- 熟悉微电影广告的定义、内涵、特征和分类
- 理解短视频、短视频广告的概念
- 熟悉短视频广告的特征、分类
- 理解 HTML5、H5、H5 广告的概念
- 熟悉 H5 广告的特点与分类

---

①　贾红分.探析新媒体背景下微电影的发展之路[J].今传媒,2013(5):65-66.

②　匡文波.手机媒体:新媒体中的新革命[M].北京:华夏出版社,2010:4.

③　宋树萍.手机 APP 与现实生活场景化[J].重庆社会科学,2017,5(57):114-118.

④　匡文波.手机媒体概论[M].北京:中国人民大学出版社,2006:5.

用 AI 写春联

2021 年，受新冠肺炎疫情影响，许多在外打拼的游子响应国家的号召，选择就地过年。央视新闻联合腾讯集团，希望借助科技的力量，让身在他乡过年的人们也能为家乡贴上一副春联，用智能的方式表达对家乡和家人的思念和祝福。于是腾讯 AI Lab 推出了《用爱写春联 在线过大年》小程序，人们在小程序里输入两个字的心愿，根据这两个关键字就能生成一幅"藏头"春联，点开代表家乡风俗的按钮，就能自动生成以该风俗为背景贴春联的画面，为家乡"云"贴春联送祝福[①]。

小程序中有很多值得关注的细节。首先，春联所使用的书法字体，是腾讯 AI Lab 依托前沿的图像生成技术，在学习了包括米芾、苏轼等多位名家的书法后最终形成的，既具有名家书法的形体、神韵，也有自己的风格。其次，由于每个人对新年的心愿可能是不同的，小程序让每个人输入自己的心愿，再根据每个人的心愿自动生成上联、下联和横批，并把心愿的关键词埋在上下联的第一个字，如果用户不满意还可以不断重写，如图 9-1 所示。此外，小程序还按春节民俗把中国分成了 21 个大区，分别对应 21 幅场景插画，让身在他乡的人们都能找到记忆中的门和门里门外的家乡"年味儿"。

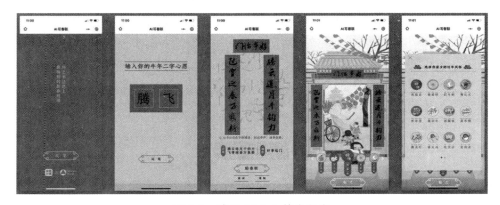

图 9-1　腾讯 AI Lab 的小程序

①　腾讯：这个春节，用 AI 为家乡写春联［EB/OL］. 2021-02，https://www.digitaling.com/projects/150346.html.

这个互动小程序既融入了 AI、图像生成、数据学习等前沿技术，又与春联、书法、民俗等中国传统文化相融合，具有很强的时代性、互动性与扩散性，不仅让受众体会到了国与家的深刻内涵，也提升了腾讯 AI 的品牌形象。

请思考：这个小程序属于新媒体广告吗？为什么小程序要用户输入自己的心愿后再创作春联？为什么小程序要尽可能多地丰富中国不同地区的风俗选择？该小程序对腾讯 AI 起到什么样的作用？

第一节　微电影广告

碎片化的时间带来了碎片化的媒介使用方式，"微媒体"是"微"时代的必然产物[①]。在"微媒体"的土壤之下，随着视频技术的更新和普及，更多的人愿意去尝试微电影制作、出版发行，促进了微电影的发展和增长[②]。国内微电影的出现最早可以追溯到 2006 年，该年在网络上爆红的恶搞短片《一个馒头引发的血案》是目前国内业界公认的微电影的雏形[③]。微电影努力地挖掘和展现那些被主流电影抛弃、被宏大历史遗忘的小人物的命运，尝试去表现这些普通人的情感、选择和梦想，反而在内容上得到网民的认同与共鸣，获得了成功[④]。

2010 年，由当红明星吴彦祖主演的微电影广告《一触即发》震动了广告业界，凯迪拉克在新媒体广告上的大胆创新取得了成功[⑤]。该广告片第一次以纯商业微电影的姿态进入广大观众的视线，并第一次打着明确的微电影口号进行广告营销，以总计耗费 1 亿元的大制作成为业界公认的国内首支微电影广告[⑥]，之后各大品牌商纷纷推出为自身定制的微电影广告，开启了微电影广告的实践大门。

① 郑晓君.微电影——"微"时代广告模式初探[J].北京电影学院学报,2011(6):9-13.
② 孟志军.微电影的传播学解析[J].新闻界,2011(8):99-101.
③ 何建平,张薇.中国"微电影"研究现状综述[J].当代电影,2013(6):129-133.
④ 李峰.解析微电影持续升温的心理学原因[J].大众文艺,2012(7):195.
⑤ 王君.浅析"微时代"环境下的电影广告——微电影广告浅析[J].中国电影市场,2012(3):19-20.
⑥ 尹韵公.中国新媒体报告(2011)[M].北京:社会科学文献出版社,2011:36-37.

一、微电影广告的概念界定

微电影广告是新媒体广告的一种新形式，微电影是微电影广告的内容载体，二者之间有本质的区别。微电影的本质是电影，而微电影广告的本质是广告，前者为艺术创作活动，而后者为商业传播活动。但微电影广告因其借助微电影形式而具有微电影的很多特性，获得微电影特有的艺术魅力与移动平台的传播优势。

（一）微电影的概念界定

1.微电影的定义

微电影广告是由微电影（micro film）发展而来的，解析微电影广告首先必须了解微电影。实际上，微电影并不是一个全新的事物。导演陆川认为，微电影由以前的电影短片演变而来，只不过在微博（micro blog）诞生后，微电影也有了这一"时髦"的新名称[①]。

作为新媒体时代的产物，微电影与电影短片有一定的区别。具体而言，微电影是具有完整故事情节，有完整策划和系统制作体系支持，在各种新媒体平台（以移动视频终端为主）上播放，通过网络平台进行传播，适合在移动状态和短时休闲状态下观看，能够满足特定大众"碎片化"需求的视频短片[②]。

诸多学者们均提及微电影所具有的"三微"特征，即微时（30～3000秒）、微制作周期（1～7天或数周）和微投资规模（几千元至数十万元每部）[③][④]。互联网时代是一个碎片化的时代，微电影的"三微"特征就是互联网碎片化时代的产物。微电影的传播平台虽不局限于新媒体，但以新媒体平台为绝对主体，新媒体承载着传播绝大部分微电影的重任[⑤]。

相比其他媒体，微电影具有独特的优势。北京大学李道新教授认为，作为一种介于传统电影与网络视频短片之间的新生事物，微电影比传统电影更具灵活

---

① 熊莉."5W"论微电影（上）[J].成功营销,2012(7):42-45.
② 王蕾.微电影传播特征简析[J].青年记者,2012(32):61-62.
③ 康初莹."微"传播时代的微电影营销模式解读[J].新闻界,2011(7):75-77.
④ 刘书亮.微电影的传播效果及相关因素分析[J].西华大学学报:哲学社会科学版,2013,32(1):27-31.
⑤ 陈红莲.网络"微电影"的传播学解读[J].今传媒,2011(12):95-96.

性和草根性,比网络视频短片更专业、更有理想和抱负①。微电影也有着一定的营销价值。知名广告人莫康孙认为,"微电影是以纯粹娱乐的手段营造出一个电影的氛围,用电影的拍摄技法、画质、镜头、宣传模式为观众提供一种电影感,让消费者不仅喜欢去看,而且还津津乐道,甚至成为他们日常生活的一种谈资,而其最终达到说服"②。

2.微电影的特征

微电影是网络视频在微传播时代下的发展产物,虽然其存在时间相比传统媒体并不长且仍在不断发展中,但基于目前微电影的形态,其特征主要表现在以下四点:

(1)短。微电影之"微"首先在于微时放映,即有时间的限制。微电影与电影的第一个区分点就在于时长。受众时间"碎片化"决定了用户更加偏好短视频,微电影的长短必须控制在用户可以忍受的范围内。微电影的时长一般不会超过30分钟,更长的作品也几乎控制在60分钟内,而现代电影时长一般都超过90分钟。时间限制对微电影的内容展现提出了极高的要求,导演必须在短时间内,运用电影语言将故事的缘起、高潮和结尾完整叙述,若要有所升华就更难了,非常考验导演和团队的制作水平。

(2)省。除了时间短之外,微电影的制作周期短且制作成本低。简单的微电影一般一周内就可以制作完成,最长的制作周期也不超过半年,而一部电影往往要花好几年的制作时间。由于制作周期短,微电影的制作成本大大降低了。同时,微电影的制作成本低也与投放媒体相关。由于微电影主要投放在一些新媒体甚至自媒体上,相对于传统的电视媒体动辄几百万几千万的媒体投放费用,主要投放在网络上的微电影,其媒体投放成本微乎其微。

(3)精。精指的是微电影内容精彩。微电影本身的特质决定了它必须在极短的时间内讲述一个完整的故事,带给观众耳目一新的观看体验,产生共鸣③。在传统电影中,为了使观众融入故事情节,大部分电影选择最常见的线性发展模式,即"开端—发展—高潮—结局"④。由于不像普通电影一样有充足的时长,微电影往往采用非线性结构,具有故事的零散性、时空的错乱性、人物关系的复杂

① 汪思婕,侯小嫔."新媒体电影"崭露头角[N].人民日报:海外版,2010-11-26(13).
② 莫康孙.从"电影植入广告"到微电影[J].中国广告,2011(8):41-42.
③ 张闻语.微电影的发展现状及趋势研究[J].中国市场,2015(50):87-88.
④ 李荣荣.传播学视域中的微电影叙事策略探究[J].东南传播,2011(12):33-34.

性、情节发展的多轨性①，要求演员要在第一时间抓住观众的眼球，调动观众的兴趣，将观众迅速带入剧情中，用最精湛的演技在短时间内诠释故事的真谛。

（4）快。相比传统电影，微电影的播放平台主要是互联网终端与移动终端上的视频网站、社交网站，这些网络平台上网友们的转发、评论给微电影的快速传播提供了绝佳的机会，优秀的微电影在短时间内能够产生病毒般"裂变式传播"，从而产生巨大的社会与经济效益，这也让微电影在激烈的市场竞争中斩获一席之地，同时成为资本关注的对象。

（二）微电影广告的概念界定

1.微电影广告的定义

微电影广告（Micro-Film Advertising）是指由广告主出资发起的，由广告主或委托专业影视制作团队作为广告制作方，采用微电影的创作手法和拍摄技巧，运用独特的电影语言和蒙太奇的表现手法，精心制作的广告视频短片。微电影广告与微电影一样，主要通过以互联网、移动互联网为代表的新媒体平台进行发布和快速传播，具备完整的电影故事情节和特征，一般时长控制在30秒至30分钟之间。

与微电影不同，微电影广告作为一种广告形式，有着特定的商业目的。一些学者也指出微电影广告的目的，如实现品牌形象、理念的渗透和推广②、讲述品牌故事、塑造企业形象或展示核心诉求（理念）③等。综合学者们的观点，微电影广告的目的可以概括为：帮助广告主宣传推广产品、展示品牌的核心理念、提升品牌价值、塑造企业形象、构建企业文化、制造话题等。

因此，简单而言，微电影广告是由微电影发展而来，将新媒体、电影与广告相结合的一种新型的广告形式。从字面上来说，微电影广告是"微电影"与"广告"的统一，是以微电影为形式载体、以新媒体为传播载体的广告传播形式，也可称之为广告的微电影化。

2.微电影广告的本质内涵
（1）微电影广告的表现形式是电影

微电影广告具备电影的形式。首先，微电影广告将广告以电影化的表现手

---

① 刘芳.结构，情节，时空：论微电影广告叙事[J].当代传播，2014(5)：96-97.

② 潘玥舟.微电影的轻广告传播[J].国际公关，2012(4)：50-52.

③ 高诗劼."碎片化"语境下电视广告发展的"聚"挑战与"微"契机——兼析"益达"《酸甜苦辣》微电影广告[J].东南传播，2012(9)：104-106.

法进行创作、拍摄,具有电影般极强的表现力,借助影片中的音乐、场景、色彩、道具、人物强化广告信息的故事性。其次,微电影广告拥有特定的主题和完整的故事情节。美国电影理论家斯坦利·梭罗门(Stanley J Solomon)在《电影的观念》中指出,"电影的段落就像书中的章或戏剧的场一样,是组织情节材料的自然单位,也是展开作品基本观念的过程中从一个阶段向另一个阶段前进的自然步骤"[①],其中"作品的基本观念"指的就是电影的主题,而"电影的段落"就是一个个故事情节,微电影广告正是运用电影蒙太奇的技法来布置故事情节,通过镜头与场景的变换将代表性的视觉符号巧妙地植入于紧凑的故事情节中,悄无声息地传递出企业的产品定位或品牌理念。

(2)微电影广告的本质是广告

微电影广告虽然具有微电影的表现形式,但其本质依然是广告。作为一种市场营销行为,微电影广告具有特定的目的性、商业性和营利性,是为营销目的服务的。微电影广告一般由广告主独家赞助拍摄、制作,投入大量资金,且从制作到宣传、投放都有周密策划,制作质量也较为精良。很多微电影广告是为了塑造某个特定的企业、产品和品牌的特性、个性及形象而量身打造的,其制作具有明确的目的,尤其讲究计划性和策略性。基于不同企业的要求和微电影导演的风格,微电影广告可以有无数种展开故事情节的方式,但这些情节的叙述和铺垫最终都是为了影响或改变目标受众对产品或品牌的认知,宣传品牌的理念,塑造品牌的形象,传播企业的文化,说服消费者购买等,具有明确的商业属性和盈利目的。

(3)微电影广告是新媒体时代的产物

微电影广告与新媒体的传播密不可分。微电影广告是新媒体时代下微电影与广告跨界结合的产物,其最大的优势就是将广告信息巧妙地融入电影情节中去,透过新媒体渠道传递给目标受众,从而在广告主与目标受众之间架起情感交流和互动沟通的桥梁,迎合目标受众在移动状态和短时休闲状态下观看的需求,最终有效地影响受众。相比传统媒体广告,微电影广告能够取得良好的效果。首先,微电影广告借助了各种具有视频功能的新媒体平台进行传播,包括视频网站、社交网站、即时通信媒体等。其次,微电影广告的传播平台都具有良好的互动性,受众能够主动参与对广告的评论与转发,产生二次传播,甚至形成病毒式传播。此外,基于互动参与,微电影广告的受众也容易将对故事内容的好感移情于品牌,有助于提升品牌的知名度、美誉度与忠诚度。

---

① 梭罗门.电影的观念[M].齐宇,译.北京:中国电影出版社,1986:43.

(三)微电影广告与微电影的联系与区别

1.微电影广告与微电影的联系

首先微电影广告与微电影一样,都具有电影的叙事性。简单而言,叙事就是描述一段具有情节的故事,不管是微电影广告还是微电影,均采用叙事手法,依附完整扎实的戏剧框架,对每段情节进行合理有序的艺术重组叠加,具有完整的叙事结构特点①。叙事是人类认识世界的重要方式。修辞学家华特·费舍(Walter Fisher)认为,人类本质上是叙事人(Homonarrans),故事是人类所有活动的根本②。有史以来,不分古今中外、地域文化,人类都在不断说故事,并借着说故事来诠释、评估他我关系与社群环境③。英国传播学家安德斯·汉森(Anders Hansen)也指出,"我们一直被叙事所包围,整个世界是以一种叙事的形式展现在我们面前的""叙事成了制作人和观众之间传播体系中的一个部分"④。叙事性使得微电影与微电影广告所能表现的主题与内涵涉及人类生活的方方面面,且能够以受众最容易理解与接受的方式展开。

其次,微电影广告与微电影一样,其叙事的目的是让观众有所触动。电影学家王亮衡指出,电影的叙事是对人类生活的凝聚与选择性概括,是对人类情感的内视与发掘⑤,美国编剧家罗伯特·麦基(Robert McKee)认为,"故事源于生活,故事是生活的设备"⑥,这个"设备"就是对生活中的素材进行加工和想象后形成对真理的揭示与思考。俄国电影理论家谢尔盖·爱森斯坦(Sergei M Eisenstein)指出,电影所面临的任务,不仅仅是合乎逻辑的条理贯通的叙述,而是最大限度激动人心的、充满激情感的叙述⑦。因此,对微电影和微电影广告来说,叙事只是形式,电影中的事件、行为者、时间与地点组成素材材料,以一定的

---

① 博格斯,皮特里.看电影的艺术[M].北京:北京大学出版社,2010:341.

② FISHER W R.The narrative paradigm:in the beginning[J].Journal of Communication,1985,35(4):74-89.

③ 任悦.视觉传播概论[M].北京:中国人民大学出版社,2008:156.

④ 汉森,等.大众传播研究方法[M].崔保国,等译.北京:新华出版社,2004:164.

⑤ 王亮衡.电影学研究[M].北京:中国广播电视出版社,1997:315.

⑥ 麦基.故事——材质、结构、风格和银幕剧作的原理[M].周铁东,译.天津:天津人民出版社,2016:5.

⑦ 爱森斯坦,尤列涅夫.爱森斯坦论文选集[M].魏边实,等译.中国电影出版社,1962:348.

方式组织进故事中,其目的就是让作品所要传达的观念一步步接近受众的内心,或使人信服,或使人动情,或使人成长。

2.微电影广告与微电影的区别

微电影与微电影广告最显著的区别就在于其是否具有营销性。诚然,由于投资方的要求,现在一部分的微电影作品带有很强的营销性质,但是这种营销形式更多以冠名或植入的方式存在。且大部分的微电影没有营销目的的束缚,作品单纯地从创作者的内心想法出发,表现其最真实的想法和感受。正是因为这一出发点的差异,微电影的拍摄和制作吸引了很多草根人士甚至是普通百姓的加入。很多单纯从娱乐角度出发的微电影作品在各大视频网站广为流传,但大部分作品在品质上不高且思想性较弱,呈现草根化的特点。

微电影广告以微电影为依托,在属性定位上属于广告的范畴。这意味着微电影广告不仅要追求高水准的艺术品质,还要对为其投资的广告主负责,其核心目标是收获最终的利益。因此微电影广告在实际制作过程中,需要有专业的制作团队,需要基于产品或品牌的文化内涵、气质特征来构思整个微电影广告剧本,将受众的兴趣点与广告主的诉求点联系起来,通过微电影的形式使得广告内容能够体现品牌特质与个性,建立与受众的沟通,传递品牌思想与理念,从而更好地实现营销目的。因此从本质上讲,微电影是电影作品,而微电影广告是商业广告。

二、微电影广告的特性

微电影广告有很多特性,大致可以包括创作特性与传播特性两类,前者侧重于微电影广告在创作过程中所呈现的特性,而后者侧重于微电影广告在传播效果上所呈现的特性。具体而言,微电影广告的创作特性包括故事性、精炼性、商业性、专业性和低成本,而微电影广告的传播特性包括共鸣性、互动性、扩散性、精准性和滞缓性。

(一)微电影广告的创作特性

1.故事性

微电影广告的制作实际上就是要"说好品牌故事"。"故事"可被看作以一定的方式,对按逻辑和时间先后顺序串联起来的一系列由行为者所引起或经历的事件的描述①。微电影广告往往是一个打动人心或者耐人寻味的故事，它通过对电影语言的综合运用来形成一部可观可感的广告影片，淡化功能性的介绍，追求故事情节与品牌的完美契合。从表现形式上看，微电影广告可以在短时间内展现出一段如同好莱坞大片一样的故事，且拥有比较完整的故事情节，精彩的故事结构、浓烈的故事情感、多彩的故事场景和完美的影音效果②。从诉求内容上看，微电影广告注重将产品性能、品牌价值、企业形象等合理地融入作品中，与故事完美结合，其目的不再是简单追求产品或品牌的高曝光率③，而是突出展现产品或品牌的核心价值与文化内涵，从而拉近与受众的情感距离，让受众更加主动地去了解和接受产品或品牌，最后使产品或品牌的价值深深植于消费者心中。故事性使得微电影广告降低了受众对广告的反感与逆反情绪，使受众在观看过程中潜移默化地与品牌产生情感联系。

2.精炼性

受微时长的影响，微电影广告并不支持冗长的故事情节，其故事叙述必须精炼短小、张弛有度。为了获得最佳的传播效果，在借鉴电影叙事的基础上微电影广告对叙事结构进行了变革，即无限缩短甚至省略叙事情节的开端，重点阐述故事的高潮部分，以故事的高潮部分为主体，从故事高潮的细节处理入手，挖掘广告内容的深度。故事的高潮部分是受众最感兴趣的部分，也是整个作品的精华所在，微电影广告尝试将高潮部分突出，将故事情节安排得更加紧凑简练但又不失完整，使得微电影广告的叙事能够详略得当，生动精彩，具有精炼性。同时，微电影广告的精炼性还体现在作品的深度上，大多数微电影广告都凝练并传播着价值观，受众在观看微电影广告的同时，不仅能够获得视听的快感，而且能够对人生产生启发，这对提升产品的价值和品牌的影响力是十分有益的。

3.商业性

微电影广告的本质是广告，既然是广告，就决定了其必须服务于市场营销过程，有明确的营销目的，微电影广告的制作是为其商业性服务的。一般而言，除了非营利性的公益类宣传广告之外，微电影广告以促进销售、宣传品牌理念、塑

---

① 巴尔.叙述学：叙事理论导论[M].谭君强，译.北京：中国社会科学出版社，2003：3.

② 罗晶，潘云华.论微电影广告的传播优势及发展策略[J].艺术与设计：理论，2013，2(4)：63-65.

③ 石维丹.新媒体时代下微电影广告的传播学意义及发展趋势[D].成都：四川省社会科学院，2016：10.

造企业形象、构建企业文化等为目的,以期获得长远的利润。在微电影广告定制过程中,实现营销目的是首要目标,电影的表现手法只是微电影广告的手段,对产品、品牌或企业的诉求点的传播才是微电影广告的关键。这些诉求点有的作为伏笔从头到尾都引领着故事情节的展开,有的则在故事的最后成为点睛之笔让人恍然大悟,广告创作者可以根据所需利用各种叙事手法来表达不同的诉求点,在故事中潜移默化地影响受众,从而达到营销目的。但不同于促销类型的广告作用于短期利益,微电影广告的商业性目的的实现是一个长期的过程,微电影广告多以塑造品牌形象或价值观念为主要目的,要在短时间内获得显著的商业利润是不现实的。

4.专业性

微电影广告的制作一般都需要有专业的制作团队来完成,具有电影制作的专业性。首先,优秀的微电影广告制作精美,能够通过声音、画面、文字等要素将品牌故事生动、自如地呈现出来。但受制于微特性,微电影广告的制作团队在创作时又必须在短时间内将故事情节完整具体地呈现出来,并与产品或品牌理念紧密结合,将产品或品牌信息恰到好处地传递给大众。其次,微电影广告在演员选取方面也很重要,制作团队需要选用专业的影视演员,搭建匹配的演员阵容,以实现对剧本内容的完美演绎。此外,在技术水平方面,微电影的制作团队需要严格按照电影的制作技巧和标准进行拍摄和剪辑,运用大量高规格的特效、场景,保证高质量的画面、录音和配音,给受众以专业的视觉体验,这样才能追求在较短的片子中呈现与完整电影相媲美的高品质与高定位,甚至创作出高于电影水准的微电影广告。最后,在推广宣传方面,微电影的制作团队也必须组建专业的推广团队并制订全媒体传播策略,以实现微电影广告的高效传播。

5.低成本

企业选择运用微电影广告传播自己的品牌产品,很大程度上是因为微电影广告的低成本投入。微电影广告的成本主要包含制作成本与投放成本。首先,微电影广告制作费用较低,大多数的微电影广告不需要大制作、大明星,因此大部分微电影广告的成本基本保持在几千到几万之间,相比动辄几十万上百万的电视广告、影视植入广告的广告费不值一提。其次,网络等新媒体渠道为微电影广告的后期投放节省了成本和支出。微电影广告借助网络用户积极互动的特性,还可以利用在线转发形成一种几乎无成本的"病毒式"传播。很多优秀的微电影广告在网络平台上一经发布,就能引起网友的大量关注,点击量在一天内可以达到几百万甚至几千万,网友的转发相当于为品牌免费宣传,既不容易产生受众的反感,又能提升微电影广告信息的感染力,也更容易产生广告主期待的营销效果,节约了其在增强用户体验和促进用户参与的广告成本。

(二)微电影广告的传播特性

1.共鸣性

微电影广告传播的基础是共鸣。广告的共鸣指的是在广告中诉说目标对象珍贵的、难以忘怀的生活经历、人生体验和感受,唤起并激发其内心深处的回忆,同时赋予品牌特定的内涵和象征意义,建立起目标对象的移情联想[①]。作为一种新型的广告营销方式,微电影广告以完整的故事情节和富有创意的内容为核心,通过叙事与受众进行情感互动,注重在传播过程中引起受众共鸣。引起共鸣的微电影广告的主题往往与情感有关,如亲情、爱情、友情以及能激发感情的美好回忆等。情感是人对客观事物是否满足自己的需求而产生的态度体验[②],受众往往更倾向于选择那些与自己既有立场、态度一致或接近的内容加以接触[③]。为了达到广告的共鸣,微电影广告创作者在选取故事剧本之前,首先要"把自己放到消费者所处的境地中"[④],深入理解目标消费者的情感诉求,在准确把握目标消费者的生活方式以及生活环境的基础上,在故事情节中用电影化细腻的表现构造一种与目标受众心灵深处所珍藏的经历与情感一致的氛围与环境,从而使目标消费者能将广告叙事与自己的真实经历和情感联系起来,潜移默化地接受该产品的品牌理念[⑤]。

2.互动性

微电影广告的传播具有互动性。不管是互联网还是移动互联网,便捷的双向交互是网络媒体最大的优势,微电影广告的互动性就是基于网络传播而产生的。微电影广告的互动性首先表现在其通过开放共享的网络空间将作品推送给受众,并利用互联网平台与受众进行互动,这种开放、互动的传播方式深得受众欢迎。这种方式突破了时间和空间的桎梏,受众可以在任意空间,利用自己碎片

[①] 舒咏平.广告传播学[M].湖北:武汉大学出版社,2006:315-316.

[②] 林崇德、杨治良、黄希庭.心理学大辞典(上)[M].上海:上海教育出版社,2003:941.

[③] 郭庆光.传播学教程[M].北京:中国人民大学出版社,1996:196.

[④] 本丁格尔.广告文案训练手册[M].谢千帆,译.北京:中国传媒大学出版社,2008:107.

[⑤] 牛卉.从传播学"5W"模式探究微电影广告及其发展策略[D].郑州:郑州大学,2013:20.

化的时间,通过任意终端搜索自己喜欢的微电影广告进行观看,在观看过程中还可以随时暂停、回放、快进,甚至下载保存。在具有弹幕功能的平台上,受众甚至可以随时与网友进行弹幕互动,更能在视频网站、社交媒体等平台上进行转发、分享、评论,充分发表自己的意见,表达自己的喜好,还可以针对其他平台上网友的看法和评价进一步互动。为了提高互动性,一些注重传播效果的微电影广告主还在自己的官网上设置论坛或专栏,为品牌与消费者提供一个进行深度沟通的平台,让消费者参与品牌的建设与成长。

3.扩散性

微电影广告的传播具有扩散性。首先,微电影广告传播所依靠的互联网渠道让微电影广告具有很强的扩散性。随着网络技术的飞速发展,互联网等新媒体为广告主和受众提供了交互平台,也为微电影广告产生持续传播与扩散提供动力。在互联网平台中,网状式的信息传播方式突破了地域和时间的局限,随着网民参与度的不断深入,信息以大面积、高速度、裂变式的方式实现传播,使得微电影广告的播放量呈几何式增长。其次,微电影广告所具有的故事性能够吸引产生共鸣的受众积极参与传播,这就让微电影广告的传播具有了二级甚至多级传播的可能。当微电影广告的内容符合受众期待,在受到感染的同时,受众会把值得推荐的微电影广告通过社交平台分享给朋友,期望他们与自己一样产生共鸣。作为一种新型的网络营销手段,微电影广告的持续传播力是传统广告所无法比拟的。

4.精准性

微电影广告的传播并不是随意的,其实现均经过精心的策划。首先,微电影广告的目标受众是明确的。微电影广告是新兴的广告形式,受到喜欢新鲜事物的年轻网民的欢迎和喜爱,年轻网民在工作、学习、生活之余可以通过观看微电影缓解压力,达到娱乐的目的。因此微电影广告的形式和投放平台决定了其目标受众主要集中在长期使用网络、文化水平较高、有品牌偏好的年轻一族。微电影广告的故事情节就是专门为这些目标消费者量身定制的,故事中的情节和品牌理念,与他们的个性需求与品牌偏好相匹配,更能引发他们的情感共鸣。其次,在大数据时代下,网络终端为企业提供了更加精准的客户信息,从社交图谱到兴趣图谱,用户的跨媒体行为数据让信息积淀更加全面,更加系统,也为广告投放的精准定向提供了依据[①]。基于目标受众定位与大数据分析,微电影广告能够针对特定的人群、特定的时间、特定的区域更准确有效地将广告信息传达给

---

① 杨暖暖.社交媒体环境下的定制广告分析[J].新闻知识,2013(11):53-54.

目标受众,后台的各项指标也能够实时提醒广告主,谁看了广告,广告费花在了哪里,据此及时调整广告策略,打破了传统广告粗放式广撒网、强制性覆盖、一对多的传播圈囿。

5.滞缓性

微电影广告传播的效果具有滞缓性。微电影广告发布在社交媒体上,容易引发网民们的讨论,形成"病毒式"的传播,甚至成为热门议题。但是这种话题的生成并不足以直接带动潜在消费者的购买。根据创新扩散理论,革新者要带动早期采纳者从而带动大量的早期追随者是需要一段时间的,且这一过程是无法通过销售量等指标进行精确量化的,这就导致微电影广告效果具有一定的滞缓性。因此,有些微电影广告即使有很好的口碑,也不一定能在短期内促进销售,但从长远来看,微电影广告的受众一旦对微电影广告产生情感共鸣,就容易形成对产品或品牌较为稳定的积极态度,成为产品或品牌的忠实消费者。因此与促销型的广告不同,微电影广告并不能快速地提升产品的销售量,但其在品牌形象的塑造和美誉度的提升上具有显著的作用,只要树立起与众不同的品牌形象,企业就能获得持续的品牌溢价。

三、微电影广告的分类

根据目的的不同,微电影广告可分为公益型微电影广告和商业型微电影广告。公益型微电影广告的主要意图包括为公众谋利益、解决社会问题或提倡某种观念等。公益型微电影广告可以由公益机构发起,也可以由企业发起,但它不以营利为目的,而提倡普世价值观和高尚的道德品格,具有明显的号召性和现实性。商业型微电影广告则属于商业广告的范畴,它以营利为目的,对产品本身、品牌形象以及对某种与企业相关的消费观念进行传播。

(一)不同营销目标的微电影广告

商业型微电影广告也有不同的类型,从营销目标来看,主要可以分为产品型微电影广告、品牌型微电影广告和观念型微电影广告[①]。

1.产品型微电影广告

产品型微电影广告是指在微电影广告创作中,利用各种形式、角度和方法,

---

① 许娅.微电影广告的类型研究[J].新闻知识,2012(7):68-69.

对某个特定的产品的功能、性能、特色、优点进行介绍或呈现,让受众能够全面了解产品,以提升产品销量和产品市场占有率为营销目的的微电影广告类型。产品型微电影广告将产品的优秀性能与故事情节紧密结合,使受众在观看过后自然而然地了解产品的特点,避免对受众进行"填鸭式"说教。相比品牌型与观念型微电影广告,在产品型微电影广告中,电影的故事情节是围绕着产品的性能、外观、使用感以及体验互动等展开的,因此在创作过程中会弱化微电影的故事情节,在具体的广告表现形式上多为产品标识的露出、关于产品外观的特写、故事人物对产品功能的互动体验等。通过多样的内容和形式向消费者进行说服,从而促成消费者对产品的认知和正面态度,进而推动购买行为。

2021 年夏天,"奈雪的茶"推出新品"霸气玉油柑",并为此拍摄了一支广告片《回甘》。视频讲述了一对父子间的故事,面对因工作苦恼的儿子,爸爸通过制作油柑茶的过程,向其阐明人生道理,试图解开心结:油柑茶的味道虽入口超酸,但耐着性子等一下,酸涩过后便是甘甜,因此没有一种用心是会白白付出的,好多事情都需要静下心来等待,如图 9-2 所示①。这是"奈雪的茶"基于新品拍摄的微电影,电影中制作的油柑茶是"奈雪的茶"推出的新品"霸气玉油柑"必不可少的原材料,这部微电影不仅呈现了"奈雪的茶"新品的味道,并借油柑茶的特点传递出人生如油柑茶先苦后甜的哲理。

图 9-2　"奈雪的茶"微电影广告《回甘》

---

① 奈雪的茶新品上市,《回甘》滋味亦如人生［EB/OL］. 2021-03, https://www. digitaling.com/projects/157213.html.

2.品牌型微电影广告

品牌型微电影广告是广告主以建立良好的品牌形象,维持品牌知名度、美誉度为目的,将企业品牌的核心理念、人文关怀、思想价值体系融入微电影广告的创作当中,展示品牌的个性特征,凸显品牌精神和文化的微电影广告[①]。由于品牌形象的塑造最适合通过品牌故事的叙述展开,因此品牌型微电影广告在微电影广告中所占的比例最大。

该类型的微电影广告意在让受众对品牌有一个整体的印象和感知,力求与受众展开深层次的沟通和交流,加强受众对品牌的心理体验,向受众生动地展现品牌实力、品牌个性、品牌理念。与产品型微电影广告相比,品牌型微电影广告更具潜移默化的影响力和说服力,其不会向受众推荐产品或服务,而主要通过微电影广告中的人物形象与演绎将品牌优秀品质呈现出来,透过特定的内容情节与受众进行情感交流,进而使受众在内心深处与品牌产生情感共鸣,增加受众对品牌的好感度。

2021年2月,“老板电器”拍摄了《新的味道 创造心意》的微电影广告,诠释“创造中国新厨房”的品牌理念。微电影由三段家庭故事组成,其中“独居”讲述了北漂独居青年喂宠物猫小鱼干的故事,故事调和了梦想与孤独的不协调;而“新家庭”讲述了丈夫为了小公司的融资四处碰壁,压力与烦恼随之而来,妻子用一道丈夫爱吃的粉蒸肉鼓励丈夫“一切都会好起来的”的故事,表达了“懂你的味道”这一主题,如图9-3所示;“传统家庭”讲述了奶奶生日那天女儿打来电话说可能没办法回去庆生了,她感到失落,爷爷的砂锅豆腐排解了她的失落,最终女儿一家带着生日蛋糕过来庆祝,一大家子人围坐在饭桌上热热闹闹地吃团圆饭,生动地展现出传统家庭中的情感牵挂[②]。

“老板电器”微电影广告中的三则故事分别针对“独居”“新家庭”“传统家庭”三种家庭类型。透过这支微电影广告,“老板电器”聚焦人们与厨房,将每道饭菜的厨房故事和品牌理念联系起来,传递“做有故事的菜,品有温度的美食”的品牌价值,让“老板”这一品牌更具人情味,对这三类群体更具品牌感召力。

3.观念型微电影广告

与产品型微电影广告和品牌型微电影广告相比,观念型微电影广告更具高

---

① 张秀丽.新媒体时代的微电影广告营销策略研究[J].出版广角,2015(10):90-91.

② 老板电器2021开年温情微电影,讲述万家厨房的人间百味[EB/OL].2021-02,ht-tps://www.digitaling.com/projects/153384.html.

图 9-3 "老板电器"微电影广告《新的味道 创造心意》

度与深度,广告中既不出现产品,也不出现服务,而更多的是通过故事叙述将广告主所想要传达的生活理念、人生观念植入微电影中,让受众在观看后获得新的思考与启发。但要在人们心中形成某种观念,并不是一蹴而就的,是一个长期的过程。观念型微电影广告便是力图通过引导受众强化或重塑某种观念,从而形成与产品或品牌相符的消费观念与消费习惯,当人们的消费观念与消费习惯一旦形成,便更容易重新考虑原先不会考虑或者难以接受的品牌产品的新功能、新性能,达到提升产品使用意愿的目的。这种微电影广告的创作有助于企业建立起与受众的长期关系,甚至能够帮助企业成功打开新的市场,从而使企业获得长远的发展。

2021 年 4 月,"滴滴金融"根据真实故事改编,推出了微电影《水灵儿》,如图9-4 所示。影片开头,是一名父亲向女儿解释她小名叫"水灵儿"的原因,由此在父亲的回忆中,逐步展开创业故事的叙述。主人公是土生土长的山西人,因为到南方大学上学用水果追求到了师妹,萌生了想回老家在黄土地种火龙果改变老家境况的想法。而这样一种近似异想天开的想法却遭到了无数人的质疑,但他仍旧决定试一试。他凭借一股不服输的精神,请教专家、专研书籍、挑灯看果,尝试各种方法种火龙果。屡试屡败的他在一度怀疑人生时,女主角被男主角的精神打动,返回家乡和他一起研究。经过两人的不懈努力,终于利用黄土高原的特殊地势，成功种出了热带水果，并让种植技术在当地得以普及，带动了老家经济的发展①。

图 9-4 "滴滴金融"微电影《水灵儿》

"滴滴金融"以真实创业者李富春挑战黄土高坡种植热带水果的故事为原型，创作出怀揣创业梦想的青年群像故事：在坚持梦想的路上虽然备受质疑，但他们依旧选择坚持自己的梦想。"滴滴金融"以此来传达品牌的价值主张：致敬每一个勇敢追梦的年轻人。另外，在微电影上线之前，"滴滴金融"也推出了青年创业梦想扶持计划的长期项目。"滴滴金融"通过改编自真实故事的微电影呈现出企业满满的社会责任感，增强了用户对滴滴金融品牌的认同感和归属感，为品牌的长期发展构筑受众信任的护城河。

（二）不同专业程度的微电影广告

微电影广告也可根据团队的专业程度作出不同分类。以制作团队专业程度为标准，可分为专业定制微电影广告与草根原创微电影广告两种。其专业程度的评价标准主要是依据是否由广告主投资、是否由专业团队制作出品和传播目的是否明确。

---

① 宝马情人节微电影《婚礼》，两个人和一台车的爱情故事［EB/OL］.2021-02，https://www.digitaling.com/projects/152635.html.

1.专业定制微电影广告

专业定制微电影广告是由广告主全额投资,为自己的品牌量身定制,聘请专业团队进行广告创意、拍摄和制作的微电影广告。这类微电影广告最鲜明的特点就是制作精良,广告内容能够紧紧围绕企业的产品和品牌所要传达的信息与内涵,将企业品牌和理念深深融入广告剧情之中,能够很好地传播企业品牌文化和理念,服务于企业产品推广或者品牌传播活动,这也伴随着该类型的微电影广告制作费用较高,制作周期较长的特点。从参与演出和制作人员的角度看,由于广告主能够支付较高的片酬,当红明星和知名导演在这类微电影广告的表演者中占较高比例。借助明星和名导演的人气,以及他们专业的演出和编导,受众很容易关注并喜爱该类型的微电影广告,这也成为该类微电影广告能够获得较好效果的原因。

2.草根原创微电影广告

草根原创微电影广告一般是指由视频网站平台策划、发起,征集网友意见编写剧本、组织草根演员参演、召集非专业人士进行视频拍摄、制作、上传的一类以宣传网站、吸引关注度和点击率为目的的微电影广告。这类微电影广告最鲜明的特征是网民积极参与影片的创作与不知名的有才人士作为演员及导演。这类微电影广告虽然没有明星和名导演的加持,但仍能靠创意取胜,在创意上讲究出其不意,在故事情节的铺垫上较为用心,注重节奏的把控、气氛的渲染和细节的凸显。但与专业定制微电影广告相比,由于投入经费较为不足,制作水准难以达到专业定制的水准,且由于剧本和表演具有一定的随意性和自由性,传播目的多带有浓厚的自发性和自娱性,大部分的传播效果一般。

(三)不同合作模式的微电影广告

商业性微电影广告按其合作的模式还可以分为企业自制微电影广告、企业与网站联合制作的微电影广告以及企业与视频网站、自由创作者共同制作的微电影广告。

1.企业自制微电影广告

顾名思义,企业自制微电影广告就是由企业投资,为其品牌或某一产品量身定制的微电影广告,也称之为定制类微电影广告。通常企业自制微电影广告如同拍摄一部电影短片,投资较大,但企业能够全权控制微电影广告的各部分细节和可能的效果,因此此类微电影广告一般具有很强的表现性,其剧情紧凑,扣人心弦,能很好地将品牌的价值观融入电影的剧情中。但由于其完全由企业主导,如果企业没有从受众出发把握好产品或品牌的信息露出程度，也很容易由于营销属性太强，广告的商业味道过于浓厚，影响受众欣赏微电影广告的心理过程，使广告效果大打折扣。

2.企业与视频网站联合制作的微电影广告

这类微电影广告也属于商业定制性质，但相比企业自制微电影广告，其特点是由企业和视频网站一起策划微电影广告的拍摄、制作和发布过程，两方分摊拍摄与制作成本，最大程度地利用视频网站的传播资源进行传播，从而达到双赢。在企业和视频网站双方的配合下，该类型的微电影广告的内容与风格不仅符合企业的要求与视频网站的调性，最重要的是会适当限制过于露骨的企业宣传，使之不影响视频网站的投放效果，从而较好地权衡企业的需求与视频网站的需求。

3.企业与视频网站、自由创作者共同制作的微电影广告

此类微电影广告是由企业与视频网站、自由创作者三方共同合作的微电影广告，由于自由创作者较多，视频网站一般都会征集优秀的剧本和优秀的草根导演，因此广告还没拍摄和制作之前往往就能获得大量的关注。在获得较好的剧本和导演之后，视频网站会寻找合适的企业进行合作，投资微电影广告的拍摄。该类型的微电影广告是企业、视频网站、自由创作者三方积极合作、相互配合的结果，在制作过程中能够发挥三方的积极性，相对前两类微电影广告而言，由于拍摄的微电影广告来自征集的剧本，也不需要聘请专业的导演和演员，因此拍摄和制作成本较低，且内容和风格更多元也更接地气，容易引起受众的共鸣，但这也需要企业和视频网站对剧本和自由创作者的演出有足够的包容性和开放性。

除了以上的分类之外，微电影广告根据与商家合作模式，还可分为植入式、定制式、赞助式三种微电影广告，根据内容类型可分为悬念类、幽默类和情感类微电影广告，根据题材可以分为喜剧、悲剧、动作、惊悚、科幻等类型。但需要说明的是，微电影广告的分类有时并非界限清晰，为了能够更好地塑造品牌形象和传递信息，很多品牌在制作微电影广告时往往涉及多种类型，以达到品牌传播的特定目的。

第二节　短视频广告

和微电影广告一样，短视频广告也是新兴的新媒体广告的一种，它相比微电

影广告出现得较晚。微电影是微型电影,拍摄手法和拍摄电影几乎无区别,而短视频则是十几秒的视频,其体量更小、拍摄周期更短,内容成本低,对创作设备要求不高,视频内容也更接地气、贴近用户,有很多是简短消遣的内容,更适合受众移动终端的碎片化消费,也更适合当下全民拍摄、全民传播的传播环境。因此虽然微电影广告与短视频广告都属于视频类广告,但由于其内容载体的不同,二者有着明显的区别。

一、短视频广告的概念界定

短视频广告是基于短视频这一视频形式应运而生的广告形式。虽然短视频广告字面意思很简单,但说起短视频广告究竟包括哪些形式,只要是简短的视频广告都算作短视频广告,还是只有像抖音、快手等手机短视频平台上的广告才算是短视频广告,则可能众说纷纭,因此对短视频广告的界定很有必要。

(一)短视频的概念界定

短视频最早于美国以手机应用的形式进入大众视野。2011 年 4 月 11 日,第一款用于视频分享的移动短视频社交产品 Viddy 于美国上线,用户能够通过 Viddy 对拍摄短片添加音效、特效美化,最终剪辑成为 30 秒钟以内的视频短片;2013 年 1 月 24 日,美国微博客应用推特推出时长为 6 秒的短片视频应用 Vine iOS 版本,用户不仅可以进行即时拍摄,还可以完成即时分享、即时互动等操作;同年,美国图片社交应用照片墙新增视频分享功能,拍摄长度最长可达 15 秒;2014 年 8 月,照片墙又推出了具有延时摄影功能的视频编辑应用 Hyperlapse[①]。随着我国智能手机的发展和 4G 网络的普及,国内也出现了诸如美拍、抖音、快手、火山、西瓜等短视频应用。

根据艾瑞咨询在《2016 年短视频行业发展研究报告》中的定义,短视频是一种视频长度以秒计数,主要依托于移动智能终端实现快速拍摄和美化编辑,可在社交媒体平台上实时分享和无缝对接的一种新型视频形式[②]。艾瑞咨询在《2017 年短视频行业发展研究报告》中对短视频进一步指出,短视频是播放时长

---

① 王晓红,包圆圆,吕强.移动短视频的发展现状及趋势观察[J].中国编辑,2015(3):7-12.

② 艾瑞.2016 年中国短视频行业研究报告[R].艾瑞咨询,2016.

在 5 分钟以下的网络视频,具有社交属性强、创作门槛低、播放时间短、场景便捷等特征,更加符合移动互联网时代的碎片化内容消费习惯[①]。结合艾瑞咨询的界定,目前的短视频就是指依托于移动智能终端,可快速拍摄、编辑、发布、分享的,播放时长在 5 分钟内的网络视频。短视频融合了文字、语音和视频等多种形式,具有制作周期短、形式多样、传播速度快、信息承载量高等优势[②]。

(二)短视频广告的概念界定

基于短视频的概念,短视频广告可以说是企业或个人通过新媒体渠道或平台以短视频的形式,将产品、服务或其他相关推广信息传递给消费者的广告形式。艾瑞咨询在《2018 年中国短视频营销市场研究报告》中指出,短视频营销走过三个时代:短视频在电视广告时代多以广告片的形式呈现,制作精良但缺乏互动,用视频语言表达营销故事的方式被普遍接受而普及;短视频在 PC 广告时代以视频贴片的形式为主,更加注重内容与用户的互动,可以直接导流,培育了用户短视频内容消费习惯和交互习惯;在移动广告时代,移动短视频媒体平台成为短视频内容的主要阵地,其营销形式也更加丰富多元,互动性更强,同时具备内容属性和社交属性[③]。

因此,从广义上来说,短视频广告包括电视短视频广告、PC 端短视频广告和移动端短视频广告,而狭义上来说,目前的短视频广告主要指的是移动端短视频广告,即在手机等智能移动端拍摄、剪辑、播放和传播的短视频广告,本节所讨论的短视频广告也主要指移动端短视频广告。

二、短视频广告的特征

短视频广告是新媒体时代的产物,它带有新媒体广告特有的一些特征如互动性强、成本低廉等,也具有沉浸体验、内容原生、选题灵活、购买便捷等依靠短视频的优势所呈现出来的特性。

(一)互动性强

短视频广告依托于移动短视频平台,能够通过各种网络与视频技术增强广

[①] 艾瑞.2017 年中国短视频行业研究报告[R].艾瑞咨询,2017.
[②] 王国芳.浅析自媒体时代下移动短视频的发展[J].新闻研究导刊,2016(4):266,269.
[③] 艾瑞.2018 年中国短视频营销市场研究报告[R].艾瑞咨询,2018.

告商与用户的互动性。用户既可以点击快进、暂停、全屏等按钮播放视频,也可以通过转发、评论、点赞等方式参与互动,还可以收藏视频、关注视频发布的广告主账号,这些多元的互动功能产生了良好的传播效果。互动性的提升对短视频广告的受众与广告主都具有重要意义:广告中受众可以通过点赞、发弹幕、写评论等方式与广告主进行互动,向广告主提出自己的需求和建议,广告主也可以通过回复评论、提供链接、截屏抽奖等形式提升受众互动的积极性,解答他们的疑问,并及时调整广告策略。短视频平台的互动功能能够有效增强受众对短视频广告的认可,建立起品牌商与消费者之间的情感联系,但目前短视频广告的互动形式还比较单一,未来借助新媒体技术将呈现更便捷、有效的互动形式。

(二)成本低廉

在网络视频出现之前,短视频广告主要投放在电视媒体上。要在电视上播放,广告就必须请专业的制作团队用特定的设备进行拍摄,制作精良的电视广告需要较高的制作费,同时电视媒体可供投放的广告时长也非常有限,一则电视广告一般为 15 秒或 30 秒,很少长于 30 秒,且投放价格不菲,因此电视广告的制作和播出的成本都较高,且广告的播放时长、次数、频率都要根据广告主之前与电视媒体约定的进行,如果发现受众反响不如预期也难以进行及时更改,广告主处于被动的地位,往往投入巨大却难以保证有好的效果。而短视频广告则可以很好地克服这些弱点,它的制作成本低,制作简易,依托网络进行投放,投放时间也非常灵活,更重要的是可以根据受众的反馈及时调整广告内容,因此短视频广告不需要太大的投入成本。

(三)沉浸体验

短视频具有很强的场景化能力,内容生动立体,给人身临其境的感觉,短视频的场景化能力也提升了短视频广告的临场感和沉浸感,用户在短视频广告中往往能够变身主角去体验广告的内容。点开短视频广告,受众可能看到的是明星打来的视频通话、家族微信群里的聊天信息流、广告主角睡过头赶飞机的路上、职场中重要会议的提案现场等。这些场景都非常具有代入感,跌宕起伏的剧情安排能够让受众快速进入角色的状态,回想起自己的相似经历,找到自己的影子。心理学家米哈里·契克森米哈提出"心流体验"的理论,认为人们在心流状态下最为快乐,这是一种对正在进行的活动和所在情境的完全的投入和集中,因为过于沉浸而忽略身边一切事物的状态①。短视频广告就是"心流体验"的最好体现，短视频用户沉浸于短视频的"情境"中产生更深层次的体验，而忽略了对片子广告意图的敏感性抵抗，从而不自觉地受到广告的影响，带来良好的广告效果。

（四）内容原生

随着策划与制作专业水平的提高，短视频广告的故事性越来越强，广告与媒体内容的界限呈现弱化趋势。首先在内容上，短视频广告与短视频平台上的其他内容之间的界限越来越模糊，很多时候短视频广告以短小精悍的故事呈现，受众往往第一时间无法分辨其是否为广告信息。其次在播放长度和制作上，传统媒体上播放的媒体内容和视频广告往往都有严格的时间限制，广告时长一般限制在15秒或30秒，但在短视频平台上媒体内容和广告可以较为自由，广告既可以长达几分钟，也可以短至几秒钟，其时长完全根据内容需要进行限定。由于短视频广告在形式与内容上与移动端视频平台上的媒体内容相当，短视频广告便具有了很强的原生化趋势，其内容原生不仅符合用户碎片化使用媒体的习惯，也降低了受众对短视频广告的抗拒心理和反感情绪，让受众在无形之中受到短视频广告的影响，增强了广告效果。

（五）选题灵活

我国对广播电视内容的审查较为严格，电视广告在选题方面和内容表述上需要非常注意，否则很容易无法通过审查。一则电视广告从制作到播出需要经过长时间的层层审查，一旦某个环节有问题就可能无法播出。同时，由于受到严格的播放时间的限制，电视广告无法将广告故事情节展开叙述，因此其内容较为单一和严肃，广告词设计也有许多顾虑，通常难以抓住当下最热门的互联网社会话题②。相较之下，短视频广告在内容与题材选择方面拥有较大的灵活性，能够较好地结合当下的时事热点和流行趋势，有针对性地创作广告内容，一些具有草根群体喜爱的恶搞、无厘头、吐槽的内容也不容易被严格限制，同时还可以融入很多如流行语、表情包、经典段子等内容，因而更贴近网络受众的趣味，容易受到他们的关注与喜爱。

---

① 契克森米哈. 心流：最优体验心理学［M］. 张定绮, 译. 北京：中信出版社, 2017：61.
② 胡明. 抖音短视频广告营销实践探讨［J］. 经济师, 2019(11)：53, 55.

（六）购买便捷

对于商品推广类型的短视频广告而言，其最终目的是实现销售，因此很多短视频平台都支持视频加入商品链接。这类短视频用户在观看的过程中，可以通过短视频广告给出的链接直接跳转到电子商务平台、品牌的官方商城进行购买，提交订单后能选择多种方式进行支付。随着直播技术的成熟，一些短视频平台还配备了直播功能，用户在观看短视频广告的过程中也可以点击直播链接，通过正在直播的品牌直播间与主播进行交流，咨询所关注商品的信息与价格。大部分直播间还有最低价、限时秒杀、限量促销、附带赠品等优惠措施。通过合理地设置购买引流通道，短视频平台可以大大简化受众的购买流程和缩短购买时间，如同销售终端广告一样，有利于提升广告投放的效果转化能力和投资回报率。

三、短视频广告的平台与类别

短视频既可以指短视频广告的表现形式也可以指其所依托的短视频平台，短视频平台是短视频广告最终的发布媒介。由于短视频平台的开放性和多样化，短视频广告的内容表现也具有多元性，可以根据内容将其分为美食类、美妆类、游戏类、旅游类等多种类别。

（一）短视频广告的依托平台

目前最知名的短视频平台有抖音、快手、西瓜等，不同短视频平台由于定位不同，其视频的风格和目标受众不同，对短视频内容的创意要求也不尽相同。同时由于每个短视频平台所拥有的资源与发展方向不同，其营销运作策略和广告模式也有所不同。

1.抖音短视频的广告模式

抖音（Tik Tok）于2016年9月诞生，是"今日头条"旗下产品，依靠"今日头条"导流，其初期定位是音乐短视频社区，主要面向一、二线城市以及年轻群体市场。在抖音上，用户可以选择歌曲，拍摄15秒的音乐短视频，形成自己的作品。抖音的定位是音乐创意短视频社交软件，通过魔性洗脑的音乐、冲击强烈的视觉效果打造新潮年轻化的特色。抖音作品大多在音乐场景中融入动作，强调个性和才艺的展示，以快节奏、重表演为特色吸引生活节奏快、年轻有活力的人群，因此其用户群体呈现年轻化态势。秉承音乐动感社区的初衷，抖音聚集了喜爱音乐的年轻人，主流用户以一、二线城市 25 岁以下年轻女性为主，随着产品的不断升级，短视频由初期的只有 15 秒到目前可发布 60 秒的长视频。

抖音在其用户运营上表现积极，通过话题、挑战等大量线上活动和资源倾斜等来引导用户进行 UGC(User Generated Content，用户原创内容)创作以保持平台活跃度。经过爆炸式传播，抖音已聚集了大量的用户。据《2020 抖音数据报告》显示，截至 2020 年 8 月，连同抖音火山版在内，抖音日活跃用户数量已经突破 6 亿[①]。在抖音短视频的内容生产中涌现出的各领域具备知名度的意见领袖，吸引了大量的粉丝关注，抖音也给这些意见领袖很多特权、资源和流量，甚至可以长期得到推荐，从而激发他们发布视频的积极性。这些大 V、明星和网红们在获得点击率与关注度后，也积极地通过贴片、口播、广告植入等多种方式与商家合作进行品牌营销，将流量变现。同时，在大数据算法的加持之下，抖音后台的系统可以根据用户的自身特点与使用习惯进行内容的个性化精准推送，使用户在浏览短视频时更容易接触到与自身审美和需求相近的短视频广告，从而提高广告信息的到达率与转化率。

2.快手短视频的广告模式

快手于 2011 年上线，最初是一款用于制作 GIF(Graphic Interchange Format，可交换的图像文件)动图的手机应用，后来转变为短视频应用，2015 年才开始迎来流量高峰。相比抖音，快手用户所覆盖的年龄范围更广，强调多元化、平民化和去中心化，不打扰用户，满足用户"记录和分享"需求。因此相对而言，快手对短视频没有过多审核和引导，平台上的每个用户都可以参与其中，拍摄、上传生活化的短视频。快手平台上的短视频以吃播、户外直播等通俗易懂的内容类型为主，内容也较为接地气，因此更受到三、四线城市用户的喜爱。同时，快手强调互动和交流，内容更多的是分享生活，加强同城人之间的沟通交流，其上滑出评论、右滑进主页、左滑退出、强调举报的功能设置，正是为建立和维护社区氛围服务的。

根据快手发布的《2019 快手内容报告》，2020 年初快手日活跃用户突破 3

---

① 2020 抖音数据报告(完整版)[EB/OL].2021-01-06，https：//www.sohu.com/a/442893269_441449.

亿,2.5亿人在快手发布作品,APP内有近200亿条视频①。快手对短视频流量变现持开放态度,在官方平台推出以流媒体广告变现为主的商业化计划。通过建立平台、用户、受众三者间的信任关系,结合大数据算法,精准推送与用户消费喜好相契合的广告内容。在快手的首页,会出现具有原生性质、画面与普通视频高度相似的信息流广告。凭借超大的用户体量和日活量,快手赋予创作者更多的专属流量,允许用户自行通过短视频引流广告植入,平台也会分发广告给具备流量的用户进行广告植入,快手平台的广告植入与电商的融合已颇具规模。此外,直播收入成为快手主要的收入来源之一,在快手的短视频页面以及直播页面都可以添加电商平台的引流链接,通过直播带货实现流量的直接变现。

3.西瓜短视频的广告模式

西瓜视频是"字节跳动"旗下的个性化推荐视频平台,与抖音一样由"今日头条"孵化。其用户与"头条"产品重合度高,以三、四线城市用户为主,整体较年轻、男女比均衡。西瓜视频的前身头条视频于2016年5月上线,内容以PGC(Professional Generated Content,专业生产内容)短视频为主,定位是个性化推荐的全视频生态平台,视频时长无限制,其发布的内容一举涵盖了超短视频、短视频和30分钟以上的长视频。相对抖音与快手,西瓜视频的优势在长视频,长视频的微短剧内容演绎较为完整,故事性强。同时,利用"今日头条"多年积累的算法模型,西瓜短视频通过算法分析用户的浏览量、观看记录、停留时间等数据,不断提升用户画像的精准度、完善分发模型,力求为用户推荐更为精准的视频内容。根据易观分析所的数据,截至2020年11月西瓜视频的日活跃用户达到1.56亿②。

西瓜视频的广告变现系统和"头条"的变现体系是一体的,即一方面它可以享受"头条"已有的成熟的广告客户群,另一方面"头条"完善的广告产品、广告算法也能被西瓜视频所用。依托"今日头条"先进的分发机制、庞大的广告客户群,以及扶持创作者的多项补贴政策,西瓜视频快速构建起"用户内容消费—平台广告变现—创作者内容分成"的完整商业闭环。西瓜视频在国内首先推出了按照有效播放量计费的CPV(Cost Per View,每个访问成本)购买方式,即根据广告

① 2019年快手内容报告[EB/OL].2020-02-21,http://www.199it.com/archives/1010343.html.

② 易观发布11月短视频App Top 10榜单:抖音第一 快手第二[EB/OL].2019-12-22,https://www.sohu.com/a/362104199_667510.

的观看次数(要求观看超过一定秒数)或互动次数(要求点击嵌入式链接)对视频广告收费,在将用户价值高效转化成商业价值方面发挥了重要作用。此外,西瓜视频重视激励创作者的创作,通过举行活动,促进不同类型的创作人相互交流、分享心得,鼓励优秀、原创、专业的内容创作者。西瓜视频还针对创作者推出变现计划,视频创作者能从粉丝播放中获得高于日常流量多倍的分成收入,还可以获得电商平台的佣金分成。

(二)短视频广告的类别

短视频广告可以依据内容的类别进行大致的分类,目前最常见的短视频广告包括美食类短视频广告、美妆类短视频广告、游戏类短视频广告以及旅游类短视频广告,这些短视频广告往往不是简单生硬地介绍各类产品或品牌,而是以拍摄者即主播的角度来介绍相关的内容,通过内容来影响消费者,具有原生广告的性质。

1.美食类短视频广告

美食,承载了中国人丰富的情感,而美食类短视频不仅使人身心愉悦,更能让人产生情感共鸣。近年来,随着短视频产业呈现井喷式增长,越来越多的用户加入美食视频的观众行列,美食类短视频逐渐走向行业高位,受到观众和资本的青睐。美食短视频是短视频中最热门的类型,首先短视频中入镜的食材通常符合人们的审美诉求,且其拍摄器材一般选用高端单反、微单等设备,尽量满足美食类短视频"色香味"俱全的要求,给观众带来的极大的视觉享受。其次,美食是最容易交流的话题,社交网络上分享的美食类短视频可以促进网友与发布者相互交流,这样发布者会获得一种满足感,也会激励受众模仿,从而形成一种良性循环,不断扩大美食短视频的影响力。

抖音上有名的"野食小哥",是个脸蛋圆圆,经常戴着渔夫帽,经常在户外做奇特美食的年轻人,如图 9-5 所示。2016 年"野食小哥"拍摄了《听说山泉水泡面特别好吃》的短视频,赶上短视频风口,当起了美食博主。2017 年"野食小哥"入驻 YouTube,他上传了 150 多个视频,在视频里,他全程没有讲话,专心做饭,吃饭,被称为"美食界的泥石流",他游走于山郊野外,展示了中国原生态的田园生活和接地气的农村文化[①]。2017 年"野食小哥"获得中国首个新媒体短视频奖

---

① 美食界泥石流是另类文化输出? 野食小哥:不端着生活,不被人设绑架[EB/OL].
2019-12-30,http://www.iwshang.com/articledetail/262220.

项金秒奖"最佳美食短视频"和"最佳男主角"称号。

图 9-5　抖音美食主播"野食小哥"

2018 年抖音推出购物车功能,"野食小哥"成为第一批尝鲜的博主。他做的第一款产品是牛肉酱,一个月时间里,仅凭一个 2000 万播放量、17 万点赞数的视频,商品分享成交金额达 500 万。紧接着,小哥迎来了抖音"618 促销",在牛肉酱的基础上,他为这次活动定制视频,推出了单价不到 30 元的猪油渣,24 小时交易超 2 万单,成为全抖音最火爆的达人美食;在两次成功试水之后,当年"双11""野食小哥"更是用 700 万商品交易总额坐稳了抖音美食带货的领先地位,一天卖出 12 万件猪油渣①。

不论在哪个平台,"野食小哥"在做短视频时的新奇人设一直很清晰。"野食小哥"用一份特立独行的返璞归真,不仅在内容市场中抢占了一片空白领域,也在电商市场中具有独特的用户说服力。"野食小哥"常站在粉丝的角度上审视自己的视频,例如他明确知道粉丝在买猪油渣的时候,其实买的是一种"风格";视频里的小哥,80% 的时间都在展示猪油渣的做法,让粉丝信任它的品质;而剩下的 20% 时间,则是小哥的制胜关键:构造一种闲适的享用风格。当他听着戏,看着风景,喝着小酒,吃着猪油渣,这份闲适很容易把粉丝代入消费的情境。粉丝

---

①　抖音上最"野"的美食博主,成功是必然还是偶然?〔EB/OL〕.2019-11-05,http://www.cyfengchao.com/archives/51769.

们关注小哥,喜欢的就是这份返璞归真的个性,于是个性化的"风格消费"就顺水推舟地产生了号召力①。

2.美妆类短视频广告

美妆短视频通常以测评为主,产品推荐方式主要分为两种类型:第一类是妆容介绍类:通过给出一套完整的妆容效果,再将化妆的全过程从素颜开始完整还原,在步骤分解中向受众展示所需的化妆产品,粉丝如果认可妆容效果就可能逐一购买美妆产品。第二类是美妆测评类:主播会在单期短视频中介绍多款同类产品,通过每种化妆品在自己皮肤上的效果进行比对实现产品宣传。多数美妆短视频都包含测评相关内容,然而与普通测评类视频相比,美妆类短视频更加突出博主个人的审美取向,含有更多个人展示,主观色彩更为浓厚,相比传统的美妆广告,美妆测评类短视频广告多用事实说话,能够赢得受众的喜爱与信任。

随着女性经济日益独立,精致生活与时尚意识觉醒,越来越多的年轻女性对日常工作、交际生活中的仪态妆容日趋重视。相比"80后","90后""95后"群体更加注重外在形象,愿意花更多的钱在美妆产品上。由于口红属于"95后"女性"高频"的消费品,因此他们会更注重产品的个性与性价比,而非过度迷信"品牌的力量"。同时,"90后""95后"的消费者主要通过社交平台和电商平台推荐来了解新产品、新品牌,短视频广告对这些化妆品消费新生代有着得天独厚的载体优势。

3.游戏类短视频广告

游戏已经发展成为越来越火爆的行业,短视频作为游戏内容最普适性的传播方式,吸引着众多受众,游戏类短视频也逐渐成为热门内容,许多短视频平台都构建了各有特色的游戏内容池。对游戏类短视频内容创作者来说,游戏玩家们日益增长的内容需求是一个绝佳的发展契机。

首先,在游戏类短视频中,较多的是连续剧形式的游戏类短视频,游戏玩家把一局游戏视频录制下来并分割成几段在内容上具有连贯性的短视频,将它们以连续剧的形式播出来吸引用户关注。其次,还有专门为游戏做各类解说的短视频,包括各类游戏道具的用法和实用性对比,各种角色的玩法等,或者带大家体验不同类型的游戏,把自己的感受与游戏的新奇体验紧密结合,这样的短视频也很容易吸引用户点击观看和关注。此外,还有对游戏进行再创作的短视频,如

---

① 华风扬.抖音美食博主如何赚钱? 光推广费用就不少! [EB/OL].2020-05-02,http://www.uxxsn.com/26180.html.

方言配音等再创作形式就常常能得到很多观看量。这些游戏类短视频面向对游戏感兴趣的受众,通过展示出游戏本身的视觉震撼力,激发了玩家的游戏参与体验意愿,在视频中的植入也可以成为广告营销的手段。

"张大仙"是游戏人气主播,以直播手机游戏《王者荣耀》出名。"张大仙"在王者荣耀中擅长打野刺客位置,多个游戏角色都是他的拿手英雄角色,特别是"露娜"角色用得出神入化,首创了"月下无限连"等超炫操作,被玩家称为"国服第一露娜"。飘逸的头发和搞笑的主持风格,让他极具辨识度,在游戏直播中出色的表现及独特的直播风格获得了非常高的口碑。"张大仙"还作为资深游戏节目制作人,推出了《大仙指法秀》《大仙又来了》《FA王者必修课》等游戏栏目,影响了大批玩家,点击量均过亿,这些游戏视频一度成为全网最具影响力的游戏娱乐和教学类视频。

"张大仙"的人气也不仅仅因为其专业性,还在于其人格魅力。他经常让学生粉丝不要花钱送礼物,2021年7月河南郑州突遇暴雨,"张大仙"以个人的名义捐赠100万给河南灾区,其组建的XYG电子竞技俱乐部也捐赠100万给河南灾区,表现出满满的正能量。这些个性化行为也使得观看他直播的人数都在百万以上。凭借"张大仙"的直播人气,他的广告价格自然也水涨船高,但"张大仙"只接官方安排的广告,据非官方数据披露,其广告价格每小时超过百万,营销潜力不可估量。在"张大仙"的游戏直播中,有网友发现"张大仙"经常穿中国李宁的衣服,无论是否是有意的品牌植入,这对品牌无形当中就是一种传播。

4.旅游类短视频广告

短视频对旅游行业有着巨大的推动作用。一方面,短视频具有很强的临场感,旅游期间的所见所闻是用户发布短视频的主要内容之一,通过收看短视频,喜欢旅游的用户可以获取很多关于旅游的知识和经验。另一方面,旅游作为体验型产品,旅游者往往在出发之前希望能得到更多跟旅游地相关的信息,短视频诉诸视觉,能够帮助旅游者对旅游目的地产生直观的体验,因此短视频所呈现的影像对潜在旅游者具有很强的吸引力。一些旅游类短视频平台主要以普通用户生产的UGC内容为主,也有一些旅游类短视频平台吸引了资深旅游达人和知名旅行主播入驻,搭建起自己的短视频内容体系,形成旅游领域的内容产出链,同时推出流量分成、稿费、商品分佣、原创保护、优质达人加码等机制,扶持优质内容创作者,推动旅游类短视频内容不断向专业生产内容PGC模式发展。

抖音旅行直播博主"房琪kiki"之前是央视《美丽中华行》的外景主持人,参加过《我是演说家》节目。2018年她从央视离职，成了一名旅行主播。2018年9月份，她在抖音上更新了自己的第一条旅行视频。仅仅两年后，她拥有了897万粉丝。不同于其他旅游主播用镜头展现城市的美景或者单纯记录自己的旅程，"房琪kiki"的视频会在城市或景点的基础上加入自己的想象元素。这些想象的大部分灵感来自生活，比如她看过的武侠小说、玩过的仙侠游戏等，这些都是她的灵感来源和情感印记，她也希望"自己的这些成长印记，在旅行中找到一个很好的载体"。两个人，一台摄像机，一年三百多天奔波在路上，靠着用心的内容，陆续接到广告[①]。如图9-6所示，"房琪kiki"在直播中穿着斐乐的衣服，以及她在黄山云人山宿介绍当地的特色徽菜。[②]

a   b

图 9-6　抖音旅游主播"房琪 kiki"

---

① 从央视主持到抖音达人，她两周涨粉137万！旅游博主如何制造爆款？［EB/OL］.2019-09-02，https://www.sohu.com/a/338051468_108964.

② 房琪kiki化身黄山"许愿官"直播3小时吸引14.3w人在线观看［EB/OL］.2020-07-24，https://www.163.com/dy/article/FI9TM6O2O517O0D4.html.

未来,随着短视频逐渐成为用户在线娱乐不可或缺的媒体,企业将加大广告投放和营销力度,以求更好地塑造自身品牌形象,获得更高的关注与流量,短视频广告仍有很大的发展空间。与此同时,短视频广告产业也必须关注短视频广告的治理,广告主与相关主体也需要处理好短视频侵权、虚假营销等影响短视频广告发展的问题。

第三节　H5 广告

HTML(Hypertext Markup Language,超文本标记语言)是构建与呈现互联网内容的基础语言,随着互联网的发展,HTML 已经更新到 HTML5 版本,为互联网兼容更多的媒体表现形式提供了基础。H5 是基于 HTML5 的网络应用页面,支持具有网络功能的各种固定与移动终端和平台。H5 广告就是利用 H5 来实现的带有特效和互动体验的新媒体广告。H5 广告继承了 HTML 的兼容性、轻量化和开放性等特点,兼具互联网、移动互联网所带有的互动性、精准性、场景化特征,衍生出丰富的广告创意表现形式,为企业的广告传播提供了更多样的选择和有效的手段。

一、H5 广告的概念界定

H5 广告的发展时间很短,学者们对该概念的理解还不稳定,且 H5 这一概念也不成熟,它既不是 HTML5 的缩写,也不是完全基于 HTML5 的应用,同时与 Flash、APP 的概念也容易混淆,因此在认识 H5 广告之前有必要对 HTML、HTML5 以及 H5 的概念做一番梳理。

（一）HTML 5

HTML 是一种基于互联网的网页编程语言,是构建以及呈现互联网内容的一种语言描述方式[①]。HTML 通过标记符号来标记要显示在网页中的各个部分,使分散的互联网资源连接为一个完整的逻辑个体,使网页之间能够将信息从

---

① 冯婷婷.iH5 技术的优势及特色功能[J].计算机产品与流通,2019(8):151.

一个端口传递到另一个端口而保持信息不变形。HTML 被认为是互联网上运用最多，也是应用最为广泛的描述性标记语言，其凭借自身的技术优势被广泛应用于互联网应用的开发中。HTML 能够很好地兼容 Windows、Mac OS 等 PC 端系统和 Android、iOS 等移动端系统，支持具有网络功能的各种固定或移动设备，通用于多种主流的移动平台。

HTML5 指的是 HTML 的第 5 次重大技术更新修改后的全新规范，也指基于该规范的 HTML。1990 年，HTML 诞生，首版 HTML 标准于 1993 年以 Internet 草案的方式发布，随即得到了迅速的发展和完善，1999 年已经更新至 4.01 版本，并广泛地应用于互联网开发。随着互联网技术的迅猛发展，为了改进已有 HTML 标准的不足，增强对网页应用的支持，给 HTML 标准添加新的功能以及制定全新的规范被提上议程。2004 年负责 HTML5 标准及相关网页应用研发工作的组织 WHATWG（Web Hypertext Application Technology Working Group，网络超文本应用技术工作组）成立，该组织和 W3C（万维网联盟）于 2008 年 1 月发布第一份 HTML5 标准最初草案，2014 年 10 月最终发布 HTML5 规范标准的最新版本[①]。

HTML5 的诞生使得互联网应用更为成熟，其对图像、音频、视频、动画与设备的交互都进行了规范，基于 HTML5 设计的技术产品也逐渐走向规范化和合理化[②]。HTML5 将互联网的表现语义化，从而能够更好地被设备解读，更好地支持所有具有网络功能的移动设备。相比 HTML4 来说，HTML5 新增了许多标记，拥有优秀的绘图能力以及灵活的音频和视频功能，可以独立地完成视频、音效等的制作，更好地兼容移动设备上的多媒体的整合，也更容易实现音频、视频、图像、动画、本地储存、3D 效果等重要的多媒体功能的融合[③]。

（二）H5 与 HTML5、APP

H5 常与 HTML5、APP 等概念相混淆。首先，H5 并非 HTML5 的缩写，而是国内对该网页应用的一种称谓，H5 不等同于 HTML5，HTML5 是构建 Web

---

① 查卫亮.试析 HTML5 技术[J].电脑编程技巧与维护，2016(24):31-32.

② 马新强、孙兆、袁哲，等.Web 标准与 HTML5 的核心技术研究[J].重庆文理学院学报:自然科学版，2010,29(6):61-64,74.

③ 黄永慧、陈程凯.HTML5 在移动应用开发上的应用前景[J].计算机技术与发展，2013,23(7):207-210.

内容的一种核心语言描述形式,是 HTML 的第 5 代标准技术规范。而 H5 既不是一种语言也不是一种技术规范,其本质是基于 HTML5、CSS3、Java Script 等相关技术的一种以宣传为目的的网页应用,且构成 H5 的多项编写语言中,占主要的并不是 HTML5,而是 Java Script 语言。其次,H5 也不等同于 APP(网络应用程序),H5 实际上就是一个网页,不需要下载安装就能打开,看完后也不需要卸载,这就与 APP 有本质不同。此外,虽然 H5 既可以在电脑终端上运行,也可以在智能手机终端显示,但常说的 H5 主要指的是智能移动终端上的网页应用,这也是 H5 区别于 HTML5 而类似于 APP 的主要原因。

因此,综合而言,H5 是在智能移动终端以网页形式加载,通过移动端社交媒体进行传播,结合动态图片、视频、音效等多媒体元素产生交互体验的,可融合多种数字技术的网络新媒体。该媒体的内容可以是广告、测试页、邀请函、游戏、动画、视频等,其目的是期望通过增加与受众的互动达到增强用户黏度、产生"病毒式"传播的效果。

在国内,H5 一词从 2014 年开始火爆互联网。2014 年初,以"特拉斯"广告为首的一批 H5 开始在各个社交网络平台崭露头角。其简单的图片展示和翻页交互给用户留下了深刻的印象,由此引发了新媒体行业的关注[1]。紧接着出现了一系列的 H5 小游戏。2014 年 7 月下旬,一个《围住神经猫》的 H5 小游戏在微信朋友圈迅速传播,如图 9-7 所示。《围住神经猫》上线仅仅 2 天页面访问量超过 1026 万,上线 3 天页面访问量超过 1 亿[2]。如此惊人的传播速度与效率使得这种形式的媒介形态受到关注,有人将其称为 H5,H5 的叫法便在网络上传播开来。之后,各种制作精美、形式多样、风格迥异、题材多元、互动性强的 H5 不断出现,进入公众视野。

① 余明瑾."现象级"H5 的创意营销之道[J].现代营销:下旬刊,2019(12):65-67.
② 张月月.新媒体语境下的中国动漫产业:机遇、挑战与对策[J].理论界,2015(6):35-40.

a   b

图 9-7   H5 游戏《围住神经猫》

（三）H5 广告

H5 广告是 H5 在广告上的应用。具体而言，H5 广告是指利用 H5 来实现的一种带有特效、互动体验的数字广告。H5 广告拥有丰富多元的视觉表现，具有出色的交互体验，是移动互联时代下新媒体广告的创新形式。相比传统媒体广告，H5 广告具有诸多优势，最显著的优势便是其基于丰富视听效果的互动体验，借助 HTML5 等技术，H5 广告在手机平台有限的界面上能够生动地呈现动画和有趣的故事内容，用户体验感大大增强。此外，H5 广告的优势还包括兼容性强、简洁高效、投入成本低、制作周期短等，这些优点为产品促销、品牌推广、企业宣传提供了新的支持，促进了 H5 广告的进一步发展。

在国内，2014 年 3 月"特斯拉"（Tesla）在微信移动端发布的 H5《来自未来的车 颠覆一切》可以说是早期 H5 广告的代表。2015 年是 H5 走向成熟的一年,IH5 2.0版本上线,这一工具的上线使得H5广告设计者不需要自己编代码就能便捷地设计H5广告,大大降低了制作的门槛,使得H5广告迅速普及。2015年1月,微信朋友圈广告正式上线,为H5广告提供了新的发展空间,H5的发展进入快速发展期,各大企业和品牌纷纷试水,H5广告在这一年里急剧增长。

2015年1月,由大众点评网推出的H5《我们之间就一个字》,如图9-8所示。[①] 每页分别以"金、本、欠、梦、朋、日、拼、赞"中的一个字为主体,并将字体创作为动画,从各个维度深刻解读朋友之间的情义与思念,最后由"聚"字收尾:让我们再聚一回吧。自然引出大众点评"年底聚餐团购"信息。这是国内首个文案优秀、内容丰富且外形较为成熟的H5广告。H5广告在社交平台上展现出强大的生命力,同时宣告了一个崭新传播时代的到来,曾经风靡全球的Flash广告逐渐成为过往的历史,H5广告也朝着更加专业,更加精良的道路发展。

图9-8　H5广告《我们之间就一个字》

---

① 大众点评我们之间就一个字微信活动[EB/OL].2015-01,https://www.digitaling.com/projects/13596.html.

二、H5 广告的特征

H5 广告有很多优秀的特征,例如其兼容性、互动性、精准性和开放性,此外它的轻量化和场景化也使得 H5 广告有很强的灵活性,精致小巧却生动有趣,能够在短时间内吸引受众,推动受众分享推荐。

(一)兼容性

由于 HTML5 具有良好的兼容性,H5 可以在互联网终端和移动互联网终端的大多数浏览器中打开,可以实现跨平台加载与运行。H5 不仅支持 iOS、Android、Windows、Mac 等系统,在电脑、平板、智能手机、智能电视、液晶显示屏等终端上,只要支持 HTML5 的浏览器都能够打开链接直接展示页面内容,同时支持丰富的互动展现形式。因此,在 HTML5 等语言的支持下,H5 广告可以在一切智能终端平台中精准地呈现,且兼容苹果、安卓等移动操作系统,系统的差异将不再对广告呈现产生限制。这种跨系统、跨终端的特性可以极大降低开发团队的工作量,只要开发一个网页就可以在多种系统和终端显示,从而大大缩短开发周期,同时也降低了用户分享的难度,推动 H5 广告在不同平台之间流通,扩大 H5 广告的传播范围。

(二)互动性

新媒体时代,被动接收信息的单向传播被主动沟通、双向互动的传播过程所取代①。新媒体时代的受众也更愿意成为广告互动的体验主角而不再甘于做广告信息的被动接收者。与传统广告相比,H5 广告最显著的特点就是继承了新媒体的互动性,具有强大的互动功能,其丰富多样的互动创意方式满足了受众的自主性需求。在 H5 广告传递信息时,翻页、个性化小测试、沉浸式视频等多样的互动形式刺激着人们的感官,显著提升了广告对受众的吸引力。同时,H5 广告通过多样的表述形式建立起用户和品牌之间的沟通平台,让受众参与到 H5 广告的创作中,使 H5 广告的接收过程变得更具趣味性。在互动过程中,受众的参与感与体验感不断强化,品牌与产品的知名度和好感度得到提升,广告传播效果进一步提升。

---

① 张树庭,吕艳丹.有效的品牌传播[M].北京:中国传媒大学出版社,2008:2.

（三）精准性

借助大数据技术和新媒体平台，用户浏览媒体内容的同时，平台可以对用户的浏览行为、操作习惯、信息需求进行收集和分析，洞察用户的兴趣与个性，预测用户可能的消费倾向。在前期受众洞察的基础上，广告商可以通过多个关键指标将目标受众分为不同兴趣爱好的群体类别，这样 H5 广告的制作就可以面向不同的目标受众，让受众根据设定好的多个关键指标自动生成为其定制的 H5 广告页面，从而使 H5 广告的传播更精准、更高效。在广告投放后，营销人员还可以根据后台提供的分享人数、查看人数、点击人数等多项数据进行深度分析，及时对广告进行完善。H5 广告的精准性不仅有利于受众的广告体验，广告主在广告投放过程中也能够收到大量的用户反馈信息，基于这些信息不仅可以及时帮助其调整营销战略，增加投资回报率，也有助于未来商业模式的探索。

（四）开放性

借助智能手机所拥有的丰富的感应装置与 HTML5 的广泛兼容性，H5 广告设计可以融入多项技术，突破传统技术的限制，实现表现形态与功能的增长，这就是 H5 广告所具有的开放性。在新技术的支撑下，新的 H5 广告互动形式层出不穷：重力感应、触摸感应、页面翻转、手势识别、360°全景、页面小游戏、模拟视频通话、模拟聊天界面、照片合成、人脸识别、一镜到底、虚拟现实、增强现实、跨屏互动、地理定位，等等[①]。同时由于新技术之间的兼容性，这些技术所带来的互动效果可以进行叠加和组合，甚至创造全新的互动形式。此外，HTML5所具备的绘图功能和 3D 渲染功能，也能够使 H5 广告形成极强的视觉冲击感，充分激发人的多维立体感知，带给受众丰富的娱乐体验和独特的互动体验。凭借其开放的功能展现方式，H5 广告被大量投放在各种网络应用中，这些应用的推广也进一步扩大 H5 广告的传播效果。

（五）轻量化

在当前互联网营销的背景下，没有用户流量就无法生存发展，轻量化是 H5 广告带来流量的途径之一。一方面，轻量化解决了用户等待时间与存储空间的问题。首先受众的碎片化时间本来就很有限，如果广告需要像 APP 那样下载等

---

① 谭利.从 H5 的流行看广告互动设计[J].科技视界,2017(25):62-63.

待观看,受众很可能会因为等待时间长选择放弃观看,H5 即开即看的特性可以大大缩短用户观看广告的时间。其次,用户手机移动端的内存有限,H5 广告不需要通过下载就可即时浏览,页面中的所有元素都不占用手机的存储空间,减少用户手机的内存压力,降低用户的使用负担。另一方面,H5 广告的轻量化也为广告开发者提供了方便。H5 广告的制作一般只需要经过策划讨论、设计制作即可开发上线,无须复杂的审批流程。同时市面上也出现了大量的 H5 制作软件,利用这些制作软件甚至个人就能完成广告的制作,节约了大量的时间和人力成本,减少了经费的浪费。投入的成本更低保证了 H5 广告更高的灵活性,以轻量化来换取用户流量抢占市场。

(六)场景化

移动互联网时代,消费者在信息接触过程中受到来自多种渠道信息的刺激,其接收广告和营销信息的过程具有不可控性和复杂性,而提供场景化的信息令消费者沉浸其中产生互动体验是避免消费者受到其他外界刺激干扰,提升广告信息接收效果的重要手段。传统的广告交互形式单一,用户体验感弱,而基于HTML5 对音频和视频的兼容,H5 广告能够内置图文、动画、音频、视频等多种媒介内容,通过模拟出热门情境或真实场景,将广告内容与场景匹配,为受众搭建一个避免外界干扰的良好平台,让其"置身"于特定的场景中,在视觉享受的基础上更好地进行沉浸式体验。场景化的 H5 广告不仅实现了用户与场景的顺畅交互,也使得整个场景模拟与沉浸的过程更加有趣,有利于品牌知名度和好感度的提升。

三、H5 广告的分类

H5 广告是新媒体广告传播活动的新形式,具有明确的广告目标,创意表现形式也十分多元,常见的包括信息展示型、趣味游戏型、场景模拟型等多种形式。

(一)不同传播性质的 H5 广告

H5 广告类型广泛,利用 H5,广告可以实现众多功能和目的。按照传播性质与目的,H5 广告可以分为商业宣传型 H5 广告和公益宣传型 H5 广告。

1.商业宣传型 H5 广告

(1)产品介绍型 H5 广告

产品介绍型 H5 广告顾名思义是为了介绍产品或服务的,其主要运用 H5

的互动功能来集中展示和介绍企业产品或服务的功能、特性和优势，从而吸引客户购买。该类型的 H5 广告重点在于将 H5 广告的互动形式与产品信息充分结合，例如 360 度旋转、一键换色、内部透视等特效将产品的外观、内在以及功能充分展现出来，吸引用户注意，同时附上店面信息、预约申请、购买链接等，提升广告传播到购买的转化率。用户即使足不出户，借助电脑或手机终端就可以通过产品介绍型 H5 广告对产品有一个直观的认识，一些新上市或即将上市的产品多采用此类型的 H5 广告进行宣传，让消费者提前了解产品的新功能，为接下来的产品营销和推广做准备。

（2）品牌塑造型 H5 广告

品牌塑造型 H5 广告的主要用途在于塑造与强化品牌形象，向受众传播品牌的定位、理念与精神。通常这类 H5 广告在设计上会运用符合品牌气质的视觉语言，选择鲜明、独特，区别于同类品牌的设计元素，根据品牌想要带给受众的印象将品牌定位、形象与个性淋漓尽致地呈现出来，使受众在短时间内快速识别出品牌，对品牌留下深刻的印象。在创作过程中，品牌塑造型 H5 广告一般以品牌故事或与受众相关的热门话题入手，层层深入，娓娓道来，在短时间内让用户体验到品牌所要传达的形象、个性与精神。

（3）活动推广型 H5 广告

活动推广型 H5 广告主要用来配合企业的广告活动，包括邀请函、互动小游戏、贺卡、测试、活动报名等多种形式。相比传统的海报、传单，这类 H5 广告质感更好，方便快捷，且具有更强的互动性。受众不仅能够获取活动信息还可以参与到活动前期预热中，参与广告活动的积极性得到提升。为了达到推广的目的，从受众进入 H5 广告页面到最后参与活动的引流路线的设计颇为重要。此类 H5 广告往往由受众关注的话题引入，借助相关的观点或看法与受众互动，最终将内容引向广告活动为活动造势。通常活动推广型 H5 广告具有一定的时效性，大多用于辅助企业不同时期的营销活动。

2.公益宣传型 H5 广告

随着新媒体的发展，公益广告不再仅仅局限在线下活动或传统媒体传播，互联网与移动互联网也成为公益广告传播的新渠道。作为一种具有互动性、场景化的新型传播载体，H5 提供了让用户沉浸式体验公益议题的机会，其新颖的表现形式和宣传方式也更受年轻网民的喜爱，因此 H5 广告也成为企业与公益组织传播公益力量的新选择。利用 H5 广告宣传公益活动，可以吸引广大民众和公益力量的关注和参与，增强公益广告传播的主体力量，企业借助 H5 广告传播公益也有利于提升企业的社会责任感，从而获得目标受众的认可和赞赏。

（二）不同创意形式的 H5 广告

根据目前比较常见的创意形式，H5 广告大致可以分为七种常见形式，依次为：信息展示型、趣味游戏型、场景模拟型、综合视频型、技术展现型、自我测试型、总结报告型，每种类型都有其特色。

1. 信息展示型 H5 广告

信息展示是广告最基本的功能。信息展示型 H5 广告是最为常见、最普遍的类型，即没有采用特别形式，主要依托简单的图文，采用类似于幻灯片样式或者一页长图进行展示，是 H5 广告最基本的展现形式。信息展示型 H5 广告通过风格各异、动静结合的图片形式，搭配文案或配音，可以直观生动地传递产品信息、全面充分地展现品牌个性、简洁明了地介绍活动信息，还可以与用户形成简单的互动。用户通过点击、滑动等操作可以切换页面，自由浏览，快速知晓和理解企业产品与服务的优势。利用信息展示型 H5 广告，广告主可以向消费者介绍自己的产品，通过多样化的形式全方位地展现产品的特点，让消费者在短时间内获取信息，引起注意，产生购买意愿。这种类型的 H5 广告虽然没有过多的交互，但可以呈现大量的图文信息，且易于制作。

2014 年"特斯拉"发布的《来自未来的车 颠覆一切》就是信息展示型 H5 广告，在策划上，该 H5 广告主要采用类似自问自答的形式详尽地展现特斯拉车型的特点；在设计上，以红色与黑色为主，整个界面优雅简洁；在交互上，采用 360 度不同角度的图片隐现来呈现特斯拉 360 度旋转的形态，比起二维的平面照片更有现代感，如图 9-9 所示。这些用心的设计让受众能够更全面地了解特斯拉车型的性能和优势，提高了受众在买车时选择特斯拉的可能。

2. 趣味游戏型 H5 广告

趣味游戏型 H5 广告是指通过内置游戏与用户互动的方式来传递广告信息的 H5 广告。随着许多游戏由 PC 端向手游转型，H5 成为其中体积小、易操作的方式之一。早期的趣味游戏型 H5 并没有特别功利的目的，既没有要推广什么产品，也没有要进行活动促销，主要是为了娱乐，让用户参与其中进行体验。例如最初流行的《围住神经猫》《别踩白块》就属于经典的趣味游戏型 H5。后期趣味游戏型 H5 广告则融入了更多产品或品牌元素，但还是能够通过趣味小游戏充分调动受众的积极性，吸引用户参与到 H5 广告互动中来，有效提高受众的参与积极性，从而提升广告的传播效果。

a   b

图 9-9　"特斯拉"H5 广告《来自未来的车　颠覆一切》

2021 年 2 月,旺旺推出了趣味游戏型 H5 广告《旺仔合成大作战》,如图 9-10 所示,在游戏中,两个旺仔 QQ 糖可以合成一个旺仔小馒头,两个旺仔小馒头合成一个旺仔牛奶糖,两个旺仔牛奶糖合成一个旺仔猫爪糖,合成元素还有浪味仙、旺旺雪饼、旺仔牛奶等旺旺经典零食。在典雅的淡紫色印花背景中,旺旺的各种小零食们哗啦啦落下,令人目不暇接,每合成一个小零食就会响起那句经典又魔性的"旺旺"广告语,非常洗脑[①]。这个趣味游戏以旺旺的各种经典产品作为游戏元素,结合最常见的消消乐小游戏的玩法,让玩家在娱乐消遣之余能够更加熟悉旺旺的产品,提升对旺旺品牌的好感。

3.场景模拟型 H5 广告

场景模拟型 H5 广告是指通过营造特定场景来传达广告信息的 H5 广告。场景模拟型 H5 广告借助各种新媒体技术模拟或再现某个特定的场景,具有很强的带入感,受众能够快速融入 H5 所塑造的情境和氛围中,基于自身感受或判断与广告进行互动,在潜移默化中对产品或品牌有深入的了解。场景模拟型

---

①　旺旺小游戏《旺仔合成大作战》,浪味仙 QQ 糖堆了一屏幕[EB/OL].2021-02,https://www.digitaling.com/projects/151515.html.

a   b

图 9-10 "旺旺"H5 广告《旺仔合成大作战》

H5 广告大都将广告场景与受众的真实生活场景相结合,使其身临其境,沉浸在体验之中。这样的广告形式不仅降低了广告带来的厌烦情绪,而且通过融入场景让受众在收看广告过程中保持好奇心,积极参与广告互动,有利于广告信息的进一步传播。例如在 H5 中模拟微信聊天窗口、视频聊天界面、新闻发布会现场、家族聚会等,营造出各种熟悉或可能遇到的高卷入情境,快速吸引用户一探究竟,加之各种出乎意料的新鲜和刺激的预设情节,让用户身临其境产生情感共鸣的同时,自发地转发广告给身边的朋友或网友,引发新一轮的传播。

  "神州专车"做了一个名为"Michael 王今早赶飞机迟到了"的场景模拟型H5 广告,如图 9-11 所示。从时间占比来看,整个 H5 广告时长 2 分 54 秒,前 2分 35 秒都和"神州专车"无关,都在讲主人公 Michael 王赶飞机去机场和在机场等候老板会合过程中遇到的种种状况。从拍摄视角来看,视频全程主要采用手机加广角镜头拍摄,并且是主人公视角。紧凑的节奏、接地气的画质和镜头感、真实的视频场景、真人对话、微信录屏等设计,使得主人公的心情更容易让受众感同身受,具有很强的感染力,让人放下对商业广告的戒备,只想继续看Michael 王又出了什么状况以及最后他的结局是怎么样的。

a   b   c

图 9-11 "神州专车"H5 广告

从内容来看,在广告中观众可以看到自己的影子:没有把握好时间导致拼命赶飞机,迷糊中跑错机场;在焦虑的情绪中,一边走路一边编借口应付老板,借口还没想好老板来电话了,走路太着急手提袋从行李箱上掉下去了,被路人撞飞手机,要给老板发短信打错字,要用电脑发现没电了,要充电发现充电处已经被占满,喝个咖啡杯子洒了。这些丰富的小细节都是每个人可能遇到过的,很容易产生代入感,很多网友留言"这个视频拍得太真实了"。最后结局是提案改期老板给 Michael 王叫了神州专车。Michael 王坐上神州专车,系上安全带后,长舒一口气并闭上了眼睛休息,接着广告语出来:"在这里,放下全世界的焦虑",品牌与广告语自然露出。从广告效果来看,本次神州专车广告选取的目标人群是白领,且是需要经常出差的高级白领,而赶飞机无疑是打车的主要原因,看完视频后,很容易让受众加深这样的印象:赶飞机就用神州专车[①]。

4.综合视频型 H5 广告

综合视频型 H5 广告是指以展示视频内容为主的 H5 广告。HTML5 凭借自己良好的兼容性和跨平台性,让网页上的视频播放变得方便。综合视频型 H5 广告将 H5 和视频播放相结合,利用预先录制好的视频代替简单的图文内

---

① 从神州专车刷屏 H5,看活动策划值得借鉴的地方[EB/OL].2018-02-01,https://www.jianshu.com/p/63c263d66e49.

容,其视频完全根据广告目的量身定制,视频情节经过精心设计,重视细节和线索,有些大投入的综合视频型 H5 广告甚至邀请明星出演,拍摄、剪辑、制作的水准堪比电影。为了能强化视频的代入感,除了保证视频制作的高水准外,综合视频型 H5 广告中还加入了多元的互动环节,如在关键情节中广告会让用户做出选择或者提出有选项的问题,用户可以根据自身情况或喜好自主选择视频中剧情的发展方向,大大提升了用户对 H5 广告的主导性、控制感与参与感,真正让用户融入视频情节中,增强了 H5 广告的效果。目前已经有不少综合视频型 H5广告,制作精良,极具创意。

2021 年 1 月,微信在十周年之际发起了"微信 10 年一刻"的话题,同时推出"微信 10 年用户故事实录"H5 广告,以突出广告主题"从一个通信工具,到一个生活方式",如图 9-12 所示。H5 广告通过动图展示"用户故事实录"的 9 名用户使用微信的时刻,并在每一页附上相应的视频链接。这 9 名用户有留学生、小微商家、潮玩设计师、健身教练、微信表情创作者、公益人、公众号创作者、美国人、程序员,在 9 段视频中他们用他们的故事介绍了微信在工作、生活中的重要作用:支付二维码成了卖冰粉阿姨的"收银员",创作微信表情包带给退休老人表达的乐趣……这些故事和微信一起组成这个时代的记忆。最终传递出"一个人的梦想,只是梦想;一群人的梦想,则成为现实"的理念[①]。

a   b   c

图 9-12 "微信"H5 广告《10 年一刻》

---

① 微信十年一刻:你我的故事都在这里不断上演[EB/OL].2021-01,https://www.dig-italing.com/projects/147756.html.

5.技术展现型 H5 广告

技术展现型 H5 广告是通过新颖前沿的媒介技术来呈现广告信息,吸引受众参与广告互动的 H5 广告。目前常见的技术包括全景 VR、重力感应、跨屏互动等。VR 是 Virtual Reality(虚拟现实)的缩写,全景 VR 又称 3D 实景,利用相机环 360 度拍摄照片,组合拼接为全景图像,用户可以拖拽手机屏幕,从不同的角度浏览真实物体的效果。3D 技术在 H5 广告中多用于实物产品的展示,受众可以 360 度的观看产品。重力感应是智能移动终端的重要感应装置,H5 中应用重力感应技术可以使 H5 广告的可玩性和趣味性大大提高,例如在一些 H5 小游戏中用户通过左右倾斜手机来实现对物体的操纵就是利用了重力感应技术。跨屏互动即多台移动终端设备可通过扫码等方式实现不同终端间的互动。

2021 年,由于新冠肺炎疫情,人们居家防疫取消了新年出游计划,国产手游"王者荣耀"便打造了一个沉浸式云游长安的 H5 广告,如图 9-13 所示。为制作可以一步步前行探索的长安城,制作者们对不同景点的特征进行提炼整合,设计出长安城的 5 大市坊区域,每个区域放置了 9 个趣味长安小知识互动,加入了 200 种不同姿势的各类路人。整座长安城一共由 43 张 360 度街景全景图组成,为了打造长安城一共渲染了超过 100 张全景图。在进入景点游览的体验设计上,制作者制作了 9 位"王者荣耀"热门英雄的角色动画和 5 位"王者荣耀"的明星代言人的实拍动画,作为向导陪同用户游览。同时,基于不同向导角色的性格与口吻,制作者撰写了 13 套初到长安的欢迎语和进入景点游览的介绍语,全文超过 8000 字。此外,背景音乐和环境音乐也是按照 10 个不同场景的特征和呈现进行创作①。

6.自我测试型 H5 广告

自我测试类型的 H5 广告是指通过设置一些题目让受众选择或评分,从而测试受众的某种属性或类型的一种 H5 广告类型,其目的不只在于让受众完成测试,更在于让受众感受到测试的娱乐性,从而将测试作为一种社交内容转发给身边的朋友或网友形成互动,实现进一步传播。自我测试型 H5 广告是品牌营销的有效手段。首先,测试形式容易引发用户的好奇心,引起他们的兴趣;其次,测试的结果一般都不会是坏的结果,只是不同的人有不同的分类,因此用户会想晒出自己的结果,同时也好奇好友属于什么样的类型,从而形成互动。对广告主

---

① 王者荣耀全景云游长安 H5·开年开好局[EB/OL].2021-03-06,https://www.zcool.com.cn/work/ZNTExMTgwNTI=.html.

图 9-13 "王者荣耀"H5 广告《VR 全景云游长安》

而言,测试在无形当中是一种对受众的自动分类,在测试过程中很容易植入与产品或品牌相关的信息或成为营销活动的引入环节;且用户的测试数据可以为广告主未来的精准营销提供参考,如用户类型的占比、不同用户的兴趣爱好、态度倾向、价值观念等都是重要的用户数据。

"妮维雅男士"联合 ELLEMEN 与品牌代言人发起"探索实力原型"活动,线上发布以"四重实力,一抹更型"为主题的测试型 H5 广告,如图 9-14 所示。广告通过测试题的形式呈现了一些情境,让用户根据自己的情况回答,最后根据用户的回答将其归类为活力实力型男、细致实力型男、灵敏实力型男和高光实力型男四种类型,并根据这四种不同类型向用户分别推荐水活大蓝瓶、赋活眼膜、氨基酸泡泡、水活小蓝管等妮维雅产品,以及相匹配的时尚穿搭单品[①]。通过测试,广告根据受众的回答将其划分为不同的型男类别,对受众而言这比一味的夸奖更能让人接受和体会到乐趣,同时"妮维雅男士"还为每一类型的型男推荐相应的产品,从而通过测试将品牌、消费者和产品和谐地结合起来。

---

① 妮维雅男士×ELLEMEN,跟黄景瑜一起探索实力原型[EB/OL].2021-03,https://www.digitaling.com/projects/155953.html.

图 9-14 "妮维雅男士"H5 广告

7.总结报告型 H5 广告

总结报告型 H5 广告在国内最早可以追溯到 2014 年支付宝年末的年度报告,从那之后总结报告型 H5 广告就常进入人们的视野,很多品牌和企业的年终报告热衷于使用这种形式,受众可以运用 H5 广告生成自己的年终总结,与朋友分享的同时也为企业做了宣传。总结报告型 H5 广告利用真实的用户数据和有趣的编排让枯燥无味的总结报告充满人情味和怀旧感。这种形式的广告不仅可以直观地呈现消费者一年当中的各项数据,也让受众感受到品牌陪伴自己成长的温馨感。企业后台冷冰冰的数据借助 H5 的力量变成前台充满温暖的情感诉说,总结报告型 H5 广告也因此成为企业进行商业宣传的有效手段。

2020 年末,喜茶 GO 小程序上线 2020♯灵感饮茶报告♯H5,总结用户 2020 年的第一杯喜茶、光顾的第一家喜茶门店、一整年喝过多少杯、打卡过多少城市的喜茶等,把一年来用户与喜茶的点点滴滴都做了汇总,最后还根据消费的倾向将用户分为"波波人""葡萄人""芒芒人"等类型,还附带"来杯喜茶"按钮,点击后直接跳转用户最近的喜茶店,即可马上下单,整个 H5 广告以复古的色彩与风格呈现[①],如图 9-15 所示。借助这样的总结报告型 H5 广告,消费者可以重温跟品

---

① 喜茶 2020 年度报告,复古像素风饮茶记录〔EB/OL〕.2020-12,https://www.digitaling.com/projects/147476.html.

牌之间有过的互动,也可以通过报告中的数据知道自己有什么样的消费习惯和行为,与好友相比自己属于什么类型,就像是品牌在向消费者介绍消费者自己,传达出品牌比消费者自己还了解他们的形象。

图 9-15　喜茶年度报告 H5 广告

本章介绍的三种新媒体广告是目前最有生命力的三种新媒体广告形式,然而新媒体是一个发展的概念,新媒体是相对旧媒体而言的,它是出现在一个个时间段中的媒体形态,它永远不会终结在某个固定的媒体形态上[①]。例如由于网络监管加强,2016 年微信出台了新的管理规范,规范的第三条明令禁止 H5 游戏、测试类内容,此后朋友圈传播的相关内容都会被微信删除并进行处理。因此,目前发展迅速的新媒体广告在未来的发展中也会遇到各种新的瓶颈,而随着网络技术的发展与带来的变革,未来也将会有更多的新媒体广告形式出现。但不管是微电影广告、短视频广告、H5 广告,还是未来的新媒体广告形式,不管广告形式如何变化,那些关注受众情感体验,满足受众需求的广告形式将获得更旺盛而持久的生命力。

---

① 熊澄宇.新媒体与移动通讯[J].广告大观:媒介版,2006(5):31-33.

【思考题】

1.什么是微电影？微电影的"微"体现在哪三方面？微电影有什么特征？

2.什么是微电影广告？微电影广告的表现形式是什么？本质是什么？诞生的时代是什么？微电影广告与微电影的联系与区别在哪？

3.微电影广告有什么样的特征？微电影广告根据营销目的、专业程度与合作模式的不同可以分为哪些类别？

4.什么是短视频？什么是短视频广告？广义的短视频广告和狭义的短视频广告包括哪些？

5.短视频广告的特征有哪些？短视频广告有哪些主要平台？短视频广告有哪些类别？

6.什么是 HTML5、H5、H5 广告？H5 广告与 HTML5、APP 的关系是什么？

7.H5 广告的特点是什么？商业宣传型 H5 广告可以分为哪三类？不同创意形式的 H5 广告包括哪些类型？

【本章参考与推荐书目】

一、国外专著

1.巴尔.叙述学：叙事理论导论[M].谭君强,译.北京：北京师范大学出版社,2015.

2.本丁格尔.广告文案训练手册[M].谢千帆,译.北京：中国传媒大学出版社,2008.

3.奥格威.奥格威谈广告[M].高志宏,译.北京：中信出版社,2021.

4.科特勒.营销革命 3.0[M].毕崇毅,译.北京：机械工业出版社.2019.

5.麦基.故事：材质、结构、风格和银幕剧作的原理[M].周铁东,译.天津：天津人民出版社,2016.

6.沃尔夫.娱乐经济[M].黄光伟,邓胜华,译.北京：光明日报出版社,2001.

7.波兹曼.娱乐至死[M].章艳,译.北京：中信出版社,2015.

8.诺曼.情感化设计[M].付秋芳,程进三,译.北京：电子工业出版社,2005.

9.弗里德曼.世界是平的[M].何帆,肖莹莹,郝正非,译.长沙：湖南科学技术出版社,2016.

10.皮特里,博格斯.看电影的艺术[M].郭侃俊,张菁,译.北京：北京大学出版社,2020.

11.汉森,等.大众传播研究方法[M].崔保国,译.北京：新华出版社,2004.

二、国内专著

1.曹芳华.网络为王：网络时代的品牌建设策略[M].厦门：厦门大学出版社,2010.

2.曹修源,林豪锵.网络营销与案例解析[M].北京：清华大学出版社,2009.

3.匡文波.手机媒体：新媒体中的新革命[M].北京：华夏出版社,2010.

4.刘东明.微博营销：微时代营销大革命[M].北京：清华大学出版社,2012.

5.刘欢.HTML5 基础知识、核心技术与前沿案例[M].北京：人民邮电出版社,2016.

6.刘伟.H5 移动营销：活动策划＋设计制作＋运营推广＋应用案例[M].北京：清华大学出版社,2019.

7.任悦.视觉传播概论[M].北京：中国人民大学出版社,2008.

8.舒咏平.广告传播学[M].武汉：武汉大学出版社,2006.

9.苏杭.H5＋移动营销设计宝典[M].北京：清华大学出版社,2017.

10.吴风.网络传播学：一种形而上的透视[M].北京：中国广播电视大学出版社,2004.

11.徐瑞青.电视文化形态论[M].北京：中国社会科学出版社,2007.

12.张树庭,吕艳丹.有效的品牌传播[M].北京：中国传媒大学出版社,2008.

13.张微.广告美学[M].武汉：武汉大学出版社.2012.

14.朱月昌.广播电视广告学[M].厦门：厦门大学出版社,2000.

第十章
户外新媒体广告

---

① 喻国明.瞄准并且占领传媒细分市场的新高地[J].中国广告,2006(7):165-167.
② 杨燕.如何评估户外广告的效果[J].声屏世界:广告人,2007(4):143.

开篇案例

走到室外会变化的 L.L.Bean 广告

美国户外用品制造商和零售商 L.L.Bean 在《纽约时报》(*The New York Times*)做了一整版广告，但在室内看这版广告是大部分留白的版面，上面零星散落着几个单词"Just bring this outside"(把他拿到室外)(见图 10-1)，以及 L.L.Bean 品牌名和其新口号"Be an Outsider"(做个户外人)。在好奇心的驱动下，读者想看清它到底写的什么，只能把它拿到室外了。

到了室外，在阳光照耀下，读者会看到这个页面文字逐渐显现，填满了空白处，广告变得完整起来，显现出 L.L.Bean 最新"Be an Outsider"的品牌宣言[1]，如图 10-2 所示。"欢迎来到户外。这里不存在陌生人，只有你尚未谋面的朋友。这里每天都有好听的名字，比如沙滩、白雪和蓝鸟。这里能闻到篝火炊烟，说明你来对了地方。你不必为了来这准备护照，受到邀请才能来玩，或者成为这儿的专属会员，走出大门的那刻，你就已然到达。在这你可以完全抛开你的年龄、烦恼，甚至连泳衣都不用带，但千万不要忘记叫上你的朋友。你从哪里来都没关系，只要你能经常来就行。所以无论你在哪，加入我们吧。因为在室内，我们都是外人，如果到了户外，我们就是一伙人。做一个户外人吧。"

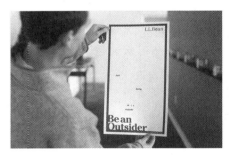

图 10-1　在室内的 L.L.Bean 广告

图 10-2　在室外的 L.L.Bean 广告

这则广告立意巧妙，不仅实现了对品牌的推广，更体现了 L.L.Bean 作为一家户外公司对户外文化的呼吁。而之所以能呈现出这样独特的广告，是因为广告采用了一种叫作光致变色的油墨，它在室内是无色的，但当暴露在紫外线下

---

① 荔枝网.L.L.Bean 在《纽约时报》做了一整版广告 但只能在户外阅读[EB/OL].2017-09-27，http://news.jstv.com/a/20170927/1506504594618.shtml.

时,就会变成不同的颜色,呈现出字迹。虽然光致变色墨水技术并不是首次出现在广告中,但对于户外品牌来讲却是一个极聪明的选择,给人耳目一新的感觉。

请思考:该广告属于印刷广告还是户外广告?该广告属于新媒体广告吗?该广告的互动性体现在哪里?该广告实现了什么样的广告目标?该广告比起以往的户外广告有什么值得借鉴的地方?

第一节　新媒体时代下的户外广告

随着大众身处户外的时间越来越长,户外媒体早已成为商家进行广告发布的重点选择。以往传统户外广告由于其传播技术、创作理念和空间位置上的限制,在其创意设计上并没有过多的要求,只要达到简洁明了,一望即知就行。但随着信息时代的到来,无论是媒体环境、消费者行为、沟通方式还是广告形式都发生了前所未有的变化,尤其是消费者接收、使用信息方式的改变,使得他们对信息的要求也越来越高。在这种背景下,创意已成为整个户外广告传播的核心内容,以往那种只强调购买位置而不求创意的做法一去不复返[1]。

随着户外广告的创意升级,户外广告的创意已经不单单追求广告画面的效果,而开始追求广告内容和媒介的共同创新。随着户外媒体种类的不断增多,户外广告的表现形式更加多样,所有户外受众能够接触到的物体都可以被用来作为户外广告的展示媒体,这就为户外广告的创意升级提供了条件。但与此同时,户外广告也具有自身的局限,其面对户外群体,受到户外环境的限制,如何在短时间内抓住受众的注意力,达到有效的信息传播,成为户外广告创意升级的关键。国内外一些专业人士已经开始认识到新媒体环境下户外媒体创意的巨大挖掘潜力,并有意识地促进户外媒体创意的发展。

1996 年 Concord Advertising 公司第一次将"Ambient"用于广告之中,2000年英国著名的设计与创新奖 D&AD Awards(英国设计与艺术指导协会大奖),把"环境媒体"(Ambient Media)创意设计单独作为一个奖项进行评审,之后戛纳国际创意节(Cannes Lions International Festival of Creativity)的评奖活动也在不同类别中设有"环境媒体"(Ambient)创意奖项。在国际广告节和奖项的引

---

[1]　刘星辉.户外新媒体广告创意研究[D].兰州:兰州大学,2013:23.

领下，国内的一些知名广告奖，如香港龙玺环球华文广告奖以及台湾时报广告金像奖、金犊奖的设置中也出现了"环境媒体运用奖"的相关奖项设置，这些奖项的设置反映了户外新媒体的增加，以及业界对户外广告创意升级的重视。

一、户外新媒体广告的诞生

新媒体的发展不仅带来了很多新兴的媒体，传统媒体也不断转型以适应当今的新媒体时代。虽然说起新媒体，常被提及的主要是互联网、移动互联网等线上媒体，但户外媒体作为传统媒体与线下媒体，也由于新媒体技术的发展与新媒体营销观念的转变而不断融合与创新，出现了许多具有新媒体特性的户外媒体，随着未来物联网、感知网、泛在网等新媒体的发展，户外新媒体广告将获得更强大的生命力，因此户外新媒体广告也是我们需要关注的新媒体广告领域。

（一）新媒体时代下的户外媒体

户外媒体的发展可分为 1.0 时代、2.0 时代和 3.0 时代，户外媒体在 1.0 时代主要以店招、灯箱、橱窗为主，因技术水平的限制，户外媒体以静态平面为主。霓虹灯、滚动灯箱等新形式的户外媒体的出现与应用，促进了户外媒体的发展，使得户外媒体的画面不再只是静态形式，而能够融合环境与受众之间产生互动，推动了户外媒体进入 2.0 时代。互联网兴起、新兴媒介出现、新旧媒体不断融合，新媒体的技术和优势逐渐渗透于户外媒体之中，户外媒体在形式、内容、地位和作用上都发生了巨大的变化，户外媒体进入了更加多元的户外媒体 3.0 时代。

从形成方式来看，户外新媒体由媒介形式与媒介关系组成。媒介技术的发展促进了媒体形式的不断创新，而户外媒体发布环境的变化，也促进了媒介关系的创新。从广义来看，只要在媒介形式或媒介关系组成这两个方面中具备其中一种创新的户外媒体，就可以称之为户外新媒体。而从狭义来看，户外新媒体主要是指利用新的媒介技术使之在媒介形式上有所创新的户外媒体，是新技术在户外空间加以运用而形成的媒体形态。

（二）户外新媒体广告

户外广告，简称为 OOH 广告（Out-Of-Home Advertising），直接翻译即家外媒体广告，顾名思义，指的是踏出家门接触到的广告。广告学者樊志育、樊震在《户外广告》中指出：所谓户外广告，是指在户外特定场所，以不特定多数为对象,在一定的期间内持续提供视觉传达沟通的广告物①。《中国户外广告产业上海宣言》认为:户外广告是指为了吸引公众对广告商品或服务的注意,选择在户外恰当的场所并采取合适的形式,在一段时间内向公众持续展示明了的视觉信息的广告物②。简单来讲,户外广告就是在露天或是公共场所进行信息传播的一种广告类型。

与广告的概念一样,户外广告也是一个不断发展、不断变化的概念。随着社会的发展、科学技术的进步、媒介环境的变化,每个特定历史时期的户外广告也将体现出不同的特点。在媒介技术和媒介环境未对受众和广告市场带来巨大影响之前,传统户外广告大都是以静态平面的表现形式为主,且媒体发布的地点和形式相对较为固定,比如城市楼宇间、车站、地铁站、公交、出租车车身,等等。随着新媒体的发展,媒介环境发生了变化,各种形式的新型媒体不断诞生与应用,为户外媒体广告无论是媒体形式创新还是广告表达创新都创造了更大的空间和更多的可能性③。而无论是媒介技术的创新还是媒介空间的开发,抑或是交互机制的引入,都可以为户外广告带来创新与突破,使之相对于传统户外广告呈现出新的形态。

因此,户外新媒体广告是相对于传统户外广告而言的,是新媒体时代户外媒体发展的产物,是新媒体时代下户外广告的延伸,它在广告内容、表达形式、创意设计等方面相对传统户外广告有所发展和创新。

二、户外新媒体广告的创新途径

户外新媒体广告的创新既可以来自新技术的运用,也可以来自新的户外媒介空间的开发与利用,还可以来自营销人员有针对性的互动机制的设置,这些途径都可以带来户外广告的创新,带给受众新的感受。

(一)依托新技术的户外新媒体广告

此类户外新媒体广告就是依托数字技术发展起来的户外广告形式。新技术的应用是改变户外媒体特性最为重要的力量,新技术的应用为户外广告在创意

---

① 樊志育,樊震.户外广告[M].上海:上海人民出版社,2003:3.
② 岑明.城市户外广告规划与设计[M].武汉:华中科技大学出版社,2012:7.
③ 刘星辉.户外新媒体广告创意研究[D].兰州:兰州大学,2013:14.

表现形式上提供了广阔的创作空间,拓宽了户外广告在创意上的思路和渠道,在让消费者深感新鲜的同时,提升了广告信息的传播效果。新技术的使用所产生的户外新媒体可以分为两类,一类是利用新技术对传统户外媒体进行改造而产生的,另一类是利用新技术创造出全新的户外新媒体。

1.新技术对传统户外媒体的改造

新媒体环境下,传统户外媒体可以在原有媒介空间的基础上,利用新技术,开发出全新的受众接触点,形成差异化的产品与品牌信息传播渠道,给消费者带来全新独特的媒介接触体验。比如在户外广告牌、公交候车厅、户外墙体等这些常见户外媒介载体上的创造性改造。这类户外新媒体广告可以说是一种"嫁接的艺术"[①],也可以说是"旧元素的新组合"[②],而组合的灵活性、创新性是户外新媒体广告优胜传统户外广告的关键所在。当广告和载体浑然一体时,便能自然、准确、形象地表达产品或品牌特性,浑然天成地向目标受众表达产品的利益点或品牌的个性与精神。

AR(Augmented Reality,增强现实)技术,它能够在现实世界中引入3D虚拟形象,从而将虚实结合、以假乱真,取得让人惊叹不已的意外效果。图10-3为百事可乐在伦敦新牛津街公交车站利用AR实景技术,把外星人、怪物等超现实的元素植入到现实生活场景中,使得候车的人在车站显示屏中看到卫星撞击地球、外星人掳走路人等难以置信的影像,从一开始受到惊吓,到一探究竟,最后恍然大悟,伴随着消费者的这一心理过程,传达出百事可乐不含糖MAX系列产品让人unbelievable(难以置信)的理念[③]。通过将AR技术融入再平常不过的公交站台,将户外媒体改造成依托新技术的户外新媒体,并合理地植入品牌信息,能够让用户在愉快的氛围中深度参与,实现对品牌的认知与追随。

2.利用新技术开发全新的户外新媒体

新技术在户外广告创意的运用并不局限于对传统媒体的创造性改造,还包括新媒体的开发和利用。对户外新媒体的开发是新媒体环境下户外广告创意很重要的来源,其弥补了现有传统户外媒体的局限,并在创意上有新的突破。借助新技术,一些原来无法利用的空间位置因为新技术的融入而显现出商业宣传价

---

① 张扬.户外新媒体广告创意策略研究[J].中国报业,2015(12):63.

② 扬.创意[M].李旭大,译.北京:中国海关出版社,2004:50.

③ 百事可乐病毒视频 伦敦创意巴士站广告牌[EB/OL].2014-03-23,http://iwebad.com/case/2624.html.

图 10-3　融入 AR 技术的公交站台播放百事可乐广告

值，开发的户外新媒体也较传统户外媒体有更强的互动感和体验感，为户外广告创意提供更多的可能性。但比起对传统媒体进行改造，要运用新技术创造出全新的户外新媒体具有一定的难度，新技术催生的全新户外新媒体也往往具有很强的针对性，一般是针对某个特定的广告传播目的而专门研发的，因此难以推广应用。

　　可口可乐迪拜分公司联合扬罗必凯广告公司开发了一款可以用可乐瓶盖当电话费的电话亭装置，他们把这些电话亭放到工人们生活的地区，每一个可口可乐瓶盖都可以免费兑换 3 分钟的国际通话。这一全新开发的户外新媒体的诞生是基于可口可乐观察到的社会问题：每一天都有很多劳工来到迪拜工作赚钱以获得更好的生活。他们平均一天只有 6 美元的收入，可打电话给家里却不得不花每分钟 0.91 美元的费用。为了节省每一分钱，这些劳工都不舍得打电话回家。可口可乐设计并建造的这个电话亭给贫穷的劳工们带来了福音，只要投入一个可口可乐的瓶盖，就能通话 3 分钟。迪拜的可乐售价是每瓶 0.5 美元，这样与直接花钱打电话相比划算了很多，于是劳工们纷纷收集瓶盖来电话亭打电话，电话亭外排满了等候打电话的劳工。借助可口可乐研发的电话亭就能听到家人的声音，这与此次可口可乐的广告主题"你好，幸福"（Hello Happiness）相呼应，该广告活动也获得多家媒体的报道,提升了可口可乐的社会责任感①。可口可乐研发的该电话亭就是利用新技术开发的户外新媒体。

(二)依托新空间的户外新媒体

伴随着现代人类社会生活的不断丰富,消费者接触的户外空间呈现出多元化的趋势,有限的传统户外媒体已经无法覆盖当下消费者的多元化活动路线与聚集场所,户外广告的投放对户外媒体空间的开发和创新提出新的要求。正如美国广告协会指出:"户外不是一种媒体,而是额外扩大的空间"②,户外新媒体广告对于广告设置地点不再像传统户外广告那样局限,而扎根于室外广阔的空间环境之中,凡是在户外空间中人们视线所及的物体,不管是在天空、陆地还是水里,不管是建筑物的外表还是里面,不管是静止的东西还是运动的东西,都可以成为户外新媒体广告创意的载体。在广阔的户外空间,实际上还有很多值得挖掘的广告投放空间,只要是广告的目标受众在户外能够接触到的空间环境,任何可以借用来传递品牌信息的介质都可以加以开发和利用,成为有效的户外广告媒体,进行富有创意的户外广告传播。

除了新技术的应用外,新空间的开发也可以成为户外新媒体广告创意的来源。新空间开发的关键点在于在广告所要传递的信息与媒介形式之间找到完美的契合点,也就是需要媒介载体、产品诉求和目标受众的高度契合,天然巧妙地让受众觉得该广告信息适合运用这一空间进行传播,二者之间存在一定的关联,而不是刻意地结合在一起,这样受众就能自然而然地理解该产品或品牌的广告创意。对户外新空间有针对性地开发和利用,使得户外广告在发布位置的选择上更为灵活多变,摆脱了传统户外媒体固定位置的局限。

在印度尼西亚,为了有趣而又令人信服地展示松下鼻毛修剪器的安全性,广告公司借助实际的电线杆和电线,创造性地搭建了户外广告牌,如图 10-4 所示。该户外新媒体广告的创意来自对户外空间的开发,用高空中纵横交错的电线来象征杂乱的鼻毛,非常贴切地挖掘出独特的户外新媒体来传递广告诉求,摆

---

① 迪拜可口可乐营销活动 可乐电话亭[EB/OL].2014-05-12,http://iwebad.com/case/2710.html.

② 林建潮,杨曼曼.户外传播的三变三不变[J].亚洲户外,2008(18):27.

脱了户外广告牌平面的束缚,幽默、有趣、生动,具有很强的创意性①。广告生动地阐述了修剪鼻毛就像切断带电的电线一样危险,而松下鼻毛修剪器能够安全修剪鼻毛的诉求。人们走在大街上看到这个广告会驻足观看并对这充满创意的广告产生深刻的印象,甚至产生修剪鼻毛的冲动,很好地达到了广告的目的。

图 10-4　"松下鼻毛修剪器"的户外新媒体广告

(三)依托新模式的户外新媒体广告

　　和具有单向传播特征的传统户外广告相比,具有交互性的户外广告更能迎合现代消费者的认知需求。在新技术的辅助下,户外新媒体广告可以利用多种途径设置相应的线下互动机制,有效地提升户外广告的交互性,加强广告受众的互动体验。在此基础上,户外广告还可以将线下体验与线上营销联系起来,将受众从线下转移到线上,进一步了解产品或品牌,甚至引发购买,这样户外广告就能从线下进一步引流,甚至建立起线上交易平台,打造全新的 O2O(Offline to

_____

① 　中国设计之窗.这个鼻毛修剪器广告真是绝了![EB/OL].2019-06-17,http://www.333cn.com/shejizixun/201925/43495_151366.html.

Online,线下到线上)商业模式。依托 O2O 模式的户外新媒体广告既不完全依靠新技术的使用,也不依靠新空间的开发,而是在互动的基础上将线下与线上结合起来,在很大程度上提高了广告的传播效果以及转化率,超越了传统户外广告所能达到的效果。

连锁超市 Home Plus(全球零售巨头 Tesco 在韩国的品牌)在韩国推出了一种新奇的虚拟超市。消费者不再需要专门花时间去实体超市进行购物,利用等地铁的间隙即可轻松完成这一过程。Home Plus 在地铁站台的防护玻璃墙上贴上了印有各色商品的平面海报,顾客遇到心仪的产品时,只需拿出安装有 Home Plus 客户端程序的手机,用摄像头对准每件商品上的二维码进行拍摄,应用程序就会将拍摄的商品放入电子购物车,再用手机银行进行结算,超市就会在当晚约定时间将其订购的商品送货上门,如图 10-5 所示。Home Plus 的报告显示,活动期间线上收入增长了 130%,超过 1 万名忠实的顾客在地铁站里完成当天的采购。虚拟超市的推出也使 Tesco 在不增加实体店面的前提下,进一步缩小了与市场排名第一的 E-market 之间的差距①。

图 10-5　Home Plus 的地铁新媒体广告

---

①　乐购韩国虚拟超市进驻地铁站　主打购买体验[EB/OL].2011-07-09,https://tech.qq.com/a/20110709/000111.htm.

地铁站里的平面海报广告再寻常不过,韩国连锁超市 Home Plus 通过简单的二维码的应用把地铁站变成了神奇的虚拟超市,实现这样的效果已经不只是对传统户外媒体进行改造那么简单,而是建立了一种全新的商业模式。因此,户外新媒体的广告创意不一定要使用多复杂的技术或寻找多另类的媒体空间,只要对户外受众的需求与行为有深入的洞察,挖掘出可以满足他们需求的户外新媒体,就完全可以实现创意的有效落地,生成让人眼前一亮、富有新意的户外新媒体广告。

三、户外新媒体广告的特性

新媒体环境下,户外新媒体广告摆脱了传统广告的局限,赋予了户外新媒体广告区别于传统户外广告的新特性。户外新媒体广告具体的特性可以归纳为互动性、开放性、整合性、体验性、多维性、材料性等特点。

(一)互动性

新媒体时代,消费者对信息的要求不再是单方面的接收,而希望与广告信息进行交互,新媒体技术为广告交互提供了丰富的媒介支持。消费者在信息互动上的需求以及互动技术在户外媒体上的应用,使得一大批具有互动特性的户外媒体应运而生,这些新型户外媒体广告不再停留在"给人看"的单向传播,更多地强调和受众形成和谐的双向互动关系,互动性成为户外新媒体广告的主要特征之一。

户外新媒体广告的互动性体现在消费者有多大程度能够参与到广告的传播过程中,消费者的参与程度与户外新媒体广告的传播效果密切相关。通过设置广告传播中的互动环节,消费者可以通过视觉、听觉、触觉等感官与广告信息进行交互,更全面地了解广告信息,获得丰富的互动体验和深刻的品牌印象。为了实现消费者与广告的真实互动,在进行户外新媒体广告的创意时,广告创意人需要依据广告目标与所要传达的信息,结合消费者的行为习惯,或利用新技术对户外媒体进行改造或模拟与重现相应的情境,从而让消费者体验到广告所要传达的信息,在大脑中产生深刻的印象。

在米兰设计周(Milan Design Agenda)期间,米兰的街头出现了一条红色长凳。当不明所以的路人坐上去之后,隐藏在板凳里的传感器便会启动,让坐在椅子两头的陌生人彼此靠近,这就是雀巢研发的户外新媒体装置"The Hello

Bench"，如图 10-6 所示。这出于雀巢的洞察：每天我们都会遇见形形色色的人，但基本上都不会有任何交集。当我们面对陌生人，我们容易警觉，创建新的关系远比我们想象的更难。为了能让创建新关系变得简单，雀巢认为，只要创造点"因缘际会"，一切都可以迎刃而解，例如拉近彼此的真实距离后，两人就有机会聊天了，于是就诞生了此次的户外新媒体广告[①]。借助这个户外创意长凳广告，雀巢让消费者意识到，咖啡不仅仅是用来提神、享用，更是打破人与人之间陌生隔阂的钥匙，在人们领会了此次广告活动的用意后，实际上也就实现了受众与雀巢品牌的互动。

图 10-6　雀巢咖啡的"The Hello Bench"户外广告

户外新媒体的互动性不仅仅在于实现广告与受众的互动，更重要的是通过广告与受众的互动，受众能够有所收获，同时也获得自身的利益。对于雀巢品牌而言，广告主就是希望借助该广告让受众感受到"雀巢与你相伴"的品牌精神。

（二）开放性

对受众而言，传统媒体的广告创意是封闭的，在受众看到广告之前，广告的创意过程早已完成，受众只是被动地接受广告信息。而户外新媒体的出现改变了上述情形，很多户外新媒体广告的创意实际上只完成了一半，而另一半需要受众通过参与来实现，这就是所谓的户外新媒体广告的开放性，也就是说户外新媒

---

① 雀巢的户外广告创意，够我们学 2 年了［EB/OL］.2018-06-29，https://www.sohu.com/a/238393420_100091764.

体广告在创意设计上是向受众开放的,只有当受众参与其中广告创意的传达才算完整。开放性使得户外新媒体广告创意有了无限可能,广告的创意效果也因每个受众的参与程度不同而有所不同。开放性的广告设计不仅提升了户外广告创意的互动性,也在无形中为广告传播锁定了感兴趣的目标受众。这些参与广告创意完成的受众摆脱了被动接收信息的角色,成了户外新媒体广告创作不可或缺的参与者,他们的参与帮助户外新媒体广告实现创意的完整传达。

要提高户外新媒体广告的开放性,就要求广告具有能吸引受众参与的能力,必须让受众知晓采用什么样的方式或行动才能参与其中,否则就无法吸引受众完成广告的创意,也就达不到预期的效果。因此,开放性的创意实现往往来源于创意人对受众的观察和对生活的体验,只有充分了解受众的生活习惯,熟悉他们的心理,才能够合理地、创造性地使用媒介,找到既能够接触到目标受众,又能够吸引他们积极参与到广告中的创意表现形式,最终实现广告信息的有效传达和广告目标的达成。

雀巢旗下的宠物营养品牌普瑞纳(Purina)联手麦肯巴黎利用宠物狗喜欢单腿抬起撒尿的习惯,研发了一组户外新媒体广告装置,连续3周投放在法国巴黎的街道上,广告装置的电子屏上面写着"你真的知道你家狗有多健康吗",当人们带着宠物狗经过广告牌,宠物狗会闻到装置里传出的信息素,主动想上前尿尿,尿完后,该装置可以自动检测宠物狗的身体状况,并在广告屏幕上显示出宠物狗的健康报告,人们通过扫描广告装置还可以将报告保留到手机中,从而提醒人们定期给宠物看医生,如图10-7所示。这个户外广告装置里面还含有自动清洗装置和分离系统,不必担心串尿导致测量不精确的问题。与此同时,广告装置会根据宠物狗的身体情况,推荐合适的普瑞纳品牌营养食品,成功实现服务和推销的结合[①]。

这个户外新媒体广告装置具有很强的开放性,装置通过是否知道宠物狗健康状况的疑问吸引那些关心宠物身体健康的主人参与广告的互动,成功筛选了普瑞纳品牌的目标受众,同时通过提供宠物主人所关心的尿检报告来激励他们参与完成广告信息的传达,同时还根据每只宠物狗的健康状况定向地推荐合适的营养食品,成功实现了广告信息的传播与产品的精准推荐。

---

① 普瑞纳:请让狗狗们在巴黎的路边"随意"撒尿[EB/OL].2019-04,https://www.dig-italing.com/projects/80359.html.

图 10-7　自动检测宠物狗的身体状况的户外广告牌

（三）整合性

户外媒体作为增长速度最快的媒体，是最有生命力和发展潜力的媒介形式，它能够在各种不同的场所以多种不同的形式接触到现实空间的多样化受众。同时户外媒体作为一种空间媒体，具有很强的包容性，既可以使用传统媒体又可以使用新媒体，既可以采用单一传播策略，也可以采用多种媒介联合互补的整合传播策略。这一特性决定了户外媒体由单一的传统媒体向着与其他新旧媒体优势互补、全面整合的方向发展。

2016 年 11 月，无印良品（MUJI）在美国纽约第五大道的旗舰店内举办了一场名为"儿童地球项目"（Kid Earth Project）的展览，该展览结合了公益与科技元素，是无印良品与日本的儿童福利组织 Kids Earth Fund、东京的互动艺术工作室 Naked 的联合作品。活动中无印良品邀请纽约 5 至 12 岁的孩子们即兴在画纸上创作出他们心中烟火的样子，Naked 则把这些画制作成动态图像展示在一块像夜空一样的触摸屏上；孩子们只要用手轻拍屏幕，就会从触摸的地方绽放出一朵绚丽可爱的"烟花"，如图 10-8 所示。这次公益合作之所以选择烟花作为创作主题，是因为烟花在日本文化中有着独特的符号意义，对日本人而言，烟花象征着转瞬即逝、脆弱又极致的美。融入了日本文化创意的此次广告活动具有很强的独特性,帮助无印良品打动更多的消费者①。

图 10-8　无印良品的烟花互动装置

此次无印良品的户外新媒体广告进行了富有创意的整合,把纸质媒体的静态图像动态地投影在数字电子屏幕上,把孩子的想象力化作艺术的感染力,将高科技元素与传统文化元素进行融合,将商业的品牌塑造与公益的慈善活动进行联合,使得这一户外新媒体广告极具生命力与创造力,成功吸引了来自不同国家的孩子及其家长参与其中,提升了无印良品的品牌文化,也扩展了无印良品的消费者市场。

（四）体验性

在新媒体环境下,广告传播最重要的目的不仅仅在于让受众看到广告,而在于让受众对广告产生积极的体验感。美国经济学家约瑟夫·派恩等在其《体验经济》一书中认为:"所谓体验就是一种亲历亲为的活动,是积极参与活动的行为过程。"②体验通常是由直接参与或观察所得,通常涉及受众的感官、情感、情绪

---

① 看过这场展览就知道,其实 MUJI 一点也不性冷淡［EB/OL］.2018-01-15,https://www.sohu.com/a/216846082_170656.

② 派恩,吉尔摩.体验经济［M］.毕崇毅,译.北京:机械工业出版社,2008:19.

等因素,同时也有受众的知识、智力、思考的介入[①],互动体验是户外新媒体广告最主要的传播优势之一,也是户外广告创意的重要内容。

注重消费者接触广告时的感受,满足受众参与广告创作的体验感是户外新媒体广告创意的一个重要创作思路。目前体验型户外广告创意的表现手段主要有以下三种:一是将受众的体貌特征(五官和肢体动作)作为户外广告创意的一种重要创作元素纳入广告设计之中,以此来提升受众的参与感与体验感;二是在户外广告的创意表现中,通过媒介技术的辅助或者特殊的表现手段,充分激发受众感官方面的体验,实现受众与广告信息的感官互动;三是通过户外广告的叙事创作营造出独特的情感氛围来激发受众内心的情感,实现受众对广告作品的情感体验[②]。

2019年年底,中国银联正式加入由青岛海水稻研发中心发起的"中华拓荒人"计划,推出"一块造福中国"公益活动,支持袁隆平院士的海水稻研究事业,让亿亩荒滩变良田。而如何让更多的人关注和支持海水稻?别提海水稻,城市里长大的孩子,大多连水稻都没见过。于是一片海水稻出现在了徐家汇地铁通道,为了让通道空间发挥最大价值,调动受众的视觉、嗅觉、听觉等感官,广告活动执行团队利用水稻、灯光、投影、地贴等最终搭建出一个沉浸式的稻海体验展,如图10-9所示。在现场人们不仅可以近距离触摸海水稻,还可以闻到阵阵稻香,徐家汇地铁通道沉浸式稻海一跃成为2020年首个网红打卡地。对路过的参观者而言,收获的不仅仅是稻海的视觉震撼,稻香的嗅觉诱人,人们还可以在现场扫码参与"一块造福中国"公益活动,在云闪付商城一块钱换购海水稻福米,把软糯又香甜的海水稻大米带回家[③]。

约瑟夫·派恩等在《体验经济》中说:"你的广告如何使受众更兴奋?可以制造更多他们日常生活中通常无法体验的感受。"如果没有借助此次沉浸式的稻海体验展,海水稻对受众来说还只是个陌生的名词,有了体验性的户外广告呈现,人们不仅能够看到稻海、闻到稻香还能品尝稻米,同时也更加关注和支持海水稻的研究事业,这样的体验是其他形式的广告难以实现的,海水稻的户外广告活动因其绝佳的体验性而产生很好的效果。

---

① 何晶娇.互动户外广告的创意策略[J].传媒,2013(12):58-60.

② 张娜.新媒体环境下的户外广告媒体创意研究[D].兰州:兰州大学,2015:29-30.

③ "稻梦空间"来啦!中国银联把海水稻种进了地铁站[EB/OL].2019-12,https://www.digitaling.com/projects/96270.html.

图 10-9　徐家汇地铁站的沉浸式稻海体验展

（五）多维性

维度是一种空间单位，几何学中认为一维是点，它只代表位置；二维是面，具有长与宽的特点；三维是立体，在长宽的基础上增加了高度，是一种空间状态；四维是时空交错，在空间基础上增加了时间的概念。随着维度的不断增加，广告的创意设计要考虑的方面也越来越多。传统户外广告主要是以二维平面为主要表现形式，这种表现方式严重限制了创意在思维和表现上的可扩展性。随着消费者欣赏水平的逐步提高，他们对广告提出了更高的要求，强调广告不仅仅是视觉上的新颖、刺激，而更关键的是在广告形式上的创新，而运用多维的视角就是重要的创新手段①。

户外新媒体由于新技术的使用以及户外空间的开发，逐渐跳出了二维平面的局限，逐渐往三维立体空间发展，甚至加上时间、光影的运用呈现多维的创意。对广告创意人而言，维度的增加使得广告信息的传递更加立体，为广告创意提供了更为自由的表现可能，对受众而言，维度的变化也让广告的观赏角度变得更加多元，以往传统户外媒体就只有一个最佳观赏点就是正对着户外广告牌，而多维的空

---

① 刘星辉.户外新媒体广告创意研究［D].兰州：兰州大学，2013：33-34.

间使得受众在不同角度、不同方位、不同距离,甚至不同时间都可以接触户外广告传递的不同信息,从而能够感受和体验户外广告的丰富创意,而不仅仅是观看。

日本设计大师荣久庵宪司（Kenji Ekuan）曾指出,"设计的精髓是将许多东西放入一个受到限制的空间环境中而仍旧让其保持美感,实现美、激发人对美的渴望是设计的一个重要目标"①。伴随维度的增加,这些被添加到户外空间环境中的体积、方位、距离、时间等元素为户外新媒体广告创意带来了更多的可能性。

2020 年新年来临之际,英国广播公司 BBC 电视剧联合美国流媒体播放平台 Netflix 推出又一力作《德古拉》（Dracula）,该新剧为吸血鬼题材,由 BBC Studios 负责全球发行。此次发行的一大亮点就是由 BBC Creative 代理的一块由光影艺术构成的户外广告牌。该广告牌在白天看起来像是一些随意插在广告牌上的"刀子",伴有刀口流出一些红色涂料装饰成的"血迹"。随着夜幕降临,广告牌一侧的灯光打在那些"随意"插着的刀上,构成了吸血鬼头形状的阴影,并且随着夜色加深变得越来越明显,如图 10-10 所示。BBC 电视剧成功利用户外广告牌的三维空间和时间变化造成的光影效果,在黑暗中让"吸血鬼"现身,突出了电视剧主角的吸血鬼形象,吸引路过的用户关注《德古拉》的上映②。

图 10-10　夜幕下的《德古拉》户外新媒体广告

---

① 薛媛.广告创意设计中的视觉传达策略[J].中国广告,2007(10):144-146.

② BBC 新剧《德古拉》的小广告牌子,白天和黑夜还两副面孔呢![EB/OL].2020-01,https://www.digitaling.com/projects/97194.html.

实际上,该户外新媒体广告已经摆脱了普通户外广告牌二维的束缚,利用了三维的立体空间加上时间变化的四维特性来展现广告的创意,这样的创意设计在白天给路过的人们留下了疑问,而到了晚上自动告诉人们答案,无形中产生了与受众之间的互动。同时,夜间利用光影效果出现的"吸血鬼"形象也与要宣传的电视剧主角和内容非常贴切,是户外新媒体广告创意在多维性上的经典代表。

(六)材料性

在户外广告中,材料的灵活运用是创意表现的重要组成部分。依据材料的构成成分,材料可以分为天然材料和人工材料,每一类材料下面又有不同性能和材质的材料。材料的软硬、轻重、脆韧、光滑与粗糙、防水与吸水、反光与透光等特性都会影响户外广告创意表现的发挥,不同材料的加工工艺和成型工艺也会改变户外广告的形态,使用不同的材料所产生的创意效果完全不同,给人的视觉认知和心理感受也不同。因此,在户外广告的创意表现中,材料的选用是重要的一环,材料不仅具有功能、质感特性,还具有审美、文化特性,选用不同材料呈现出来的效果明显不同,这就要求户外广告创意人拥有材料方面的专业知识、长期的尝试与经验的积累。

传统户外广告由于其创意表现局限于平面空间内,因此在材料的选用上多以面材为主,常用的像纸张、亚克力板、灯箱片等。而户外新媒体广告在材料上的要求要高于传统户外广告,其在材料的创新运用上主要体现在两个方面:第一,不再局限于平面材料的使用。由于户外新媒体广告不再局限于平面空间,因此其使用的材料是平面、立体材料的综合运用,只要是在空间范围内能够有效表现广告创意的材料都可以加以利用。第二,采用不断变化的媒介技术。媒介技术的更新使得户外新媒体广告在形式上各具特色,而媒介技术往往是通过和各种材料的结合得以展示的。正是由于新技术、新材料的运用与辅助,才使得户外新媒体能够产生不同的表现形式,广告的创意得以加强,从而带给消费者不一样的感官刺激[①]。

Purdy是一家专卖绘画笔刷的品牌。他们的户外广告非常简单,不用喷绘,不用打印,而是直接选用一支Purdy XL号笔刷,在美国纽约街道的一面墙体上刷出来一块特别的"海报"。重点是,他们故意避开那些平滑完整的墙体,而是覆盖尽可能多的杂物,包括墙边的自行车、梯子、窗户、垃圾桶,还有一只"鸽子"(模

---

① 刘星辉.户外新媒体广告创意研究[D].兰州:兰州大学,2013:38.

型），如图 10-11 所示。[①]"海报"之内的物品全都被均匀地漆上了黄色，并配以广告信息"paint any surface with ease"，以此来表示 Purdy 笔刷可以轻松地在砖、玻璃、木材、金属、塑料凳或其他任何材质上漆色[②]。

图 10-11　Purdy 的户外新媒体广告

材料性在户外新媒体广告上的体现重要的不是要使用多么新奇的材料，而是要基于广告目标以及广告要传达的内容创造性地使用材料。Purdy 的户外新媒体广告的创意完全是从产品诉求出发，创造性地选择广告的呈现材料，将广告内容呈现与产品功能诉求无缝地连接在一起，简单直接地说出 Purdy 笔刷可以在任何材料上使用的诉求点，既跳脱了传统户外广告牌平面创意的局限，又很好地宣传了产品的优势与品牌形象。

第二节　户外新媒体广告创意基础

户外新媒体广告除了广告内容的创意表现外，创造性地选择合适的媒介来

①　婷婷，林莹.户外类金奖作品集锦［J］.中国广告，2010（9）：43-48.

②　TOPYS.创意户外：Purdy 画笔，专刷不平之处［EB/OL］.2016-02-01，https://www.topys.cn/article/19724.

呈现广告信息也能够让户外广告具有极佳的创意性,让受众参与到广告的互动中,对广告的创意表现产生情感共鸣。那么如何创造性地选用户外媒体就是户外新媒体广告呈现出创意性的关键环节,环境媒体理论、媒体环境创意是指导户外媒体选择的两个重要理论,前者强调在选择户外媒体时要打破已有传统户外媒体的限制,从户外的大空间中选择任何合适的空间或事物来作为广告媒介,而后者强调在进行广告创意表现的时候,应注意考虑媒体所处的环境因素,将环境作为创意的重要元素加以利用。此外未完成与完形心理强调户外新媒体广告要以未完成的形态吸引用户的参与,只有当用户参与到广告互动中,创意所要传达的信息与理念才更能深入人心。

一、环境媒体的概念

2003 年,尚扬媒介(Mediaedge:cia,MEC)的亚太区执行长兼董事长马克·奥斯丁(Mark Austin)和吉姆·艾吉森(Jim Aitchison)在其出版的 *Is Any Body Out There*(《还有人在看广告吗?》)一书中首次提出"环境媒体"(ambient media)这一概念[①]。他们认为环境就是可以传递信息的载体,任何能够传递商业信息的载体都可以成为环境媒体。

从广告创意的角度来看,环境媒体是在明确所要传达的特定广告诉求点的前提下,充分考虑户外空间的环境特性与广告诉求点的相关性,找到两者之间的契合点从而创造性地开发或选用的媒体。环境媒体与其他的广告媒体不同,环境媒体的创意实践主要集中在非传统媒体,特别是非传统的户外媒体之上,它一般由多个相关联的媒体组成[②],而如何选择这些媒体组合是由广告创意所决定的,其关键是注重广告信息与传播载体的完美结合。

具体实践而言,环境媒体所说的环境包括自然环境、生活环境、公共设施、公园街道、室内家居等,环境媒体就是将这些环境因素作为广告发布的媒介,它是对原有的户外环境进行再开发,寻找能够进行广告传播的特定媒体,因此环境媒体不像传统户外媒体的广告位选择那么局限,它往往是我们生活中常见的环境实体,有很大的自由度和灵活度。此外,环境媒体广告成功的关键在于创新,这种创新重在利用环境的特性,让广告成为环境的一部分,"因地制宜"是环境媒体

---

① 胡文财.解密环境媒体的创意法则[J].中国广告,2009(4):137-140.
② 周雅琴.对互动型户外广告中环境媒体的研究[J].艺术与设计:理论,2013,2(8):56-58.

广告进行广告创意的根本原则。因此环境媒体广告对创意的要求非常高,只有当广告诉求点与户外媒介实体的契合点设定贴切之后,才能将这些户外媒介实体转变为环境媒体。创意在整个环境媒体广告的创作过程中起到了决定性的作用,但也因此环境媒体上实现的户外广告都具有较高的冲击力和启发性。

二、媒体环境创意

媒体环境主要由媒体的外形、结构、材质、技术、存在状态与受众和周围环境构成的互动关系等信息要素构成,甚至包括了当时社会特有的文化潮流和氛围等①。所谓媒体环境创意就是把媒体所处的环境纳入广告创意中,作为广告创意构思与表现的重要内容,其中最显著的特征就是通过媒体与环境的互动来诠释广告主题与传达广告诉求,它是一种将媒体环境融进广告创意的思维模式。

媒体环境创意与环境媒体虽然有着非常相似的内容,但两者考虑的重点是不同的。环境媒体的重心在于户外空间的媒体开发与创新,它更强调打破已有的传统户外媒体的限制,从广阔的户外空间重新出发,去挖掘或巧妙地制造发布媒体来完美地传递广告信息,因此环境媒体往往都是不常见的传播媒体。例如2009年12月,在整个大不列颠岛被皑皑白雪覆盖之际,智威汤逊广告公司JWT为雀巢的POLO薄荷糖想出了一个绝佳的宣传策略。他们制作了一个"POLO雪印章",在厚厚的雪地上印出了一个又一个圆形的印迹,在白色的雪地上,这些印迹像极了POLO薄荷糖,如图10-12所示,在这个案例中被印上印迹的雪就成了环境媒体。

图 10-12　雀巢 POLO 薄荷糖的环境媒体广告

---

① 李明合,闫琰.玩转媒体做创意[M].北京:中国传媒大学出版社,2012:47.

而媒体环境创意的重心在于强调媒体创意中应考虑媒体所处环境的作用，更强调广告与媒体环境之间的共生关系。例如 2020 年 9 月，网易严选联合西藏当雄县人民政府，在天然冰川水流经的地方做了三块广告牌，如图 10-13 所示[①]，广告牌没有设计画面，采用镂空设计，将广告牌背后的风景作为画面，为网易严选天然冰川水做广告，这样的创意方式就符合媒体环境创意的思想。

图 10-13　以天湖纳木错为背景的网易严选天然冰川水广告牌

　　媒体环境创意实际上是一种在传统户外广告的基础上考虑环境要素而使得广告更具创意的手段，媒体环境创意的传播目标往往不只依靠广告作品本身来实现，还要充分借助媒体环境包括载体本身，媒体环境创意在实施过程中实质上就是融入媒体环境要素进行创意构思的一个过程，以新颖、简洁、直观的表达方式来吸引受众，促进受众与广告之间形成互动[②]。在媒体环境创意中，媒体环境在户外广告传播活动中的地位被提升到新的高度，强调将广告诉求与媒体环境的匹配和结合作为进行户外新媒体广告创意的一个重要创作途径。

　　① 网易严选：我们不需要广告，这片风景就是最好的广告[EB/OL].2020-09,https://www.digitaling.com/projects/129163.html.

　　② 张娜.新媒体环境下的户外广告媒体创意研究[D].兰州：兰州大学,2015:21.

三、未完成原则与完形心理

斯蒂芬·阿克(Stephen Acker)依照传统的社会技术分析方法，提出了基于信息技术的传播系统的创意设计方法"社会开放性设计"，他强调"社会开放性设计"谨守一个"未完成"原则，它的含义是：系统设计的完成不在于它将如何被使用，而应由用户决定与完成它的功能[①]。也就是说，只有用户参与到信息的互动中去完成剩下的部分，信息的设计才在功能上形成意义从而具有完整性。

"未完成"原则利用了人们的完形心理。完形心理学指出，人类在对外界事物的认知上，都具有追求完整形象的心理特点，如果对象物是不完整的，就会依据生活积累所产生的经验对其进行处理，以使得无论在感官上、心理上还是体验上体现其完整性[②]。正是受众大多有追求完整的心理特点，催生了长于互动体验的户外广告媒体创意。互动型、体验型的户外新媒体广告都需要消费者亲自参与，因为它们都是未完成的，等待消费者去完成它。所以，户外新媒体广告在创意设计上可以利用人们对事物完整性追求的完形心理，运用未完成的手法，结合产品的自身特点，选择合适的发布环境和适合的信息交互技术，推动消费者通过亲身参与去完成它，在互动体验中获取广告信息并感受创意带来的乐趣。

此外，完形心理学强调"整体大于部分之和"。完形组织法则是完形心理学提出的一系列有实验佐证的知觉组织法则，它指出人们在知觉时总会按照一定的形式把经验材料组织成有意义的整体。从广告效果的角度来看，那些等待人们参与体验的户外广告对消费者而言意义并不大，只有当他们亲自参与互动，完整地体验户外广告的互动环节之后，才能受到启发理解广告的真正意义，且人们通过互动体验所产生的对广告的认识和感受远比没有参与体验的情况下要更为深入。因此，户外新媒体广告要让消费者印象深刻，不妨合理地设置"未完成"的部分，吸引消费者主动参与到"完形"的过程中来，同时通过一系列激励机制鼓励他们完成整个体验流程。

---

① 梁峰.交互广告学[M].北京：清华大学出版社,2007:152.
② 刘星辉.户外新媒体广告创意研究[D].兰州：兰州大学,2013:36.

第三节　户外新媒体广告创意策略

全球广告大奖奥比奖（OBIE Awards）评委大卫·伯恩斯坦（David Bernstein)指出"只要能将户外广告创意做好,你就能够做好其他所有媒体的广告了"[①]。创意作为户外新媒体广告创作中表现策略的一个关键要素,是将消费者和企业、产品联系起来的重要纽带。户外新媒体广告创意同样也需遵循一定的原则与策略。

一、户外新媒体广告的创意原则

户外媒体是存在于公共空间的一种传播介质,它要吸引停留在公共空间的受众观看才具有传播价值。随着人们生活节奏的加快,要快速吸引这些公共空间的人们驻足观看并不容易,要让他们看完广告并对其产生印象进而付诸行动就更困难,因此户外新媒体广告创意要遵循一定的原则,包括真实性原则、易懂性原则、实效性原则和可执行性原则。

(一)真实性原则

真实性是户外新媒体广告创意的首要原则。广告创意人如果一味为了追求创意,将产品诉求夸大到不切实际的范围,就失去了广告创意的真实性。户外新媒体广告确实可以依靠独特的表现手段来借此宣传,夸张的表现也的确可以让人们产生好奇心,停下脚步,被广告所吸引,对广告产生深刻的印象。但户外新媒体广告最主要的任务是传递商品的真实信息,用事实说服消费者购买商品。广告创意是对客观事物阐释做艺术化的修饰,而不是创作者的主观吹嘘,不能本末倒置,过度夸张的广告创意表现只会引起消费者的反感以及视觉上的特意回避。因此在把握住真实性的前提下,把广告创意的尺度控制在正常的范围,不做虚假的夸大是户外新媒体广告创意的重要原则。

---

① 　骆双.户外广告创意的表现研究[J].大众文艺,2013(11):112.

（二）易懂性原则

户外新媒体广告因投放场地多为公共场所的缘故，其受众具有很大的流动性，受众接触并且关注户外新媒体广告的时间非常短暂，几乎是在一瞥之间完成的。怎样抓住这短暂的"一瞥"，这就要求户外新媒体广告传递的内容必须在短时间内出现在受众的视线范围之中，将广告创意完整呈现，达成充分的信息传播。有些悬念型的户外新媒体广告虽然可以不马上告诉受众答案，但也要提供足够简单、明确的线索或途径让受众"揭开谜底"，否则就很容易导致受众的流失。因此，在户外新媒体广告的前期创作和后期执行时，要充分考虑到不同环境下受众对广告信息的认知程度，比如是否有足够的阅读时间、阅读角度是否合适、专注度会不会受到影响等，尽量减少广告与受众的接触障碍，做到广告信息的易读易懂①。

（三）实效性原则

广告创意能否达到广告目标决定了广告的实效性。广告的实效性，指的就是广告实实在在的效果，也就是要用出彩的创意与目标受众进行有效的沟通，借由广告的传播影响力实现预期的广告目标。从广告主的角度看，户外新媒体广告创意需要做到的就是实现广告目标，也就是将广告的诉求点以生动形象又不易忘却的表现形式有效地传达给目标受众，为目标受众所接受，让他们理解广告的诉求，从而愿意主动地了解产品或品牌，形成正面的态度。因此在进行户外广告创意时，必须站在目标受众的角度，善于将各种符号元素进行最佳组合，使广告的诉求点切中他们的需求，得到理解与认同。

（四）可执行性原则

户外新媒体广告的创意执行过程涵盖了多个环节，各个环节又是环环相扣、密切联系的，无论哪个环节出现问题，都将直接影响到整个广告的传播效果。广告效果实际上需要创意、策略、执行和投放几个环节的共同协作。在实现广告效果的过程中，执行是影响广告传播效果的关键因素。因此一个优秀的户外新媒体广告创意方案，如果在执行环节操作不当，就将无法达到预期的广告效果，高

---

① 田小弘.新媒体户外广告的创意探索[D].长春：吉林大学，2011：35-36.

效的执行力是户外新媒体广告创意点子得以完美表现的保证[①]。在实际执行中,还必须考虑相关的法律规范,有些户外新媒体广告虽然有着新颖的创意方案和独特的投放载体,但由于忽视了法律法规与社会道德而功亏一篑。

二、户外新媒体广告的创意策略

创意对户外新媒体广告具有重要意义,随着户外媒体日益丰富,户外新媒体有了更多样的创意表现。户外新媒体广告的创意策略主要有以下的途径。

(一)借助技术表现

新技术催生了大量的户外新媒体,这些新媒体是户外新媒体广告的重要投放媒介。户外新媒体广告中新技术的运用不仅增强了广告的表现力,也使得广告创意表现手法更加灵活多变,产生了许多新奇的效果,强化了原有的广告表现效果,给户外新媒体广告带来无限活力,有效地吸引了户外人群的视线。3D打印、增强现实、面部识别、眼球随动等新技术的运用为户外广告的创意提供了丰富的表现手段,既增加了广告的互动性与体验感,也提升了广告的传播效果与经济效益。

在美国得州举办的西南偏南电影节(South by Southwest Festival)上,美国零食品牌奥利奥(Oreo)推出了一款拥有3D打印功能并且能自由定制饼干的自动贩卖机。消费者可以从社交媒体推特的话题♯eatthetweet♯中选择十几种口味和颜色,再搭配上巧克力或香草的饼干基底,然后自动贩卖机就开始工作了,如图10-14所示。只需等上两分钟,专属的个性化奥利奥饼干就新鲜出炉了,中间的夹心还可混搭不同的口味[②]。这台奥利奥饼干定制贩卖机实际上就是专门为了让消费者品尝多样化的奥利奥产品而定制的,它不同于我们常见的试吃活动,加入了自主定制体验、社交互动等新鲜的元素,广告创意更加灵活,也更加受到人们的欢迎。

在户外新媒体广告创意中,广告主和广告公司可以专门根据广告目标定制一些户外装置,这些户外装置在实现某种特殊用途的同时本身也成为新型的户外新媒体,在吸引用户体验的过程中能够更加有效地传递广告信息。

---

① 张娜.新媒体环境下的户外广告媒体创意研究[D].兰州:兰州大学,2015:58.

② 世界各地"奇葩"自动贩卖机盘点,什么都敢卖[EB/OL].2020-11-27,https://www.digitaling.com/articles/373884.html.

图 10-14　奥利奥 3D 饼干定制贩卖机

（二）增强互动体验

新媒体时代，随着体验经济发展的深入，加入了体验元素的户外新媒体广告应运而生。互动体验广告创作是否成功主要取决于广告创意能不能让消费者产生兴趣，让消费者自愿参与到广告互动中，只有消费者积极地参与广告的互动，才能达成较为理想的广告效果。为了激励用户参与体验，首先参与过程应该简单易懂，有明确的指示或者有人员引导，同时不能耽误受众过多的时间，在互动过程中可以提供一些能够让受众获益的措施，如提供小礼品、优惠、折扣、限量版产品等奖品吸引消费者参与，这样既可以让消费者因获益而产生愉悦的积极情绪，也容易达到广告宣传的目的。

2021 年夏天突如其来的暴雨和新冠肺炎疫情，让郑州这座城市按下了暂停键，网易云音乐决定在郑州回归正常生活的"重启"之时，策划"还郑州一个七夕"暖心事件营销活动。网易云音乐用乐评编写成《爱情词典》，将精心挑选的 20 条用户评论写在郑州连心里的红墙上，通过这条通向民政局最浪漫的爱情之路，弥补郑州人民没有过上七夕节的遗憾，也向那些在爱情里徘徊的人传递温暖与勇气①。

---

① 网易云音乐上线"红墙情书"：还郑州一个七夕［EB/OL］. 2021-09，https://www.digitaling.com/projects/175258.html.

该户外广告创意赋予了网红打卡地连心里街道新的"爆"点,以乐评为载体融入城市空间场景中,讲好品牌与用户的故事,红墙上出现的满墙浪漫情话吸引了众多情侣前来拍照打卡,超 100 名小红书博主打卡连心里地标,如图 10-15 所示。同时,微博上♯郑州一街道把情话写满墙♯话题阅读量超 1.1 亿,登微博本地榜第二,当地电视台也主动对活动进行报道,还有中国新闻社、大象新闻、河南微政务等超 50 家国家及省市级媒体新媒体端也主动报道了该活动,大大提升了网易云音乐的品牌美誉度。

a   b

图 10-15 网易云音乐郑州"红墙情书"

(三)纳入人的因素

在户外空间中总有熙熙攘攘的人群,户外广告的四周也总是人来人往,如果不考虑广告牌四周人群的存在而只是考虑广告牌上面的创意是传统户外广告的创意思维,而如果把广告牌四周的人群也纳入户外广告的创意构思中,往往能得到出人意料的效果。把广告环境中人的存在也纳入户外广告的创意中,也就意味着受众也可以是广告创意的重要构成。当受众能够成为广告的一部分时,他们会更乐于参与到与广告的互动中，甚至愿意为提供互动的广告进行主动的分享与推荐。

GoDaddy 是一家可以注册网站和为中小企业提供线上解决方案服务的公司，为了让更多的人来注册网站，这家公司包了 20 多条地铁，做了一系列巧妙的创意户外广告。这些广告正好张贴在乘客座位的上方，当有乘客坐在该座位上时，对面的乘客看起来广告中的信息就像是他们想出来的各种各样奇怪的点子，例如一个自带降落伞的手机套、一个干掉就会发牢骚的花盆、一条带着加热把手的遛狗绳、一支只会为它主人工作的钢笔等，如图 10-16 所示，这一系列广告似乎在呼吁人们，如果有好的点子就赶紧注册域名把这些想法传上网①。

图 10-16　GoDaddy 的地铁广告

GoDaddy 的户外广告很好地利用了地铁车厢的人群来完成广告创意。人们在地铁车厢中会固定坐在广告下方，由于休息、无聊、疲惫等原因呈现出若有所思的状态，这就能够很好地跟广告中的点子匹配起来，让乘客在无意中成为广告信息的传递者与参与者。这样富有创意的户外新媒体广告不仅制作成本低还能获得不错的效果。随着户外广告创意思维的革新，将来会有更多考虑人的因素的户外广告创意出现。

---

① 请带齐您的行李物品和大点子，准备下车［EB/OL］.2018-07-25，https://www.sohu.com/a/243273882_100196673.

（四）借助热点事件

户外广告与线下热点事件向来有着紧密的互动关系，将广告创意与热点事件结合是户外广告创意的有效策略之一。首先，户外广告创意可以借助已有的热点事件，如重大体育事件或者社会热点事件，结合广告诉求进行别具一格的创意表现，引发大规模的关注与讨论。而要借助已有的热点事件，户外广告的创意必须打破传统广告创意的操作流程，在发布的时机、渠道选择、发布节奏及频次等方面都要根据热点事件来进行策划。其次，户外广告也可以自己制造出热点事件来扩大影响。这种创意流程主要是通过事前策划，预置热点，在广告发布过程中制造话题，吸引消费者的兴趣与关注，进而通过积极的公关推动，让广告发布行为演变成营销事件。新媒体环境下，事件营销越来越受到户外广告策划人员的青睐。

2020年2月，杭州市民在西湖区中心商场附近，可以看到网易严选一系列特殊的户外广告。其文案总共只有四句话，如图10-17所示。首句是采用加大加粗的"还是别看这个广告了"，表面上是不让公众关注，实则却能迅速引起行人的好奇心，从而驻足观看。第二句是"这是我们原本在2月23日到2月29日的促销广告，现在临时换掉了"，关注网易严选的用户自然不会漏掉这个信息，他们可以在线主动搜索相关信息，进而发现2月23日到2月29日期间网易严选有促销活动，实现线上引流。接着是"虽然一切正走向正轨，但也建议您少在公共场所聚集"，提醒人们警惕疫情，彰显了品牌的社会责任感。最后是"在家用心生活，等春来"，既是此次活动的主题又道出人们的共同期盼。短短四句话，表面上没有做广告，实际上各方面的信息都照顾到了，可谓心思巧妙。

网易严选很好地利用了疫情这一热点事件，大胆地彰显了品牌温度又提高了品牌知名度，可谓"一箭双雕"[①]。从网易严选的户外广告的例子可以看到，借助热点事件能够使受众与品牌产生互动，激发受众的传播热情，扩大广告的影响力，从而提高企业的知名度与美誉度，形成良好的口碑。

---

① 网易严选：还是别看这个广告了［EB/OL］.2020-02，https://www.digitaling.com/projects/102948.html.

图 10-17　网易严选的户外广告牌

（五）利用户外环境

地缘是指由于地理位置相近而形成的关系，与其他媒体相比，户外媒体属于地缘性媒体，具有植根于户外具体环境的特点，这也意味着地缘性媒体的广告创意只有充分考虑到地域环境特征，才能更好地发挥其创意优势，产生绝佳的效果。但这点往往没能在传统户外广告中得到体现。从某种意义上看，户外广告是生活环境或自然环境的一部分，而生活环境和自然环境自然也可以作为户外广告的内容，户外广告的环境因素是户外广告区别于其他媒体广告的独特创意点①。

联合利华旗下马麦酱（Marmite）于 2021 年 2 月推出限量版"爆辣"口味，在英国当地超市和网上销售，仅售卖 6 个月。为了给新品造势，同时在噱头上做足影响，携手创意代理商 Adam&eveDDB，马麦酱（Marmite）放出系列超彪悍广告牌。以"Love it. Hate it. Be Careful with it"（爱它，恨它，当心它）为文案主题，广告牌画面上，爆辣口味酱在爆炸，"黄盖子"直接从画面中炸飞出去，有的飞到树枝上，摇摇欲坠；有的飞到房顶，孤单挂在一角；有的飞到汽车上，砸穿了挡风玻

---

① 卢章华.城市户外广告创新研究[J].广告人，2007(7)：162-164.

璃,如图 10-18 所示①。

图 10-18　Marmite 辣酱户外广告

　　随着城市的发展,人们在户外停留的时间与空间越来越多,同时随着新媒体技术对户外媒体的变革,户外广告的创意越来越重视环境要素,户外广告最有力的创新方向必将是与环境媒体的有机结合。

第四节　户外新媒体广告创意要点

　　户外新媒体广告之所以能够比传统户外广告更有效,关键在于创意。相比传统户外广告,户外新媒体有其独特的优势,它提供给广告创意者更多的表现空间,正是这些新的创意带给受众更独特的感官与心理体验。在户外新媒体广告创意过程中,如何创造性地选用户外媒介,如何思考广告媒介环境与内容之间的关系,如何设置能让受众参与互动等是当前户外新媒体广告需要认真思考的关键问题,也是未来户外新媒体广告发展的发力点。

---

　　① Marmite 辣酱彪悍广告牌:看,盖子真被炸飞了![EB/OL].2021-02,https://www.dig-italing.com/projects/153580.html.

一、户外广告媒体创意的关键点

在广告活动推出之前,要对所选择的媒体及投放时间、地点、频率等进行统筹规划,也就是所谓的媒体策划[①]。很长一段时间以来,户外广告的媒体策划主要是把要发布的媒体选好,在指定的位置投放设计好的广告,大都看重媒体选择,宁愿花很大代价购买媒体却疏于做媒体的创意。而新技术、新媒体的发展为户外广告的媒体创意提供了新的手段,如何创造性地改造传统媒体和启用新媒体,提高受众对户外广告传播的好感度和参与性,从而有效地传达广告诉求,成为有效提升户外广告传播效果的重要思路[②],这就是户外广告媒体创意。

(一)户外广告的媒体创意

媒体创意简单来说就是对广告发布媒体的创造性运用[③],是户外新媒体广告媒体策划的关键环节。传统户外媒体的媒体策略主要是选择媒体尽可能地贴近目标人群,使广告主所要传达的信息尽可能多地被目标人群记住,并对其购买行为产生影响[④]。媒体创意可理解成是创造性运用各种可能的户外媒体,有效地利用这些媒体的属性与优势,对户外广告的表达形式以及投放方式进行创新。媒体创意的出现,在一定程度上补充和完善了传统户外广告媒体策略的局限。

从主要策略看,媒体创意既可以是对传统户外媒体进行创新,也可以是开发利用新的户外媒体。但由于不同的媒介有不同的传播属性,无论是对传统户外媒体进行创新,还是开发利用新的户外媒体,其重点都是要将户外广告的发布载体的特点与传播内容相结合,有效地利用这些媒体的属性,设计出具有创意性的表现形式,从而以贴切、生动的创意形式表达广告主题和传递广告诉求。户外广告创意人如果要实现传统户外广告所无法达到的效果,首先就要跳出传统媒体的执行思路,避免封闭空间内的自我发想,在媒体创意理念的指导下走向户外的广大空间,在充分了解广告的具体发布环境后,结合产品诉求创造性地开发和利用新的媒体形式,以此为出发点来进行整体的户外广告活动策划。

---

① 丁俊杰,康瑾.现代广告通论[M].北京:中国传媒大学出版社,2007:303.
② 张娜.新媒体环境下的户外广告媒体创意研究[D].兰州:兰州大学,2015:52.
③ 李明合,闫琰.玩转媒体做创意[M].北京:中国传媒大学出版社,2012:18.
④ 李方毅.打破传统适时而动[J].销售与市场,1999(11):64-65.

（二）户外广告的媒体创意流程与要素

户外广告在进行媒体创意时的大致操作流程为：首先要明确广告目标、目标受众和广告诉求点等几个关键要素；其次，根据广告要素确定是选择已有媒体还是需要开发新媒体，确定具体的投放媒体并研究具体媒体的传播环境；最后，确定媒体投放的时间、空间、频率等细节，创造性地运用媒体，从而实现有效的信息表达①。

户外广告媒体创意策略的制定需要遵循一定的规则，必须重视以下要素的指导作用：第一是产品、品牌的特色。从某种意义上说，户外广告媒体创意就是为了更好地展示产品或品牌的特点而针对媒体自身的特性进行创意。第二是目标消费群体。广告最终是让目标消费群体看的，脱离目标消费群体的特点与需求进行媒体创意是没有意义的。第三是企业竞争对手的情况。到达同类消费群体的媒体是有限的，在进行媒体创意之前，创意人员有必要调查清楚竞争对手所采用的媒体策略以及投放的时间，尽量选择有对比性且能突出产品或品牌优势的媒体。第四是可能的限制性因素。户外广告进行媒体创意必须考虑制作成本，若超出广告主的经费调配，创意方案就会因为资金短缺而无法高效执行。最后户外广告媒体创意的执行必须考虑国家的相关法律法规、城市管理的限制、符合社会基本道德准则、尊重受众的宗教信仰，否则广告发布将受到阻碍和制约②。

（三）户外新媒体广告创意的关键点

户外新媒体广告创意的关键点主要包括创造性的媒体选用、用户互动机制的设置和纳入媒体环境因素进行创意。优秀而有效的户外新媒体广告创意往往是这三者的结合。

1.创造性地选用户外媒介

在户外新媒体广告的创作中，为了使传播信息突破重围脱颖而出，进行创造性的媒体选用至关重要，它能有效提升户外广告传播效果，是户外广告创意的重要手段。对发布媒体进行创造性地运用，其本质目的就是要在瞬间吸引受众关注并打动受众，因此就需要设计并创造一个广告与受众进行接触的有效情境与最佳时

---

① 李明合，闫琰.玩转媒体做创意[M].北京：中国传媒大学出版社，2012：22.
② 张娜.新媒体环境下的户外广告媒体创意研究[D].兰州：兰州大学，2015：59.

机,其主要手段包括对常规媒体的非常规运用以及对新媒体的创造性运用。

在进行户外广告发布媒体的选用时,需要突破已有限制具备创新思维,要大胆起用可以用来贴切传递广告主题和广告诉求的媒体,甚至需要根据需求开发全新的媒体。在载体选用方面,选择已经发展成熟的户外广告传播载体时,要在原有的媒体形式上,深度挖掘广告、媒体与受众三者之间的契合点,并进行创造性运用。在进行新媒体开发时,应勇于尝试将一些异形的媒体、多维的媒体与新媒体技术进行整合,实现媒体形式上的创新和颠覆。同时需要注意的是,户外媒体的受众具有很强的流动性,他们接触媒体的时间很短,因此,在广告创作中,要充分考虑户外环境中受众阅读广告信息的时间和专注程度,在媒体技术的运用上以及媒体环境的设置上,要尽量减少接触障碍,依据不同的环境特点、观看距离、观看角度、技术的可操作性等方面来进行户外广告的创意设计及具体的发布工作[①]。

2.设计用户参与的互动机制

随着新时代受众能动性的提升,单向的诉说已经不能引起受众的兴趣,优秀的户外广告创意大都离不开互动元素的融入,互动成为户外广告创意的核心要素。为了设计互动环节,户外广告往往以待完成的形式呈现,依据完形心理,待完成的形式总能吸引受众的关注,通过他们的参与,户外广告创意才能够完整呈现,而受众通过参与广告创意的完成也能对广告诉求信息有深入的理解,产生深刻的印象。

户外新媒体广告的互动设计根据互动的对象来看可以包括两种互动,即广告和人的互动以及广告与物的互动。户外新媒体广告与人的互动给户外广告形式带来新的体验模式,受众从"看"广告演变成"感受"广告,成为新媒体广告体验的一部分。物体与新媒体广告的互动也丰富了广告形式创意的内容,这个"物体"可以是新媒体广告所处环境下的任何有变化的事物,因为有了广告与物的互动,广告与所处的空间环境的关系更为紧密,户外广告不再只是"张贴"的广告,而与户外环境融为一体。在户外广告的互动设计中,具体需要包括何种互动,还是两者兼具,则要根据广告的目的与诉求内容而定。

3.将媒体发布环境纳入创意

传统户外广告重视的是广告内容的创新,主要是以广告诉求为中心,利用有创意的视觉表现来传递广告信息,但实际上在户外,户外媒体所在的环境同样会

---

① 刘星辉.户外新媒体广告创意研究[D].兰州:兰州大学,2013:27.

影响受众的主观感受,会与人的视觉思维相互作用,因此一个优秀的户外广告创意表现不应仅仅依赖于传播载体本身,还与载体所处的环境息息相关。户外广告发展至今,媒体的环境要素已经逐渐受到重视,广告发布媒体环境的创新性利用成为户外广告创意设计的重要内容。在户外广告创作中,巧妙借助发布载体所处的环境这一传播要素进行创意,能有效提高广告策划方案的合理性与有效性,使户外广告的创意表现具有独特的体验感[1]。

要合理利用广告发布媒体的环境要素,就必须明确这一目的的实现不只是在传统户外广告创意的基础上多考虑环境要素,而是将环境要素融入创意的整个过程中,将媒介环境要素作为户外广告创意表现执行过程中不可或缺的重要条件,和其他广告要素一起实现户外广告创意的完整表达。在具体执行时,户外新媒体广告在创意过程中应注重将媒体所处的自然环境、社会环境及受众的现场心理作为重要的创作要素加以利用,包括媒体所处的街道景观、光线变化、人流车流等因素,同时在户外广告的设计表现环节中也要考虑好受众与发布媒体的距离、受众的视角、情绪和参与状态等因素。

二、户外新媒体创意的局限

无论何种媒体发布的广告都是一种限制性思维活动,条件限制客观存在于各类广告创意活动中,户外广告也是一样。户外新媒体广告创意的限制是多方面的,如果要进行户外新媒体广告传播,在创意过程中要注意以下几方面的局限。

(一)新技术的局限性

新技术的使用使户外广告的内容表达更具吸引力,为广告的创意带来了更多的可能性。新技术虽然能够为户外广告带来新意,但并不是所有户外广告都适合采用新技术。一方面,新技术的运用决定了广告创意能做什么,同时也对创意有了新的要求。在技术驱动下,广告创意不得不摒弃原有的创作方式,根据新技术的特点来进行创意设计,容易导致广告传播诉求点的弱化。另一方面,技术的过度使用只会给消费者带来视觉上的疲劳,技术的巧用才会让消费者眼前一亮。因此在新媒介技术的运用上要讲求适合性而非必须性。户外新媒体的广告创意应该依据目标消费群体和产品的特点,结合具体的发布位置,从而确定需要

---

[1] 张娜.新媒体环境下的户外广告媒体创意研究[D].兰州:兰州大学,2015:27-28.

什么样的技术来作为广告信息的支撑①，如果能够精准地找到二者之间贴切的契合点则加以利用，如果难以找到二者的契合点，则不能强求使用新技术。

（二）开发新空间的局限性

在开发户外空间的实际执行过程中，虽然说凡是消费者能注意到的事物，都可以被开发成为有效的户外广告媒体，但在广阔的户外空间中，每个具体的地点都因所属区域、人文素养、人群特性不同而具有不同的传播环境，能与产品自身特性相符合又与目标受众相吻合的新载体很难找到。各个环境与生俱来的特性，决定了户外广告创意的走向，只有顺应环境，不破坏环境，与环境融为一体的户外广告才是最有效的，这是户外新媒体区别于传统户外媒体的重要观念。因此开发新的户外媒体不一定都是户外新媒体广告所要追求的。在户外媒体创意中，营销目的与产品诉求决定了广告所能达到的效果，如果现有的媒体可以实现广告所要达到的效果，就不一定非要开发或挖掘新的媒体。如果常见的传统户外媒体通过技术等加以创造性运用，能够满足广告信息的传播需求，能够实现高效传播，那么就不一定要开发新的媒介空间。

（三）媒体创意的局限性

当广告第一次采用某种特殊载体做广告时可以说是媒介创新，但这之后如果继续采用同样的载体来进行广告传播时，广告的创意效果就不仅是看采用什么样的载体来传播，而更多就要看作品内容和广告形式的创意了。当受众已经熟悉了该广告载体，没有新颖独特的内容创意与形式创新的户外广告是难以获得成功的，户外广告创新最关键的便是要保持广告诉求、媒体和目标受众的高度契合，从三者的契合度来考虑广告的创意和表现形式，才会有不错的传播效果。因此户外新媒体广告不仅要避免媒体创意的效果夸大，还需要通过对产品特点的分析，对目标消费群体行为的分析，找到适宜的户外地点，结合环境位置特点来进行广告的创意设计，在和户外环境巧妙融合的同时，带给消费者独特的心理感受。

从广告创意而言，受到多方面因素的限制是难以避免的，只有广告创意者注意到多因素的限制，广告创意才能不走弯路，只有在有利的方向上下功夫，其表现力才能上升。具体而言，户外新媒体广告必须考虑环境、媒介、广告、受众、技

---

① 刘星辉.户外新媒体广告创意研究[D].兰州：兰州大学，2013：25.

术等诸多因素之间的匹配性,一味地追新而盲目利用反而会引起大众的反感。因此在户外新媒体广告的执行上,要将产品特征、受众需求、广告目标、内容表现、媒介技术、户外发布环境等因素结合起来考虑,有的放矢地进行户外广告创意,通过独特的创意表现让广告效果得以提升。

【思考题】

1.什么是户外新媒体？什么是户外新媒体广告？

2.户外新媒体广告有哪三种主要的创新途径？户外新媒体广告有哪些特征？

3.什么是环境媒体？什么是媒体环境？环境媒体与媒体环境创意的区别在哪？

4.完形心理是什么？为什么户外新媒体广告需要未完成的形式？

5.户外新媒体广告的创意原则是什么？有哪些创意策略？

6.户外新媒体广告的创意要点有哪些？有哪些局限性？

【本章参考与推荐书目】

一、国外专著

1.康定斯基.艺术中的精神[M].余敏玲,译.重庆:重庆大学出版社,2017.

2.德波.景观社会[M].张新木,译.南京:南京大学出版社,2017.

3.皮卡德.媒介经济学:概念与问题[M].赵丽颖,译.北京:中国人民大学出版社,2005.

4.斯考伯,伊斯雷尔.即将到来的场景时代[M].赵乾坤,周宝曜,译.北京:北京联合出版公司,2014.

5.菲德勒.媒介形态变化:认识新媒介[M].明安香,译.北京:华夏出版社,2000.

6.波斯特.第二媒介时代[M].范静哗,译.南京:南京大学出版社,2000.

7.契克森米哈赖.生命的心流[M].陈秀娟,译.北京:中信出版社,2017.

8.西瑟斯.广告媒体策划[M].阎佳,邓瑞锁,译.北京:中国人民大学出版社,2006.

9.扬.创意[M].李旭大,译.北京:中国海关出版社,2004.

10.伍德.生活中的传播[M].董璐,译.北京：北京大学出版社,2009.

二、国内专著

1.岑明.城市户外广告规划与设计[M].武汉：华中科技大学出版社,2012.

2.陈刚.创意传播管理：数字时代的营销革命[M].北京：机械工业出版社,2012.

3.樊志育,樊震.户外广告[M].上海：上海人民出版社,2003.

4.郭赫男.传播视野中的"拟态环境"研究[M].成都：四川大学出版社,2008.

5.李明合.玩转媒体做创意[M].北京：中国传媒大学出版社,2012.

6.李文龙,穆虹.实战广告案例（第三辑）：创意[M].北京：中国人民大学出版社,2007.

7.梁峰.交互广告学[M].北京：清华大学出版社,2007.

8.刘涛.环境传播：话语、修辞与政治[M].北京：北京大学出版社,2012.

9.罗以澄,吕尚彬.中国社会转型下的传媒环境与传媒发展[M].武汉：武汉大学出版社,2010.

10.孙启明.文化创意产业前沿——希望：新媒体崛起[M].北京：中国传媒大学出版社,2008.

11.孙涛.广告创意的视觉表现[M].北京：清华大学出版社,2010.

12.薛敏芝,胡雅.数字环境下的广告实战研究：理论、案例与分析[M].上海：上海交通大学出版社,2016.

13.张建设.广告创意与设计[M].北京：清华大学出版社,2010.

14.张树庭,郑苏晖.有效的广告创意——从个案解剖到行业剖析[M].北京：中国传媒大学出版社,2008.

15.周文明,王萱,陈炎炎.户外广告设计与制作[M].北京：北京大学出版社,2012.